O nível

Richard Wilkinson e Kate Pickett

O nível
Por que uma sociedade mais igualitária é melhor para todos

Tradução de
Marilene Tombini

CIVILIZAÇÃO BRASILEIRA

Rio de Janeiro
2015

Publicado originalmente no Reino Unido por Allen Lane, 2009

Título original
The Spirit Level: Why Equality is Better for Everyone

Capa
Gabinete de Artes

Editoração Eletônica
Abreu's System

CIP-BRASIL. CATALOGAÇÃO NA FONTE
SINDICATO NACIONAL DOS EDITORES DE LIVROS, RJ

Wilkinson, Richard G.

W676n   O nível: por que uma sociedade mais igualitária é melhor para todos / Richard Wilkinson e Kate Pickett; tradução Marilene Tombini. – Rio de Janeiro: Civilização Brasileira, 2015.

Tradução de: The Spirit Level
Inclui bibliografia
ISBN 978-85-200-0922-2

1. Igualdade. 2. Mobilidade social. 3. Qualidade de vida. 4. Política social. I. Pickett, Kate. II. Título.

10-5245

CDD: 306.01
CDU: 316

Texto revisado segundo o Novo Acordo Ortográfico da Língua Portuguesa.

Direitos desta tradução adquiridos pela
EDITORA CIVILIZAÇÃO BRASILEIRA
Um selo da
EDITORA JOSÉ OLYMPIO LTDA.
Rua Argentina, 171 – Rio de Janeiro, RJ – 20921-380 – Tel.: (21) 2585-2000

Seja um leitor preferencial Record.
Cadastre-se e receba informações sobre nossos lançamentos e nossas promoções.

Atendimento e venda direta ao leitor:
mdireto@record.com.br ou (21) 2585-2002

Impresso no Brasil
2015

Aos nossos pais

Don e Marion Chapman
George e Mary Guillemard

Agradecimentos

Ficamos agradecidos a Danny Dorling, Stuart Proffitt e Alison Quick pela cuidadosa leitura e pelos vários comentários úteis sobre nosso manuscrito. Agradecemos também a Molly Scott Cato por seus comentários sobre o Capítulo 15, a Majid Ezzati por gentilmente nos enviar os cálculos corretos para o Índice de Massa Corporal para os estados dos Estados Unidos e a Stephen Bezruchka pelos proveitosos debates.

Richard Wilkinson gostaria de agradecer à University of Nottingham e aos seus ex-colegas da divisão de Epidemiologia e Saúde Pública pela liberdade que lhe permitiu dedicar o tempo à pesquisa que colaborou para este livro. Kate Pickett agradece à University of York e aos seus colegas pelo generoso apoio.

A Figura 3 foi reproduzida graças à gentil permissão de Jean Twenge. Agradecemos à Cambridge University Press pela permissão de reproduzir as Figuras 4.3 e 10.1. A Figura 6.1 foi reproduzida graças ao grupo editorial BMJ; a Figura 6.7, a Bryan Christie Design; e a Figura 15.3, ao *Economic Journal*. Todas as outras figuras são nossas e podem ser livremente reproduzidas com menção da fonte.

Sumário

PRIMEIRA PARTE Sucesso material, fracasso social

SEGUNDA PARTE Os custos da desigualdade

TERCEIRA PARTE Uma sociedade melhor

Prefácio

As pessoas costumam exagerar a importância do próprio trabalho, e nós tememos estar reivindicando em excesso. Mas este livro não é mais um conjunto de panaceias e preconceitos sobre o modo de pôr o mundo em ordem. O trabalho aqui descrito resulta de um longo período de pesquisa (mais de 50 pessoas-anos entre nós) dedicada, a princípio, a tentar entender as causas das grandes diferenças de expectativa de vida — as "desigualdades de saúde" — entre as pessoas de diferentes níveis da hierarquia social nas sociedades modernas. Inicialmente, a principal questão era entender por que a saúde piora conforme descendemos na escala social, o que faz com que os pobres sejam menos saudáveis do que os que estão no meio da pirâmide, que por sua vez são menos saudáveis do que os ocupantes do topo da pirâmide.

Como outros que trabalham com determinantes sociais da saúde, nossa formação em epidemiologia significa que nossos métodos são os mesmos usados para determinar as causas das doenças das populações — tentando descobrir por que um grupo de pessoas contrai uma enfermidade em particular enquanto outro não, ou explicar por que uma doença está se tornando mais comum. No entanto, os mesmos métodos podem ser usados para compreender as causas de outros tipos de problemas — não apenas de saúde.

Assim como o termo "medicina baseada em evidências" é usado para descrever os esforços atuais para garantir que os tratamentos médicos tenham por base as melhores evidências científicas do que funciona e do que não funciona, pensamos em chamar este livro de "Política baseada em evidências". A pesquisa que corrobora o que descrevemos provém de um grande número de equipes em diferentes universidades e instituições de pesquisa. Utilizaram-se métodos que podem ser repetidos para o estudo de resultados observáveis e objetivos, e os relatórios das pesquisas revisados por pares foram publicados em revistas acadêmicas e científicas.

Isso não significa ausência de suposições. Os resultados sempre precisam ser interpretados, mas geralmente há bons motivos para se favorecer uma interpretação sobre outra. Teorias e expectativas iniciais costumam ser questionadas por descobertas de pesquisas posteriores, o que torna necessário repensá-las. Gostaríamos de levá-los nessa viagem que fizemos, sinalizada por porções cruciais de demonstrações e deixando de fora apenas os vários becos sem saída e as curvas erradas que nos fizeram perder tanto tempo, para chegar a uma melhor compreensão de como acreditamos ser possível melhorar a qualidade de vida para todos nas sociedades modernas. Devemos começar explicando as demonstrações e nossos motivos para interpretá-las como o fazemos, de modo que o leitor possa julgar por si próprio.

Num plano intuitivo, todo mundo reconhece que a desigualdade é socialmente corrosiva. Mas parecia haver poucos motivos para se crer que os níveis de desigualdade social em sociedades desenvolvidas se diferenciavam o bastante para gerarem quaisquer efeitos mensuráveis. Os motivos que primeiro levaram um de nós a buscar esses efeitos agora parecem bem irrelevantes ao quadro surpreendente que surgiu. Muitas das descobertas se devem tanto à sorte quanto à crítica.

O motivo provável para o quadro que apresentamos não ter sido reunido até agora é que a maior parte dos dados só ficou disponível nos últimos anos. Com informações internacionalmente comparáveis, não só de renda e de distribuição de renda, mas também de diferentes problemas sociais e de saúde, seria apenas uma questão de tempo antes que alguém apresentasse descobertas como as nossas. Os novos dados nos permitiram, e a outros pesquisadores, descobrir como um fator se relaciona a outro e testar as teorias de modo mais rigoroso.

É fácil imaginar que as descobertas são mais rapidamente aceitas nas ciências naturais do que nas sociais — como se as teorias físicas fossem, de algum modo, menos controversas do que as sobre o mundo social. Mas a história das ciências naturais é manchada por dolorosas disputas pessoais, que se iniciaram como desacordos teóricos, mas muitas vezes duraram pelo resto da vida das pessoas. As controvérsias nas ciências naturais costumam se restringir aos especialistas: a maioria das pessoas não tem forte ponto de vista sobre teorias rivais em física nuclear. Mas o tem sobre o modo de funcionamento da sociedade. As teorias sociais são parcialmente teorias sobre nós mesmos; na verdade, elas podem quase ser consideradas parte de nossa autopercepção ou autoconsciência nas sociedades. Enquanto os cientistas naturais não precisam convencer células individuais ou átomos a aceitar suas teorias, os teóricos sociais enfrentam um excesso de pontos de vista individuais e interesses poderosamente arraigados.

Em 1847, Ignaz Semmelweiss descobriu que, se os médicos lavassem as mãos antes de assistir as mulheres no parto, as mortes por febre puerperal se reduziriam de modo drástico. Mas, antes que seu trabalho pudesse dar resultado prático, ele teve de persuadir as pessoas — principalmente seus colegas — a mudar de comportamento. A verdadeira batalha não foi sua descoberta inicial, mas o que se seguiu. Suas ideias foram ridicularizadas e ele acabou sendo levado à insanidade e ao suicídio. A maior parte dos profissionais médicos não levou o trabalho dele a sério até que Louis Pasteur e Joseph Lister desenvolveram a teoria das doenças relacionadas aos germes, que explicava por que a higiene era importante.

Vivemos numa época pessimista. Estamos preocupados com as prováveis consequências do aquecimento global, e é fácil perceber que muitas sociedades estão, apesar do sucesso material, cada vez mais sobrecarregadas por seus fracassos sociais. Se corretas, a teoria e as demonstrações apresentadas neste livro indicam o caminho para a realização de melhorias substanciais na qualidade de vida da vasta maioria da população. Contudo, a menos que seja possível modificar o modo como a maioria das pessoas vê as sociedades em que vive, a teoria será natimorta. A opinião pública só apoiará as necessárias mudanças políticas se algo como a perspectiva que delineamos neste livro permear a mentalidade pública. Portanto, criamos um fundo sem fins lucrativos para tentar divulgar melhor os tipos de demonstração apresentados nas seguintes páginas. Devido à falta de recursos e qualificação — na época em que escrevemos — isso não passa de uma página na internet (www.equalitytrust.org.uk). Mas esperamos pelo menos sugerir que há uma luz no fim do túnel para todos nós.

Prefácio à edição brasileira

Richard Wilkinson e Kate Pickett*

Já não pode haver dúvidas sérias de que países com grande desigualdade de renda entre ricos e pobres também têm mais chances de apresentar problemas sociais e econômicos maiores do que sociedades mais igualitárias. À medida que obtemos novos resultados de pesquisas, o quadro fica coerente demais para não estar essencialmente correto. Perguntamo-nos se aqueles que ainda duvidam dessa informação estão a par da abrangência e da profundidade das evidências.

O quadro que apresentaremos nas páginas seguintes sobre os efeitos prejudiciais de grandes desigualdades de renda não tem como base primária nossa própria pesquisa. Alguns anos antes do lançamento deste livro em inglês, publicamos em um periódico acadêmico, revisado por pares, uma análise de 168 estudos sobre o relacionamento entre o tamanho da desigualdade de renda entre ricos e pobres e indicadores da saúde da população, sobre a expectativa de vida e as taxas de homicídios em diferentes sociedades.[1] Essa pesquisa havia sido desenvolvida ao longo de várias décadas. Os dados eram provenientes de diversos grupos de pesquisa do mundo inteiro e cobriam sociedades em todos os níveis de desenvolvimento econômico. E, desde então, o número de estudos cresceu de forma substancial.

A nossa proposta ao escrever este livro foi oferecer uma demonstração acessível do quadro originário das pesquisas disponíveis na época. Por duas razões, limitamos nossa análise apenas aos países mais ricos. Em primeiro lugar, como demonstram as Figuras 1.1 e 2.7, a saúde e muitos outros aspectos do bem-estar já não estão relacionados a diferenças no Produto Nacional Bruto (PNB) *per capita* entre os países ricos. Por conseguinte, não

---

* Tradução de Catharina Pinheiro.

precisamos complicar a análise com o controle estatístico dos efeitos da diferença no PNB *per capita*. Em segundo, países mais ricos contam com uma maior disponibilidade de dados para uma comparação internacional no que diz respeito a um número mais substancial de problemas de saúde e sociais.

Entretanto, está claro que grandes desigualdades de renda apresentam resultados muito semelhantes entre os países mais ricos e os mais pobres. A diferença é que, nos países menos desenvolvidos, é necessário levar em conta as diferenças no PNB *per capita* antes de analisar os efeitos da desigualdade. Embora a disponibilidade de dados que podem ser comparados em nível internacional seja menor para a maioria dos países em desenvolvimento, os dados disponíveis em relação à saúde e às taxas de homicídios indicam que a desigualdade produz efeitos parecidos em qualquer lugar. Em todos os casos em que existem dados disponíveis para outros resultados, e em que esses dados foram incluídos por pesquisadores em seus estudos, a conclusão tende a ser a mesma.

Acrescentamos um apêndice ao final do livro com uma lista de 19 estudos que se concentraram nos efeitos da desigualdade no Brasil e na América Latina. Para aqueles que desejarem ler esses estudos, é necessário que mantenham duas coisas em mente. A primeira é que alguns comparam os níveis de desigualdade em pequenas áreas do Brasil. Contudo, como observamos na nossa análise das pesquisas,[2] os principais efeitos da desigualdade são encontrados quando esta é medida em sociedades inteiras, determinando a escala das desigualdades sociais. Um pequeno bairro pobre não tem problemas de saúde por causa da desigualdade existente dentro dele, mas porque sofre privações em relação ao resto da sociedade. Assim, estudos que avaliam a desigualdade dentro de áreas pequenas tendem a identificar efeitos menores. Isso nos leva ao segundo ponto a ser mantido em mente: os pesquisadores por vezes cometem o equívoco de considerar as correlações das diferenças na renda média entre áreas pequenas como resultados dos níveis da renda absoluta em vez de vê-las como parte da desigualdade social.

As pessoas às vezes ficam perplexas diante do fato de que problemas tão diferentes entre si, como a violência, as doenças mentais e a obesidade, podem ser afetados apenas pela dimensão da desigualdade de renda entre ricos e pobres. A explicação é que são problemas que sabemos serem afetados pelo status social. Ainda que a violência, os problemas de saúde, a obesidade e as doenças mentais sejam problemas também encontrados no topo da socredade, todos são muito mais comuns quanto mais baixa for a classe social. O que as evidências mostram é, portanto, muito simples: os problemas que todos sabem estarem relacionados a um status social baixo pioram com o aumento da diferença nesse status. Isso não surpreende. Surpreendente é o que mostraremos no Capítulo 13: que, em vez de provocar efeitos restritos aos pobres, a desigualdade afeta a grande maioria da população. Isso acontece porque ela torna a hierarquia e o status social — além da insegurança em relação ao status social — forças maiores em toda a sociedade.

A visão ingênua da desigualdade é a de que ela só importa quando causa pobreza ou é considerada muito injusta. Mas a verdade é que temos reações psicológicas arraigadas aos graus de desigualdade social. Nossa tendência de relacionar a riqueza externa ao valor interior permite que a desigualdade altere, influencie nossa percepção social. Ela invoca reações psicológicas profundas — sensações de domínio e subordinação, superioridade e inferioridade — e afeta o modo como vemos e tratamos uns aos outros.

Nossa extraordinária sensibilidade ao fato de sermos considerados inferiores não apenas é demonstrada com facilidade. Como descreveremos no Capítulo 8, crianças indianas de castas diferentes podem obter os mesmos resultados em testes escritos quando não conhecem as castas umas das outras.[3] Por outro lado, as crianças das castas inferiores apresentam desempenhos muito menores quando seu status é conhecido. Mesmo a lembrança mais sutil de que alguém pertence a uma classe social, grupo étnico ou gênero sexual estereotipado e inferiorizado é suficiente para reduzir o desempenho.[4]

Então, o que está acontecendo? Em um importante artigo de pesquisa, Sheri Johnson, uma psicóloga de Berkeley, e seus colegas revisaram um vasto corpo de evidências de registros biológicos, comportamentais e relatos pessoais que sugerem uma grande diversidade de transtornos mentais que podem ter sido originados em um "sistema comportamental de domínio".[5] Quase universal entre mamíferos e parte da nossa estrutura psicológica desenvolvida, ele é um sistema para o reconhecimento e a reação a sistemas de classificação social — à hierarquia, ao poder e à subordinação. Estudos com imagens do cérebro sugerem que existem áreas em particular e mecanismos neurais dedicados ao processamento da classificação social.[6]

Johnson sugere que problemas como a mania e o narcisismo estão relacionados à percepção exagerada do status e do domínio, ou à luta por eles. Por outro lado, a ansiedade e a depressão parecem envolver reações à subordinação ou tentativas de evitá-la. Problemas como o transtorno de personalidade antissocial e a psicopatia, que envolvem o egocentrismo e a falta de empatia, provavelmente também são traços de uma forte tendência ao domínio social. O transtorno bipolar pode envolver oscilações entre a luta pelo status e pelo domínio e sensações de derrota e inferioridade. Gradualmente, pesquisas demonstram que condições como essas são mais comuns em sociedades mais desiguais, em que questões de status e nível hierárquico são realçadas.

Se esses problemas estão relacionados ao domínio e à subordinação, talvez você pense que traços como o narcisismo sejam mais comuns no topo da hierarquia social, enquanto outros, como a depressão, estejam mais presentes na base dela. Entretanto, ainda que a depressão seja muito mais comum nas classes sociais mais baixas, ela existe em todos os níveis da sociedade; poucos estão imunes a sensações de derrota ou fracasso. Da mesma forma, as pessoas podem ser narcisistas ou lutar pelo domínio em qualquer nível hierárquico, mesmo apesar de o psicólogo Paul Piff ter mostrado que um status superior está associado a um comportamento mais antiético e narcisista.[7] Trabalhando nos Estados Unidos, ele verificou que os motoristas de carros mais caros apresentam menor disposição a darem preferência aos pedestres ou a outros carros; pessoas de um status superior também demonstraram maior inclinação a pegarem doces que sabem estar reservados às crianças, além de um senso mais forte de merecimento e menos generosidade.

Um estudo recente com 34 mil pessoas em 31 países mostrou que, nos países com desigualdade maior de renda, a preocupação com o status era mais comum em todos os níveis da hierarquia social.[8] Outro estudo internacional mostrou que o autoengrandecimento — apresentar uma imagem exagerada de si mesmo — era mais comum entre sociedades desiguais.[9] Talvez seja por isso que 93% dos estudantes americanos consideraram-se motoristas melhores do que a média, enquanto o mesmo só aconteceu com 69% dos suecos.[10] Muitos anos antes do estudo sobre o autoengrandecimento, como diremos no Capítulo 3, já que uma desigualdade maior provoca um aumento da insegurança em relação ao status social e da competitividade, os membros de sociedades mais desiguais achavam que não podiam se dar ao luxo de serem modestos em relação às suas realizações e habilidades, e em vez disso preferiam o autoelogio. O registro de aumento dos níveis de narcisismo nos Estados Unidos (medidos pelo Inventário de Personalidade Narcisista) também coincide com o aumento das desigualdades de renda.[11]

Diferenças materiais maiores entre as pessoas geram distâncias sociais maiores. Sensações de superioridade e inferioridade aumentam, o status torna-se uma parte essencial do julgamento que fazemos uns aos outros, e todos nos tornamos mais neuróticos em relação à imagem que passamos e às impressões que criamos. O aumento da desigualdade parece fortalecer todos os meios pelos quais o status e a classe se incutem em nós desde a infância. Não é de se surpreender, portanto, que onde houve aumento da desigualdade a mobilidade social aconteceu também uma desaceleração e a igualdade de oportunidades para as crianças tornou-se um sonho mais distante.[12;13] No momento em que essas relações são compreendidas, é de se esperar que problemas relacionados a um status social inferior se tornem mais comuns à medida que a hierarquia social se torna mais pronunciada e uma dimensão mais importante da realidade social.

Os seres humanos já viveram em todos os tipos de sociedade, dos bandos mais igualitários de caçadores-coletores da pré-história (descritos por Christopher Boehm em seu *Moral Origins*) às tiranias mais brutais. Sabemos, por instinto, como ser gentis e dividir, criando elos sociais de amizade, reciprocidade e cooperação. Também sabemos como competir por status, como ser esnobes, admirando os superiores e menosprezando os inferiores, e também como nos autopromovermos. Usamos essas estratégias sociais alternativas quase todos os dias das nossas vidas, mas a desigualdade altera o equilíbrio entre elas. Um estudo realizado em 26 países europeus mostrou que habitantes de países com níveis maiores de desigualdade apresentavam uma disposição menor para ajudar os outros – fossem os doentes, os idosos ou outros membros da comunidade.[14]

Desigualdades maiores de renda nos tornam pessoas menos generosas. Uma das consequências mais conhecidas da desigualdade (que discutiremos no Capítulo 4) é que as pessoas se isolam da vida comunitária e apresentam menor tendência a sentirem que podem confiar nos outros. Isso se deve, em parte, a um reflexo da maneira como a preocupação com o status nos faz dar uma importância maior ao valor que os outros atribuem a nós. Mas boas relações sociais são a chave para o bem-estar humano. Estudo após estudo mostra que elas protegem a nossa saúde[15] e a nossa felicidade essencial.[16;17] E, agora que podemos comparar dados de países diferentes, lembramo-nos de que houve um tempo em que sabíamos por intuição que a desigualdade promove a discórdia e a corrosão social.

Nos últimos anos, as desigualdades de renda no Brasil diminuíram.[18] Entretanto, as desigualdades de renda a princípio eram tão grandes que nem as recentes reduções foram o bastante para tirar o Brasil da posição de país mais desigual entre todos os que analisamos neste livro. Por sorte, agora se sabe que é falsa a ideia de que as sociedades precisam escolher entre uma desigualdade maior e o crescimento econômico. Grandes desigualdades de renda não apenas comprometem as políticas para a redução da pobreza,[19; 20] mas tanto entre países mais ricos quanto entre países mais pobres existe uma forte correlação das grandes desigualdades de renda com períodos mais curtos de expansão econômica e um crescimento menor ao longo do tempo[21;22]. Na verdade, um relato do Fundo Monetário Internacional afirma que reduzir a desigualdade e promover o crescimento econômico de longo prazo são ações que podem ser "dois lados da mesma moeda".[23]

Seria um grande prazer se nosso trabalho pudesse servir de contribuição, por menor que fosse, para a redução da desigualdade e para o aumento dos níveis de bem-estar de toda a população do Brasil.

Apêndice ao prefácio da edição brasileira

Estudos cujo foco são os efeitos da desigualdade de renda no Brasil e na América Latina

Além dos estudos aqui descritos, os dados brasileiros também incluíam uma série de estudos internacionais maiores listados em: Wilkinson RG, Pickett KE. "Income Inequality and Health: A Review and Explanation of the Evidence" [Desigualdade social e saúde da população: uma análise e explicação das evidências]. *Social Science & Medicine* 2006; 62:1768-84.

Baldani M H, Vasconcelos A G *et al.* (2004). "Associação do índice CPO-D com indicadores socioeconômicos e de provisão de serviços odontológicos no Estado do Paraná, Brasil." *Cadernos de Saúde Pública* 20(1): 143-52.

Este estudo ecológico investigou as associações entre cárie dentária, indicadores socioeconômicos e de oferta de serviços odontológicos no Estado do Paraná, Brasil, para o ano de 1996. Dois tipos de informações foram reunidas: (1) dados sobre prevalência de cárie dentária (CPO-D aos 12 anos) para os municípios do Estado; (2) dados relativos às condições socioeconômicas e de oferta de serviços odontológicos. Com base em análise de regressão linear simples, o estudo demonstrou uma correlação significativa entre o índice de cárie dentária nos municípios e os vários indicadores sociais e de oferta de serviços. Resultados da análise de regressão linear múltipla apontaram que apenas um indicador de desigualdade de renda permaneceu significativamente associado à cárie dentária, demonstrando que as piores condições de saúde bucal não podem ser dissociadas das disparidades de renda. Observou-se correlação negativa significativa entre o CPO-D e a proporção da população que recebe água fluorada, principalmente nos municípios com piores indicadores de desigualdade de renda. Nesse sentido, destaca-se a importância desse benefício não só como recurso para a redução dos níveis de cárie, como também para atenuar o impacto das desigualdades socioeconômicas sobre a prevalência de cárie dentária.

Biggs B, King L *et al.* (2010). "Is Wealthier Always Healthier? The Impact of National Income Level, Inequality, and Poverty on Public Health in Latin America." [Os ricos são mais saudáveis? O impacto do nível de renda nacional, da desigualdade e da pobreza sobre a saúde pública na América Latina.] *Social Science & Medicine* 71(2):266-73.

Apesar das descobertas que indicam que tanto o nível de renda nacional quanto a desigualdade de renda são fatores determinantes da saúde pública, poucos estudaram como o nível de renda nacional, a pobreza e a desigualdade interagem entre si para influenciar os resultados da saúde pública. Analisamos as relações entre o Produto Interno Bruto (PIB) *per capita* e a paridade do poder de compra, os índices de pobreza extrema, o coeficiente de Gini de distribuição de renda e três indicadores comuns da saúde pública: a expectativa de vida, as taxas de mortalidade infantil e as taxas de mortalidade por tuberculose (TB). Depois de introduzir a pobreza e a desigualdade como fatores modificadores, analisamos se houve alguma diferença na relação entre o PIB e a saúde durante períodos de aumento, redução ou estabilidade da pobreza e da desigualdade. Foram coletados dados em 22 países latino-americanos de 1960 a 2007 com base nos Indicadores de Desenvolvimento Mundial do Banco Mundial de 2008, na Base de Dados Mundiais de Tuberculose da Organização Mundial de Saúde de 2008 e na Base de Dados Socioeconômicos da América Latina e do Caribe. As conclusões são coerentes com estudos anteriores, pois verificamos que o aumento do PIB tem um impacto positivo considerável sobre a saúde da população. Entretanto, a força da relação sofre uma grande influência da alteração dos níveis de pobreza e desigualdade. Quando a pobreza aumentava, um PIB maior não tinha nenhum efeito considerável sobre a expectativa de vida ou sobre a mortalidade por TB, e só provocava uma pequena redução nas taxas de mortalidade infantil. Quando a desigualdade aumentava, o PIB tinha apenas um efeito modesto sobre a expectativa de vida e as taxas de mortalidade infantil, e nenhum efeito sobre as taxas de mortalidade por TB. Em extremo contraste, durante períodos de redução ou estabilidade da pobreza e da desigualdade, foi observada uma forte relação entre o aumento do PIB e o aumento da expectativa de vida, a redução das taxas de mortalidade por TB e as taxas de mortalidade infantil. Por fim, observou-se que a desigualdade e a pobreza exercem efeitos independentes e substanciais sobre a relação entre o nível de renda nacional e a saúde. Os mais ricos de fato são mais saudáveis, mas o quão mais saudáveis depende da distribuição do aumento da riqueza.

Celeste R K, Nadanovsky P (2010). "How Much of the Income Inequality Effect can be Explained by Public Policy? Evidence From Oral Health in Brazil." [O quanto o efeito da desigualdade de renda pode ser explicado pelas políticas públicas? Evidências da saúde bucal no Brasil.] *Health Policy* 97(2-3):250-58.

OBJETIVOS: Avaliar a associação entre a desigualdade de renda, uma escala de políticas públicas para a saúde bucal. MÉTODOS: Análise, com o uso de uma pesquisa sobre a saúde bucal no Brasil conduzida em 2002-2003 com 23.573 participantes de 15 a 19 anos concentrados em 330 municípios. Os resultados foram a perda e a deterioração dos dentes, e uma avaliação das maloclusões. O coeficiente de Gini e uma nova Escala de Políticas Públicas Municipais foram as principais variáveis de exposição. Covariáveis do nível individual foram usadas como controles em regressões multinível. RESULTADOS: Um aumento do mais baixo para o mais alto valor de Gini no Brasil foi associado ao aumento do número de dentes extraídos (taxa de incidência TI = 2,11, intervalo de confiança de 95%, 1,18-3,77) e de dentes deteriorados (TI = 2,92, IC de 95%, 1,83-4,65). Após ajustes nas políticas públicas e fluoração da água, o efeito de Gini não teve impacto e as políticas públicas serviram de explicação na maioria das vezes em que houve variação na perda e na deterioração de dentes. A escala de políticas públicas continuou exercendo uma influência após ajustes com uma taxa de incidência de 0,64 para dentes perdidos e 0,72 para dentes deteriorados. Nem Gini nem as políticas públicas apresentaram uma relação significativa com a maloclusão. O efeito das políticas públicas sobre a perda e a deterioração de dentes foi mais forte entre indivíduos com maior acesso à educação e maior renda. CONCLUSÕES: O efeito da desigualdade de renda foi explicado principalmente pelas políticas públicas, que tiveram um efeito independente maior entre indivíduos em melhores condições.

Celeste R K, Nadanovsky P (2010). "Aspectos relacionados aos efeitos da desigualdade de renda na saúde: mecanismos contextuais." *Ciência & Saúde Coletiva* 15(5):2507-19.

O Brasil é um dos países mais desiguais em distribuição de renda, e a influência desse fator na saúde das pessoas é controversa. Este artigo revisou a metodologia para estudos contextuais e mecanismos de ação que podem explicar o efeito contextual da desigualdade de renda na saúde. O estudo de efeitos contextuais necessita de teorias multinível bem formuladas que identifiquem o papel de cada variável no modelo, e o nível de agregação ideal das variáveis contextuais. Foram identificadas quatro explicações: (1) artefato estatístico; (2) comparação social; (3) subinvestimento público; (4) capital social. A contribuição relativa de cada um desses mecanismos não está ainda bem avaliada. Concluímos que a existência de diferentes mecanismos de ação pode explicar parte da heterogeneidade dos resultados. Outra explicação é que a desigualdade de renda pode captar outros construtos, como estratificação social ou políticas públicas e, em alguns casos, pode não ser um bom marcador de tais construtos. Estudos com maior poder de estabelecimento de relação causal são necessários. Uma possibilidade é a avaliação do impacto de políticas de intervenção direcionadas à redistribuição de renda.

Celeste R K, Nadanovsky P *et al.* (2009). "The Individual and Contextual Pathways Between Oral Health and Income Inequality in Brazilian Adolescents and Adults." [Os caminhos individuais e contextuais entre a saúde bucal e a desigualdade de renda no que diz respeito a adolescentes e adultos.] *Social Science & Medicine* 69(10):1468-75.

Avaliamos a associação entre a desigualdade de renda (índice de Gini) e a saúde bucal, e, em particular, o papel de modelos alternativos na explicação dessa associação. Também checamos se a renda no nível individual modifica ou não o efeito de Gini. Usamos dados de uma pesquisa sobre a saúde bucal conduzida no Brasil em 2002-2003. Nossa análise incluiu 23.568 participantes de 15 a 19 anos e 22.839 de 35 a 44 anos concentrados em 330 municípios. Modelos diferentes foram adaptados com o uso da análise multinível. Os resultados analisados foram o número de cáries dentárias não tratadas (contagem), com pelo menos um dente faltando (dicotômico) e edêntulos (dicotômico). Para analisar a interação como causa da não aditividade, usamos o Índice de Sinergia. Para isso, dicotomizamos o coeficiente de Gini (desigualdade elevada *versus* baixa) pelo valor médio entre os municípios e a renda individual no ponto a partir do qual não foi verificada quase nenhuma associação com a saúde bucal. A taxa de incidência de cáries dentárias não tratadas para os grupos de 15 a 19 anos e de 35 a 44 anos foi, respectivamente, de 1,12 e 1,16 para cada 10 pontos de aumento na escala de Gini. A razão de probabilidade ajustada de um indivíduo entre 15 e 19 anos ter pelo menos um dente faltando ou um de 35 a 44 ser edêntulo foi, respectivamente, de 1,19 e 1,01. Uma desigualdade de renda elevada não teve um efeito sinergético estatisticamente significativo entre indivíduos vivendo na pobreza ou em um município pobre. Níveis mais elevados de desigualdade de renda no nível municipal foram associados a maiores problemas na saúde bucal, e houve um efeito residual não explicado após a introdução de um controle para fatores de confusão e fatores mediadores em potencial. A desigualdade de renda em nível municipal teve um efeito prejudicial similar entre indivíduos com renda mais ou menos elevada.

Chiavegatto Filho A D, Gotlieb, S L *et al.* (2012). "Mortalidade segundo causas básicas e desigualdade de renda no Município de São Paulo." *Revista de Saúde Pública* 46(4):712-18.

OBJETIVO: Analisar causas básicas de óbito segundo a teoria da renda relativa. MÉTODOS: Os 96 distritos do município de São Paulo, SP, foram divididos em dois grupos segundo a desigualdade de renda, com base no índice de Gini (alta > 0,25 e baixa < 0,25). Foi aplicada a metodologia *propensity score matching* para controlar os fatores de confusão referentes às diferenças socioeconômicas e demográficas entre os distritos. RESULTADOS: A diferença da desigualdade de renda nos distritos foi estatisticamente significativa para homicídios (8,57 por 10.000 residentes [IC = 95%, 2,60; 14,53]), doença isquêmica do coração (5,47 por 10.000 [IC = 95%, 0,76; 10,17]), HIV/Aids (3,58 por 10.000 [IC = 95%, 0,58; 6,57]) e doenças respiratórias (3,56 por 10.000 [IC = 95%, 0,18; 6,94]). As dez causas básicas mais frequentes foram responsáveis por 72,3% das diferenças de mortalidade. A mortalidade infantil também teve um impacto ajustado à idade estatisticamente maior para distritos mais desiguais (2,80 por 10.000 [IC = 95%, 0,86; 4,74]), assim como entre indivíduos do sexo masculino (27,37 por 10.000 [IC = 95%, 6,19; 48,55]) e indivíduos do sexo feminino (15,07 por 10.000 [IC = 95%, 3,65; 26,48]). CONCLUSÕES: Os resultados encontrados estão de acordo com o esperado pela teoria da renda relativa. A mortalidade por todas as causas básicas analisadas foi maior em distritos mais desiguais depois do uso da metodologia *propensity score matching*. Estudos sobre a desigualdade de renda realizados em regiões menores precisam levar em consideração a distribuição heterogênea das características sociais e demográficas.

Chiavegatto Filho A D, Kawachi I *et al.* (2013). "Does Income Inequality Get Under the Skin? A Multilevel Analysis of Depression, Anxiety and Mental Disorders in Sao Paulo, Brazil." [A desigualdade de renda penetra na pele? Uma análise multinível da depressão, da ansiedade e dos transtornos mentais em São Paulo, Brasil.] *Journal of Epidemiology and Community Health* 67(11):966-72.

OBJETIVO: Testar a teoria da desigualdade de renda original pela análise da sua associação com a depressão, a ansiedade e os transtornos mentais. MÉTODOS: Analisamos uma amostra de 3.542 indivíduos com idade a partir de 18 anos selecionados por meio de uma amostra multietapas estratificada por área de famílias da Região Metropolitana de São Paulo. Sintomas de transtornos mentais foram associados de acordo com os critérios do Manual Diagnóstico e Estatístico de Transtornos Mentais (DSM-IV). Foram aplicados modelos logísticos multinível bayesianos. RESULTADOS: Viver em áreas com desigualdade de renda entre média e alta foi estatisticamente associado a um risco maior de depressão em comparação a áreas com desigualdade de renda baixa (RP = 1,76; CI = 95%, 1,21 a 2,55, e 1,53; CI = 95%, 1,07 a 2,19, respectivamente). O mesmo não pode ser dito da ansiedade (RP = 1,25; CI = 95%, 0,9 a 1,73, e RP = 1,07; CI = 95%, 0,79 a 1,46). No caso de qualquer transtorno mental, os resultados variaram. CONCLUSÕES: De forma geral, nossas verificações foram consistentes com a teoria da desigualdade de renda — ou seja, pessoas que vivem em lugares com maior desigualdade de renda apresentaram uma chance maior de sofrer de transtornos mentais, embora nem sempre estatisticamente significativa. O fato de que a depressão, mas não a ansiedade, foi estatisticamente significativa pode indicar um caminho pelo qual a desigualdade afeta a saúde.

Chiavegatto Filho A D, Kawachi I *et al.* (2012). "Propensity Score Matching Approach to Test the Association of Income Inequality and Mortality in Sao Paulo, Brazil." [Abordagem com *propensity score matching* para testar a associação entre a desigualdade de renda e a mortalidade em São Paulo, Brasil.] *Journal of Epidemiology and Community Health* 66(1):14-17.

MOTIVAÇÃO: A base para a verificação de efeitos adversos de desigualdades de renda elevadas para a saúde da população é proveniente de estudos concentrados em áreas maiores, como os estados dos Estados

Unidos, enquanto estudos em áreas geográficas menores (como bairros) obtiveram resultados variáveis. MÉTODOS: Usamos o *propensity score matching* para examinar a relação entre a desigualdade de renda e as taxas de mortalidade em 96 bairros do Município de São Paulo, Brasil. RESULTADOS: Antes do *matching*, bairros com desigualdades de renda maiores (Gini >= 0,25) apresentaram taxas de mortalidade gerais um pouco menores (2,23 por 10.000, CI = 95%, 23,92 a 19,46) em comparação a áreas com menor diferença de renda (Gini < 0,25). Depois da aplicação do *propensity score matching*, uma desigualdade maior foi associada a uma taxa de mortalidade superior estatisticamente significativa (41,58 por 10.000, CI = 95%, 8,85 a 73,3). CONCLUSÃO: Em São Paulo, quanto mais igualitárias as comunidades entre as mais pobres, piores os perfis da saúde. O *propensity score matching* foi usado para evitar comparações inapropriadas entre a situação na saúde de bairros com elevadas desigualdades sociais (mas ricos) e bairros igualitários (mas pobres). Nossos métodos sugerem que, com um levantamento apropriado da heterogeneidade entre as áreas, a desigualdade de renda é associada a maiores problemas de saúde no que diz respeito à população de São Paulo.

Chiavegatto Filho A D, Lebrao M L *et al.* (2012). "Income Inequality and Elderly Self-rated Health in Sao Paulo, Brazil." [A desigualdade de renda e a autoavaliação da saúde entre idosos em São Paulo, Brasil.] *Annals of Epidemiology*.

PROPÓSITO· Testar a associação entre a desigualdade de renda e a autoavaliação da saúde entre idosos a fim de propor um caminho para explicar a relação. MÉTODOS: Analisamos uma amostra de 2.143 indivíduos idosos (a partir de 60 anos) de 49 bairros do município de São Paulo, Brasil. Foram aplicados modelos logísticos multinível bayesianos entre indivíduos pobres que fizeram uma autoavaliação das suas condições de saúde como variável de saída. RESULTADOS: Verificou-se uma associação entre a desigualdade de renda (medida pelo coeficiente de Gini) e uma autoavaliação negativa da saúde após a introdução de controles para a idade, o sexo, a renda e o nível educacional (razão de probabilidade, 1,19; intervalo de credibilidade de 95%, 1,01 a 1,38). Quando a prática de exercícios físicos e a taxa de homicídio foram acrescentadas ao modelo, o coeficiente de Gini perdeu o significado estatístico (P > 0,05). Aplicamos um modelo de equações estruturais no qual a desigualdade de renda afeta a saúde dos idosos por meio de um caminho mediado pela violência e pela prática de exercícios físicos. CONCLUSÕES: A saúde de indivíduos idosos pode ser altamente sucessível ao ambiente socioeconômico da área de moradia, especificamente à distribuição local de renda. Supomos que essa associação pode ser mediada pelo medo da violência e pela falta de prática de exercícios físicos.

Fajnzylber P, Lederman D *et al.* (1998). Determinants of Crime Rates in Latin America and the World: An Empirical Assessment [Determinantes das taxas de crimes na América Latina e no mundo: uma análise empírica.] Banco Mundial.

RESUMO: Este estudo faz uso de um novo conjunto de dados de taxas de crimes provenientes de uma grande amostra de países para o período de 1970-1994, com base em informações obtidas das World Crime Surveys [Pesquisas mundiais sobre crimes] das Nações Unidas, para analisar os determinantes das taxas nacionais de homicídios e roubos. Um modelo simples dos incentivos para a prática criminosa é proposto, considerando explicitamente as possíveis causas da persistência da prática criminosa ao longo do tempo (inércia criminal). Vários modelos econométricos foram estimados na tentativa de identificar os determinantes das taxas de crimes em diversos países e através do tempo. Os modelos empíricos foram aplicados primeiro para cortes transversais e depois para dados em painel. Os primeiros concentram-se em variáveis explicativas que não sofrem modificações significativas ao longo do tempo, enquanto as técnicas de dados em painel consideram tanto o efeito do ciclo econômico (i.e., a taxa de crescimento do PIB) sobre a taxa de crimes quanto a inércia criminal (avaliada pela inclusão da taxa acumulada como uma variável explicativa). As técnicas de dados em painel também consideram efeitos específicos do país, a endogeneidade conjunta de algumas das variáveis explicativas e a existência de alguns tipos de erros de medição que afetam os dados das práticas criminosas. Os resultados mostram que o aumento da desigualdade de renda provoca aumento nas taxas de crimes, que os efeitos da intimidação são significativos, que o crime tende a ser contracíclico e que a inércia criminal é significativa mesmo após a introdução de controles para outros determinantes em potencial de taxas de homicídios e roubos.

Lotufo P A, Bensenor I M (2009). "Income Inequality and Male Homicide Rates: Sao Paulo, Brazil, 1996-2007." [Desigualdade de renda e taxas de homicídios entre indivíduos do sexo masculino: São Paulo, Brasil.] *European Journal of Public Health* 19(6):602-04.

Em São Paulo, Brasil, o número de homicídios entre homens com idades de 15 a 44 anos aumentou, com uma variação percentual anual (APC) de 4,7% de 1996 a 2001, e depois diminuiu, com uma APC de –14,6%. Analisando a distribuição intraurbana de acordo com a renda familiar, o aumento na taxa de homicídios foi limitado a homens que habitam os bairros mais pobres. Por outro lado, o declínio das taxas de homicídios foi observado entre homens que moram em todos os bairros. As razões para essa tendência "positiva e negativa" não são claras.

Messias E (2003). "Income Inequality, Illiteracy Rate and Life Expectancy in Brazil." [Desigualdade de renda, taxa de analfabetismo e expectativa de renda no Brasil.] *American Journal of Public Health* 93(8):1294-96.

OBJETIVOS: A ligação entre as disparidades de renda e de saúde foi estudada principalmente em nações desenvolvidas. Esse estudo analisa a relação entre as disparidades de renda e a expectativa de vida no Brasil e mede o impacto das taxas de analfabetismo sobre esta associação. MÉTODOS: As unidades de análise (n = 27) são todos os estados brasileiros e o Distrito Federal. Regressões lineares simples e múltiplas foram aplicadas para avaliar a associação entre a disparidade de renda, medida pelo coeficiente de Gini, o Produto Interno Bruto (PIB) *per capita* e a taxa de analfabetismo. Os dados são provenientes de fontes disponíveis para o público no Ministério da Saúde brasileiro e no Instituto Brasileiro de Geografia e Estatística. RESULTADOS: As disparidades de renda e as taxas de analfabetismo foram negativamente associadas à expectativa de vida no Brasil. O PIB *per capita* foi positivamente associado à expectativa de vida. A inclusão das taxas de analfabetismo no modelo de regressão removeu o efeito das disparidades de renda. CONCLUSÕES: A taxa de analfabetismo apresenta forte associação com a expectativa de vida no Brasil. Essa descoberta reforça relatórios dos Estados Unidos e tem implicações para as políticas de saúde e o planejamento tanto nos países desenvolvidos quanto nos países em desenvolvimento.

Nadanovsky P, Cunha-Cruz J (2009). "The Relative Contribution of Income Inequality and Imprisonment to the Variation in Homicide Rates Among Developed (OECD), South and Central American countries." [A contribuição relativa da desigualdade de renda e das prisões para a variação da taxa de homicídio entre os países desenvolvidos (OCDE), da América do Sul e da América Central.] *Social Science & Medicine* 69(9):1343-50.

As taxas de homicídios variam muito dentro dos continentes e entre continentes diferentes. A fim de lidar com o problema da violência no mundo, parece importante identificar as fontes dessa variabilidade. Apesar do fato de que a desigualdade de renda e o número de prisões parecem ser dois dos determinantes mais importantes para a variação nas taxas de homicídios através do espaço e do tempo, o efeito concomitante da desigualdade de renda e das prisões sobre o número de homicídios ainda não foi examinado. O objetivo deste estudo ecológico transversal foi investigar a relação da desigualdade de renda e das prisões com as taxas de homicídios entre países desenvolvidos (OCDE), países da América do Sul e da América Central. Um novo índice foi desenvolvido para indicar o número de prisões: o Índice de Impunidade (número total de homicídios na década anterior dividido pelo número de pessoas na prisão em um único período de tempo). Modelos binomiais negativos foram usados para estimar as taxas de incidência de homicídios para indivíduos jovens do sexo masculino e para a população em geral em relação ao Índice de Gini e ao Índice de Impunidade, aplicando controles para a mortalidade infantil (como forma de substituir os níveis de pobreza), o Produto Interno Bruto *per capita*, a educação, a porcentagem de indivíduos jovens do sexo masculino na população e na urbanização. Tanto uma desigualdade de renda pequena quanto taxas baixas de impunidade (grande número de prisões para os criminosos) foram relacionadas a taxas baixas de homicídios. Além disso, verificamos que países com desigualdade de renda pequena, taxas baixas de mortalidade infantil (menos pobreza), renda média (PIB *per capita*) mais alta e nível mais elevado de educação apresentaram taxas de impunidade menores. Nossos resultados são compatíveis com a hipótese de que tanto uma desigualdade de renda pequena quanto a prisão de criminosos, fatores independentes entre si e de outras circunstâncias socioestruturais, podem contribuir muito para a redução das taxas de homicídios nos países da América do Sul e da América Central, e para a manutenção de níveis baixos de homicídios em países da OCDE. O Índice de Impunidade revela que países que demonstram um maior compromisso com a educação e com a distribuição de renda também exibem um compromisso maior com a punição de comportamentos criminosos graves.

Pabayo R, Chiavegatto Filho A D *et al.* (2013). "Income Inequality and Mortality: Results From a Longitudinal Study of Older Residents of Sao Paulo, Brazil." [Desigualdade de renda e mortalidade: resultados de um estudo longitudinal com residentes idosos de São Paulo, Brasil.] *American Journal of Public Health* 103(9):43-49.

OBJETIVOS: Determinamos se a desigualdade de renda no nível da comunidade demonstrou associação com a mortalidade entre um grupo de idosos em São Paulo, Brasil. MÉTODOS: Analisamos o estudo Saúde, Bem-Estar e Envelhecimento (SABE), uma amostra de idosos que moram em comunidades de São Paulo (2000-2007). Usamos a análise de sobrevivência para examinar a relação entre a desigualdade de renda e o risco de mortalidade entre idosos moradores de 49 bairros de São Paulo. RESULTADOS: Em comparação a indivíduos que vivem nos bairros mais igualitários (o menor quintil de Gini), as taxas de mortalidade foram maiores para os que habitavam o segundo (taxa ajustada ao risco = 1,44, intervalo de confiança [IC] de 95% = 0,87, 2,41), o terceiro (taxa ajustada ao risco de 1,96, CI de 95% = 1,20, 3,20), o quarto (taxa ajustada ao risco de 1,34, CI de 95% = 0,81, 2,20) e o quinto quintil (taxa ajustada ao risco de 1,74, IC de 95% = 1,10, 2,74). Quando atribuímos os resultados a dados faltantes e usamos pesos pós-estratificação, as taxas ajustadas ao risco para os quintis de 2 a 5 foram de 1,72 (CI de 95% = 1,13, 2,63), 1,41 (CI de 95% = 0,99, 2,05), 1,13 (CI de 95% = 0,75, 1,70) e 1,30 (CI de 95% = 0,90, 1,89), respectivamente. CONCLUSÕES: Não encontramos uma relação entre área/nível de desigualdade de renda e mortalidade. Nossos resultados poderiam ser consistentes ou com uma associação limiar de desigualdade de renda e mortalidade ou com uma pequena associação geral.

Pattussi M P, Marcenes W *et al.* (2001). "Social Deprivation, Income Inequality, Social Cohesion and Dental Caries in Brazilian School Children." [Privação social, desigualdade de renda, coesão social e cáries dentárias entre crianças brasileiras em idade escolar.] *Social Science & Medicine* 53(7): 915-25.

Este estudo ecológico investigou as associações entre a privação social, a desigualdade de renda e a coesão social, e a incidência de cáries dentárias entre crianças em idade escolar do Distrito Federal, Brasil. Três fontes de dados foram usadas: (1) dados relacionados à área de um levantamento social de 1997 conduzido com 13.000 famílias, (2) dados do censo de 1995 coletados para o Governo do Distrito Federal

(GDF) e (3) dados referentes às cáries dentárias de uma pesquisa sobre a saúde bucal de 1997, realizada com 7.296 crianças entre 6 e 12 anos. Os resultados da regressão linear simples mostraram que o percentual com menos de oito anos de educação (P = 0,03) e o percentual que não tinha uma empregada doméstica (P = 0,009) apresentaram uma associação estatisticamente significativa e negativa com o percentual de crianças sem cáries. Nenhuma das taxas de privação teve uma associação estatisticamente significativa com escores CPOD elevados (P > 0,05). O coeficiente de Gini, um indicador de desigualdades sociais, apresentou uma associação negativa estatisticamente significativa com os dois índices de experiências com cáries dentárias, o percentual de ausência de cáries (P = 0,003) e escores CPOD elevados (P = 0,01). O número por mil de homicídios ou tentativas de homicídio, um indicador da coesão social, teve um significado estatístico marginal quando associado à experiência com cáries. Os resultados de análises de regressão linear múltipla mostraram que apenas o coeficiente de Gini continuou estatisticamente significativo quando associado aos dois índices clínicos dentários após o ajuste para fatores de confusão em potencial. A conclusão é que níveis relativos, e não absolutos, de renda foram determinantes mais fortes para o surgimento de cáries neste estudo.

Rasella D, Aquino R *et al.* (2013). "Impact of Income Inequality on Life Expectancy in a Highly Unequal Developing Country: The Case of Brazil." [Impacto da desigualdade de renda sobre a expectativa de renda em um país em desenvolvimento altamente desigual: o caso do Brasil.] *Journal of Epidemiology and Community Health* 67(8):661-66.

MOTIVAÇÃO: Poucos estudos analisaram os efeitos da desigualdade de renda sobre a saúde em países em desenvolvimento, particularmente durante períodos de crescimento econômico, redução das disparidades sociais e melhorias no sistema de bem-estar e saúde. Avaliamos a associação entre a desigualdade de renda e a expectativa de vida no Brasil, incluindo o efeito das intervenções sociais e na saúde, no período de 2000-2009. MÉTODOS: Um conjunto de dados em painel foi criado para os 27 estados brasileiros referente ao supracitado período de tempo. Regressões lineares multivariáveis foram aplicadas usando estimativas de efeitos fixos com heterocedasticidade e EPs robustos de autocorrelação. Modelos foram adaptados para a expectativa de vida como variável dependente, com o uso do índice de Gini ou de uma taxa de dispersão da renda do percentil como a principal variável, e para os determinantes demográficos, socioeconômicos e relacionados ao sistema de saúde como covariáveis. RESULTADOS: O índice de Gini, como o outro índice de desigualdade de renda, apresentou uma associação negativa com a expectativa de vida ($p < 0,05$) mesmo depois de ajustes para todas as covariáveis socioeconômicas e relacionadas à saúde. O Programa Saúde da Família, o principal programa de saúde do país, apresentou uma associação positiva com a expectativa de vida em geral ($p < 0,05$). CONCLUSÕES: Nos últimos anos, políticas sociais eficazes permitiram que o Brasil reduzisse parcialmente a pobreza absoluta e a desigualdade de renda, contribuindo, em conjunto com o principal programa de saúde, para a redução das taxas de mortalidade na população. A redução da desigualdade de renda pode representar um passo importante em direção a uma saúde melhor e ao aumento da expectativa de vida, particularmente em países em desenvolvimento com grandes desigualdades.

Szwarcwald C L, Andrade C L *et al.* (2002). "Income Inequality, Residential Poverty Clustering and Infant Mortality: A Study in Rio de Janeiro, Brazil." [Desigualdade de renda, pobreza habitacional e mortalidade infantil: um estudo no Rio de Janeiro, Brasil.] *Social Science & Medicine* 55(12): 2083-92.

Neste artigo, propomos uma abordagem para a investigação da hipótese de que a concentração da pobreza em uma área afeta a saúde de forma mais profunda do que quando a pobreza é aleatoriamente distribuída em uma determinada região geográfica. Para caracterizar o padrão geográfico da pobreza na cidade do Rio de Janeiro, Brasil, foi criado um índice que mede a heterogeneidade da concentração da pobreza entre subáreas. Usamos dados do censo e definimos a pobreza pela renda mensal do chefe de família. Os 153 bairros que compõem a cidade foram usados como unidades geográficas, e as áreas oficiais do censo como subáreas. O índice proposto mede as diferenças da concentração de pobreza entre as áreas oficiais do censo dentro de um bairro. Os efeitos das variáveis (taxa de mortalidade neonatal precoce; taxa de mortalidade pós-neonatal; proporção de mães adolescentes; e taxa de fertilidade entre adolescentes) relacionadas à concentração da pobreza geográfica sobre a mortalidade infantil foram estimados pelos coeficientes de correlação parcial, com controles para a taxa de pobreza do bairro. Nosso estudo revelou que variações dentro da cidade da taxa de mortalidade pós-neonatal estão associadas a padrões geográficos de pobreza, e que a gravidez na adolescência apresenta uma correlação forte e contextual com a concentração de pobreza dentro do bairro, mesmo depois de ajustes para a taxa de pobreza. As evidências de diferenças relevantes na saúde associadas à concentração espacial da pobreza corroboram a hipótese de que as propriedades do ambiente da residência influenciam contextualmente a saúde. Nossas descobertas sugerem que a prevenção de alguns problemas relacionados à mortalidade infantil deve se concentrar diretamente nos traços das comunidades, considerando suas características físicas, culturais e psicossociais, devendo ser particularmente levada em conta a saúde de comunidades segregadas da sociedade como um todo pela pobreza extrema.

Szwarcwald C L, Bastos F I *et al.* (1999). "Desigualdade de renda e situação de saúde: o caso do Rio de Janeiro." Cadernos de Saúde Pública 15(1): 15-28.

Este estudo ecológico testa a associação entre a desigualdade de renda e as condições da saúde no município do Rio de Janeiro. Os dados foram analisados por meio de técnicas de geoprocessamento e de regressão múltipla. Foram usados os seguintes indicadores para a saúde: taxa de mortalidade infantil; taxa de mortalidade padronizada; esperança de vida ao nascer; taxa de homicídios entre indivíduos do sexo masculino de 15 a 29 anos. Os padrões de desigualdade de renda foram avaliados por meio dos seguintes indicadores de distribuição de renda: índice de Gini; índice de Robin Hood; e a razão da renda média entre os 10% mais ricos e os 40% mais pobres. Os resultados evidenciam correlações significativas dos indicadores de desigualdade de renda com os indicadores de saúde, fornecendo evidências empíricas adicionais da associação entre as condições da saúde e a desigualdade de renda. Para a taxa de homicídios, o efeito do indicador "concentração de indivíduos residentes em favelas" se mostrou relevante, sugerindo uma piora adicional das condições de saúde causada pela deterioração das interações sociais em comunidades que sofrem privação e pelo resultante aumento da criminalidade. A análise geoepidemiológica aqui apresentada aponta para a associação entre resultados de saúde adversos e a concentração habitacional da pobreza. São necessárias políticas sociais concentradas nos residentes das favelas para a redução dos efeitos danosos da desigualdade social.

Szwarcwald C L, Bastos F I *et al.* (1999). "Income Inequality and Homicide Rates in Rio de Janeiro, Brazil." [Desigualdade de renda e taxas de homicídios no Rio de Janeiro, Brasil.] *American Journal of Public Health* 89(6):845-50.

OBJETIVOS: Este estudo determinou o efeito da desigualdade de renda sobre as taxas de homicídios no Estado do Rio de Janeiro, Brasil. MÉTODOS: Conduzimos um estudo ecológico em dois níveis geográficos: municípios do Estado do Rio de Janeiro e regiões administrativas no município do Rio de Janeiro. A associação entre os homicídios e a desigualdade de renda foi testada por procedimentos de regressão múltipla, com ajustes para outros indicadores socioeconômicos. RESULTADOS: Para os municípios do Estado do Rio de Janeiro, nenhuma associação entre os homicídios e a concentração de renda foi verificada, resultado que pode ser explicado pelos diferentes graus de urbanização dos municípios. Contudo, para as regiões administrativas da cidade do Rio de Janeiro, os dois indicadores de desigualdade de renda demonstraram uma forte correlação com a variável de saída ($P < 0,1$). Taxas mais altas de homicídios foram encontradas precisamente na área da cidade com a maior concentração de residentes de favelas e com o maior grau de desigualdade de renda. CONCLUSÕES: As descobertas sugerem que políticas sociais especificamente direcionadas à juventude de baixa renda das zonas urbanas, em particular programas para a redução dos efeitos danosos da desigualdade social, podem ter um impacto importante sobre a taxa de homicídios.

Nota sobre os gráficos

FATOS NUMÉRICOS: COMO INTERPRETAR OS GRÁFICOS DESTE LIVRO

A maioria dos gráficos que usamos neste livro compõe-se de diagramas que ligam a desigualdade de renda a diferentes problemas sociais e de saúde. Mostram relações, sejam: (1) internacionalmente, comparando países ricos, ou (2), nos Estados Unidos, comparando diferentes estados.

Em todos esses gráficos, colocamos a desigualdade de renda na linha horizontal da base (o eixo x), de modo que as sociedades com baixos níveis de desigualdade ficam à esquerda do gráfico e as sociedades com altos níveis de desigualdade ficam à direita.

Os diferentes resultados sociais e de saúde são mostrados na linha vertical (o eixo y) do lado esquerdo do gráfico.

A maioria dos gráficos apresenta duas características. Primeiramente, há pontos espalhados, de países ricos ou dos estados americanos, de modo que os leitores podem ver exatamente como cada sociedade se compara às outras. Depois, há uma linha, denominada *linha de regressão*, que mostra a relação de "melhor encaixe" entre a desigualdade de renda e o resultado daquele gráfico. Essa linha não é escolhida por nós, mas calculada por um software de estatística que fornece a linha que melhor se encaixa na tendência dos dados representados pelos pontos. É também possível calcular o quanto é improvável que o padrão que vemos possa resultar do acaso. Só incluímos uma linha de melhor encaixe em meio aos pontos quando foi muito improvável que a relação ocorresse por acaso. Quando um gráfico não tem uma linha de melhor encaixe, significa que não há demonstração de uma relação.

Se a linha se inclina de modo íngreme ascendente da esquerda para a direita, mostra que o resultado social ou da saúde torna-se mais comum em sociedades desiguais. Essa configuração tende a ocorrer com problemas que consideramos sérios, como violência:

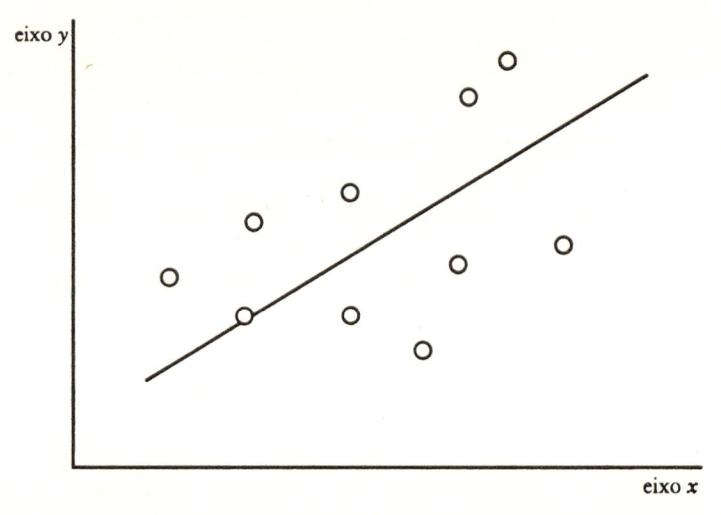

Se a linha se inclina de modo íngreme descendente da esquerda para a direita, mostra que o resultado social e da saúde é muito menos comum em sociedades mais desiguais. Vemos essa configuração para coisas que consideramos boas, como confiança:

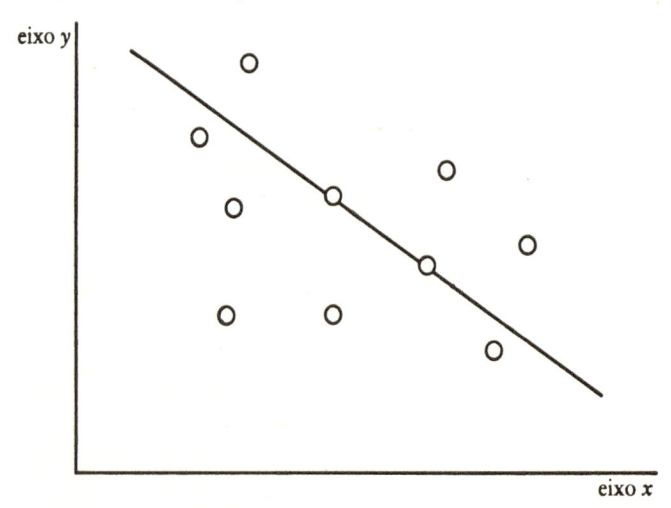

Uma configuração de pontos mais espalhados no gráfico significa que há outras influências importantes no resultado. Talvez não signifique que a desigualdade não seja uma forte influência, mas simplesmente que outros fatores também importam:

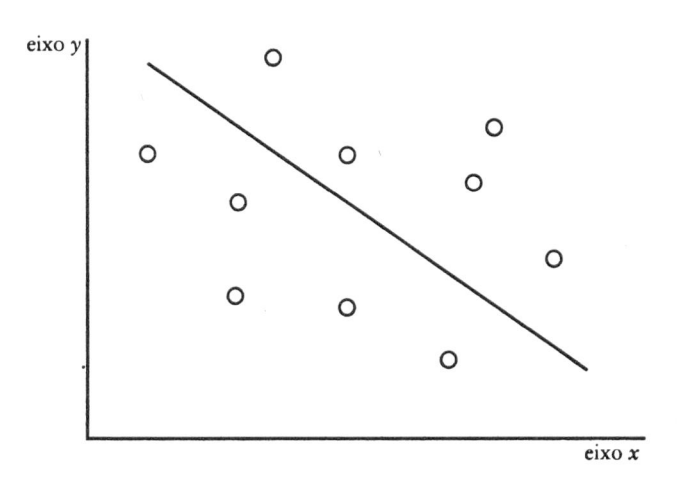

Uma configuração estreita de pontos significa a existência de uma relação bem próxima entre a desigualdade e o resultado, e que a desigualdade é um excelente prognóstico do resultado:

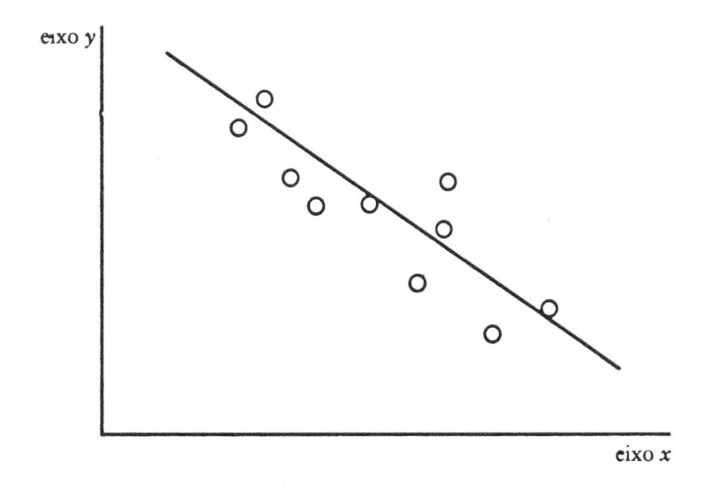

Mais detalhes sobre nossos métodos podem ser encontrados em *www.equalitytrust.org.uk.*

PRIMEIRA PARTE

Sucesso material, fracasso social

CAPÍTULO 1. O fim de uma era

> Aprecio nos ricos a possibilidade de darem presentes aos amigos ou de devolverem a saúde a um doente com facilidade e abundância. De resto, pouca ajuda a fortuna dá ao contentamento diário; uma vez satisfeita sua fome, ricos e pobres são todos como se fossem um.
>
> Eurípides, *Electra*

É um notável paradoxo que, no auge da realização material e tecnológica humana, nos encontremos dominados pela ansiedade, propensos à depressão, preocupados com o modo como os outros nos veem, incertos de nossas amizades, levados ao consumo e com pouca ou nenhuma vida em comunidade. Na falta do contato social descontraído e da satisfação emocional de que todos necessitamos, buscamos conforto no excesso de comida, no consumo e gasto obsessivos ou nos tornamos vítimas do abuso do consumo de álcool, medicamentos psicoativos e drogas ilegais.

Como criamos tanto sofrimento mental e emocional, apesar dos níveis de riqueza e conforto sem precedentes na história humana? Muitas vezes, sentimos falta apenas de um pouco mais de tempo para aproveitar a companhia dos amigos, mas até isso parece inatingível. Falamos como se nossa vida fosse uma batalha constante pela sobrevivência psicológica, uma luta contra o estresse e a exaustão emocional, mas a verdade é que o luxo e a extravagância em que vivemos são tão grandes que ameaçam o planeta.

Uma pesquisa do Hartwood Institute for Public Innovation [Instituto Hartwood para Inovação Pública] (encomendada pela Merck Family Foundation) nos Estados Unidos mostra que as pessoas sentem que, de algum modo, o "materialismo" se interpõe entre elas e a satisfação de suas necessidades sociais. O relatório, denominado *Yearning for Balance* [*Ânsia por equilíbrio*], baseado na pesquisa, de amplitude nacional, concluiu que os americanos se sentiam "profundamente ambivalentes sobre a riqueza e o ganho material".[24] Uma grande parte das pessoas desejaria que a sociedade se "afastasse da ganância e do excesso em direção a um modo de vida mais centrado em valores, comunidade e família". Mas também sentia que essas prioridades não eram compartilhadas pela maioria de seus compatriotas, os quais, elas acreditavam, tinham se tornado "cada vez mais atomizados, egoístas e irresponsáveis". Em consequência, muitas vezes se sentiam isoladas. Entretanto, diz o relatório, ao se reunir em grupos concentrados para discutir esses assuntos, as pessoas ficaram "surpresas e empolgadas ao descobrir que outros compartilhavam seus pontos de vista". Em vez de nos unir em torno de uma causa comum, a intranquilidade que sentimos em relação à perda dos valores sociais e o modo como somos atraídos para a busca de ganhos materiais geralmente são experimentados como se fossem uma ambivalência puramente privada que nos separa dos outros.

A política convencional já não se mobiliza em torno dessas questões e abandonou a tentativa de prover uma visão compartilhada capaz de nos inspirar a criar uma sociedade melhor. Como eleitores, perdemos de vista qualquer crença coletiva de que a sociedade poderia ser diferente. Em vez de uma sociedade melhor, a única coisa pela qual quase todos se empenham é a melhoria da própria posição — como indivíduos — na sociedade existente.

O contraste entre o sucesso material e o fracasso social de muitos países ricos é um importante sinalizador. Sugere que, se quisermos melhorar a qualidade de vida real, precisamos mudar o foco dos critérios materiais e do crescimento econômico para modos de melhorar o bem-estar psicológico e social de sociedades inteiras. Entretanto, assim que se menciona qualquer coisa psicológica, a discussão tende a enfocar quase exclusivamente remédios e tratamentos individuais. O pensamento político parece enfiar a cabeça na areia.

Agora é possível ter uma ideia nova, convincente e coerente de como podemos libertar as sociedades do jugo de tantos comportamentos disfuncionais. Uma compreensão adequada do que está acontecendo poderia transformar a política e a qualidade de vida para todos nós. Ela mudaria a forma como encaramos o mundo à nossa volta, mudaria aquilo em que votamos e o que exigimos de nossos políticos.

Neste livro mostramos que a qualidade das relações sociais em uma sociedade é construída sobre bases materiais. A escala das diferenças de renda tem um efeito poderoso sobre o modo como nos relacionamos uns com os outros. Em vez de culpar pais, religião, valores, educação ou o sistema penal, mostraremos que a escala da desigualdade propicia uma poderosa alavanca política para o bem-estar psicológico de todos nós. Assim como no passado foram necessários estudos sobre o ganho de peso em bebês para demonstrar que a interação com um cuidador amoroso é decisiva para o desenvolvimento infantil, precisamos de estudos sobre as taxas de óbito e distribuição de renda para mostrar as necessidades sociais de adultos e demonstrar como as sociedades podem satisfazê-las.

Muito antes da crise financeira que ganhou velocidade no fim de 2008, ao comentar o declínio da comunidade ou o aumento de várias formas de comportamento antissocial, políticos britânicos às vezes se referiam a nossa "sociedade falida". O colapso financeiro desviou a atenção para a economia falida, ao passo que o comportamento dos pobres era às vezes culpado pela sociedade falida, e a economia falida foi amplamente atribuída aos ricos. Estimulados pelas perspectivas de salários e bônus cada vez maiores, os responsáveis por algumas das instituições financeiras mais confiáveis jogaram a cautela ao vento e construíram castelos de cartas que só ficariam de pé sob a proteção de uma fina bolha especulativa. Mas a verdade é que tanto a sociedade falida quanto a economia falida são resultado do crescimento da desigualdade.

PARA ONDE LEVAM AS EVIDÊNCIAS

Começaremos por delinear as comprovações de termos chegado perto do fim do que o crescimento econômico pode fazer por nós. Por milhares de anos a melhor maneira de melhorar a qualidade da vida humana foi elevar os padrões materiais. Numa época em que o lobo nunca estava distante da porta, os bons tempos eram simplesmente os de abundância. Mas, para a vasta maioria das pessoas nos países afluentes, as dificuldades de vida já não se relacionam a encher os estômagos, ter água limpa e manter-se aquecido. A maioria agora desejaria comer menos do que mais. E, pela primeira vez na história, os pobres estão — em média — mais gordos do que os ricos. O crescimento econômico, por tanto tempo o grande motor do progresso, praticamente já terminou seu trabalho nos países ricos. As medidas de bem-estar e felicidade não só cessaram de se elevar com o crescimento econômico como também, à medida que as sociedades afluentes ficaram mais ricas, houve elevações de longo prazo nas taxas de ansiedade, depressão e inúmeros outros problemas sociais. As populações dos países ricos chegaram ao fim de uma longa jornada histórica.

O curso da jornada que fizemos pode ser visto na Figura 1.1. Ela mostra as tendências na expectativa de vida em relação ao Produto Interno Bruto *per capita* de países em vários estágios de desenvolvimento econômico. Entre os países mais pobres, a expectativa de vida aumenta rapidamente durante os primeiros estágios do desenvolvimento econômico, mas depois, iniciando-se entre os países de renda média, a taxa de melhoria diminui. Conforme o padrão de vida se eleva e os países ficam cada vez mais ricos, a relação entre crescimento econômico e expectativa de vida se enfraquece. Eventualmente desaparece por completo e a curva ascendente da Figura 1.1 fica horizontal — mostrando que para os países ricos ficar mais rico nada acrescenta à sua expectativa de vida. Isso já aconteceu nos cerca de trinta países mais ricos — mais próximos da extremidade superior à direita da Figura 1.1.

O motivo pelo qual a curva da Figura 1.1 se nivela não é por termos alcançado os limites da expectativa de vida. Mesmo os países mais ricos continuam desfrutando de melhorias substanciais em saúde à medida que o tempo passa. O que mudou é que as melhorias deixaram de ser relativas aos padrões médios de vida. A cada dez anos que se passam, a expectativa de vida entre os países ricos aumenta em dois e três anos. Isso acontece independentemente do crescimento econômico, de modo que um país tão rico quanto os Estados Unidos não apresenta melhores resultados do que a Grécia ou a Nova Zelândia, embora esses tenham pouco mais do que a

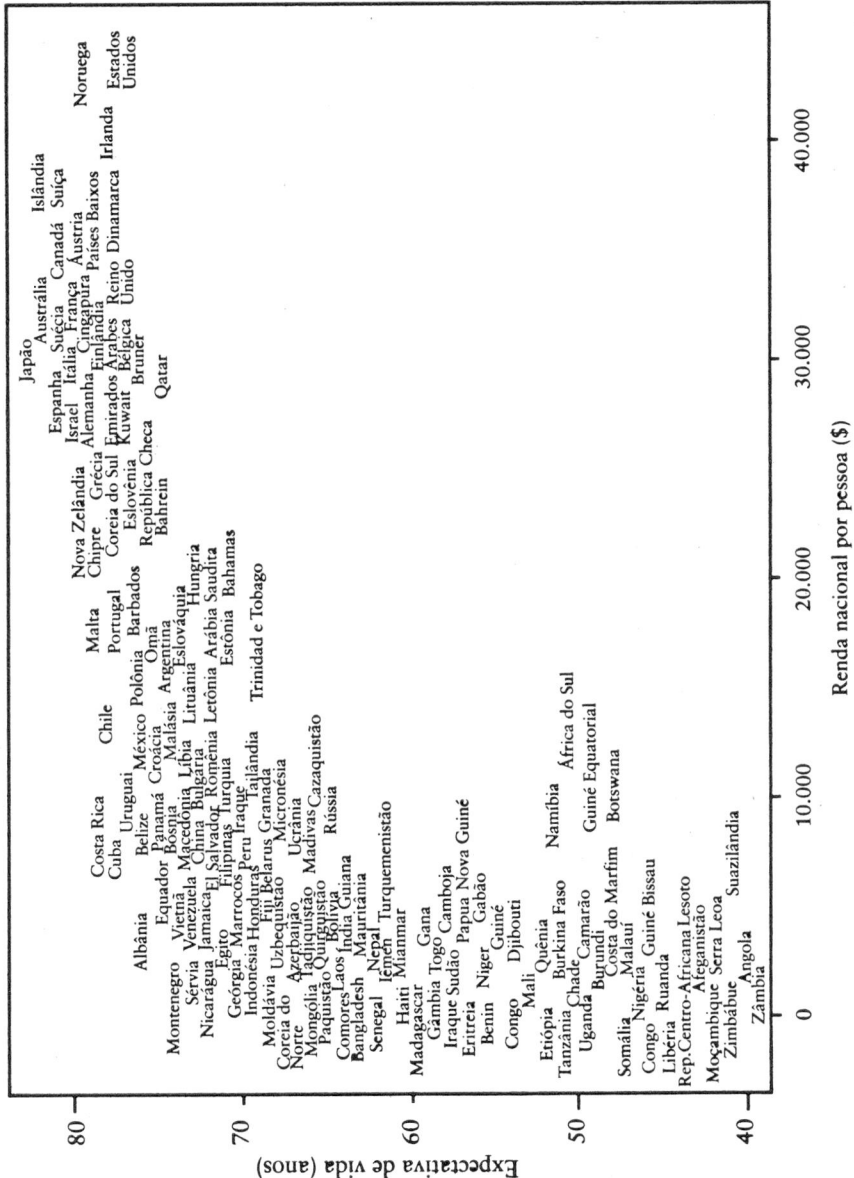

Figura 1.1 *Somente os estágios iniciais o desenvolvimento econômico estimula a expectativa de vida.*[25]

metade de sua riqueza. Em vez de sair da curva na Figura 1.1, o que acontece com a passagem do tempo é que a curva se desvia para cima: os mesmos níveis de renda estão associados a uma expectativa de vida mais elevada. Observando os dados, não se pode deixar de concluir que, à medida que os países ficam mais ricos, crescimentos no padrão de vida fazem cada vez menos pela saúde.

Ao mesmo tempo que saúde e longevidade são importantes, há outros componentes para a qualidade de vida. Mas, assim como a relação entre saúde e crescimento econômico se nivela, o mesmo ocorre na relação com a felicidade. Como a saúde, o quanto as pessoas são felizes se eleva nos primeiros estágios do crescimento econômico e depois se nivela. Em seu livro sobre felicidade, o economista Richard Layard enfatiza esse ponto.[26] É provável que os números relativos à felicidade em diferentes países sejam fortemente afetados pela cultura. Em algumas sociedades, não dizer que se é feliz pode parecer uma admissão de fracasso, enquanto que em outra afirmar que se é feliz pode dar a impressão de autossatisfação e presunção. Apesar das dificuldades, porém, a Figura 1.2 mostra a "curva da felicidade" se nivelando nos países mais ricos praticamente do mesmo modo que a expectativa de vida. Nos dois casos, os ganhos importantes são feitos nos primeiros estágios do crescimento econômico, mas, quanto mais rico um país se torna, menos o fato de ficar ainda mais rico acrescenta à felicidade da população. Nesses gráficos, a curva para a felicidade e expectativa de vida se estabiliza em torno dos US$ 25 mil *per capita*, mas há demonstrações de que o nível de renda em que isso ocorre pode se elevar com o tempo.[27]

A demonstração de que os níveis de felicidade deixam de subir conforme os países ricos enriquecem ainda mais não provém somente da comparação entre diferentes países num ponto específico do tempo (como mostra a Figura 1.2). Em alguns países, como Japão, Estados Unidos e Grã-Bretanha, é possível observar as mudanças no grau de felicidade por períodos de tempo suficientemente longos, permitindo analisar se ele se eleva conforme o país enriquece mais. São demonstrações de que a felicidade não aumentou nem mesmo em períodos longos o bastante para permitir a duplicação da renda. A mesma configuração foi encontrada por pesquisadores que usaram outros

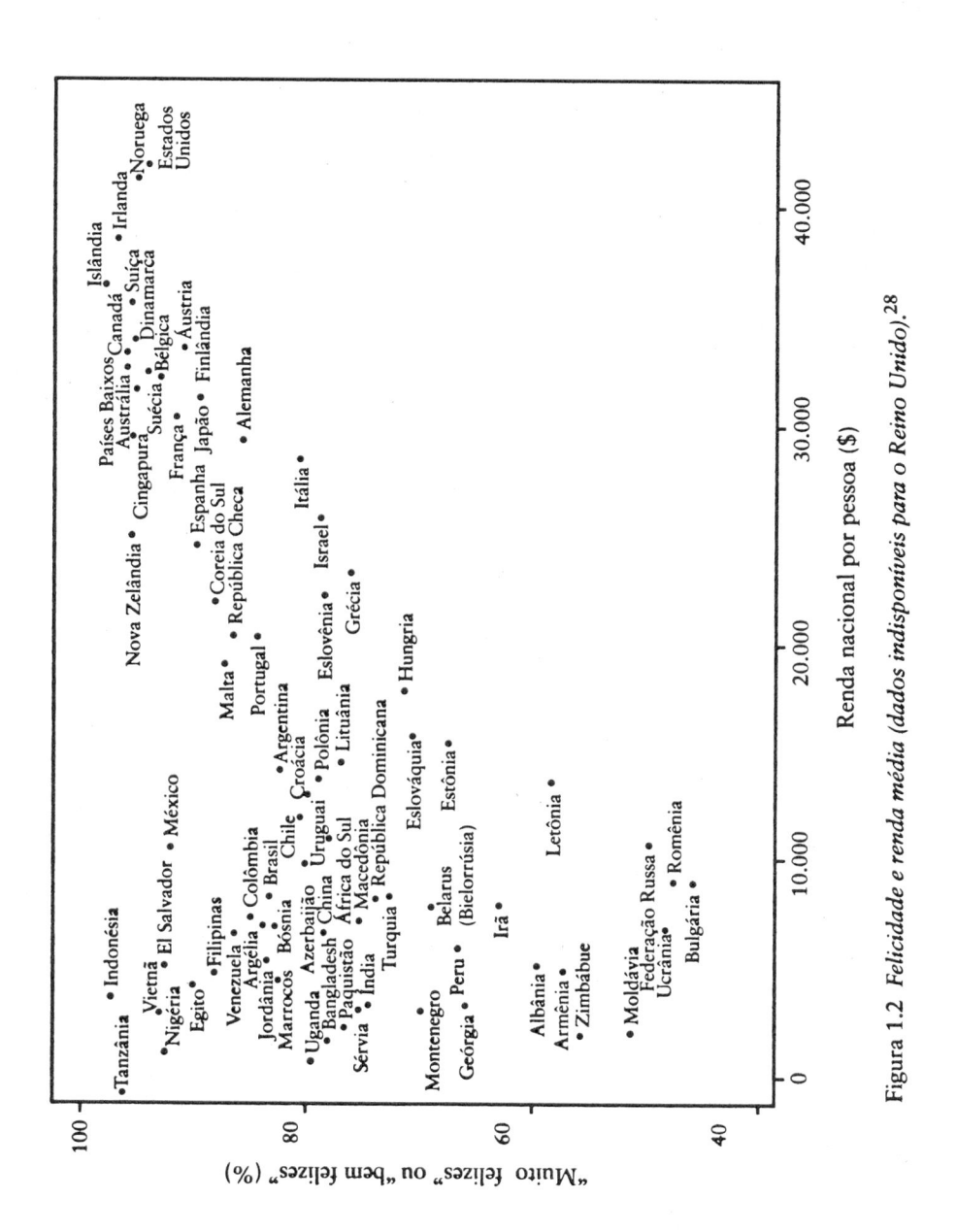

Figura 1.2 *Felicidade e renda média (dados indisponíveis para o Reino Unido).*[28]

ındicadores de bem-estar — como a "medida de previdência econômica" ou o "indicador de progresso genuíno", que tentam calcular os benefícios líquidos do crescimento após a remoção dos custos, como os de congestionamento de tráfego e poluição.

Portanto, observando seja a saúde, a felicidade ou outras medidas de bem-estar, percebe-se a existência de um quadro consistente. Nos países mais pobres, o desenvolvimento econômico continua sendo muito importante para o bem-estar humano. Aumentos nos padrões de vida material resultam em melhorias substanciais tanto nas medidas objetivas de bem-estar, como a expectativa de vida, quanto nas subjetivas, como felicidade. Mas, conforme as nações se incorporam às categorias dos países desenvolvidos afluentes, mais aumentos na renda contam cada vez menos.

Essa é uma configuração previsível. Conforme se tem mais e mais de qualquer coisa, cada acréscimo ao que se tem — sejam pães ou carros — contribui cada vez menos para o bem-estar. Se estivermos com fome, um pão é tudo, mas, quando a fome for satisfeita, muito mais pães não ajudam em nada e podem até se tornar um inconveniente à medida que envelhecem.

Mais cedo ou mais tarde, na longa história do crescimento econômico, os países inevitavelmente atingem um grau de afluência no qual os "retornos decrescentes" se manifestam e a renda adicional compra cada vez menos um acréscimo de saúde, felicidade ou bem-estar. Uma série de países desenvolvidos tem apresentado um aumento quase contínuo nas médias de renda há mais de 150 anos e a riqueza adicional já não é benéfica como era antes.

As tendências das diferentes causas de óbito confirmam essa interpretação. São as doenças da pobreza que primeiro diminuem quando os países começam a ficar ricos. As grandes doenças infecciosas — como tuberculose, cólera ou sarampo —, que ainda são comuns nos países mais pobres de hoje, aos poucos deixam de ser as principais causas de óbito. Conforme essas desaparecem, ficamos com as supostas doenças da afluência — as cardiovasculares degenerativas e os cânceres. Enquanto as doenças infecciosas da pobreza são particularmente comuns na infância e matam até no auge da vida, as doenças da afluência são, em grande parte, males da idade adulta.

Outra demonstração confirma que a razão para o nivelamento das Figuras 1.1 e 1.2 é o fato de os países terem atingido um limiar de padrão de vida material após o qual os benefícios do crescimento econômico são menos substanciais. Acontece que as doenças que costumavam ser chamadas de "doenças da afluência" tornaram-se as doenças dos pobres nas sociedades afluentes. Problemas como doenças cardíacas, derrame e obesidade costumavam ser mais comuns entre os ricos. As cardiopatias eram consideradas doenças de executivos e antes os ricos eram gordos, e os pobres, magros. Mas, a partir da década de 1950, essas configurações se inverteram nos países desenvolvidos, um após o outro. As doenças que eram mais comuns entre os mais ricos de cada sociedade inverteram sua distribuição social para se tornar mais comuns entre os pobres.

OS LIMITES AMBIENTAIS DO CRESCIMENTO

Ao mesmo tempo que os países ricos atingem o fim dos benefícios reais do crescimento econômico, tivemos de reconhecer os problemas do aquecimento global e dos limites ambientais do crescimento. As drásticas reduções de emissão de carbono necessárias para evitar o descontrole das mudanças climáticas e as elevações dos níveis dos mares podem significar que mesmo os presentes níveis de consumo são insustentáveis — particularmente se os padrões de vida no mundo mais pobre, em desenvolvimento, forem subir como necessitam. No Capítulo 15 discutiremos os modos pelos quais a perspectiva esboçada neste livro se encaixa nas políticas projetadas para a redução do aquecimento global.

DIFERENÇAS DE RENDA DENTRO DAS SOCIEDADES E ENTRE ELAS

Somos a primeira geração que precisa encontrar novas respostas para a questão de como realizar futuras melhorias na real qualidade da vida humana. Se não for o crescimento econômico, o que deveríamos buscar? Uma das mais fortes pistas para a resposta a essa pergunta vem do fato de que somos afetados de modo bem diverso pela diferença de renda *dentro* da nossa própria sociedade do que pelas diferenças na média de renda *entre* uma sociedade rica e outra.

Nos Capítulos 4 a 12 enfocamos uma série de problemas sociais e de saúde, como violência, doença mental, maternidade na adolescência e fracasso escolar, que dentro de cada país são todos mais comuns entre os pobres do que entre os ricos. Em consequência, muitas vezes pode parecer que o efeito de rendas e padrões de vida mais elevados é a eliminação desses problemas. Entretanto, quando fazemos comparações entre diferentes sociedades, descobrimos que esses problemas sociais têm pouca ou nenhuma relação com os níveis da *média* de renda numa sociedade.

Tomemos a saúde como exemplo. Em vez de observar a expectativa de vida em ambos, países ricos e pobres, como fizemos na Figura 1.1, analisemos apenas os países mais ricos. A Figura 1.3 mostra apenas estes e confirma que entre eles alguns países podem ser quase duas vezes mais ricos do que outros sem qualquer benefício para a expectativa de vida. Todavia, *dentro* de qualquer um deles as taxas de óbito são íntima e sistematicamente relacionadas à renda. A Figura 1.4 mostra a relação entre as taxas de óbito e os níveis de renda dentro dos Estados Unidos. As taxas de óbito são de pessoas em códigos de área [CEP] classificadas pela renda típica dos domicílios na região onde moram. À direita ficam os códigos de área mais ricos com as taxas de óbito mais baixas e à esquerda ficam os mais pobres com as taxas de óbito mais elevadas. Embora usemos dados americanos para ilustrar isso, gradientes similares de saúde, de várias inclinações, passam por quase todas as sociedades. Rendas mais elevadas se relacionam a taxas mais baixas de óbito em todos os níveis da sociedade. É bom notar que isso não é simplesmente uma questão de os pobres terem uma saúde pior do que todos os outros. O que é tão impressionante sobre a Figura 1.4 é a regularidade do gradiente de saúde na sociedade — é um gradiente que afeta a todos nós.

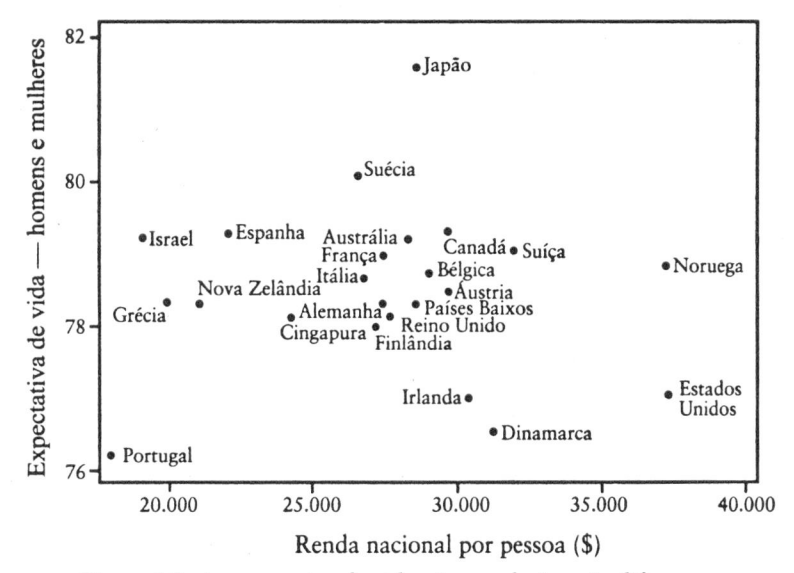

Figura 1.3 *A expectativa de vida não se relaciona às diferenças em média de renda entre os países ricos.*[29]

Dentro de cada país, a saúde e a felicidade das pessoas estão relacionadas às suas rendas. Os ricos tendem, em média, a ser mais saudáveis e felizes do que os pobres na mesma sociedade. Mas comparando países ricos não faz diferença se, na média, as pessoas de uma sociedade são quase o dobro mais ricas do que as pessoas de outra.

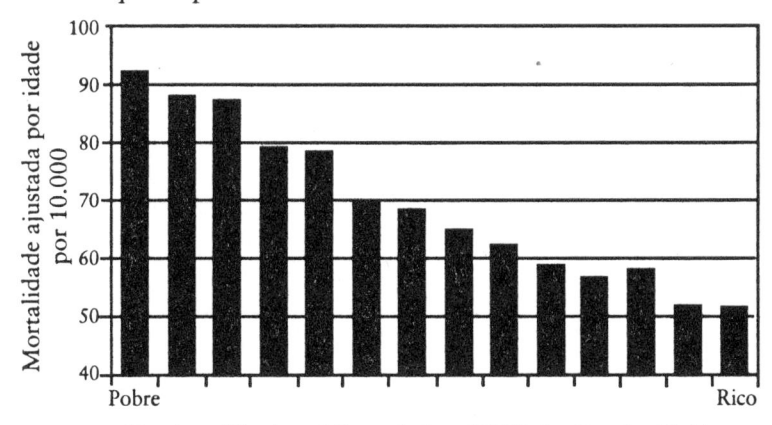

Renda média dos códigos de área [CEP] dos Estados Unidos

Figura 1.4 *As taxas de óbito estão intimamente ligadas às diferenças de renda dentro das sociedades.*[30]

Que conclusão podemos tirar desse paradoxo — que as diferenças na média de renda ou no padrão de vida entre populações ou países inteiros não importam nem um pouco, mas as diferenças de renda dentro dessas mesmas populações importam realmente muito? Há duas explicações plausíveis. Uma é que o que importa nos países ricos pode não ser o nosso verdadeiro nível de renda e padrão de vida, mas como nos comparamos com outras pessoas na mesma sociedade. Talvez os padrões médios não importem e o que realmente importa é simplesmente se estamos nos dando melhor ou pior do que outras pessoas — onde se fica na hierarquia social.

A outra possibilidade é que o gradiente social em saúde mostrado na Figura 1.4 seja consequência não dos efeitos da renda relativa ou do status social sobre a saúde, mas dos efeitos da mobilidade social, que separa os saudáveis dos enfermos. Talvez os saudáveis tendam a subir a escala social e os enfermos acabem na base.

Essa questão será solucionada no próximo capítulo. Veremos se, comprimindo ou esticando, as diferenças de renda importam numa sociedade. Será que as sociedades mais ou menos igualitárias sofrem a mesma carga geral de problemas sociais e de saúde?

CAPÍTULO 2. Pobreza ou desigualdade?

> Pobreza não significa uma pequena quantidade de bens, nem é simplesmente uma relação entre meios e fins; acima de tudo é uma relação entre pessoas. Pobreza é um status social... Desenvolveu-se... como uma distinção discriminatória entre as classes...
>
> Marshall Sahlins, *Stone Age Economics* [*Economia da Idade da Pedra*]

QUANTA DESIGUALDADE?

No capítulo anterior vimos que o crescimento econômico e o aumento na média de renda deixaram de contribuir muito para o bem-estar nos países ricos. Mas vimos também que nas sociedades os problemas sociais e de saúde permanecem fortemente associados à renda. Neste capítulo veremos se o tamanho da desigualdade de renda numa sociedade faz diferença.

A Figura 2.1 mostra como o tamanho das diferenças de renda varia de um país desenvolvido para outro. No topo ficam os países mais igualitários e na base, os mais desiguais. O comprimento das barras horizontais mostra o quanto mais ricos são os 20% mais abastados da população em cada país em comparação com os 20% mais pobres. Em países como o Japão e alguns dos países escandinavos no alto do diagrama, os 20% mais ricos são menos que quatro vezes mais ricos do que os 20% mais pobres. Na base do diagrama estão os países em que essas diferenças são maiores, incluindo dois em que os 20% mais abastados são cerca de nove vezes mais ricos do que os pobres. Entre os mais desiguais estão Cingapura, Estados Unidos,

Portugal e Reino Unido. (Os números são referentes à renda familiar, descontados impostos e benefícios, ajustados para o número de pessoas em cada família.)

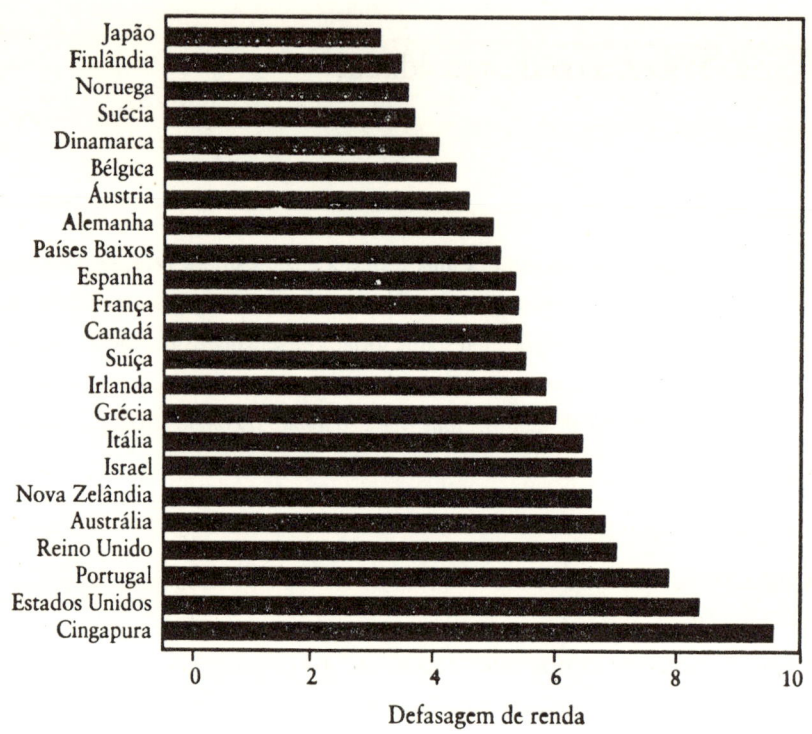

Defasagem de renda

Figura 2.1 *Quão mais ricos são os 20% mais abastados em relação aos 20% mais pobres em cada país?*[31]

Há muitas maneiras de se medir a desigualdade de renda e são todas tão intimamente relacionadas que geralmente não faz muita diferença qual é a escolhida. Em vez dos 20% superiores e inferiores, poderíamos comparar os 10% ou 30% superiores e inferiores. Ou observar a proporção de todas as rendas que vão para a metade mais pobre da população. Tipicamente, a metade mais pobre da população fica com algo em torno de 20% a 25% de toda a renda e a mais rica fica com os 75% a 80% restantes. Outras medidas mais sofisticadas incluem o chamado coeficiente Gini, que mede a concentração de renda em toda a sociedade, em vez de simplesmente comparar os extremos. Se toda a renda fosse para uma pessoa (desigualdade máxima) e todas as outras ficassem com nada, o coeficiente Gini seria igual a 1. Se a renda fosse repartida igualmente e todos recebessem exatamente o mesmo (igualdade perfeita), o coeficiente Gini seria igual a 0. Quanto mais baixo seu valor, mais igualitária é a sociedade. Outra medida de concentração de renda chama-se índice Robin Hood, porque indica a proporção de renda que deveria ser retirada dos ricos de uma sociedade e transferida para os pobres para que fosse alcançada uma distribuição equitativa de renda.

Para evitar que nos acusem de ficar selecionando nossas medidas, nossa abordagem neste livro foi a de usar medidas oferecidas por agências oficiais em vez de fazermos nossos próprios cálculos. Usamos o coeficiente da renda recebida pelos 20% da parte superior e da parte inferior sempre que comparamos a desigualdade em países diferentes: é de mais fácil compreensão e é uma das medidas prontas oferecidas pelas Nações Unidas. Ao compararmos a desigualdade nos estados dos Estados Unidos, usamos o coeficiente Gini: é a medida mais comum, é a preferida dos economistas e está disponível no Serviço de Recenseamento dos Estados Unidos. Em muitos trabalhos de pesquisa acadêmica, nós e outros usamos duas medidas diferentes de desigualdade para mostrar que a escolha das medidas raramente exerce efeito significativo nos resultados.

O TAMANHO DA DESIGUALDADE FAZ DIFERENÇA?

Tendo-se chegado ao fim do que o crescimento econômico pode fazer pela qualidade de vida e encarando os problemas de dano ambiental, que diferença fazem as desigualdades mostradas na Figura 2.1?

Sabemos, já faz algum tempo, que más condições de saúde e violência são mais comuns em sociedades mais desiguais. Entretanto, no curso de nossa pesquisa, notamos que quase todos os problemas mais presentes na base da escala social prevalecem em sociedades mais desiguais. Não se trata apenas de condições de saúde precária e violência, mas também, como mostraremos nos capítulos finais, de um grande número de outros problemas sociais. Quase todos eles contribuem para a vasta preocupação de que as sociedades modernas sejam, apesar de sua afluência, fracassos sociais.

Para verificar se esses problemas são mais comuns em países mais desiguais, coletamos dados internacionalmente comparáveis sobre saúde e o máximo de problemas sociais que nos pudessem proporcionar números confiáveis. A lista final incluiu:

— grau de confiança nos outros
— doença mental (incluindo vício em drogas e álcool)
— expectativa de vida e mortalidade infantil
— obesidade
— desempenho escolar infantil
— maternidade na adolescência
— homicídios
— taxas de encarceramento
— mobilidade social (indisponível para os estados dos Estados Unidos)

Ocasionalmente, o que parecem ser relações entre coisas diferentes podem surgir de modo espúrio ou por acaso. Para ter confiança na integridade das nossas descobertas, também recolhemos dados sobre esses mesmos problemas sociais e de saúde — ou o mais próximo a que pudéssemos chegar — para cada um dos 50 estados que integram os Estados Unidos. Isso nos permitiu verificar se os problemas estavam consistentemente relacionados à desigualdade ou não nesses dois cenários independentes. Como disse Lyndon Johnson, "A América não é meramente uma nação, mas uma nação de nações".

Para apresentar o quadro completo, combinamos todos os dados dos problemas sociais e de saúde de cada país e separadamente para cada estado integrante dos Estados Unidos, formando um Índice de Problemas Sociais e de Saúde para cada um deles. Cada item nos índices carrega o mesmo peso — portanto, por exemplo, a contagem para a saúde mental tem tanta influência para a avaliação geral de uma sociedade quanto a taxa de homicídios ou a de maternidade na adolescência. O resultado é um índice que mostra o quanto todos esses problemas sociais e de saúde são comuns em cada país e em cada estado dos Estados Unidos. Itens como expectativa de vida são classificados inversamente, de modo que, em todas as medições, as marcas mais elevadas refletem os piores resultados. Ao observar as figuras, quanto mais elevada a marca no Índice de Problemas Sociais e de Saúde, piores são as coisas. (Para saber como selecionamos os países e como interpretar os gráficos apresentados neste livro, por favor, leia o Apêndice.)

Começamos mostrando, na Figura 2.2, a fortíssima tendência de que problemas sociais e de saúde sejam menos frequentes nos países mais igualitários. Com a crescente desigualdade (indo para a direita no eixo horizontal), mais verticalizada fica a marca em nosso Índice de Problemas Sociais e de Saúde. Esses problemas são realmente mais comuns em países com maiores desigualdades de renda. As duas coisas estão relacionadas de modo extraordinariamente íntimo — só o acaso quase nunca produziria uma configuração em que os países se alinhassem desse modo.

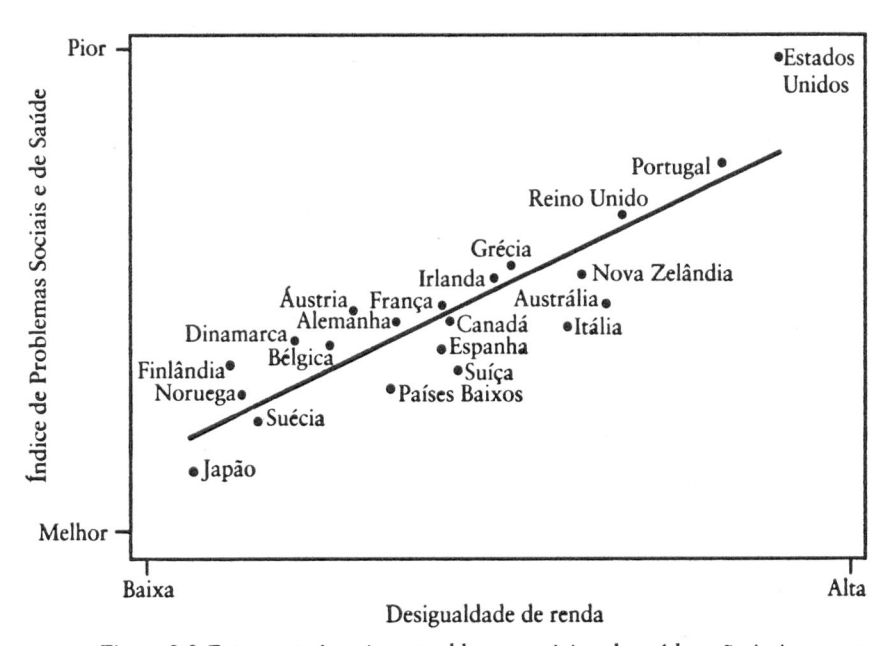

Figura 2.2 *Entre os países ricos, problemas sociais e de saúde estão intimamente relacionados à desigualdade.*

Para enfatizar que a prevalência de más condições de saúde e problemas sociais nas sociedades realmente está relacionada à desigualdade, e não à média dos padrões de vida, mostramos na Figura 2.3 o mesmo Índice de Problemas Sociais e de Saúde, mas dessa vez em relação à média de renda (renda nacional *per capita*). Ela mostra que não há uma tendência similarmente clara em direção a melhores resultados em países mais ricos. Isso confirma o que vimos nas Figuras 1.1 e 1.2 do primeiro capítulo. Entretanto, assim como sabemos que problemas sociais e de saúde são mais comuns entre os menos favorecidos dentro de cada sociedade (como mostrado na Figura 1.4), agora sabemos que todo o fardo desses problemas é muito mais pesado nas sociedades mais desiguais.

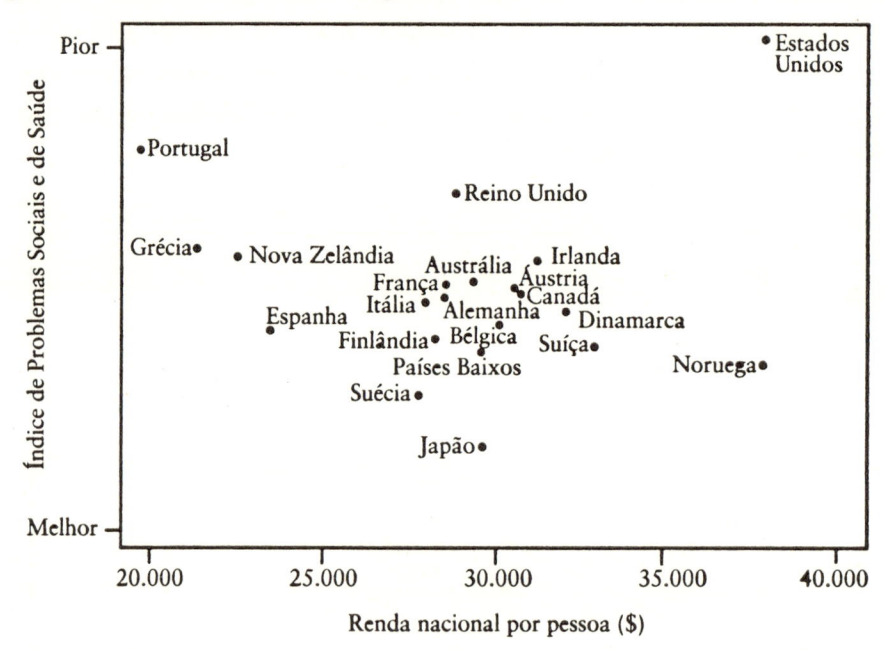

Figura 2.3 *Problemas sociais e de saúde estão fracamente relacionados à média de renda entre os países ricos.*

Para verificar se esses resultados não passam de algum estranho acaso, vejamos se padrões similares também ocorrem quando observamos os 50 estados integrantes dos Estados Unidos. Conseguimos encontrar dados sobre exatamente os mesmos problemas sociais e de saúde para estas regiões que os usados em nosso índice internacional. A Figura 2.4 mostra que o Índice de Problemas Sociais e de Saúde está fortemente ligado ao tamanho da desigualdade em cada estado, ao passo que a Figura 2.5 mostra não haver uma relação clara entre isso e os níveis de renda média. As demonstrações para os Estados Unidos confirmam o quadro internacional. A posição dos Estados Unidos no gráfico internacional (Figura 2.2) mostra que a elevada média do nível de renda nesse país como um todo nada faz para reduzir seus problemas sociais e de saúde relativamente aos outros países.

Devemos notar que parte da razão para os índices que combinam dados de dez diferentes problemas sociais e de saúde estarem estreitamente relacionados à desigualdade é que sua combinação tende a enfatizar o que eles têm em comum e a minimizar a importância do que não têm. Nos Capítulos 4 a 12 examinaremos se cada problema — abordado individualmente — está relacionado à desigualdade e discutiremos as várias razões para que possam ser causados pela desigualdade.

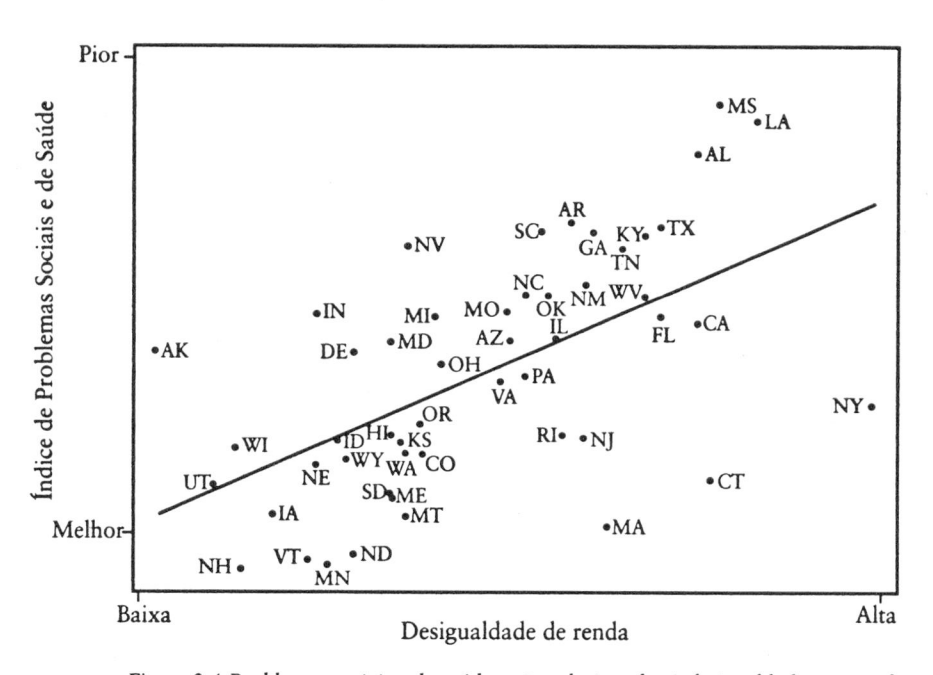

Figura 2.4 *Problemas sociais e de saúde estão relacionados à desigualdade nos estados norte-americanos*

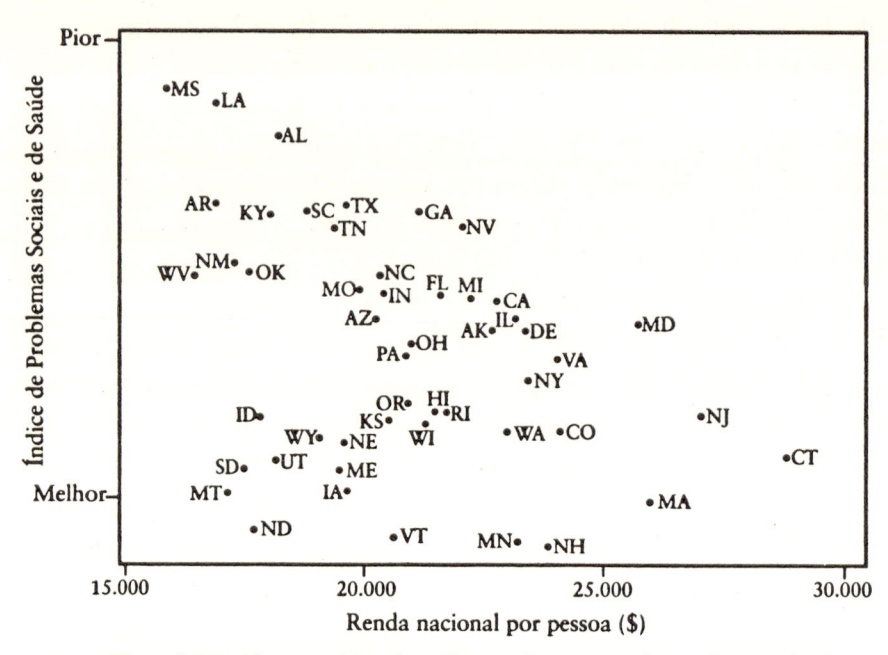

Figura 2.5 *Problemas sociais e de saúde estão fracamente relacionados à média de renda dos estados norte-americanos.*

Legenda: (AL) Alabama, (AK) Alasca, (AZ) Arizona, (AR) Arkansas, (CA) Califórnia, (CO) Colorado, (CT) Connecticut, (DE) Delaware, (FL) Flórida, (GA) Georgia, (HI) Havaí, (ID) Idaho, (IL) Illinois, (IN) Indiana, (IA) Iowa, (KS) Kansas, (KY) Kentucky, (LA) Louisiana, (ME) Maine, (MD) Maryland, (MA) Massachusetts, (MI) Michigan, (MN) Minnesota, (MS) Mississippi, (MO) Missouri, (MT) Montana, (NE) Nebraska, (NV) Nevada, (NH) New Hampshire, (NJ) Nova Jersey, (NM) Novo México, (NY) Nova York, (NC) Carolina do Norte, (ND) Dakota do Norte, (OH) Ohio, (OK) Oklahoma, (OR) Oregon, (PA) Pensilvânia, (RI) Rhode Island, (SC) Carolina do Sul, (SD) Dakota do Sul, (TN) Tennessee, (TX) Texas, (UT) Utah, (VT) Vermont, (VA) Virgínia, (WA) Washington, (WV) Virgínia Ocidental, (WI) Wisconsin, (WY) Wyoming.

Essas evidências não podem ser desprezadas como se fossem algum truque estatístico feito com fumaça e espelhos. O que o estreito encaixe mostrado na Figura 2.2 sugere é que um elemento comum relacionado à prevalência de todos esses problemas sociais e de saúde é o tamanho da desigualdade em cada país. Todos esses dados provêm das fontes mais reputáveis — Banco Mundial, Organização Mundial da Saúde, Nações Unidas e Organização para a Cooperação e Desenvolvimento Econômico (OCDE), além de outras.

Será que essas relações poderiam ser resultado de alguma seleção não representativa de problemas? Para obter essa resposta, nós também usamos o Índice de Bem-Estar Infantil nos Países Ricos compilado pelo Fundo das Nações Unidas para a Infância (Unicef). Ele combina 40 indicadores diferentes, cobrindo diversos aspectos do bem-estar infantil. (Removemos a medida da pobreza infantil relativa porque ela está, por definição, intimamente relacionada à desigualdade.) A Figura 2.6 mostra que o bem-estar infantil está fortemente ligado à desigualdade e a Figura 2.7 mostra que ele não está nem um pouco relacionado à renda média de cada país.

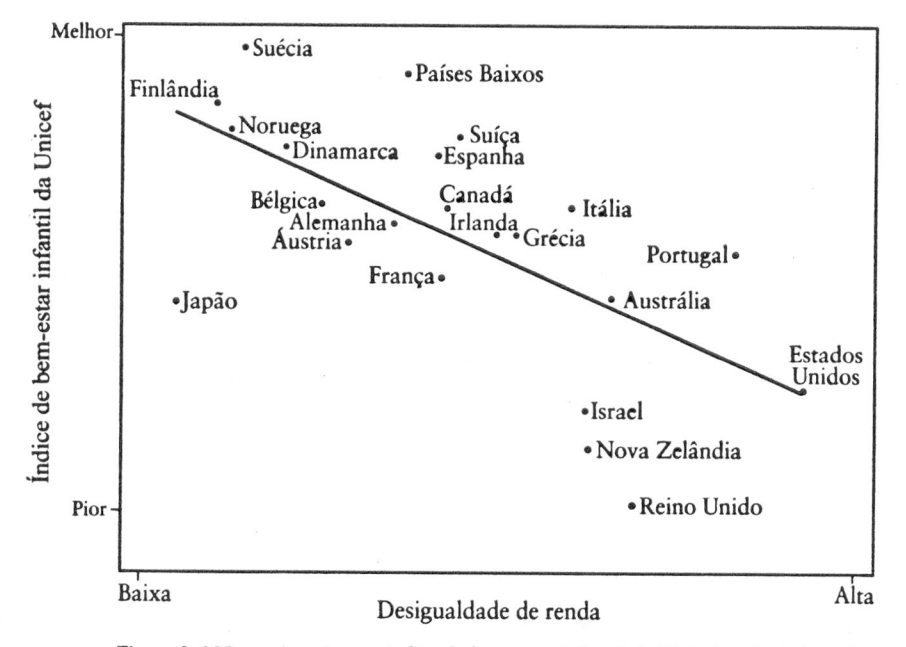

Figura 2.6 *Nos países ricos, o índice de bem-estar infantil da Unicef está relacionado à desigualdade.*

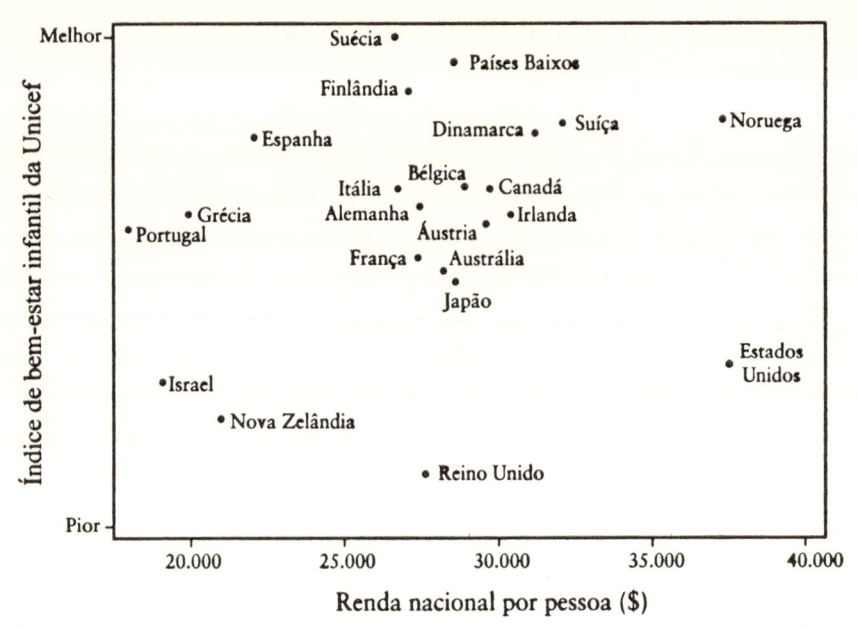

Figura 2.7 *Nos países ricos, o índice de bem-estar infantil da Unicef não está relacionado ao Produto Interno Bruto per capita.*

GRADIENTES SOCIAIS

Como mencionamos no fim do capítulo anterior, talvez haja duas suposições predominantes quanto ao motivo para que as pessoas mais próximas da base da sociedade tenham mais problemas. As circunstâncias em que vivem causam seus problemas ou elas acabam perto da base da sociedade por ter problemas que as puxam para baixo. As demonstrações que vimos nesse capítulo põem essas questões sob nova luz.

Consideremos primeiramente o ponto de vista de que a sociedade é um grande sistema seletivo, com pessoas se locomovendo para cima e para baixo na escala social, segundo suas características pessoais e vulnerabilidades. Enquanto fatores como saúde precária, mau desempenho escolar ou ter um bebê ainda na adolescência sobrecarregam os dados contra nossas oportunidades de subir na escala social, a seleção por si só nada faz para explicar por que sociedades mais desiguais têm mais desses problemas do que as menos desiguais. A mobilidade social pode parcialmente explicar a congregação dos problemas na base, mas não porque sociedades mais desiguais têm mais problemas de modo geral.

A visão de que os problemas sociais são diretamente causados por condições *materiais* de pobreza, como más condições de moradia, alimentação deficiente, falta de oportunidades educacionais e assim por diante, implica a superioridade do desempenho das sociedades desenvolvidas mais ricas. Mas isso está muito longe da verdade: alguns dos países mais abastados têm o pior desempenho.

É impressionante que essas medidas — de problemas sociais e de saúde nos dois diferentes cenários, e do bem-estar infantil nos países ricos — contenham todas a mesma história. Os problemas nos países ricos não são causados porque a sociedade não é suficientemente rica (ou mesmo por ser rica demais), mas porque a escala de diferenças materiais entre as pessoas dentro de cada sociedade é muito grande. O que importa é como nos colocamos em relação aos outros na nossa própria sociedade.

É claro que uma pequena proporção das pessoas menos ricas, mesmo nos países mais ricos, às vezes se encontra sem dinheiro e alimento suficientes. Entretanto, pesquisas entre os 12,6% dos americanos que vivem abaixo da linha de pobreza federal (um nível de renda absoluta, em vez de um padrão relativo, como metade da renda média) mostram que 80% deles têm ar-condicionado, quase 75% possuem pelo menos um carro ou caminhão e cerca de 33% têm um computador, uma lavadora de pratos e um segundo carro. Isso significa que, quando as pessoas não têm dinheiro para as coisas essenciais, como comida, é geralmente um reflexo da força de seus desejos de viver de acordo com os padrões predominantes. Você pode, por exemplo, sentir que é mais importante manter as aparências gastando em roupas enquanto economiza na alimentação. Sabemos de um jovem que estava desempregado e tinha gastado a renda de um mês num telefone celular porque, segundo ele, as garotas ignoravam as pessoas que não tinham o aparelho certo. Como Adam Smith enfatizou, é importante ter a capacidade de se apresentar de modo meritório na sociedade sem a vergonha e o estigma da pobreza aparente.

Entretanto, assim como o gradiente na saúde permeia a sociedade do topo à base, as pressões da desigualdade e do desejo de se manter por cima não se resumem a uma pequena minoria que é pobre. Os efeitos — como veremos — se espalham pela população.

PROBLEMAS DIFERENTES — RAÍZES COMUNS

Os problemas sociais e de saúde que descobrimos ser relacionados à desigualdade tendem a ser tratados como coisas separadas pelos formuladores das políticas, cada um necessitando de serviços e remédios separados. Pagamos ou mantemos médicos e enfermeiros para tratar de saúdes deficientes, a polícia e as prisões para lidar com a criminalidade, explicadores e psicólogos para enfrentar os problemas educacionais, assistentes sociais e unidades de reabilitação para dependentes químicos, serviços psiquiátricos e especialistas em promoção de saúde para lidar com uma enorme quantidade de outros problemas. Esses serviços são todos caros e nenhum deles é mais do que parcialmente eficaz. Por exemplo, as diferenças na qualidade de atendimento médico têm menos efeito na expectativa de vida das pessoas do que as diferenças sociais em seus riscos de contrair alguma doença fatal, para começar. E, mesmo quando os vários serviços são bem-sucedidos para impedir que alguém reincida no crime, na cura de um câncer, em tirar alguém das drogas ou lidar com o fracasso escolar, sabemos que nossas sociedades estão recriando infinitamente esses problemas nas novas gerações. Enquanto isso, todos esses problemas são mais comuns nas sociedades mais desiguais.

O QUE A DESIGUALDADE ECONÔMICA NOS DIZ?

Antes de prosseguir, nos próximos capítulos, para ver como a escala de diferenças de renda pode estar relacionada a outros problemas, é preciso dizer algumas palavras sobre o que as diferenças de renda nos dizem sobre uma sociedade. Os seres humanos têm vivido em todos os tipos de sociedade, desde as mais igualitárias sociedades pré-históricas caçadoras e coletoras até as ditaduras mais plutocráticas. Embora as democracias modernas de mercado não caiam em nenhum desses extremos, é razoável supor que há diferenças em seus graus de hierarquia. Acreditamos que seja isso que a desigualdade de renda esteja mensurando. Onde as diferenças de renda são maiores, as distâncias sociais são maiores e a estratificação social é mais importante.

Seria bom ter uma porção de indicadores da escala hierárquica em diferentes países — ser capaz de comparar desigualdades não só de renda, mas também de riqueza, educação e poder. Seria também interessante ver como se relacionam às distâncias sociais, aos indicadores de status como a escolha que as pessoas fazem de roupas, música e filmes ou à importância da hierarquia e posição. Mesmo que medidas adicionais, que possam ser comparadas entre os países, venham a se tornar disponíveis no futuro, no momento só podemos contar com a desigualdade de renda. Mas o que talvez seja surpreendente é o quanto essa medida nos diz por si só.

Há duas razões importantes para interpretar a desigualdade de renda desse modo. O primeiro indicador é que só os problemas sociais e de saúde que têm fortes gradientes de classe social — tornando-se mais comuns na parte inferior da pirâmide social — são também mais frequentes nas sociedades mais desiguais. Isso parece ser um fenômeno geral: quanto mais verticalizado o gradiente social de um problema dentro da sociedade, mais fortemente está ligado à desigualdade.[32] Isso não só se aplica a cada problema — às taxas de maternidade na adolescência ou à dificuldade de aprendizado das crianças, por exemplo — como parece também se ajustar em relação às diferenças de gênero no mesmo problema: portanto, por exemplo, a razão para que as taxas de obesidade feminina venham a ser — como veremos — mais estreitamente relacionadas à desigualdade do que as masculinas parece ser que o gradiente social na obesidade é mais verticalizado entre as mulheres do que entre os homens. Problemas de saúde como câncer de mama, que não costumam ser mais comuns entre os menos favorecidos, não estão relacionados à desigualdade.[33]

O outro indicador a sugerir que a desigualdade de renda reflete o grau de hierarquização das sociedades ficou claro quando analisamos cerca de 170 trabalhos acadêmicos descrevendo diferentes pesquisas sobre a relação entre desigualdade de renda e saúde.[34] O tamanho das áreas em que os pesquisadores tinham mensurado a desigualdade variava substancialmente. Alguns tinham calculado o grau do problema em certos bairros e esperavam ver se estava relacionado com as taxas de mortalidade naquelas áreas. Outros tinham usado cidades inteiras e capitais como unidades de medida de desigualdade e saúde. Outros ainda observaram regiões e estados ou fizeram estudos internacionais, comparando países. Com a análise de todas essas pesquisas, surgiu uma configuração bem clara. Ao mesmo tempo em que havia evidências esmagadoras de que a desigualdade estava relacionada à saúde quando ambas eram medidas em grandes áreas (regiões, estados ou países), as descobertas eram muito mais mistas quando a desigualdade era medida em pequenas áreas setorizadas.

Isso faz muito sentido se pensarmos sobre a razão para que a saúde tenda a ser pior nas regiões mais desprovidas. O que marca os bairros que têm saúde precária — onde a expectativa de vida pode ser dez anos mais curta do que nos bairros mais saudáveis — logicamente não é a desigualdade dentro deles. Mas, sim, que eles são desiguais — ou desprovidos — em relação ao resto da sociedade. O que importa é a extensão da desigualdade que permeia a sociedade.

Concluímos que, antes de nos dizer algo sobre alguma influência previamente desconhecida sobre a saúde (ou problemas sociais), a escala das diferenças de renda numa sociedade estava nos dizendo algo sobre a hierarquia em que ocorrem gradientes de tantos resultados sociais. Como os índices de problemas sociais e de saúde refletem as diferenças de status social relativas à cultura e ao comportamento, tudo indica a probabilidade de a desigualdade material ser central para essas diferenças.

Talvez devêssemos encarar a escala de desigualdades materiais numa sociedade como provedora do esqueleto ou da estrutura em torno da qual se formam as diferenças culturais e de classe. Com o passar do tempo, as diferenças gerais de riqueza ficam sobrepostas pelas diferenças de vestuário, gosto estético, educação, senso próprio e todas as outras marcas de identidade de classe. Pensemos, por exemplo, em como o aparecimento comparativamente recente de grandes diferenças de renda na Rússia virá a afetar sua estrutura de classe. Quando os filhos dos novos oligarcas russos tiverem crescido em grandes mansões, frequentado escolas particulares e viajado pelo mundo, terão desenvolvido todos os paramentos culturais de uma classe alta. Era famosa a descrição que um político britânico conservador fazia de outro como alguém que "precisava comprar a própria mobília". Embora sempre tenha havido preconceito contra os novos-ricos, a riqueza não se mantém nova para sempre: uma vez que a mobília é herdada, torna-se dinheiro antigo. Mesmo no distante século XVIII, quando as pessoas achavam que o berço e o nome é que definiam os escalões da sociedade, se alguém perdesse sua fortuna podia manter o status de "pobre distinto", mas após, mais ou menos, uma geração haveria pouco a distingui-lo do resto dos pobres. Além disso, como Jane Austen mostra em *Palácio das ilusões* e *Razão e sensibilidade*, as consequências — qualquer que fosse o berço — de se casar por amor em vez de por dinheiro podiam ser sérias. Quer a riqueza material seja ganha ou perdida, não se pode continuar sendo "uma pessoa de substância" sem ela. E é certamente porque as diferenças materiais proporcionam a estrutura em torno da qual as distinções sociais se desenvolvem que a desigualdade tem sido considerada socialmente desagregadora.

QUALIDADE DE VIDA PARA TODOS E PADRÕES NACIONAIS DE DESEMPENHO

Tendo chegado ao final do que os padrões mais altos de vida material podem nos oferecer, somos a primeira geração que precisa encontrar outros modos de melhorar a verdadeira qualidade de vida. As evidências mostram que reduzir a desigualdade é o melhor meio de melhorar o ambiente social e, assim, a verdadeira qualidade de vida para todos nós. Como veremos no Capítulo 13, isso inclui os mais favorecidos.

Está claro que uma maior igualdade, assim como melhorar o bem-estar de populações inteiras, também é essencial para o padrão nacional de êxito e para o desempenho dos países em diversas áreas. Quando as desigualdades de saúde começaram a se tornar proeminentes na agenda da saúde pública no início da década de 1980, as pessoas às vezes perguntavam o motivo para tanto alarde sobre esse assunto. Argumentavam que a tarefa dos que trabalhavam com saúde pública era elevar os padrões gerais de saúde o mais rapidamente possível. Foi sugerido que as desigualdades de saúde eram uma questão secundária de pouca relevância. Agora podemos ver que a situação é quase oposta. Os padrões nacionais de saúde, e de outros resultados importantes que discutiremos nos capítulos finais, são consistentemente determinados pelo tamanho da desigualdade de uma sociedade. Se quisermos saber por que as condições de um país são melhores ou piores do que de outro, a primeira coisa a observar é a extensão da desigualdade. Não há uma política para reduzir a desigualdade em saúde ou no desempenho escolar infantil e outra para se elevar o padrão nacional de progresso. A redução da desigualdade é o melhor modo de obter as duas coisas. E se, por exemplo, um país quiser níveis de média mais elevada no desenvolvimento escolar de suas crianças, é preciso que aborde a desigualdade subjacente, criadora de um gradiente social mais verticalizado nesse quesito.

PAÍSES EM DESENVOLVIMENTO

Antes de abandonar esse tema, é preciso enfatizar que, embora a desigualdade também tenha importância para os países em desenvolvimento, isso pode se dar por uma diferente combinação de motivos. Nos países ricos, o que importa agora é o valor simbólico da riqueza e das posses. O que as aquisições dizem sobre status e identidade costuma ser mais importante do que os bens propriamente ditos. Colocando cruamente, bens de segunda categoria supostamente refletem pessoas de segunda categoria.

As posses são indicadores de status em todos os lugares, mas, nas sociedades mais pobres, nas quais as necessidades são uma parte muito maior do consumo, as razões para que as sociedades mais iguais tenham melhores condições podem ter menos a ver com questões de status e mais a ver com menos pessoas não tendo acesso a comida, água limpa e abrigo. É só entre os países bem mais ricos que a saúde e o bem-estar já não se relacionam ao Produto Interno Bruto *per capita*. Nos países mais pobres, ainda é essencial elevar o padrão de vida. Nessas sociedades, uma distribuição mais igual dos recursos significará menos pessoas habitando barracos, com água impura e insegurança alimentar, ou se amontoando em favelas, geralmente fruto de invasões de terras públicas, sem direito a títulos de propriedade.

No próximo capítulo veremos em mais detalhes o motivo para que as pessoas no mundo desenvolvido sejam tão sensíveis à desigualdade a ponto de isso produzir um efeito importantíssimo no bem-estar psicológico e social das populações modernas.

CAPÍTULO 3. Como a desigualdade deixa marcas

Por que somos tão fortemente afetados pela desigualdade e por nossa posição na sociedade como sugerem os dados do capítulo anterior? Antes de explorar — como faremos nos próximos nove capítulos — as relações entre desigualdade e uma vasta série de problemas sociais, incluindo as de nosso Índice de Problemas Sociais e de Saúde, gostaríamos de sugerir o motivo para que os seres humanos sejam tão sensíveis à desigualdade.

Como esse é um aspecto da vasta estrutura das sociedades, as explicações de seus efeitos envolvem a demonstração de como os indivíduos são afetados pela estrutura social. São as pessoas — não as sociedades — que têm problemas de saúde, são violentos ou têm bebês na adolescência. Embora os indivíduos não tenham uma distribuição de renda, eles têm uma renda relativa, um status social ou posição de classe na sociedade. Então mostraremos neste capítulo os modos como nossa sensibilidade individual à sociedade em volta explica por que viver em ambientes mais desiguais pode ter efeitos tão profundos.

Compreender nossa vulnerabilidade à desigualdade significa debater algumas de nossas características psicológicas comuns. Muitas vezes, quando falamos ou escrevemos sobre essas questões, as pessoas entendem mal nosso propósito. Não estamos sugerindo que o problema seja uma questão de psicologia individual ou que realmente seja a sensibilidade das pessoas, e não a escala de desigualdade, que deva ser modificada. A solução para os problemas causados pela desigualdade não é psicoterapia em massa, objetivando deixar todos menos vulneráveis. O melhor modo de responder ao dano causado por altos níveis de desigualdade seria reduzir a própria desigualdade. Em vez de requerer o uso de ansiolíticos no suprimento de água ou psicoterapia em massa, o mais empolgante no quadro que apresentamos é mostrar que a redução da desigualdade aumentaria o bem-estar e a qualidade de vida para todos nós. Longe de ser inevitável e irrefreável, a sensação de deterioração no bem-estar social e na qualidade das relações sociais na sociedade é reversível. Compreender os efeitos da desigualdade significa subitamente termos um manipulador político do bem-estar de sociedades inteiras.

Os poderosos mecanismos que tornam as pessoas sensíveis à desigualdade não podem ser entendidos em termos de estrutura social nem de psicologia individual apenas. Psicologia individual e desigualdade social relacionam-se uma com a outra como chave e fechadura. Um motivo para que os efeitos da desigualdade não tenham sido adequadamente compreendidos antes é a falta de compreensão da relação entre as duas.

O AUMENTO DA ANSIEDADE

Dado o conforto material e a conveniência física sem precedentes das sociedades modernas, pode parecer sensato ser cético em relação ao modo como todos falam em estresse, como se a vida não passasse de sobrevivência. Entretanto, Jean Twenge, psicóloga da Universidade Estadual de San Diego, reuniu demonstrações impressionantes de que realmente estamos muito mais ansiosos do que costumávamos ser. Ao analisar o grande número de estudos sobre níveis de ansiedade na população realizados em diferentes datas, ela documentou tendências bem claras. Encontrou 269 estudos amplamente comparáveis que mensuravam os graus de ansiedade nos Estados Unidos em vários momentos entre 1952 e 1993.[35] Reunidos, os estudos abrangiam 52 mil indivíduos. Eles mostraram uma tendência continuamente ascendente nesse período de 40 anos. Os resultados encontrados para homens e mulheres são exibidos na Figura 3.1. Cada ponto do gráfico mostra o grau médio de ansiedade encontrado no estudo registrado na data em que foi realizado. A tendência ascendente em tantos estudos não deixa dúvidas. Observando universitários ou crianças, Twenge encontrou a mesma configuração: a média dos universitários em 1993 estava mais ansiosa do que 85% da população em 1952 e, ainda mais desconcertante, no final da década de 1980 a média das crianças americanas estava mais ansiosa do que os pacientes psiquiátricos infantis da década de 1950.

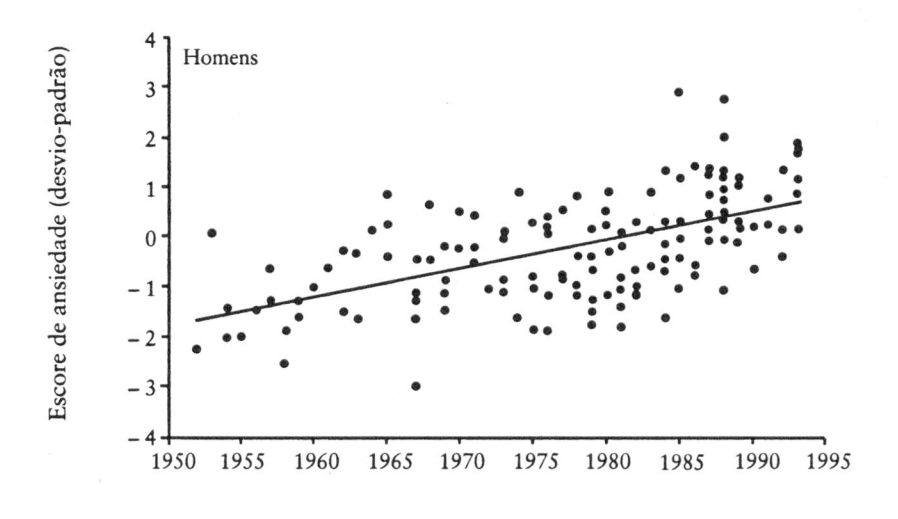

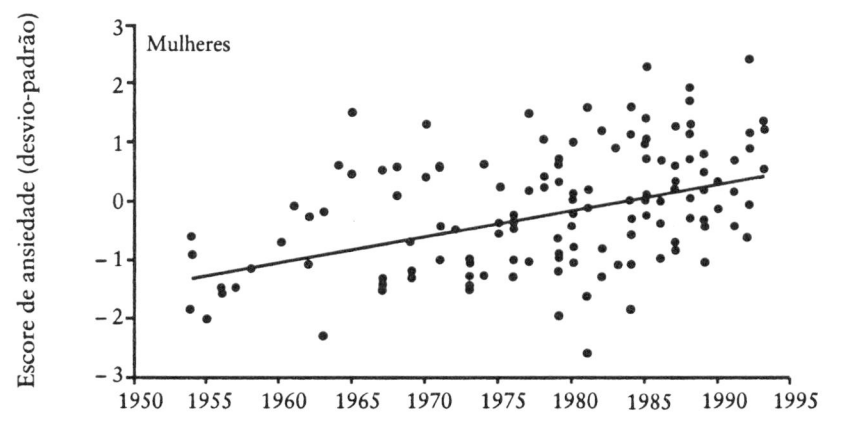

Figura 3.1 *Aumento dos níveis de ansiedade entre os estudantes universitários norte-americanos entre 1952-93. Dados de 269 amostras abrangendo um total de 52 mil indivíduos.[36] (Reproduzido com a gentil permissão de Jean M. Twenge.)*

Essas demonstrações provêm da aplicação de medidas padronizadas de ansiedade para amostras da população. Não podem ser explicadas com a ideia de que as pessoas se tornaram mais conscientes da ansiedade. A tendência de piora também se encaixa no que sabemos estar acontecendo com problemas relacionados, como a depressão. Depressão e ansiedade estão intimamente ligadas: as pessoas que sofrem de uma costumam sofrer da outra e às vezes os psiquiatras tratam dos dois distúrbios de modos similares. Atualmente existe um grande número de estudos mostrando aumentos substanciais das taxas de depressão em países desenvolvidos. Alguns estudos observaram a mudança na última metade do século, comparando a experiência de uma geração com outra, ao mesmo tempo que tomaram o cuidado de evitar armadilhas, como o fato de que mais conhecimento sobre a depressão se reflete em mais casos relatados.[37] Outros compararam as taxas em estudos que se seguiram a amostras representativas da população nascida em anos diferentes. Na Grã-Bretanha, por exemplo, a depressão mensurada em pessoas com cerca de 25 anos foi considerada duas vezes mais comum num estudo com dez mil pessoas nascidas em 1970 do que tinha sido num estudo similar realizado anteriormente com pessoas dessa mesma idade nascidas em 1958.[38]

A análise das pesquisas conclui que as pessoas de muitos países desenvolvidos tiveram aumento substancial de ansiedade e depressão. Entre os adolescentes, esses estados foram acompanhados pela maior frequência de problemas comportamentais, que incluem crime, uso de álcool e drogas.[39;40] "Eles afetaram homens e mulheres, em todas as classes sociais e tipos de família."[41]

É importante compreender de que se trata esses aumentos de ansiedade antes que sua relevância para a desigualdade fique clara. Não estamos sugerindo que foram desencadeados pela crescente desigualdade. Essa possibilidade pode ser descontada porque os aumentos de ansiedade e depressão parecem ter se iniciado bem antes dos aumentos da desigualdade que em muitos países ocorreram durante os últimos 25 anos do século XX. (Mas é possível que as tendências entre as décadas de 1970 e 1990 possam ter sido agravadas pela desigualdade crescente.)

AUTOESTIMA E INSEGURANÇA SOCIAL

Uma pista importante em relação ao que está por trás das tendências de doença mental vem das demonstrações de que elas são acompanhadas por um surpreendente aumento do que a princípio foi considerado autoestima. Ao ser comparadas ao longo do tempo, em grande parte do mesmo modo como as tendências da ansiedade são mostradas na Figura 3, as medidas padronizadas de autoestima também mostraram claramente um movimento ascendente de longo prazo. Dava a impressão de que, apesar dos graus crescentes de ansiedade, as pessoas também estavam tendo uma visão mais positiva de si mesmas com o passar do tempo. Havia mais probabilidade, por exemplo, de que dissessem se sentir orgulhosas de si mesmas; que concordassem com declarações como "Eu sou uma pessoa de valor"; e pareciam ter deixado de lado as dúvidas em relação a si mesmas e sentimentos de serem "inúteis" ou "de não saberem nada". Twenge diz que na década de 1950 só 12% dos adolescentes concordavam com a afirmação "Sou uma pessoa importante", mas no final da década de 1980 essa proporção aumentara para 80%.

Então o que pode ter acontecido? As pessoas ficarem muito mais autoconfiantes não se encaixa com também ficarem muito mais ansiosas e deprimidas. A resposta acaba mostrando um quadro das ansiedades ascendentes sobre como somos vistos e o que os outros pensam de nós, o que, por sua vez, produziu um tipo de tentativa defensiva de escorar nossa confiança em face dessas inseguranças. A defesa envolve um tipo de autopromoção, vaidade insegura que é facilmente confundida por elevada autoestima. Isso pode parecer um conjunto de questões de difícil especificação, particularmente quando estamos falando de tendências gerais em populações inteiras. Mas olhemos brevemente as demonstrações do que vem acontecendo que se acumularam desde o movimento de autoestima da década de 1980.

Com o passar dos anos, muitos grupos de pesquisadores que observavam as diferenças individuais de autoestima num ponto específico do tempo (em vez de analisar as tendências nas médias da população no passar do tempo) começaram a perceber duas categorias de pessoas que apareceram com marcas elevadas. Numa categoria, a autoestima elevada vinha associada a resultados positivos e estava vinculada a felicidade, confiança, capacidade de aceitar crítica, capacidade de fazer amigos e assim por diante. Mas, assim como resultados positivos, os estudos descobriram repetidamente que havia outro grupo que pontuava bem nas medidas de autoestima. Eram pessoas que demonstravam tendências à violência, ao racismo, que eram insensíveis aos outros e não transitavam bem nas relações pessoais.

Então a tarefa foi desenvolver testes psicológicos que conseguissem distinguir as pessoas com um tipo saudável ou não de autoestima. O tipo mais saudável parecia centralizar-se num senso de confiança muito bem fundado, com uma visão razoavelmente precisa de seus pontos fortes em diferentes situações e capacidade de reconhecer suas fraquezas. O outro parecia ser principalmente defensivo e envolvia uma negação das fraquezas, um tipo de tentativa interna de se elogiar e manter um senso positivo de si mesmo diante de ameaças à autoestima. Portanto, era (e é) frágil, e reage mal à crítica. Pessoas com elevada autoestima insegura tendem a ser insensíveis aos outros e a mostrar uma preocupação excessiva consigo mesmas, com o sucesso e com sua imagem e aparência diante dos olhos alheios. Essa elevada autoestima doentia costuma ser chamada de "vaidade ameaçada", "elevada autoestima insegura" ou "narcisismo". Durante o tempo comparativamente curto em que os dados ficam disponíveis para comparar as tendências em narcisismo sem confundi-lo com a verdadeira autoestima, Twenge mostrou uma tendência ascendente. Ela descobriu que já em 2006 dois terços dos universitários americanos estavam acima do que fora a marca média de narcisismo em 1982. O reconhecimento de que o que temos visto é o aumento de um narcisismo inseguro — especialmente entre os jovens — em vez de um aumento na autoestima genuína agora parece ser amplamente aceito.

AMEAÇAS AO EU SOCIAL

Portanto, o quadro de elevação da autoestima juntamente com o grau de ansiedade não é verdadeiro. Atualmente está bem claro que o aumento da ansiedade tem sido acompanhado por um narcisismo crescente e que as duas coisas têm raízes comuns. Ambas são causadas por um aumento no que tem sido denominado "ameaça de avaliação social". Existem agora bons indicadores para as principais fontes de estresse nas sociedades modernas. Assim como viver com altos níveis de estresse é atualmente reconhecido como prejudicial à saúde, os pesquisadores têm passado muito tempo tentando compreender como o corpo reage a essa situação e quais são as fontes mais importantes de estresse na sociedade como um todo. Grande parte da pesquisa tem se concentrado num hormônio fundamental, o cortisol, que pode ser facilmente mensurado na saliva ou no sangue. Sua liberação é desencadeada pelo cérebro e serve para nos preparar fisiologicamente para lidar com ameaças ou emergências potenciais. Já houve uma série de experimentos em que voluntários comparecem a um laboratório para fazer exames salivares de cortisol enquanto são expostos a algumas situações ou tarefas projetadas para serem estressantes. Os estudiosos usaram diversas estratégias: alguns tentaram pedir aos voluntários que resolvessem uma série de problemas aritméticos — às vezes comparando os resultados publicamente com os de outros — outros os expuseram a ruídos altos, lhes pediram que escrevessem sobre uma experiência desagradável ou os filmaram executando uma tarefa. Como tantos tipos de agentes estressantes foram usados nesses experimentos, Sally Dickerson e Margaret Kemeny, ambas psicólogas da Universidade da Califórnia, em Los Angeles, perceberam que poderiam usar os resultados de todos esses experimentos para ver que tipos de estímulos mais confiavelmente provocavam a elevação dos níveis de cortisol nas pessoas.[42]

Elas recolheram os achados de 208 relatórios publicados sobre experimentos em que os níveis de cortisol foram mensurados enquanto as pessoas eram expostas a um estímulo experimental. Classificaram todos os diferentes tipos usados nos experimentos e descobriram que: "As tarefas que incluíam uma ameaça de avaliação social (tais como ameaças à autoestima ou ao status social), em que os outros poderiam criticar negativamente o desempenho, especialmente quando o resultado desse era incontrolável, provocaram mudanças de cortisol maiores e mais confiáveis do que quando não havia essas ameaças específicas."[43] De fato, elas sugeriram que "Os seres humanos são levados a preservar seu eu social e ficam vigilantes a ameaças que possam colocar em risco sua estima ou status social".[44] Ameaças de avaliação social foram as que criaram a possibilidade de perda de estima. Tipicamente, envolviam a presença de uma plateia avaliadora no experimento, um potencial para comparações sociais negativas, como obter resultados piores do que os de outrem ou ter seu desempenho registrado em vídeo ou gravado, de modo a criar o potencial para uma avaliação posterior. As reações mais elevadas de cortisol ocorreram quando uma ameaça de avaliação social era combinada com uma tarefa em que os participantes não podiam evitar o fracasso — por exemplo, porque a tarefa era projetada para ser impossível, porque havia muito pouco tempo ou simplesmente dizia-se a eles que iriam fracassar, não importando seu desempenho.

A descoberta de que as ameaças de avaliação social são os estímulos estressantes que nos atingem mais poderosamente se encaixa bem com as demonstrações de ansiedade ascendente acompanhada por uma defesa narcisista de uma autoimagem insegura. Como dizem Dickerson e Kemeny, o "eu social" que tentamos defender "reflete a estima e o status da pessoa e é amplamente baseado na percepção que os outros têm de nosso valor".[45]

Um elemento bem separado de pesquisa em saúde corrobora e completa esse quadro. Um dos avanços recentes mais importantes para nossa compreensão dos fatores que exercem grande influência na saúde dos países ricos foi o reconhecimento da importância do estresse psicológico. No Capítulo 6 esboçaremos a frequência e/ou prolongamento com que o estresse afeta o organismo, influenciando muitos sistemas fisiológicos, inclusive o imunológico e o cardiovascular. Mas o que nos interessa neste capítulo é que as fontes mais poderosas de estresse que afetam a saúde parecem cair em três categorias intensamente sociais: baixo status social, falta de amigos e estresse no início da vida. Todas demonstraram, em muitos estudos bem monitorados, ser gravemente deletérias à saúde e longevidade.

Grande parte das interpretações plausíveis do motivo para que esses fatores continuem aflorando como indicadores de estresse nas sociedades modernas é que todos eles afetam — ou refletem — a extensão com que nos sentimos ou não confortáveis e confiantes uns com os outros. As inseguranças que podem advir de um início de vida estressante têm semelhanças com as inseguranças que podem advir de um baixo status social, e umas poderem exacerbar os efeitos das outras. A amizade exerce um efeito protetor, porque nos sentimos mais seguros e confortáveis com os amigos. Os amigos nos fazem sentir apreciados, nos consideram boa companhia, gostam da nossa conversa — gostam de nós. Se, ao contrário, não temos amigos e sentimos que os outros nos evitam, poucos serão as "cascas-grossas" o bastante para não terem dúvidas em relação a si mesmos e preocupações de que as pessoas os achem feios ou chatos, que os considerem burros ou sem aptidão social.

ORGULHO, VERGONHA E STATUS

O psicanalista Alfred Adler disse: "Ser humano significa sentir-se inferior." Talvez devesse ter dito "Ser humano significa ser altamente sensível sobre ser encarado como inferior". Nossa sensibilidade a tais sentimentos facilita a compreensão dos efeitos contrastantes sobre a confiança do status social elevado e baixo. O modo como as pessoas o veem importa. É possível fazer parte da classe média alta e ainda assim se sentir totalmente inadequado, ou ser de classe baixa e ser cheio de confiança; de modo geral, quanto mais adiante na escala social se está, mais ajuda o mundo parece nos dar para manter afastadas as dúvidas em relação a nós mesmos. Se a hierarquia social é vista — e muitas vezes o é — como se fosse um ranking da corrida humana por habilidade, então os sinais externos de sucesso ou fracasso (melhores empregos, rendas mais elevadas, instrução, moradia, carro e roupas), todos fazem diferença.

É difícil desconsiderar o status social porque ele chega muito perto de definir nossa importância e o quanto somos valorizados. Sair-se bem consigo mesmo e ser bem-sucedido é quase sinônimo de subir na escala social. Status elevado quase sempre carrega conotações de ser melhor, superior, mais bem-sucedido e mais capaz. Se não quisermos nos sentir pequenos, incapazes, desprezados ou inferiores, não é tão essencial evitar o status social baixo, mas, quanto mais em cima da escala social se estiver, mais fácil se torna ter uma sensação de orgulho, dignidade e autoconfiança. As comparações sociais cada vez nos mostram sob uma luz positiva — sejam elas comparações de riqueza, instrução, status do emprego, o lugar onde moramos, as férias que temos ou quaisquer outros indicadores de sucesso.

Os publicitários não só exploram nossa sensibilidade às comparações sociais, sabendo que tenderemos a comprar coisas que valorizem o modo de sermos vistos, como também representam, como veremos no Capítulo 10, uma das causas mais comuns de violência. Uma que desempenha um grande papel para explicar por que a violência é mais comum em sociedades mais desiguais é que ela costuma ser desencadeada pela perda de prestígio e humilhação quando as pessoas se sentem desprezadas e desrespeitadas. Explorando nossos temores de sermos vistos como menos valiosos, os publicitários podem até contribuir para o grau de violência numa sociedade.

Foi Thomas Scheff, emérito professor de sociologia da Universidade da Califórnia, em Santa Barbara, que disse ser a vergonha *a* emoção social.[46] Ele quis dizer quase exatamente o que Dickerson e Kemeny salientaram ao descobrir que os tipos mais prováveis de estímulos a elevar os níveis do hormônio do estresse eram as "ameaças de avaliação social". Por "vergonha" ele se referia ao leque de emoções relacionadas a se sentir tolo, burro, ridículo, inadequado, defeituoso, incompetente, desajeitado, exposto, vulnerável e inseguro. A vergonha e seu oposto, o orgulho, estão enraizados nos processos pelos quais internalizamos o modo como imaginamos que os outros nos veem. Scheff chamou a vergonha de *a* emoção social porque orgulho e vergonha proporcionam a avaliação social como se nos víssemos através dos olhos alheios. O orgulho é o prazer, e a vergonha, a dor pela qual nos socializamos, de modo que aprendemos, a partir do início da infância em diante, a nos comportar de modos socialmente aceitáveis. Isso, é claro, acaba na infância: nossa sensibilidade à vergonha continua a fornecer a base para a conformidade através da vida adulta. As pessoas muitas vezes consideram tão constrangedora até a menor infração das normas sociais na presença de outros que ficam desejando poder desaparecer ou ser tragadas pela terra.

Embora o estudo de Dickerson e Kemeny tenha descoberto que é a exposição a ameaças de avaliação social que mais confiavelmente eleva os níveis dos hormônios do estresse, isso não nos informa a frequência com que as pessoas sofrem tais ansiedades. Serão parte muito comum da vida cotidiana ou só ocasionais? Uma resposta a essa pergunta vem de uma pesquisa em saúde que mostra que o baixo status social, a falta de amigos e uma primeira infância difícil são os indicadores mais importantes de estresse psicológico nas sociedades modernas. Se nossa interpretação desses três fatores estiver certa, ela sugere que esses três tipos de ansiedade e insegurança social são as fontes mais comuns de estresse nas sociedades modernas. Helen Lewis, a psicanalista que chamou nossa atenção para as emoções relacionadas à vergonha, observava indicações comportamentais muito frequentes de vergonha ou constrangimento — talvez não muito mais do que o que chamaríamos de sensações momentâneas de falta de jeito ou inibição — quando suas pacientes davam uma risada constrangida ou hesitavam em pontos específicos enquanto falavam, de modo a sugerir um leve nervosismo.[47]

DA COMUNIDADE À SOCIEDADE MASSIFICADA

Por que essas ansiedades aumentaram de modo tão drástico na última metade do século XX — como sugerem os estudos de Twenge ao mostrar níveis ascendentes de ansiedade e de egos frágeis, narcisistas? Por que a ameaça de avaliação social parece tão grande? Uma explicação plausível é a ruptura das comunidades estabelecidas do passado. Costumava-se crescer conhecendo as mesmas pessoas durante toda a vida e sendo conhecido por elas. Embora a mobilidade geográfica viesse aumentando há várias gerações, essa última metade de século testemunhou um aumento especialmente rápido. No início desse período, ainda era comum que as pessoas — tanto da área rural como da urbana — nunca tivessem viajado muito além dos limites de sua cidade ou vilarejo. Irmãos e irmãs casados, pais e avós tendiam a permanecer morando perto uns dos outros e a comunidade consistia em pessoas que muitas vezes tinham se conhecido pela maior parte da vida. Mas agora que tantas pessoas se mudam do local onde se criaram, o conhecimento dos vizinhos tende a ser superficial ou inexistente. O senso de identidade das pessoas costumava se encaixar na comunidade a que pertenciam, no conhecimento real que elas tinham umas das outras, mas agora fica à deriva no anonimato da sociedade massificada. Fisionomias familiares foram substituídas por um fluxo constante de estranhos. Em consequência, quem somos, a própria identidade, fica eternamente aberto à interrogação.

O problema se mostra até na dificuldade que as pessoas têm de distinguir entre o conceito de "estima" que podem, ou não, ter de outros e sua própria autoestima. A demonstração de nossa sensibilidade à "ameaça de avaliação social", combinada com a demonstração encontrada por Twenge do aumento de ansiedade e narcisismo no longo prazo, sugere que podemos ter — pelos padrões de qualquer sociedade anterior — nos tornado altamente inibidos, obcecados com o modo como aparecemos para os outros, preocupados com a possibilidade de passar a ideia de feios, chatos, burros ou seja o que for, e ficamos constantemente tentando controlar a impressão que damos. E no âmago de nossas interações com estranhos está nossa preocupação com os julgamentos e as avaliações sociais que possam fazer: como nos classificam, será que proporcionamos um bom registro de nós mesmos? Essa vulnerabilidade faz parte do moderno estado psicológico e alimenta diretamente o consumismo.

É bem sabido que esses problemas são especialmente difíceis para os adolescentes. Ao mesmo tempo que o senso de si mesmos é dos mais incertos, eles têm de enfrentar milhares de colegas na escola. Não é de surpreender que a pressão que sofrem dos colegas torne-se uma força tão poderosa em suas vidas que muitos se mostram insatisfeitos com a aparência ou sucumbem à depressão e a formas de se prejudicar.

A DESIGUALDADE AUMENTA AS ANSIEDADES RELATIVAS À AVALIAÇÃO

Embora o aumento da ansiedade que parece se centrar na avaliação social seja anterior ao aumento da desigualdade, não é difícil ver como a crescente desigualdade e as diferenças de status social podem provocar um impacto neles. Em vez de serem esferas inteiramente separadas, quanto mais status e riqueza as pessoas alcançam — do trabalho desqualificado mal pago até o sucesso, o dinheiro e a proeminência — não só seu senso de si próprias é afetado, mas também o quanto são vistas de modo positivo pelos amigos e parentes. A necessidade de nos sentirmos seres humanos valiosos e capazes significa que ansiamos por um *feedback* positivo e muitas vezes reagimos com raiva até a uma crítica implícita. O status social carrega as mensagens mais fortes de superioridade e inferioridade, e a mobilidade social é amplamente vista como um processo pelo qual as pessoas são selecionadas pela habilidade. De fato, nos pedidos de emprego e promoções, em que é proibida a discriminação por idade, sexo, raça ou religião, o trabalho dos entrevistadores é o de diferenciar os indivíduos exclusivamente pela habilidade — pelo menos enquanto não fizerem deduções a partir do gênero, cor da pele etc.

Uma maior desigualdade parece elevar a ansiedade relativa à avaliação social por elevar a importância do status social. Em vez de aceitar uns aos outros como iguais com base em nossa humanidade em comum, como poderíamos fazer em cenários mais igualitários, ter a medida uns dos outros fica mais importante conforme as diferenças de status se ampliam. Passamos a ver a posição social como a característica mais importante da identidade de uma pessoa. Entre estranhos, muitas vezes pode ser a característica dominante. Como disse Ralph Waldo Emerson, filósofo americano do século XIX: "É bem certo que cada homem carrega nos olhos a indicação exata de sua posição na imensa escala dos homens e nós estamos sempre aprendendo a lê-la."[48] De fato, experimentos psicológicos sugerem que fazemos julgamentos do status social uns dos outros dentro dos primeiros segundos de apresentação.[49] Não é de se admirar que as primeiras impressões contem e não é de se admirar que sintamos ansiedade devido à avaliação social!

Se as desigualdades forem maiores, de modo que algumas pessoas parecem influenciar quase tudo e outras praticamente nada, onde cada um de nós é colocado torna-se muito importante. Uma maior desigualdade geralmente é acompanhada por uma maior competição por status e uma crescente ansiedade relativa ao status. Não é simplesmente o fato de que quando o risco é mais alto a preocupação seja maior em relação à posição que ocupamos. É também o fato de ficarmos propensos a prestar mais atenção ao status social ao avaliarmos uns aos outros. Levantamentos descobriram que, ao escolher possíveis pares para o matrimônio, as pessoas em países mais desiguais dão menos ênfase a considerações românticas e mais a critérios como perspectivas financeiras, status e ambição do que as pessoas em sociedades menos desiguais.[50]

A AUTOPROMOÇÃO SUBSTITUI A AUTODEPRECIAÇÃO E A MODÉSTIA

Comparando o Japão com os Estados Unidos, ou seja, a mais igualitária com uma das mais desiguais entre as ricas democracias de mercado (veja Figura 2.1), as pesquisas revelaram um violento contraste entre o modo como as pessoas se veem e se apresentam aos outros nos dois países. No Japão, as pessoas escolhem um modo muito mais autodepreciativo e crítico de se apresentar, que contrasta acentuadamente com o estilo muito mais meritocrático dos Estados Unidos. Enquanto os americanos geralmente atribuem os sucessos individuais às suas próprias habilidades e seus fracassos a fatores externos, os japoneses tendem a fazer exatamente o contrário.[51] Mais de 20 estudos realizados no Japão não conseguiram encontrar nenhuma demonstração da configuração mais autocentrada de atribuições comum nos Estados Unidos. No Japão as pessoas tendiam a dissimular seus sucessos como se fossem mais um reflexo da sorte do que do discernimento, ao mesmo tempo que sugeriam ser seus fracassos provavelmente atribuíveis à própria falta de capacidade. Esse padrão japonês também foi encontrado em Taiwan e na China.

Em vez de ficar excessivamente presos à terminologia psicológica, faríamos bem em ver esses padrões como diferenças no quanto as pessoas valorizam a modéstia, preferindo manter os laços sociais, não usando seus sucessos para se constituir mais capazes do que os outros. Conforme uma maior desigualdade favorece a competição por status e a ameaça de avaliação social, os egos precisam ser estimulados através de estratégias de autopromoção e de incentivo ao mérito. A modéstia facilmente se torna uma baixa da desigualdade: tornamo-nos externamente mais tenazes e durões diante de uma maior exposição à ansiedade relativa à avaliação social, mas internamente — como sugere a literatura sobre o narcisismo — provavelmente mais vulneráveis, menos preparados para receber críticas, menos hábeis nos relacionamentos pessoais e menos capazes de reconhecer nossas próprias falhas.

LIBERDADE, IGUALDADE E FRATERNIDADE

A exigência por "liberdade, igualdade e fraternidade" durante a Revolução Francesa mostra há quanto tempo os assuntos que estamos discutindo aqui são reconhecidos. O lema concentra a atenção nas dimensões das relações sociais que mais importam se queremos criar uma sociedade melhor e contribuir para a verdadeira qualidade de nossa vida. "Liberdade" significava não ser subserviente ou não ter dívidas com a nobreza feudal e a aristocracia fundiária. Era a liberdade dos grilhões feudais da inferioridade. De modo semelhante, a "fraternidade" reflete o desejo de maior mutualidade e reciprocidade nas relações sociais. Levantamos as mesmas questões quando falamos sobre comunidade, coesão social ou solidariedade. Sua importância para o bem-estar humano é demonstrada repetidamente nas pesquisas que mostram o quanto a amizade e o envolvimento na vida comunitária são benéficos para a saúde. "Igualdade" entra no quadro como uma precondição para conseguir as duas outras corretamente. Não só grandes desigualdades produzem todos os problemas associados com as diferenças sociais e os preconceitos divisores de classes que as acompanham, mas, como mostrarão os capítulos seguintes, elas também enfraquecem a vida comunitária, reduzem a confiança e aumentam a violência.

SEGUNDA PARTE Os custos da desigualdade

CAPÍTULO 4. Vida comunitária e relações sociais

Entre os novos assuntos que me atraíram a atenção durante minha estada nos Estados Unidos, nenhum me atingiu com maior força do que a igualdade de condições. Percebi facilmente a enorme influência que esse fato primordial exerce no funcionamento da sociedade.

Alexis de Tocqueville, *Democracia na América*

Em agosto de 2005, o furacão Katrina atingiu a Costa do Golfo no sul dos Estados Unidos, derrubando os sistemas de proteção a enchentes e deixando 80% da cidade de Nova Orleans submersos. Houve uma ordem de evacuação no dia anterior à tormenta, mas àquela altura a maior parte do transporte público encerrara seus serviços e não havia disponibilidade de combustível nem de carros de aluguel. A prefeitura montou "abrigos emergenciais" para as pessoas que não conseguiram sair de Nova Orleans, incluindo o Superdome, um grande ginásio esportivo, que acabou abrigando cerca de 26 mil pessoas, apesar de partes do telhado terem sido arrancadas pelo vendaval. Pelo menos 1.836 pessoas foram mortas pelo furacão e 700 ficaram desaparecidas e não foram contabilizadas.

O que absorveu a atenção da mídia internacional na sequência do vendaval, além da devastação física — casas assoladas, ruas tomadas pelas águas, rodovias desmoronadas e a destruição das plataformas de petróleo — foi o que pareceu uma total pane da civilização na cidade. Houve uma série de detenções e tiroteios durante a semana seguinte ao furacão. Os noticiários da televisão mostravam residentes desesperados implorando ajuda, alimentação para bebês e remédios, e então as imagens mudavam na tela mostrando tropas navegando pelas ruas alagadas — sem evacuar as pessoas, nem lhes levando suprimentos, mas empunhando armas automáticas, procurando por saqueadores.

Essa reação ao caos de Nova Orleans levou a muitas críticas e condenações por todos os Estados Unidos. Muitos alegaram que a falta de confiança entre as forças policiais e militares, de um lado, e os cidadãos, em sua maioria pobres e negros, do outro, refletia questões mais profundas de raça e classe. Durante um show, amplamente televisionado, em benefício das vítimas do furacão, o músico Kanye West extravasou: "Odeio o modo como somos retratados na mídia. Você vê uma família branca, eles dizem 'Estão procurando comida'. Você vê uma família negra, eles dizem 'Estão saqueando'". Quando as tropas foram mobilizadas para entrar na cidade, a governadora da Louisiana, Kathleen Blanco, disse: "Eles têm fuzis M16 carregados. Essas tropas sabem atirar e matar e espero que o façam."

A falta de confiança exibida durante os esforços de resgate em Nova Orleans também foi condenada em todo o mundo. Todos os países ofereceram ajuda e assistência, ao mesmo tempo que suas coberturas jornalísticas não poupavam críticas. Pode-se contrastar o modo como as tropas em Nova Orleans pareciam estar sendo usadas, principalmente para controlar a população, com a rápida disposição dos soldados desarmados nas missões de resgate e ajuda na China após o terremoto devastador de 2008, uma reação amplamente aplaudida pela comunidade internacional.

A IGUALDADE DAS CONDIÇÕES SOCIAIS

Um de seus primeiros observadores ofereceu uma visão muito diferente. Alexis de Tocqueville viajou por todos os Estados Unidos em 1831.[52] Encontrou-se com presidentes e ex-presidentes, prefeitos, senadores e juízes, assim como com cidadãos comuns, e aonde quer que fosse ficava impressionado com a "igualdade de condições",[53] "a mistura das classes sociais e a abolição dos privilégios" — o modo como a sociedade era "uma massa única"[54] (pelo menos para os brancos). Ele escreveu: "Os americanos de todas as idades, condições e disposições constantemente se reúnem"[55] e "estranhos prontamente se congregam nos mesmos lugares e não encontram perigo nem vantagem em falar uns aos outros livremente o que pensam", sendo seus modos "naturais, abertos e sem reservas".[56] E Tocqueville salienta as maneiras como os americanos se apoiam em épocas de dificuldade:

> Se algum acidente imprevisto ocorre numa rodovia pública, as pessoas correm de todos os lados para ajudar a vítima; se uma família sofrer alguma desgraça, mil estranhos abrem suas carteiras de bom grado [...][57]

Tocqueville acreditava que a igualdade de condições observada tinha ajudado a desenvolver e manter a confiança entre os americanos.

O QUE A CONFIANÇA TEM A VER COM ISSO?

Mas será que a desigualdade corrói a confiança e divide as pessoas — o governo dos cidadãos, os ricos dos pobres, a minoria da maioria? Este capítulo mostra que em sociedades menos equitativas a qualidade das relações sociais se deteriora.

Não é de se admirar que a desigualdade seja um poderoso divisor social, talvez porque nós todos sejamos propensos a usar as diferenças de padrão de vida como indicadores das diferenças de status. Tendemos a escolher nossos amigos entre nossos iguais e a não nos relacionar com os muito mais ricos ou muito mais pobres. E, quando nos identificamos menos com alguns tipos de pessoas, é mais difícil confiar nelas. Nossa posição na hierarquia social afeta quem vemos como parte do grupo de dentro e do grupo de fora — nós e eles — afetando assim nossa capacidade de compreender e nos identificar com outras pessoas. Mais adiante neste livro mostraremos que a desigualdade não só provoca um impacto no quanto desprezamos outros por terem menos do que nós, como também afeta outros tipos de discriminação, como racismo e machismo, com atitudes às vezes justificadas por declarações como "eles simplesmente não vivem como nós".

Tocqueville entendia esse ponto. Tendo se oposto à escravidão durante toda a vida, ele escreveu sobre a exclusão dos negros e dos índios americanos da liberdade e igualdade desfrutada pelos brancos.[58] Ele achava que a escravatura só podia ser mantida porque os negros eram vistos como "outros", como se "o europeu fosse para as outras raças o que o próprio homem é para os animais".[59] A empatia só é sentida por aqueles que percebemos como iguais, "o mesmo sentimento um pelo outro não existe entre as diferentes classes".[60] O preconceito, achava Tocqueville, é "uma desigualdade imaginária" que se segue à "real desigualdade produzida pela riqueza e pela lei".[61]

Os primeiros socialistas, entre outros, acreditavam que a desigualdade material é um obstáculo para uma maior harmonia, para uma universal fraternidade ou camaradagem humana. Os dados que apresentamos neste capítulo sugerem que essa intuição estava certa: a desigualdade é divisora e até as menores diferenças parecem fazer uma importante distinção.

DESIGUALDADE DE RENDA E CONFIANÇA

As Figuras 4.1 e 4.2 mostram o mais baixo grau de confiança das pessoas em países e estados onde as diferenças de renda são maiores. A força dessas relações nos assegura que não se devem ao acaso. Os dados internacionais sobre confiança que constam na Figura 4.1 provêm do European and World Values Survey [Levantamento Europeu e Mundial de Valores], um estudo projetado para permitir comparações internacionais de valores e normas.[62] Em cada país, perguntou-se a amostras aleatórias da população se concordavam ou não com a afirmação: "Pode-se confiar na maioria das pessoas." As diferenças entre os países são grandes. É na Escandinávia e nos Países Baixos que as pessoas confiam mais umas nas outras; a Suécia possui os mais elevados graus de confiança, com 66% das pessoas sentindo que podem confiar nos outros. O grau mais baixo é visto em Portugal, onde só 10% da população acreditam que os outros são confiáveis. Portanto, apenas nessas ricas democracias de mercado há uma diferença de seis vezes no grau de confiança e, como o gráfico mostra, um elevado grau de confiança está relacionado a baixos níveis de desigualdade.

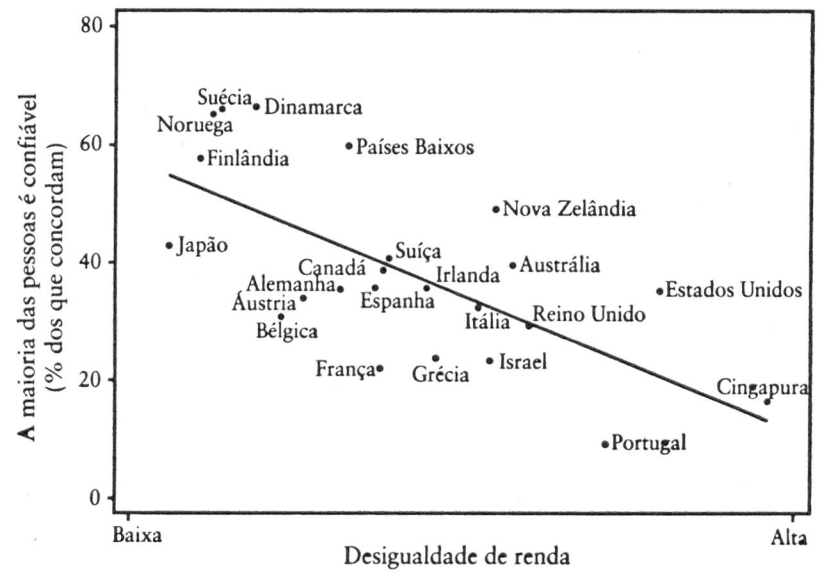

Figura 4.1 *A porcentagem de pessoas que concordam que a "maioria das pessoas é confiável" é maior em países mais igualitários.*

Os dados sobre confiança dentro dos Estados Unidos, mostrados na Figura 4.2, foram tirados do General Social Survey [Censo Social] realizado pelo governo federal, que vem monitorando a mudança social na América há mais de 25 anos.[63] Nesse levantamento, assim como nos internacionais, pergunta-se aos consultados se eles podem ou não confiar na maioria das pessoas. Nos Estados Unidos há uma diferença de quatro vezes na confiança entre os estados. A Dakota do Norte tem um grau de confiança similar ao da Suécia — 67% acham que podem confiar nos outros — ao passo que no Mississippi só 17% da população acha a mesma coisa. Assim como ocorre com os dados internacionais, os baixos níveis de confiança dentro dos Estados Unidos estão relacionados à elevada desigualdade.

A mensagem importante desses gráficos sobre confiança e desigualdade é a indicação de como a vida deve ser sentida de modo diferente pelas pessoas dessas diferentes sociedades. Imagine viver num lugar onde 90% da população não confia nos outros e o que isso deve significar para a qualidade da vida cotidiana — as interações entre as pessoas no trabalho, na rua, nas lojas, nas escolas. Na Noruega é comum ver cafés com mesas e cadeiras na calçada

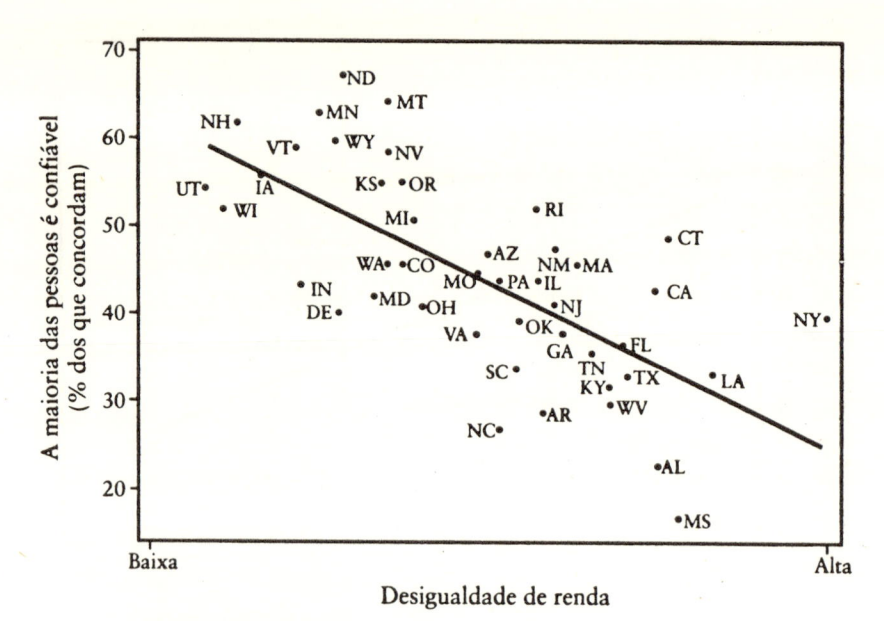

Figura 4.2 *Nos estados mais igualitários, mais pessoas concordaram que "a maioria das pessoas é confiável". (Dados disponíveis para apenas 44 estados norte-americanos.)*

Legenda: (AL) Alabama, (AK) Alasca, (AR) Arkansas, (CA) Califórnia, (CO) Colorado, (CT) Connecticut, (DE) Delaware, (FL) Flórida, (GA) Georgia, (IL) Illinois, (IN) Indiana, (IA) Iowa, (KS) Kansas, (KY) Kentucky, (LA) Louisiana,(MD) Maryland, (MA) Massachusetts, (MI) Michigan, (MN) Minnesota, (MS) Mississippi, (MO) Missouri, (MT) Montana, (NV) Nevada, (NH) New Hampshire, (NJ) Nova Jersey, (NM) Novo México, (NY) Nova York, (NC) Carolina do Norte, (ND) Dakota do Norte, (OH) Ohio, (OK) Oklahoma, (OR) Oregon, (PA) Pensilvânia, (RI) Rhode Island, (SC) Carolina do Sul, (TN) Tennessee, (TX) Texas, (UT) Utah, (VT) Vermont, (VA) Virgínia, (WA) Washington, (WV) Virgínia Ocidental, (WI) Wisconsin, (WY) Wyoming.

com cobertores para que as pessoas usem no caso de sentirem frio enquanto tomam sua bebida. Ninguém se importa que os fregueses ou transeuntes roubem os cobertores. Muitas pessoas sentem saudades do passado, quando podiam deixar suas portas destrancadas e confiavam em que uma carteira perdida seria devolvida. De todas as cidades americanas, Nova Orleans é uma das mais desiguais. Esse foi o pano de fundo para as tensões e a falta de confiança nas cenas de caos após o furacão Katrina descritas anteriormente.

O OVO OU A GALINHA?

Nos Estados Unidos, o grau de confiança caiu de um elevado 60% em 1960 a menos de 40% em 2004.[64] Mas será que a desigualdade cria baixos níveis de confiança ou é a desconfiança que cria a desigualdade? Qual vem primeiro? O cientista político Robert Putnam, da Universidade de Harvard, em seu livro *Bowling Alone* [*Jogando boliche sozinho*], mostra como a desigualdade está relacionada ao "capital social" — a soma total do envolvimento das pessoas na vida comunitária.[65]

> Comunidade e igualdade são mutuamente fortalecedoras [...] O capital social e a equidade econômica movimentaram-se em conjunto na maior parte do século XX. Em termos de distribuição de riqueza e renda, a América foi mais igualitária nas décadas de 1950 e 1960 do que fora em mais de um século [...] essas mesmas décadas também foram os pontos altos da conexão social e do engajamento cívico. Os elevados registros de equidade e capital social coincidiram [...] Inversamente, a última terça parte do século XX foi uma época de crescente desigualdade *e* erosão do capital social [...] A sincronia das duas tendências é impressionante: em algum ponto entre 1965 e 1970 a América reverteu o curso e começou a se tornar economicamente menos justa e menos bem conectada social e politicamente.[66]

Em outro artigo, Putnam diz:

> ... as flechas causais tendem a correr nas duas direções, com cidadãos em estados de alto capital social tendendo a fazer mais para reduzir as desigualdades e as próprias desigualdades tendendo a ser socialmente divisoras.[67]

Assumindo uma postura mais definida em seu livro, *The Moral Foundations of Trust* [*Os fundamentos morais da confiança*], Eric Uslaner, cientista político da Universidade de Maryland, crê que é a desigualdade que afeta a confiança, não o oposto.[68] Se vivemos em sociedades com mais capital social, conhecemos mais pessoas que são amigas e vizinhas, e isso pode aumentar nossa confiança nas pessoas conhecidas, nas pessoas que sentimos ser como nós. Mas Uslaner salienta que o tipo de confiança que está sendo medido em consultas como a do European and World Values Survey é a confiança em estranhos, em gente que não conhecemos, pessoas que geralmente não são como nós. Ao utilizar enorme quantidade de dados de diferentes fontes, ele mostra que as pessoas que confiam nas outras são otimistas e têm forte sensação de estar com a vida sob controle. O tipo de pais que tiveram também afeta sua confiança em outras pessoas.

Num estudo com seu colega Bo Rothstein, Uslaner mostra, usando um teste estatístico para causalidade, que a desigualdade afeta a confiança, mas que "não há efeito direto da confiança na desigualdade; ao invés disso, a direção causal começa com a desigualdade".[69] Uslaner diz que "a confiança não pode se desenvolver num mundo desigual" e que a desigualdade de renda é o "principal deslocador" da confiança, exercendo um impacto mais forte sobre a confiança do que as taxas de desemprego, a inflação e o crescimento econômico.[70] Não são os níveis médios de bem-estar econômico que geram confiança, mas a igualdade econômica. O gráfico de Uslaner mostrando que a confiança declinou nos Estados Unidos durante o período em que a desigualdade aumentou rapidamente aparece na Figura 4.3. Os números do gráfico mostram para cada ano (1960 a 1998) a relação entre o nível de confiança e de desigualdade.

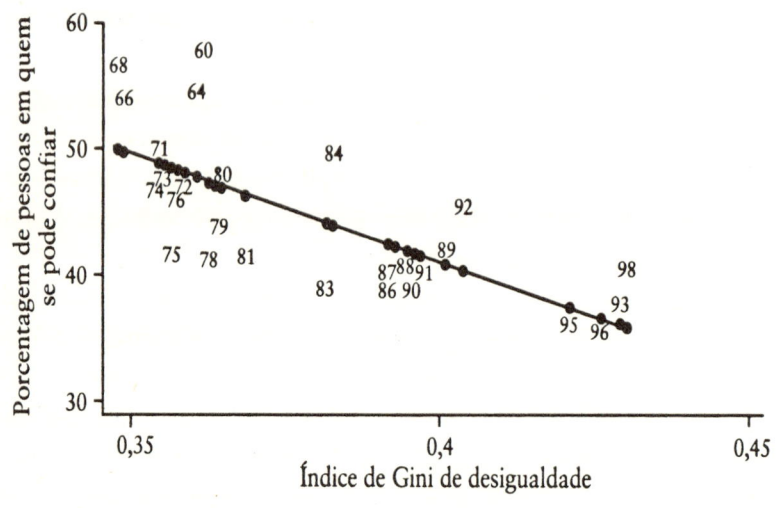

Figura 4.3 *Quanto mais a desigualdade aumenta, mais a confiança diminui.*[71]

Mudanças em desigualdade e confiança andam juntas ao longo dos anos. Com maior desigualdade, as pessoas se preocupam menos umas com as outras, há menos mutualidade nas relações, elas precisam se defender sozinhas e conseguir o que puderem — então, inevitavelmente, há menos confiança. A falta de confiança e a desigualdade reforçam uma a outra. Como Tocqueville salientou, tendemos a nos identificar menos com aqueles que não parecem nossos iguais; as diferenças materiais servem para nos dividir socialmente.

A CONFIANÇA IMPORTA

Tanto Putnam quanto Uslaner enfatizam que a confiança leva à cooperação. Uslaner mostra que, nos Estados Unidos, as pessoas que confiam nos outros têm mais probabilidade de doar tempo e dinheiro para ajudar as pessoas. Os "confiantes" também tendem a acreditar numa cultura comum, que os estados do país se mantêm unidos por valores compartilhados, que todos deveriam ser tratados com respeito e tolerância. Além disso, apoiam a ordem legal.

A confiança afeta o bem-estar dos indivíduos, assim como o bem-estar da sociedade. Altos níveis de confiança significam que as pessoas se sentem seguras, têm menos com o que se preocupar, veem os outros mais como cooperativos do que como competitivos. Uma série de estudos convincentes realizados nos Estados Unidos tem ligado confiança à saúde — pessoas com elevado grau de confiança vivem mais.[72] Na verdade, as pessoas que confiam nos outros se beneficiam ao viver em comunidades com graus geralmente elevados de confiança, ao passo que pessoas com menos confiança nos outros transitam pior em tais vizinhanças.[73]

A confiança, ou sua falta, significou a diferença entre vida e morte para algumas pessoas presas na sequência caótica ao furacão Katrina. Confiança também foi elemento fundamental para a sobrevivência na onda de calor que atingiu Chicago em 1995. O sociólogo Eric Klinenberg, em seu livro sobre esse episódio,[74] mostrou como os negros pobres, que moravam em áreas de baixos níveis de confiança e altos níveis de criminalidade, ficaram com muito medo de abrir as janelas ou portas ou de deixar suas casas para se dirigir aos centros refrigerados montados pelas autoridades da cidade. Os vizinhos não cuidavam uns dos outros e centenas de idosos e pessoas vulneráveis morreram. Em bairros hispânicos igualmente pobres, caracterizados por altos níveis de confiança e vida comunitária ativa, o índice de óbitos foi muito mais baixo.

AGRESSORES E REBELDES

Talvez outro indicador das relações sociais corroídas e da falta de confiança entre as pessoas tenha sido o rápido aumento em popularidade dos veículos utilitários, ou SUVs, durante as décadas de 1980 e 1990. Esses veículos são conhecidos no Reino Unido pelo termo pejorativo *Chelsea tractors* [tratores de Chelsea]. Chelsea é uma área nobre de Londres, e o nome chama a atenção para a idiotice de andar em potentes veículos *off-road* em áreas urbanas movimentadas. Mas os próprios veículos têm nomes que evocam imagens de caçadores ou homens que vivem ao ar livre — Outlander [de terras distantes], Pathfinder [descobridor de trilhas], Cherokee, Wrangler [vaqueiro] etc. Outros trazem uma imagem ainda mais durona, de soldados e guerreiros, com nomes como Trooper [soldado de cavalaria], Defender [defensor], Shogum, Raider [agressor] e Crossfire [fogo cruzado]. Esses veículos são feitos para a "selva urbana", não para a verdadeira.

A popularidade dos veículos utilitários não só sugeria a preocupação de passar uma imagem de durão como também refletia a desconfiança crescente e a necessidade de se sentir a salvo dos outros. John Lauer, em seu trabalho "Driven to extremes" [Levados a extremos], questionou a razão para que a rispidez militar superasse a velocidade ou o conforto e o que o aumento dos utilitários dizia sobre a sociedade americana.[75] Ele concluiu que a tendência refletia as atitudes rumo à criminalidade e violência, uma admiração pelo individualismo agressivo e a importância de se fechar ao contato com os outros — desconfiança. Esses não são veículos grandes nascidos do espírito público de cooperação e de um desejo de dar carona — a carona começou a decrescer assim que a desigualdade começou a aumentar, na década de 1970. Como observou um antropólogo, as pessoas tentam se proteger das ameaças de uma sociedade áspera e inconfiável "andando em SUVs, que parecem blindados e têm a aparência mais intimidadora possível para os potenciais atacantes".[76] Pollster Michael Adams, escrevendo sobre os valores contrastantes dos Estados Unidos e do Canadá, salientou que as minivans vendem mais do que os SUVs no Canadá na proporção de duas para uma — a proporção é inversa nos Estados Unidos (e o Canadá é, claro, mais igualitário do que os Estados Unidos).[77] Acompanhando o aumento do número de veículos utilitários, havia entre os americanos outros sinais da crescente intranquilidade e medo uns dos outros: um aumento do número de comunidades gradeadas[78] e de sistemas de segurança doméstica.[79] Em anos mais recentes, devido ao custo cada vez mais elevado para encher seus tanques de combustível, as vendas dos utilitários declinaram, mas as pessoas ainda desejam aquela imagem ríspida — as vendas de veículos menores, de imagem durona "que passa por cima", continuam a crescer.

O STATUS DA MULHER

Em muitos aspectos, sociedades mais desiguais parecem mais masculinas, pelo menos em termos de estereótipo. Ao testar isso, descobrimos que, assim como os níveis de confiança e relações sociais são afetados pela desigualdade, o status da mulher também o é.

Nos Estados Unidos, o Institute for Women's Policy Research [Instituto para Pesquisa de Políticas Femininas] produz medições do status da mulher. Utilizando esses resultados, os cientistas de Harvard University mostraram que o status da mulher estava ligado à desigualdade de renda em nível estadual.[80] Três das mensurações são: participação política; emprego e salários; e autonomia social e econômica da mulher. Quando combinamos essas medidas para cada estado dos EUA e as relacionamos à desigualdade dos níveis de renda estadual, descobrimos também que o status da mulher é significativamente pior em estados mais desiguais, embora essa não seja uma relação especialmente forte (Figura 4.4). A posição bem espalhada dos pontos em torno da linha no gráfico mostra que fatores além da desigualdade afetam o status da mulher. Mesmo assim, há uma tendência, que não pode ser deixada ao acaso, para que menos mulheres votem ou exerçam cargos políticos, para que as mulheres ganhem menos e que menos mulheres tenham formação universitária em estados mais desiguais.

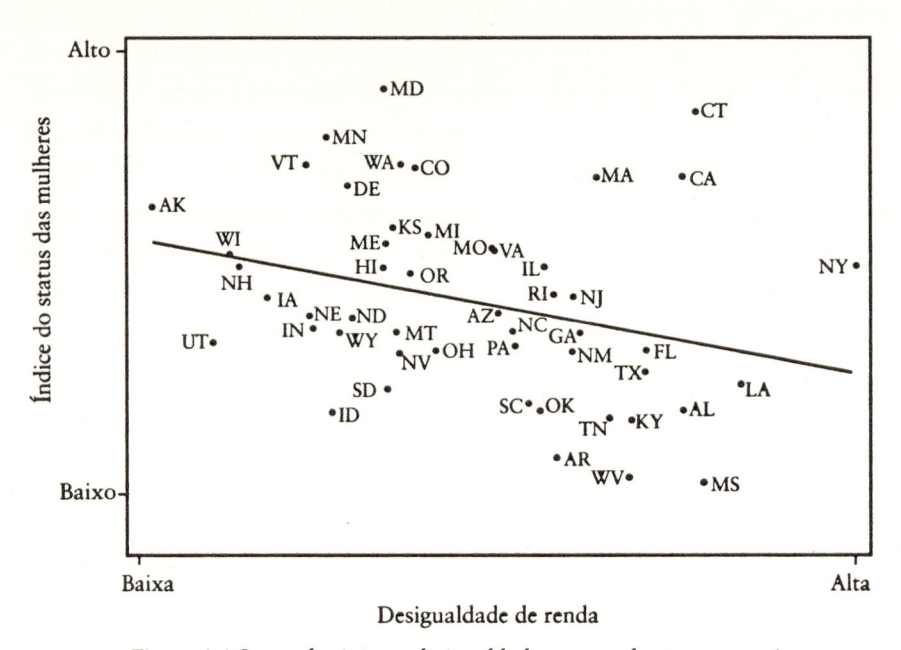

Figura 4.4 *Status feminino e desigualdade nos estados norte-americanos.*

Legenda: (AL) Alabama, (AK) Alasca, (AZ) Arizona, (AR) Arkansas, (CA) Califórnia, (CO) Colorado, (CT) Connecticut, (DE) Delaware, (FL) Flórida, (GA) Georgia, (HI) Havaí, (ID) Idaho, (IL) Illinois, (IN) Indiana, (IA) Iowa, (KS) Kansas, (KY) Kentucky, (LA) Louisiana, (ME) Maine, (MD) Maryland, (MA) Massachusetts, (MI) Michigan, (MN) Minnesota, (MS) Mississippi, (MO) Missouri, (MT) Montana, (NE) Nebraska, (NV) Nevada, (NH) New Hampshire, (NJ) Nova Jersey, (NM) Novo México, (NY) Nova York, (NC) Carolina do Norte, (ND) Dakota do Norte, (OH) Ohio, (OK) Oklahoma, (OR) Oregon, (PA) Pensilvânia, (RI) Rhode Island, (SC) Carolina do Sul, (SD) Dakota do Sul, (TN) Tennessee, (TX) Texas, (UT) Utah, (VT) Vermont, (VA) Virgínia, (WA) Washington, (WV) Virgínia Ocidental, (WI) Wisconsin, (WY) Wyoming.

Internacionalmente, descobrimos a mesma coisa e mostramos essa relação na Figura 4.5. Combinando a porcentagem de mulheres no poder legislativo, a diferença masculino-feminina de renda e a porcentagem de mulheres que completam a educação superior para criar um índice do status da mulher, descobrimos que países mais igualitários se saem significativamente melhor.

O Japão é visível entre os países mais igualitários onde o status da mulher é mais baixo do que era de se esperar devido a seu nível de concentração de renda; a Itália também tem um pior status feminino do que o esperado e a Suécia tem o melhor. Assim como a dispersão dos pontos no gráfico americano anterior, isso mostra que outros fatores também estão influenciando o status da mulher. Tanto no Japão quanto na Itália, as mulheres tradicionalmente tiveram um status mais baixo do que os homens, ao passo que a Suécia tem uma longa tradição de direitos e fortalecimento feminino. Mas, novamente, a ligação entre desigualdade de renda e status feminino não pode ser explicada pelo acaso apenas e há uma tendência de o status da mulher ser melhor em países mais igualitários.

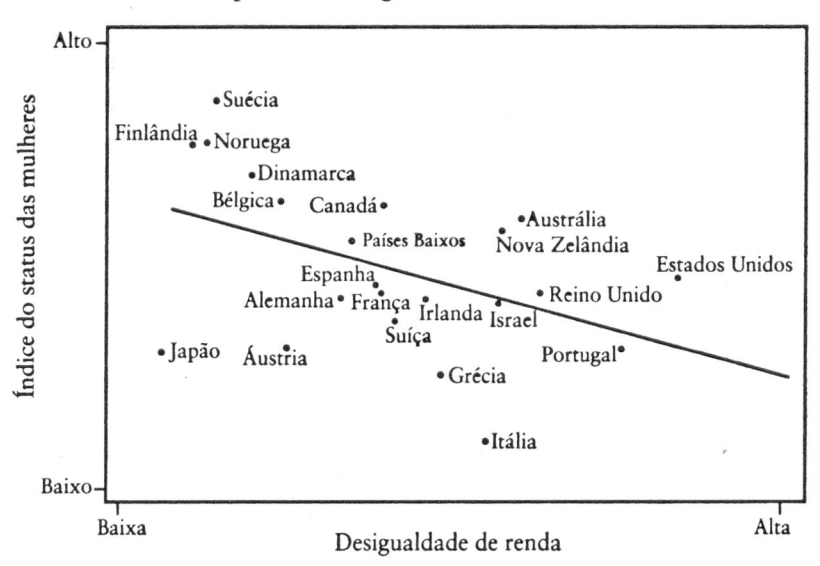

Figura 4.5 *Status das mulheres e desigualdade nos países ricos.*

Os epidemiologistas descobriram que, nos estados dos Estados Unidos, onde o status da mulher é mais elevado, tanto homens quanto mulheres têm taxas menores de óbito[81] e o status feminino parece importar para todas as mulheres, sejam ricas ou pobres.[82]

CONFIANÇA ALÉM DAS FRONTEIRAS

Não é de se admirar que, assim como os indivíduos que confiam nos outros são mais propensos a fazer caridade, os países mais igualitários também são mais generosos com os países mais pobres. A meta de gastos com ajuda para o desenvolvimento externo das Nações Unidas é de 0,7% do PIB. Só Noruega, Suécia, Dinamarca e Países Baixos satisfazem essa meta — na verdade, a generosidade desses países vai além da expectativa da ONU — e, como mostramos na Figura 4.6, que utiliza dados da OCDE,[83] os países mais desiguais gastam uma porcentagem significativamente menor de sua renda para ajuda externa. O Japão e o Reino Unido podem ser vistos como discrepantes nesse gráfico. Talvez o gasto do Japão em ajuda, mais baixo do que o esperado, reflita seu recuo da cena internacional em sequência à Segunda Guerra Mundial, e a ajuda do Reino Unido, mais elevada do que a esperada, reflita laços históricos, colonialistas, com muitos países em desenvolvimento.

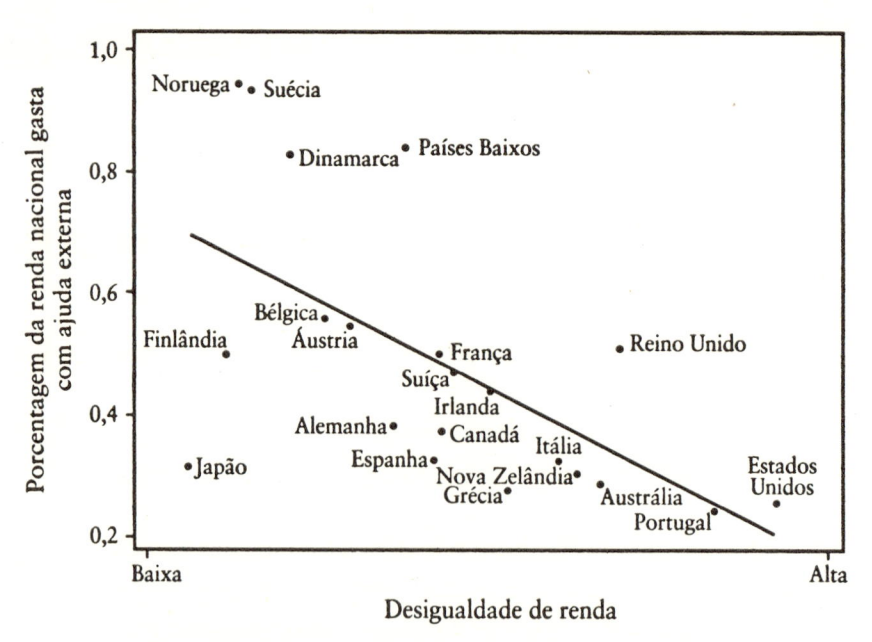

Figura 4.6 *Gastos com ajuda externa e desigualdade nos países ricos.*

O QUE APRENDEMOS

Neste capítulo, mostramos que os níveis de confiança social estão ligados à desigualdade de renda, mas, é claro, mostrar uma correlação não é o mesmo que mostrar a causalidade.

Há diversas razões para crermos que a igualdade seja precondição para uma maior confiança (embora quase certamente haja uma curva de *feedback* entre as duas). Um fator é a força da relação, que é mostrada pela inclinação das linhas nas Figuras 4.1 e 4.2. Os suecos são muito mais propensos a confiar uns nos outros do que os portugueses. Quaisquer explicações alternativas necessitariam ser tão fortes quanto essa, e em nossos modelos estatísticos encontramos que nem a pobreza nem os padrões médios de vida podem explicar nossas descobertas. Vimos também uma associação consistente nos Estados Unidos e nos países desenvolvidos. Antes descrevemos como Uslaner e Rothstein usaram um modelo estatístico para mostrar a ordem de desigualdade e confiança: a desigualdade afeta a confiança, não o contrário. As relações entre desigualdade e status feminino e entre desigualdade e ajuda externa também acrescentam coerência e plausibilidade à nossa crença de que a desigualdade aumenta a distância social entre os diferentes grupos de pessoas, nos tornando menos dispostos a vê-los como "nós" em vez de "eles".

Resumindo, podemos pensar na confiança como um importante indicador dos modos pelos quais uma maior igualdade material pode ajudar a criar uma comunidade coesa e cooperativa, para o benefício de todos.

CAPÍTULO 5

Saúde mental e uso de drogas

> Estar bem ajustado a uma sociedade profundamente doente não é uma
> medida de saúde.
>
> Krishnamurti

DOENÇA MENTAL NO REINO UNIDO E NOS ESTADOS UNIDOS

Atualmente, a saúde mental infantil frequenta a primeira página dos jornais,
por exemplo a do *Daily Mail* britânico, com manchetes que apregoam "A
geração perturbada". Estima-se que um milhão de crianças britânicas —
uma em cada dez entre 5 e 16 anos — estejam com problemas mentais.[84]
É sugerido que em qualquer escola secundária de mil alunos 50 deles estejam gravemente deprimidos e 100 angustiados, enquanto entre 10 e 20 dos
alunos sofram de transtorno obsessivo-compulsivo e entre 5 e 10 meninas
tenham distúrbios alimentares.[85] Esses dados se originam de um relatório
realizado em 2008 pela Good Childhoood Inquiry [Consulta da Boa Infân-
cia], uma investigação independente, a cargo da Children's Society [Socieda-
de das Crianças].[86] Após uma pesquisa com milhares de crianças, ela relata
que números crescentes de crianças têm problemas de saúde mental e um
quarto delas se sente regularmente deprimido, a maioria em consequência
de rupturas familiares e pressão dos colegas.

Nos Estados Unidos, 6% das crianças foram diagnosticadas com Transtorno de Déficit de Atenção e Hiperatividade, uma síndrome comportamental caracterizada por grave distração, impulsividade e inquietude.[87] Num
levantamento nacional, quase 10% das crianças entre 3 e 17 anos tinham

dificuldades moderadas ou graves nas "áreas emocional, de concentração, comportamento ou na capacidade de relacionamento interpessoal".[88]

E como estão os adultos nessas mesmas duas sociedades? No Reino Unido, num levantamento nacional realizado em 2000, 23% tinham um distúrbio neurótico, psicótico ou eram viciados em álcool ou drogas, e 4% apresentavam mais do que um distúrbio.[89] Em 2005, só na Inglaterra, os médicos receitaram 29 milhões de medicamentos antidepressivos, num custo superior a 400 milhões de libras esterlinas para o Serviço Nacional de Saúde.[90] Nos Estados Unidos, um em cada quatro adultos teve problemas de saúde mental no ano passado e quase um quarto desses episódios era grave; no curso de suas vidas, mais da metade irá sofrer de uma doença mental.[91] Em 2003, os Estados Unidos gastaram US$ 100 bilhões em tratamentos de saúde mental.[92]

BEM-ESTAR MENTAL

Antes de nos voltarmos para as comparações de doença mental em outras sociedades, vale a pena perguntar — o que é uma mente saudável?

A Mind (Associação Nacional de Saúde Mental do Reino Unido) publica um panfleto chamado "Como melhorar seu bem-estar mental". Inicia-se com a premissa de que:

> Saúde mental não é algo que se tem, mas que se produz. Para ser mentalmente saudável é preciso se valorizar e se aceitar.[93]

Conclui que as pessoas que estão bem mentalmente são capazes de cuidar de si mesmas, de se enxergar como valiosas e de se julgar por padrões razoáveis, e não irreais. As pessoas que não se valorizam ficam com medo de rejeição; mantêm os outros a distância e caem num círculo vicioso de solidão.

É importante observar também que, embora as pessoas com problemas mentais às vezes sofram mudanças nos níveis de certas substâncias químicas do cérebro, ninguém demonstrou que essas são *causas* de depressão, em vez de *mudanças* causadas pela depressão. Da mesma forma, embora a vulnerabilidade genética possa estar subjacente a algumas doenças mentais, apenas isso não explica o enorme aumento desses males nas últimas décadas — nossos genes não podem mudar tão rapidamente.

MAÇÃS E LARANJAS?

Será realmente possível comparar os níveis de doença mental em vários países? Será que as culturas não têm nomes diversos para os distúrbios mentais e distintos padrões de normalidade ou tolerância à heterogeneidade? Será que as pessoas em diferentes sociedades não ficam mais ou menos relutantes em admitir problemas emocionais, uso de drogas ou qualquer condição estigmatizada?

Não é de admirar nunca ter sido tão simples obter estimativas do número de pessoas que sofrem de doença mental nos diferentes países. Mas isso começou a ficar mais fácil na década de 1980, quando os pesquisadores desenvolveram entrevistas diagnósticas — conjuntos de perguntas que podiam ser feitas por não psiquiatras e não psicólogos, permitindo que os pesquisadores medissem em grande escala o número de pessoas que satisfazem os critérios diagnósticos para diferentes doenças mentais.

Em 1998, a Organização Mundial da Saúde criou o Consórcio de Análise da Saúde Mental Mundial, numa tentativa de calcular o número de pessoas portadoras de doença mental em diferentes países, a gravidade do problema e os padrões de tratamento. Embora seus métodos não superem inteiramente as preocupações relativas às diferenças culturais na interpretação e nas respostas a tais questões, pelo menos as mesmas perguntas são feitas, do mesmo modo, em diferentes lugares. Entre nosso conjunto de países ricos desenvolvidos, as pesquisas da OMS foram realizadas em nove: Bélgica, França, Alemanha, Itália, Japão, Países Baixos, Nova Zelândia, Espanha e Estados Unidos.[94,95] Embora não sejam estritamente comparáveis, pesquisas nacionais muito semelhantes fornecem estimativas da proporção da população adulta com problemas mentais em outros três países — Austrália,[96] Canadá[97,98] e Reino Unido.

DESIGUALDADE DE RENDA E DOENÇA MENTAL

Na Figura 5.1 usamos essas pesquisas para mostrar a associação, nos países ricos, entre a desigualdade de renda e a proporção de adultos que tiveram problemas mentais nos 12 meses anteriores à entrevista. É uma relação forte: uma porcentagem muito mais elevada da população sofre de doença mental nos países mais desiguais. Uma relação tão próxima não pode se dever ao acaso; na verdade, os países se alinham de modo quase perfeito, só com a Itália se sobressaindo com menores níveis de doença mental do que o esperado, com base em seu nível de desigualdade de renda.

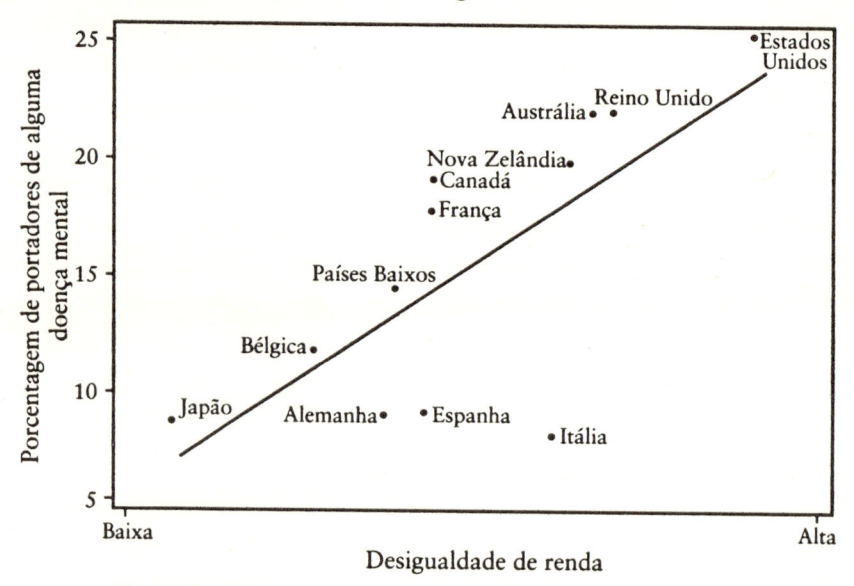

Figura 5.1 *Mais pessoas sofrem de doenças mentais nos países mais desiguais.*

Assim como vimos com os níveis de confiança no capítulo anterior, há grandes diferenças na proporção de pessoas com doença mental (de 8% a 26%) entre os países. Na Alemanha, na Itália, no Japão e na Espanha, menos de uma em cada dez pessoas sofreu de doença mental no ano anterior; na Austrália, no Canadá, na Nova Zelândia e no Reino Unido, os números são superiores a uma em cada cinco pessoas; e nos Estados Unidos, como descrito acima, mais de uma em quatro. De modo geral, tudo indica que as diferenças em desigualdade correspondem a mais do que o triplo de diferenças na porcentagem de pessoas com doenças mentais nos países analisados.

Nos nove países com dados das pesquisas da OMS, também podemos observar subtipos de doença mental, especificamente distúrbios de ansiedade, humor, controle dos impulsos e vícios, assim como uma medida de doença mental grave. Os distúrbios de ansiedade, o controle dos impulsos e as doenças graves são todos fortemente correlacionados à desigualdade; os distúrbios de humor, menos. Vimos no Capítulo 3 como a ansiedade tem aumentado nas últimas décadas nos países desenvolvidos. Os distúrbios desse tipo representam o maior subgrupo das doenças mentais em todos os nossos países. Na verdade, a porcentagem de todas as doenças mentais representadas pelas desordens de ansiedade é significativamente mais elevada em países mais desiguais. Infelizmente, não há fontes internacionais de dados comparáveis sobre a saúde mental de crianças e adolescentes.

Voltando agora para nosso outro campo de testes, os 50 estados norte-americanos, descobrimos algo surpreendente. Isolado entre os numerosos problemas sociais e de saúde que examinamos neste livro, não encontramos relação entre doença mental adulta masculina e desigualdade de renda nos estados integrantes dos Estados Unidos. As estimativas de doença mental específicas dos estados são reunidas pelo United States Behavioral Risk Factor Surveillance Study [Estudo de Vigilância dos Fatores de Risco Comportamental dos Estados Unidos] e pela National Survey on Drug Use and Health [Análise Nacional do Uso de Drogas e da Saúde], mas a falta de uma relação entre desigualdade de renda e doença mental entre os homens foi consistente nas duas fontes.

Entretanto, a desigualdade de renda *está* associada à doença mental em mulheres adultas. Não é uma relação especialmente forte, mas o suficiente para excluir o acaso. Há também uma relação similar com a saúde mental das crianças. A Análise Nacional da Saúde Infantil fornece estimativas da porcentagem de crianças em cada estado com "dificuldades moderadas ou graves na área das emoções, concentração, comportamento ou de relacionamento com outros".[99] Embora, assim como para as mulheres adultas, a relação com a desigualdade estadual não seja especialmente forte, a saúde mental das crianças *está* significativamente correlacionada com os níveis de desigualdade de renda estadual.

Há diversas explicações possíveis para a falta de associação, nas medidas disponíveis, da saúde mental adulta masculina com a desigualdade. Geralmente, os problemas relacionados à desigualdade possuem gradientes sociais íngremes (tornando-se mais comuns na parte inferior da escala social).[100] Alguns indicadores sugerem que a doença mental nos Estados Unidos não mostra um gradiente social consistente. Quer a explicação para isso esteja nos métodos de coleta dos dados, nas diferenças entre os gêneros para relatar problemas mentais, na aparente resistência das populações de minoria étnica à doença mental (veja Figura 5.2), quer por um atraso na capacidade de observar os efeitos da crescente desigualdade, é importante lembrar que, sob uma perspectiva internacional, os níveis de doença mental nos Estados Unidos como um todo são exatamente o que esperávamos, dado seu alto nível de desigualdade geral.

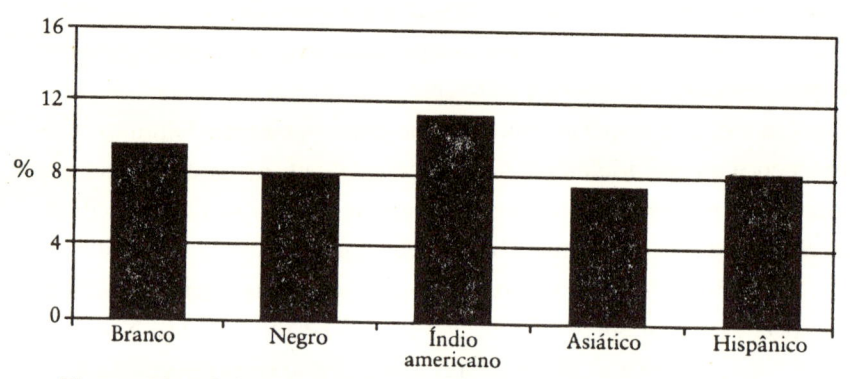

Figura 5.2 *Adultos norte-americanos que relatam a experiência frequente de sofrimentos mentais, 1993-2001.*[101]

APEGADOS À ESCALA

Então, por que mais pessoas tendem a ter problemas de saúde mental em lugares mais desiguais? O psicólogo e jornalista Oliver James usa uma analogia com as doenças infecciosas para explicar a ligação. O vírus da "affluenza", segundo James, é um "conjunto de valores que aumentam nossa vulnerabilidade à aflição mental", que ele crê ser mais comum nas sociedades afluentes.[102] Implica uma alta valorização da obtenção de dinheiro e posses, o desejo de parecer bem aos olhos alheios e o de ser famoso. Esses valores nos colocam num maior risco de depressão, ansiedade, abuso de substâncias e distúrbios de personalidade, estando intimamente relacionados aos discutidos no Capítulo 3. Em outro livro recente sobre o mesmo assunto, o filósofo Alain de Botton descreve a "ansiedade de status" como "uma preocupação tão perniciosa que é capaz de arruinar longos períodos de nossas vidas". Quando não conseguimos manter nossa posição na hierarquia social, estamos "condenados a considerar os bem-sucedidos com amargura e a nós mesmos com vergonha".[103]

O economista Robert Frank observa o mesmo fenômeno e o denomina "febre do luxo".[104] Conforme aumenta a desigualdade e os muito ricos no topo gastam cada vez mais em bens luxuosos, o desejo por tais coisas cai como uma cascata pela escala de renda e todos os outros lutam para competir e se manter por cima. Os publicitários exploram isso, nos tornando insatisfeitos com o que temos e incentivando comparações sociais discriminatórias. Outro economista, Richard Layard, descreve nosso "vício da renda" — quanto mais temos dinheiro, mais sentimos que necessitamos e mais tempo passamos nos empenhando por posses e riqueza material, à custa da vida familiar, dos relacionamentos e da qualidade de vida.[105]

Dada a importância das relações sociais para a saúde mental, não é de surpreender que as sociedades com baixos níveis de confiança e vida comunitária mais fraca também sejam as que apresentam a pior saúde mental.

DROGAS ILEGAIS E DESIGUALDADE

Uma posição inferior no status social é dolorosa para a maioria das pessoas; portanto, não é surpresa descobrir que o uso de drogas ilegais, como cocaína, maconha e heroína, seja mais comum em sociedades mais desiguais.

Internacionalmente, o United Nation Office on Drugs and Crime [Escritório para Narcóticos e Criminalidade da Organização das Nações Unidas] publica um Relatório Mundial de Narcóticos,[106] que contém dados separados sobre o uso de opiáceos (como a heroína), cocaína, cânabis, ecstasy e anfetaminas. Combinamos esses dados para formar um único índice, dando a cada categoria de droga o mesmo peso, de modo que os números não fossem dominados pelo uso de uma só droga. Usamos esse índice na Figura 5.3, que mostra uma forte tendência para que o uso de drogas seja mais comum em países mais desiguais.

Dentro dos Estados Unidos, também há uma tendência de que o vício em drogas ilegais e os óbitos por *overdose* sejam mais elevados nos estados mais desiguais.[107]

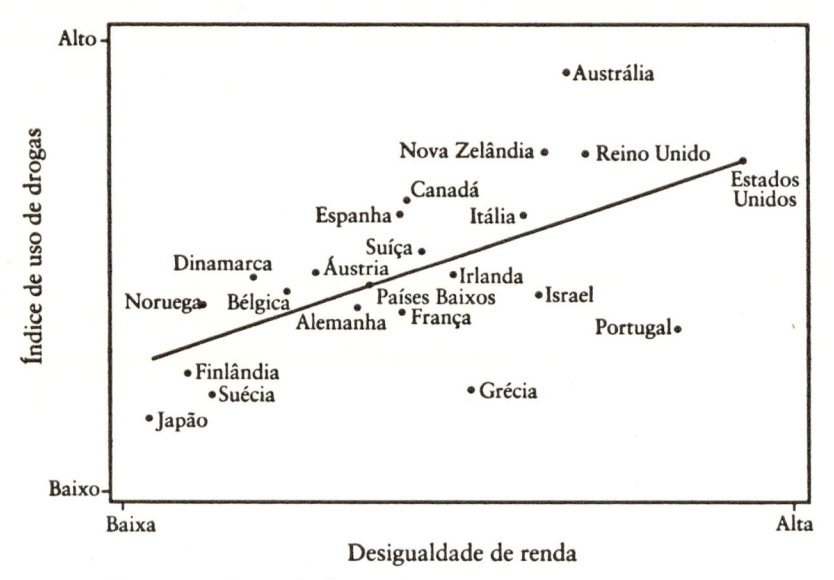

Figura 5.3 *O uso de drogas ilegais é mais comum nos países mais desiguais.*

NEGÓCIO DE MACACO

A importância do status social para nosso bem-estar mental se reflete no comportamento químico do nosso cérebro. A serotonina e a dopamina estão entre os agentes químicos que desempenham importante papel na regulagem do humor: nos humanos, baixos níveis de dopamina e serotonina foram ligados à depressão e a outros distúrbios mentais. Embora seja preciso cautela ao extrapolar esses conceitos para os humanos, estudos em animais mostram que um baixo status social afeta os níveis e as respostas a diferentes agentes químicos do cérebro.

Numa experiência engenhosa, pesquisadores da Wake Forest School of Medicine, na Carolina do Norte, pegaram vinte macacos e os alojaram por algum tempo em jaulas individuais.[108] Depois reuniram os animais em grupos de quatro e observaram as hierarquias sociais que se desenvolveram em cada grupo, analisando quais animais eram dominantes e quais subordinados. Antes e depois de serem agrupados, o cérebro dos macacos foi examinado por tomografia. Depois, os macacos aprenderam a administrar cocaína a si mesmos, bastando pressionar uma alavanca — e eles podiam consumir quanto quisessem.

Os resultados dessa experiência foram notáveis. Os macacos que se tornaram dominantes tinham mais atividade de dopamina no cérebro do que haviam exibido antes de se tornarem dominantes, enquanto os macacos que se tornaram subordinados não mostraram mudanças em sua química cerebral. Os macacos dominantes usaram muito menos cocaína do que os subordinados. Na verdade, os macacos subordinados estavam se medicando contra o impacto de seu baixo status social. Esse tipo de demonstração experimental em macacos acrescenta plausibilidade à nossa dedução de que a desigualdade está causalmente relacionada à doença mental.

No início deste capítulo mencionamos o grande número de drogas estabilizadoras do humor receitado no Reino Unido e nos Estados Unidos; isso acrescentado aos usuários que se automedicam com drogas ilegais, vemos a dor acarretada pela desigualdade numa escala muito grande.

CAPÍTULO 6. Saúde física e expectativa de vida

Uma alma triste mata mais rapidamente do que um germe.

John Steinbeck, *Travels with Charley*

DETERMINANTES MATERIAIS E PSICOLÓGICAS DE SAÚDE

Assim como as sociedades enriqueceram e nossas circunstâncias se alteraram, as doenças de que sofremos e as principais causas de saúde ou falta dela também se modificaram.

A história da saúde pública se faz através da mudança das ideias sobre as causas da doença.[109;110] No século XIX, os reformistas começaram a coletar estatísticas sobre as doenças e mortes prematuras sofridas pelos pobres habitantes das favelas urbanas. Isso levou às grandes reformas do Movimento Sanitário. Sistemas de drenagem e esgoto, coleta de lixo, banheiros públicos e moradias decentes, condições de trabalho mais seguras e melhorias na higiene dos alimentos — tudo isso trouxe grandes melhorias para a saúde da população e, à medida que os padrões de vida material das pessoas avançaram, a expectativa de vida se estendeu.

Como descrevemos no Capítulo 1, quando as doenças infecciosas deixaram de ser as principais causas de óbito, o mundo industrializado passou por uma mudança, a "transição epidemiológica", e as doenças crônicas, como doenças cardíacas e câncer, substituíram as infecções como principais causas de morte e saúde precária. Durante a maior parte do século XX, a abordagem predominante para melhorar a saúde das populações se baseava nas "escolhas de estilo de vida" e nos "fatores de risco" para prevenir esses males crônicos. Tabagismo, dietas ricas em gordura, álcool e exercício eram o foco da atenção.

Mas nos últimos anos do século XX os pesquisadores começaram a fazer descobertas surpreendentes sobre os determinantes da saúde. Eles tinham começado a crer que o estresse era uma causa de doença crônica, especialmente das cardiopatias. As doenças cardíacas eram então consideradas males do executivo, causadas pelo excesso de estresse vivido pelo homem de negócios que ocupava posições de responsabilidade. O Whitehall I Study, um estudo de longo prazo com funcionários públicos do sexo masculino, foi iniciado em 1967 para investigar as causas das cardiopatias e outras doenças crônicas. Esperava-se descobrir um risco mais elevado de doença cardíaca entre homens em empregos de alta posição; ao contrário, descobriu-se uma associação fortemente inversa entre a posição na hierarquia do funcionalismo público e as taxas de mortalidade. Os homens de categoria mais baixa (mensageiros, porteiros etc.) tinham uma taxa de mortalidade três vezes mais alta do que a dos que ocupavam cargos elevados (administradores).[111;112]

Estudos subsequentes no Whitehall I e outro estudo com funcionários públicos, o Whitehall II, que incluía mulheres, mostraram que um emprego de baixo status não só está relacionado a um maior risco de doença cardíaca como também a alguns tipos de câncer, doença pulmonar crônica, doença gastrointestinal, depressão, suicídio, licenças por doença, dores nas costas e autoproclamação de má saúde.[113;114;115] Portanto, será que era o próprio baixo status que estava provocando uma saúde pior ou essa relação poderia ser explicada por diferenças de estilo de vida entre funcionários públicos de diferentes categorias?

Os que ocupavam cargos mais baixos tinham mais propensão a ser obesos, a fumar, a ter pressão arterial elevada e a ser menos ativos fisicamente, mas esses fatores de risco explicavam apenas um terço de seu crescente risco de óbito por doença cardíaca.[116] E é claro que fatores como pobreza absoluta e desemprego não podem explicar as descobertas, pois todos que participaram desses estudos tinham um emprego assalariado. De todos os fatores que os pesquisadores do Whitehall analisaram ao longo dos anos, o estresse profissional e a sensação de controlar o próprio trabalho pareciam fazer a maior diferença para as pessoas. Agora existe uma série de estudos mostrando a mesma coisa, em diferentes sociedades e para a maioria dos problemas de saúde — o baixo status social tem um claro impacto sobre a saúde física e não só para as pessoas da base da hierarquia social. Assim como salienta a importância do status social, essa é a outra importante mensagem dos estudos de Whitehall. Há um gradiente social na saúde que permeia a sociedade e a posição em que estamos em relação aos outros importa; aqueles acima de nós têm mais saúde, os abaixo têm pior, desde a base até o topo.[117] Analisar esses gradientes significa compreender por que os administradores da diretoria vivem mais do que os ocupantes de cargos executivos, além de entender o porquê de os piores perfis de saúde serem dos pobres.

Assim como nossa sensação de controle sobre a vida, outros fatores que fazem diferença para a saúde física incluem a felicidade, o fato de sermos otimistas ou pessimistas e se nos sentimos hostis ou agressivos em relação aos outros. Nosso bem-estar psicológico tem um impacto direto sobre a saúde e somos menos propensos a nos sentir no controle, felizes, otimistas etc. se nosso status social for baixo.

Não é apenas esse fator e o bem-estar psicológico que afetam nossa saúde. As relações que temos com os outros também importam. Essa ideia retrocede ao trabalho sobre suicídio realizado por Émile Durkheim, um dos fundadores da sociologia, no final do século XIX.[118] Durkheim mostrou que as taxas de suicídio de diferentes países e populações estavam relacionadas ao grau de interação das pessoas e se as sociedades estavam passando ou não por rápidas mudanças e tumultos. Mas só na década de 1970 os epidemiologistas começaram a investigar sistematicamente de que modo as redes sociais se relacionam à saúde, mostrando que pessoas com menos amigos estavam em maior risco de óbito. Ter amigos, ser casado, pertencer a um grupo religioso ou outra associação e ter pessoas que fornecerão apoio são todas medidas protetoras da saúde.[119;120]

Apoio e redes sociais também foram ligados à incidência de doenças cardiovasculares e à recuperação de infartos. Numa experiência impressionante, os pesquisadores também demonstraram que pessoas que têm amigos são menos propensas a pegar resfriados ao ser expostas à mesma medida do vírus — quanto mais relacionamentos tinham, mas resistentes eram.[121] As experiências também mostraram que os ferimentos físicos curam-se mais rapidamente quando as pessoas têm um bom relacionamento com seus parceiros íntimos.[122]

Está bem estabelecido atualmente que status e integração social são determinantes para a saúde da população e, cada vez mais, os pesquisadores também estão reconhecendo que estresse no início da vida, tanto no útero como na infância, tem uma importante influência na saúde das pessoas ao longo de suas vidas.[123;124] O estresse no início da vida afeta o crescimento físico, emocional, social e o desenvolvimento cognitivo, assim como a saúde física e comportamental. E o status socioeconômico das famílias às quais as crianças pertencem também determina suas trajetórias de saúde e desenvolvimento ao longo da vida.[125]

Reunidos, status social, redes sociais e estresse na primeira infância são o que os pesquisadores chamam de "fatores psicológicos" e esses são de importância crescente nos países ricos, desenvolvidos, onde o padrão de vida material, como descrevemos no Capítulo 1, é agora elevado o suficiente, deixando de ser importante determinante direto para a saúde da população.

A VIDA É CURTA ONDE A VIDA É BRUTA

Os psicólogos evolucionistas Margo Wilson e Martin Daly queriam saber se a adoção de estratégias mais impulsivas e arriscadas era uma resposta adaptativa às circunstâncias em que a vida tende a ser mais curta. Então, em situações mais ameaçadoras, talvez sejam necessárias estratégias mais imprudentes para ganhar status, maximizar as oportunidades sexuais e aproveitar, pelo menos, as gratificações de curto prazo. Talvez só em condições mais tranquilas, em que existam garantias de uma vida mais longa, as pessoas se permitam planejar um futuro de longo prazo.[126] Para testar essa hipótese, eles coletaram dados sobre as taxas de homicídio nas 77 áreas que compõem Chicago e depois sobre as taxas de óbito nessas mesmas áreas, subtraindo todas as mortes por homicídio. Ao juntar os dois dados, havia uma estreita relação, vista na Figura 6.1 — os bairros com altas taxas de homicídio eram os mesmos onde as pessoas morriam mais jovens de outras causas também. Algo nesses lugares parecia estar afetando tanto a saúde quanto a violência.

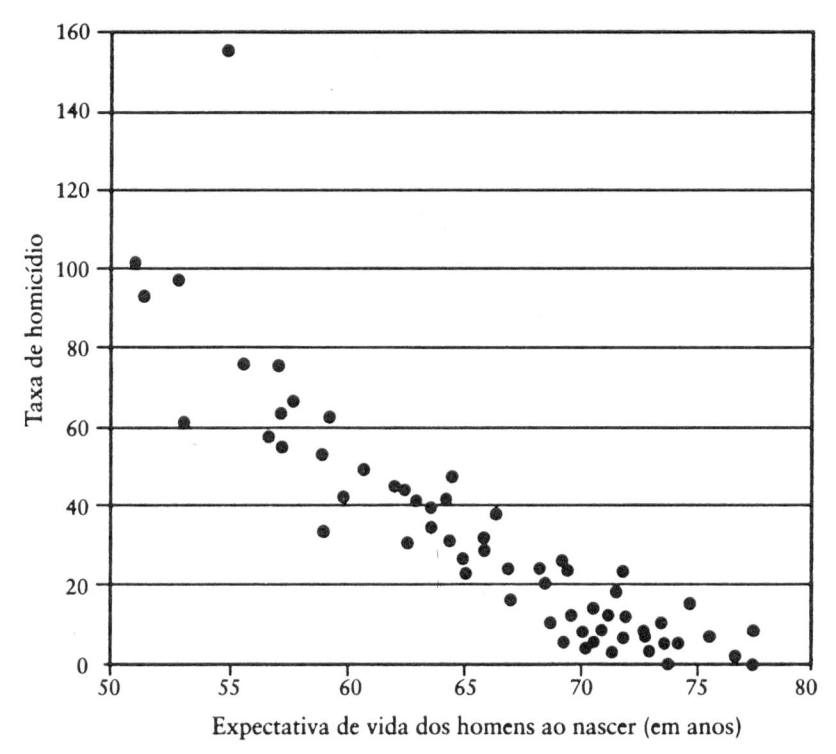

Figura 6.1 *As taxas de homicídio estão relacionadas à expectativa de vida dos homens nas 77 regiões de Chicago. (O cálculo da expectativa de vida inclui óbitos por todas as causas, exceto homicídio.)*[127]

No Capítulo 4 mostramos como os diferentes países desenvolvidos e os estados dos Estados Unidos variam nos níveis de confiança social que as pessoas sentem. Há uma diferença de seis vezes em níveis de confiança entre os países desenvolvidos e uma diferença de quatro vezes entre os estados dos Estados Unidos. Mencionamos que os níveis de confiança se relacionam à saúde da população e, de fato, pesquisas sobre coesão social e capital social vêm se multiplicando desde, aproximadamente, 1998. Até agora foram publicados mais de 40 trabalhos sobre as ligações entre saúde e capital social.[128]

Nos Estados Unidos, o epidemiologista Ichiro Kawachi e seus colaboradores da Harvard School of Public Health, observaram as taxas de óbito em 39 estados onde os General Social Surveys [Censo Social] tinham sido realizados no fim da década de 1980.[129] Esses levantamentos lhes permitiram contar quantas pessoas de cada estado eram membros de organizações voluntárias, como grupos ligados à igreja e a sindicatos. Essa medida de associação grupal revelou-se um forte previsor de óbitos entre todas as causas combinadas, assim como mortes provocadas por doença cardíaca coronariana, câncer e óbitos infantis. Quanto mais elevada a associação grupal, menor a taxa de óbito.

Robert Putnam observou o capital social em relação ao índice de saúde e assistência à saúde nos estados dos Estados Unidos.[130] Esse índice incluía informações como porcentagem de bebês nascidos com baixo peso e de mães que recebiam atendimento pré-natal, muitas taxas diferentes de óbito, gastos com saúde, números de pessoas com aids e câncer, uso de cintos de segurança no carro e números de leitos hospitalares, entre outros fatores. O índice de saúde estava estreitamente ligado ao capital social; estados como Minnesota e Vermont apresentavam altos índices de capital social e tiveram notas elevadas no índice de saúde; estados como Louisiana e Nevada tiveram notas ruins em ambos. Claramente, não é apenas nosso status social individual que importa para a saúde, as nossas conexões sociais também influenciam.

SAÚDE E RIQUEZA

Analisemos a saúde de dois bebês nascidos em duas sociedades diferentes.

O bebê A nasceu num dos países mais ricos do mundo, os Estados Unidos, residência de mais da metade dos bilionários mundiais. É uma nação que gasta entre 40% e 50% do dispêndio mundial total em saúde, embora contenha menos de 5% da população mundial. É especialmente alto o gasto com tratamentos medicamentosos e equipamentos de exame por imagem de alta tecnologia. Os médicos desse país ganham quase o dobro do que os de outros lugares, e o atendimento médico costuma ser descrito como o melhor do mundo.

O bebê B nasceu numa das democracias ocidentais mais pobres, a Grécia, na qual a renda média não chega a muito mais do que a metade da dos Estados Unidos. Enquanto os Estados Unidos gastam anualmente cerca de US$ 6.000 por pessoa em saúde, a Grécia gasta menos de US$ 3.000. Isso em termos reais, após levarem-se em conta os diferentes custos do atendimento médico. E a Grécia tem seis vezes menos equipamentos de exames por imagem por pessoa do que os Estados Unidos.

Será que as chances de o bebê B ter uma vida longa e saudável são certamente piores do que as do bebê A?

Na verdade, o bebê A, nascido nos Estados Unidos, tem uma expectativa de vida de 1,2 ano menor do que o bebê B, nascido na Grécia. E o bebê A tem um risco 40% maior de morrer no primeiro ano após o nascimento do que o bebê B. Entre os países desenvolvidos, há até maiores contrastes do que a comparação que usamos aqui: os bebês nos Estados Unidos têm o dobro de propensão de morrer em seu primeiro ano do que os bebês no Japão e a diferença na média de expectativa de vida entre os Estados Unidos e a Suécia é de três anos. Entre Portugal e Japão, é de mais de cinco anos. Algumas comparações são ainda mais chocantes: em 1990, Colin McCord e Harold Freeman, do Departamento de Cirurgia da Columbia University, calcularam que os homens negros no Harlem tinham menos probabilidade de chegar aos 65 anos do que os homens em Bangladesh.[131]

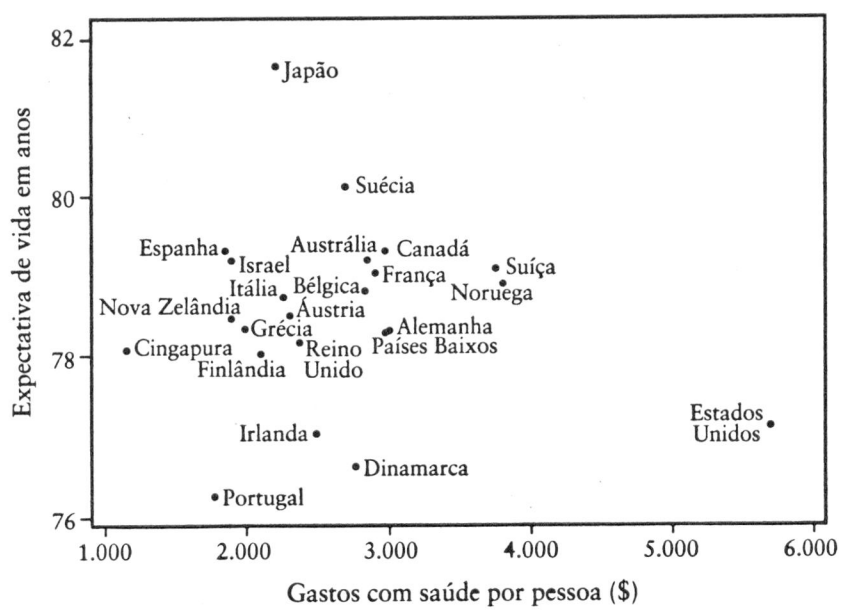

Figura 6.2 *A expectativa de vida não está relacionada aos gastos com saúde nos países ricos (moedas convertidas para refletir o poder aquisitivo).*

Entre outras coisas, nossa comparação entre o bebê A e o bebê B mostra que os gastos em saúde e a disponibilidade de equipamentos de alta tecnologia não se relacionam à saúde da população. A Figura 6.2 mostra que nos países ricos não há relação entre a quantia do gasto em saúde por pessoa e a expectativa de vida.

A "GRANDE IDEIA"

Se os níveis médios de renda não importam e os gastos em alta tecnologia no atendimento à saúde também não, o que importa? Existe agora um grande número de estudos sobre desigualdade de renda e saúde que comparam os países, os estados americanos ou outras grandes regiões, e a maioria desses estudos mostra que as sociedades mais igualitárias tendem a ser mais saudáveis.[132] Essa vasta literatura foi impulsionada por um estudo realizado por um de nós, sobre desigualdade e taxas de óbito, publicado no *British Medical Journal* em 1992.[133] Em 1996, os editores dessa revista, comentando sobre futuros estudos que confirmassem a ligação entre desigualdade de renda e saúde, escreveram:

> A grande ideia é que o importante para determinar a mortalidade e saúde numa sociedade é menos a riqueza geral dessa sociedade e mais a uniformidade com que ela é distribuída. Quanto mais igualmente for distribuída a riqueza, melhor será a saúde dessa sociedade.[134]

A desigualdade está associada a baixa expectativa de vida, a altos níveis de mortalidade infantil, a menos altura, a autoproclamação de má saúde, a baixo peso no nascimento, a aids e depressão. As Figuras 6.3 a 6.6 mostram a desigualdade de renda em relação à expectativa de vida para homens e mulheres e à mortalidade infantil — primeiramente para os países ricos e depois para os estados dos Estados Unidos.

É claro, as médias populacionais ocultam as diferenças em saúde *dentro* de cada população e essas podem ser ainda mais acentuadas do que as diferenças *entre* os países. No Reino Unido, as disparidades em saúde são um item prioritário na agenda de saúde pública desde a década de 1980, e o atual National Health Service Plan [Programa Nacional de Atendimento à Saúde] afirma que "Não há injustiça maior do que as desigualdades em saúde que mancham nossa nação".[135] No final de 1990 a diferença na expectativa de vida entre os grupos de classe social mais baixa e mais alta era de 7,3 anos para os homens e 7 anos para as mulheres.[136] Estudos americanos mostram diferenças ainda maiores, como uma diferença de 28 anos na expectativa de vida entre os negros e brancos de 16 anos que vivem nas áreas mais pobres e mais ricas.[137;138;139] Ter muito menos anos de vida porque a pessoa é da classe operária, e não um profissional especializado — ninguém pode discutir a grave injustiça que esses números representam. Perceba que, como o estudo Whitehall mostrou, essas lacunas não podem ser explicadas pelos piores comportamentos de saúde entre os que ocupam as posições inferiores na escala social.[140;141;142] Que tal, então, se o custo dessa injustiça for uma abreviação de três ou quatro anos na *média* da expectativa de vida se vivemos numa sociedade mais desigual?

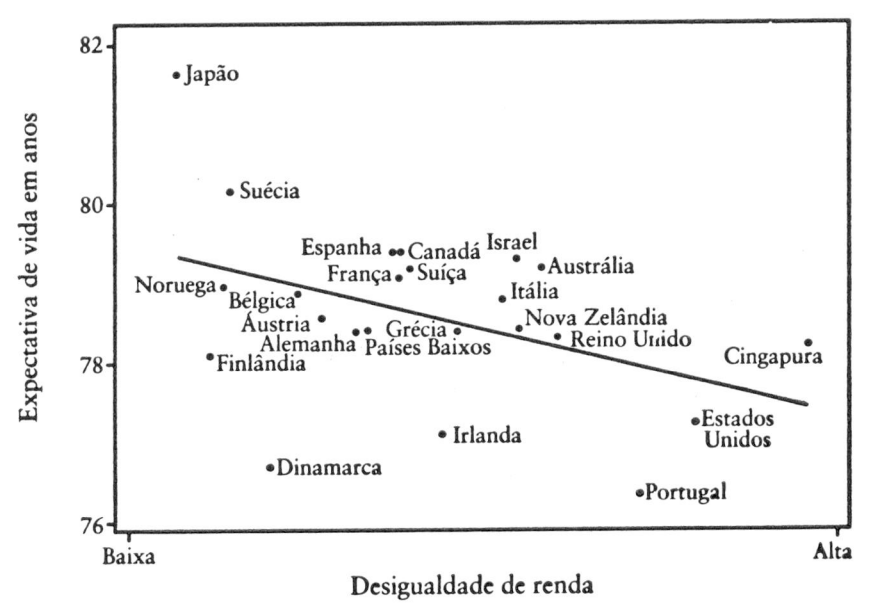

Figura 6.3 *A expectativa de vida está relacionada à desigualdade nos países ricos.*

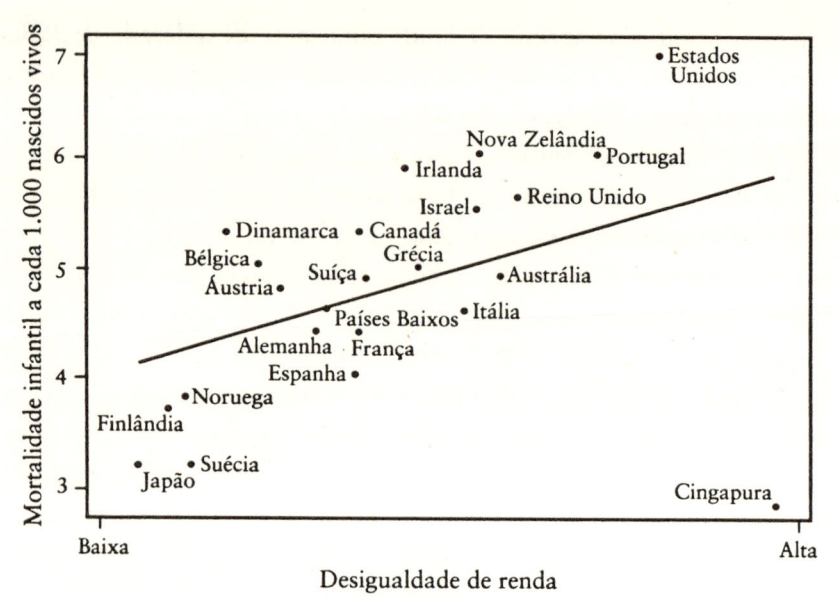

Figura 6.4 *A mortalidade infantil está relacionada à desigualdade nos países ricos.*

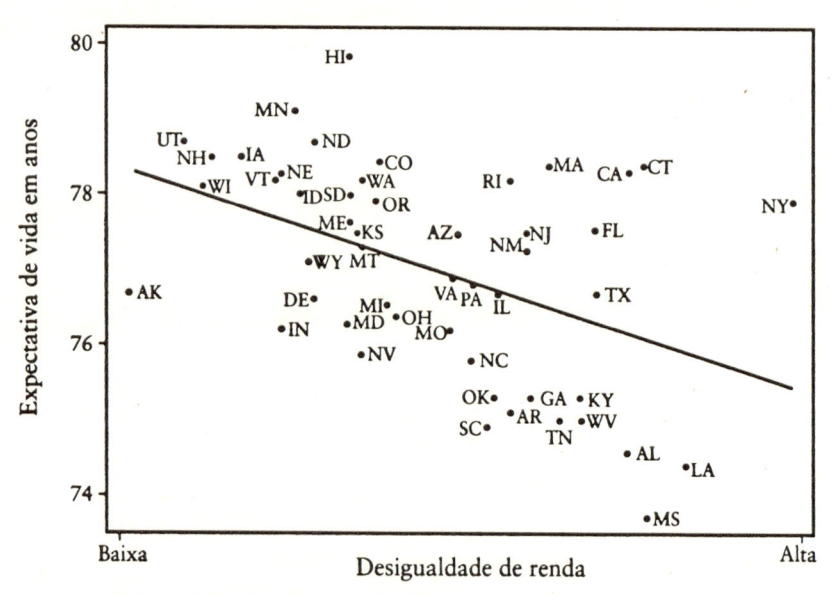

Figura 6.5 *A expectativa de vida está relacionada à desigualdade nos estados norte-americanos.*

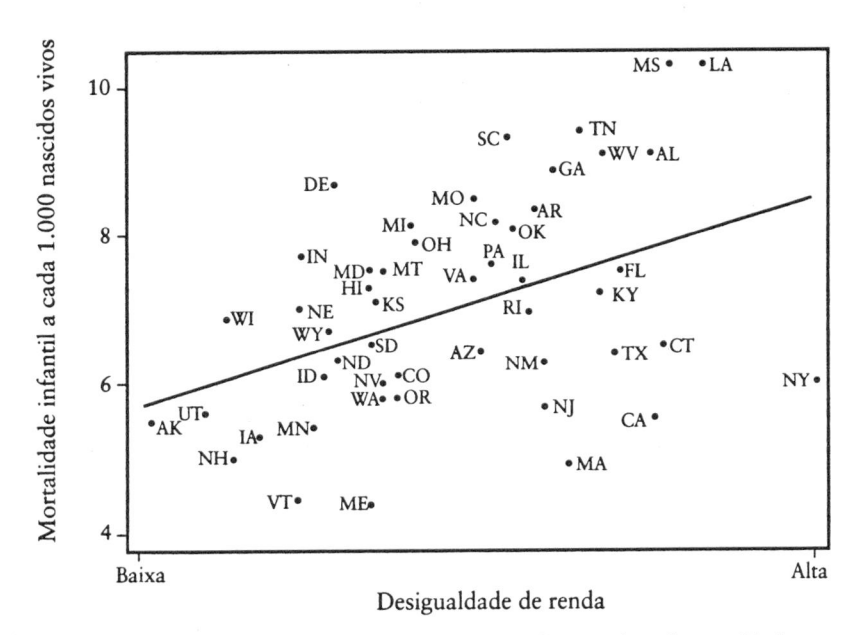

Figura 6.6 *A mortalidade infantil está relacionada à desigualdade nos estados norte-americanos.*

Legenda: (AL) Alabama, (AK) Alasca, (AZ) Arizona, (AR) Arkansas, (CA) Califórnia, (CO) Colorado, (CT) Connecticut, (DE) Delaware, (FL) Flórida, (GA) Georgia, (HI) Havaí, (ID) Idaho, (IL) Illinois, (IN) Indiana, (IA) Iowa, (KS) Kansas, (KY) Kentucky, (LA) Louisiana, (ME) Maine, (MD) Maryland, (MA) Massachusetts, (MI) Michigan, (MN) Minnesota, (MS) Mississippi, (MO) Missouri, (MT) Montana, (NE) Nebraska, (NV) Nevada, (NH) New Hampshire, (NJ) Nova Jersey, (NM) Novo México, (NY) Nova York, (NC) Carolina do Norte, (ND) Dakota do Norte, (OH) Ohio, (OK) Oklahoma, (OR) Oregon, (PA) Pensilvânia, (RI) Rhode Island, (SC) Carolina do Sul, (SD) Dakota do Sul, (TN) Tennessee, (TX) Texas, (UT) Utah, (VT) Vermont, (VA) Virgínia, (WA) Washington, (WV) Virgínia Ocidental, (WI) Wisconsin, (WY) Wyoming.

Examinamos diversas causas de óbito para ver quais tinham as maiores diferenças de classes na saúde. Descobrimos que as mortes por cardiopatias e homicídio eram as que apresentavam uma maior diferença de classe entre os adultos em idade ativa. Ao contrário, as taxas de óbito por câncer de próstata tinham pequena diferença de classe e as de óbito por câncer de mama não tinham nenhuma relação com classe social. Depois analisamos o modo como essas diferentes taxas eram afetadas pela desigualdade de renda e descobrimos que aquelas com maiores diferenças de classe eram muito mais sensíveis à desigualdade.[143] Descobrimos também que habitar um lugar mais igualitário beneficiava todo mundo, não só os pobres. Vale a pena repetir que as disparidades em saúde não representam simplesmente um contraste entre falta de saúde e os pobres, de um lado, e uma saúde melhor e o restante da sociedade, de outro. Ao contrário, elas permeiam toda a sociedade, de modo que até os razoavelmente abastados têm vidas mais curtas do que os muito ricos. Do mesmo modo, os benefícios de uma maior igualdade se espalham pela sociedade, melhorando a saúde para todos — não só para os que estão na base. Ou seja, em quase todos os níveis de renda, é melhor viver num lugar mais igualitário.

Um exemplo drástico de como as reduções na desigualdade podem levar a melhorias na saúde é a experiência da Grã-Bretanha durante as duas guerras mundiais.[144] Os aumentos na expectativa de vida para os civis durante as décadas de guerra foram o dobro dos vistos ao longo do resto do século XX. Nas décadas que contêm as guerras mundiais, a expectativa de vida aumentou entre seis e sete anos para homens e mulheres, ao passo que, nas décadas anteriores, intermediárias e posteriores, a expectativa de vida aumentou entre um e quatro anos. Embora o status nutricional da nação tenha melhorado na Segunda Guerra Mundial, isso não foi verdadeiro para a Primeira Guerra e o padrão de vida material declinou durante os dois conflitos. Entretanto, as duas épocas se caracterizaram por taxas totais de emprego e diferenças consideravelmente menores de renda — resultado das políticas deliberadas do governo para promover a cooperação com o esforço de guerra. Durante a Segunda Guerra, por exemplo, as rendas da classe operária subiram em 9%, enquanto as rendas da classe média caíram em 7%; as taxas de relativa pobreza se reduziram à metade. A consequente sensação de camaradagem e coesão social não só levou a uma melhor saúde como também à queda das taxas de criminalidade.

SOB NOSSA PELE

Então, como é que o estresse provocado por experiências adversas no início da vida, por um baixo status social e pela falta de apoio social nos deixa mal?[145] A crença de que a mente afeta o organismo circula desde a antiguidade e pesquisas modernas realçaram nossa compreensão dos modos como o estresse aumenta o risco de saúde precária, assim como prazer e felicidade promovem o bem-estar. O psiquismo afeta o sistema neural e, consequentemente, o sistema imunológico — quando estamos estressados, deprimidos ou com sentimentos hostis, ficamos muito mais propensos a desenvolver um grande número de males físicos, inclusive cardiopatias, infecções e aceleração do envelhecimento.[146] O estresse corrompe nosso equilíbrio físico, interfere no que os biólogos denominam de "homeostase" — o estado em que tudo corre tranquilamente e todos os nossos processos psicológicos estão normais.

Quando passamos por algum tipo de estresse agudo ou episódio traumático, nosso organismo parte para a reação de lutar ou fugir.[147] As reservas de energia são liberadas, os vasos sanguíneos se contraem, fatores de coagulação entram na corrente sanguínea prevendo alguma lesão, e coração e pulmão se aceleram. Nossos sentidos e nossa memória se aguçam e nosso sistema imunológico recupera a energia. Ficamos preparados e prontos para lutar contra o que nos causou o estresse ou fugir dele. Se a emergência se acabar em questão de minutos, essa incrível reação é saudável e protetora, mas, quando continuamos a nos preocupar por semanas ou meses e o estresse fica crônico, então nosso organismo fica num constante estado de prevenção a algum desafio ou ameaça e todas essas reações de lutar ou fugir tornam-se prejudiciais.

A mobilização crônica da energia em forma de glicose na corrente sanguínea pode nos levar a depositar mais gordura nos lugares errados (obesidade central) e até ao diabetes; a constrição crônica dos vasos sanguíneos e os altos níveis dos fatores de coagulação sanguínea podem levar à hipertensão e doença cardíaca. Enquanto o estresse agudo momentâneo reanima nosso sistema imunológico, o estresse crônico continuado suspende a imu-

O corpo humano é extraordinário ao reagir ao estresse agudo de um desafio físico, como o de perseguir uma presa ou fugir de um predador. Os sistemas circulatório, nervoso e imunológico são ativados enquanto os processos digestivo e reprodutor são suspensos. Mas se o estresse se torna crônico, a repetição contínua dessas reações pode provocar grandes danos.

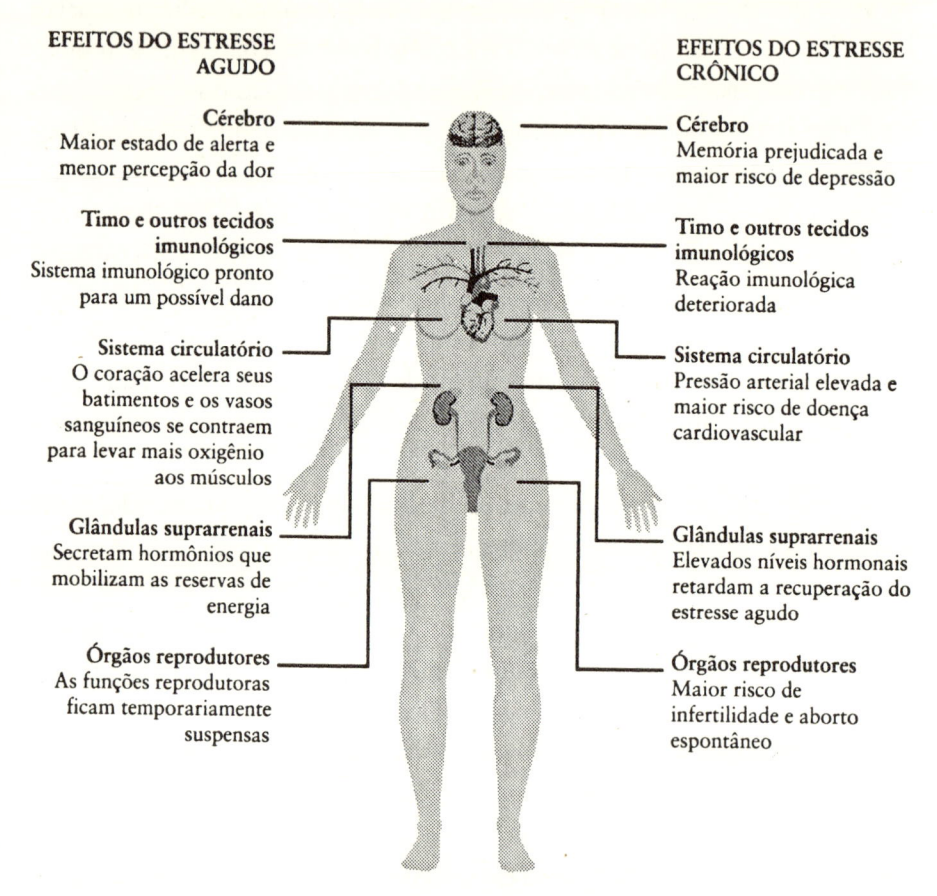

EFEITOS DO ESTRESSE AGUDO

Cérebro
Maior estado de alerta e menor percepção da dor

Timo e outros tecidos imunológicos
Sistema imunológico pronto para um possível dano

Sistema circulatório
O coração acelera seus batimentos e os vasos sanguíneos se contraem para levar mais oxigênio aos músculos

Glândulas suprarrenais
Secretam hormônios que mobilizam as reservas de energia

Órgãos reprodutores
As funções reprodutoras ficam temporariamente suspensas

EFEITOS DO ESTRESSE CRÔNICO

Cérebro
Memória prejudicada e maior risco de depressão

Timo e outros tecidos imunológicos
Reação imunológica deteriorada

Sistema circulatório
Pressão arterial elevada e maior risco de doença cardiovascular

Glândulas suprarrenais
Elevados níveis hormonais retardam a recuperação do estresse agudo

Órgãos reprodutores
Maior risco de infertilidade e aborto espontâneo

Figura 6.7 *A biologia do estresse.*[148]

nidade e pode levar à falta de crescimento nas crianças, à falta de ovulação nas mulheres, à disfunção erétil nos homens e a problemas digestivos para todos. Os neurônios em algumas áreas do cérebro ficam danificados e a função cognitiva declina. Temos problemas de sono. O estresse crônico nos consome e desgasta.

Neste capítulo mostramos que há uma forte relação entre desigualdade e muitos resultados diferentes para a saúde, com um quadro consistente nos Estados Unidos e nos países desenvolvidos. Nossa crença de que isso seja uma relação causal é realçada pelo quadro coerente que emerge da pesquisa sobre os determinantes psicológicos da saúde e os gradientes sociais na saúde em países desenvolvidos. A posição na sociedade importa para a saúde e explicações alternativas, como as maiores taxas de tabagismo entre os pobres, não contam para esses gradientes. Atualmente, existe uma série de estudos que mostram como a desigualdade de renda afeta a saúde, mesmo depois de feito o ajuste para as rendas individuais das pessoas.[149] As drásticas mudanças em diferença de renda na Grã-Bretanha durante as duas guerras mundiais foram seguidas por uma rápida melhoria na expectativa de vida. De modo similar, no Japão, a influência da desmilitarização pela ocupação aliada após a Segunda Guerra, a democratização e a redistribuição da riqueza e do poder levaram a uma economia igualitária e melhorias inigualáveis na saúde da população.[150] Ao contrário, a Rússia tem vivido declínios drásticos de expectativa de vida desde o início da década de 1990, desde que passou de uma economia centralizada para uma de mercado, acompanhada por uma rápida elevação da desigualdade de renda.[151] A biologia do estresse crônico é uma via plausível que nos ajuda a entender por que as sociedades desiguais são quase sempre sociedades sem saúde.

CAPÍTULO 7

Obesidade: maior diferença de renda, maior cintura

Comida é a forma mais primitiva de conforto.

Sheila Graham

A obesidade está aumentando com grande rapidez por todo o mundo desenvolvido. Em alguns países, as taxas dobraram em apenas poucos anos. A obesidade é medida pelo Índice de Massa Corporal (IMC)* para levar a altura em consideração e evitar que uma pessoa seja rotulada com sobrepeso só porque é alta. A Organização Mundial da Saúde estabeleceu padrões de uso do IMC para classificar pessoas que estejam abaixo do peso (IMC < 18,5), no peso normal (IMC 18,5-24,9), acima do peso (IMC = 25-29,9) ou obesas (IMC > 30). No final da década de 1970, nos Estados Unidos, quase metade da população estava acima do peso e 15% estavam obesos; agora, três quartos da população estão acima do peso e quase um terço está obeso. Em 1980, no Reino Unido, cerca de 40% da população estava acima do peso e menos do que 10% estavam obesos; agora dois terços dos adultos estão acima do peso e mais de um quinto está obeso.[152;153;154;155] Essa é uma grande crise, pois a obesidade é muito deletéria para a saúde — eleva o risco de hipertensão, diabetes tipo II, doença cardiovascular, problemas de vesícula biliar e alguns tipos de câncer. A questão da obesidade infantil é tão séria atualmente que há uma tendência de que a expectativa de vida das crianças de hoje seja mais curta. Essa seria a primeira inversão na longevidade em

---

* IMC = peso em kg : (altura em m)². Exemplo: 85 : 2,82 (1,68²) = 30,1.

muitos países desenvolvidos desde que os governos começaram a fazer seu registro, no século XIX.[156]

À parte as consequências para a saúde, a obesidade reduz o bem-estar emocional e social: adultos e crianças acima do peso e obesos sofrem terrivelmente. Uma jovem de 17 anos, de Illinois, pesando 184 kg, descreveu sua dor física: "Meu coração dói dentro do peito e tenho dores nos braços e outras coisas que me dão medo."[157] Mas tão dolorosas quanto são as lembranças que ela tem dos nomes pelos quais as outras crianças a chamavam na escola, de sua restrita vida social e da sensação de o seu corpo ser "quase uma prisão".

O tabloide inglês *The Sun* fez no segundo trimestre de 2007 uma reportagem com três crianças obesas.[158;159;160] A mais jovem, um menino de 8 anos, pesava 98 kg e sofria intimidações na escola — quando ia. Estava tão gordo que muitas vezes tinha dificuldade para caminhar até lá e voltar e tinha isenção de usar o uniforme escolar porque não havia nenhum que lhe servisse. Sua irmã mais velha, de 9 anos, pesava 88 kg e também sofria provocações e constrangimentos tanto por parte de crianças como de adultos. Ela dizia que achava "difícil respirar às vezes" e não gostava de ter de "usar roupas feias" e de não caber nos brinquedos dos parques de diversão. Mais pesado era o menino mais velho, de 12 anos, com 126 kg. Ele estava desesperadamente infeliz — expulso de duas escolas e suspenso de uma terceira por atacar violentamente outras crianças que o xingavam.

O AMBIENTE "OBESOGÊNICO"

Muita gente acredita que a obesidade é determinada pela genética. Sem dúvida, os genes têm seu papel em determinar a suscetibilidade que diferentes indivíduos têm para engordar mais ou menos. Mas o súbito e rápido aumento da obesidade em muitas sociedades não pode ser explicado por fatores genéticos. Essa epidemia é causada por alterações em nosso modo de vida. As pessoas costumam apontar as mudanças em custo, facilidade de preparação e disponibilidade de alimentos altamente energéticos, a propagação dos restaurantes de *fast food*, o advento do forno de micro-ondas e o declínio das habilidades culinárias. Outros registram a diminuição da atividade física, tanto no trabalho quanto no lazer, o aumento no uso do automóvel e a redução dos programas de educação física nas escolas. A vida moderna, parece, conspira para nos deixar gordos. Se nada mais houvesse aí do que isso, poderíamos então esperar ver mais obesidade entre os mais ricos, que podem comprar mais comida, mais automóveis etc., e altos níveis de obesidade em todas as sociedades abastadas.

Mas não é o que acontece. Durante a transição epidemiológica, que discutimos nos Capítulos 1 e 6, quando as doenças crônicas substituíram as doenças infecciosas como principais causas de óbito, a obesidade mudou sua distribuição social. No passado os ricos eram gordos e os pobres magros, mas nos países desenvolvidos essa configuração agora se inverteu.[161] A Organização Mundial da Saúde realizou um estudo em 26 países na década de 1980 para monitorar as tendências de doenças cardiovasculares e os fatores de risco para essas doenças, incluindo obesidade. Foi descoberto que, conforme as taxas de obesidade subiram, seu gradiente social ficou mais inclinado.[162] No início da década de 1990, a obesidade era mais comum entre as mulheres mais pobres, em comparação com as mais ricas, em todos os 26 países e entre os homens mais pobres, exceto em cinco países. Como a jornalista Polly Toynbee declarou num artigo em 2004: "Gordura é uma questão de classe."[163] Apontando para as altas taxas de obesidade nos Estados Unidos e as baixas taxas entre os países escandinavos, que provavam não haver altos níveis de obesidade em todas as sociedades modernas e ricas, ela sugeriu que a desigualdade de renda pode contribuir para a epidemia de obesidade.

DESIGUALDADE DE RENDA E OBESIDADE

A Figura 7.1 mostra que os níveis de obesidade tendem a ser mais baixos em países onde as diferenças de renda são menores. Os dados sobre obesidade são da International Obesity Task Force [Força-Tarefa Internacional para a Obesidade] e mostram a proporção da população adulta, masculina e feminina, que é obesa, com um Índice de Massa Corporal (IMC) superior a 30.[164]

As diferenças entre os países são grandes. Nos Estados Unidos, mais de 30% dos adultos são obesos; um nível 12 vezes mais elevado do que no Japão, onde apenas 2,4% dos adultos são obesos. Como esses números são para o IMC, não só para o peso, não são suscetíveis a diferenças de altura média.

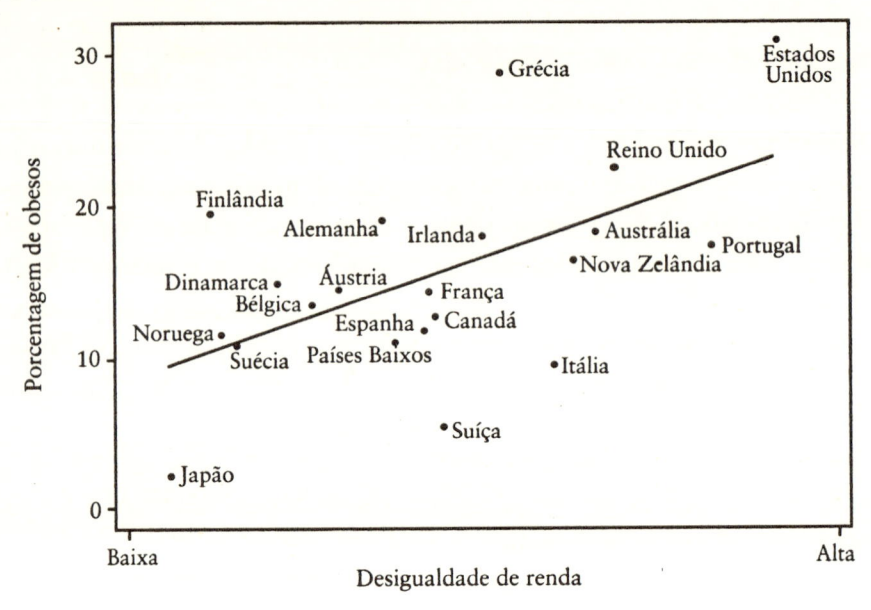

Figura 7.1 *Mais adultos são obesos nos países mais desiguais.*

A mesma configuração pode ser vista internacionalmente para crianças (Figura 7.2). Nossos números sobre a porcentagem de jovens entre 13 e 15 anos com sobrepeso, que constam no relatório de 2007 do Unicef sobre bem-estar infantil, originam-se do levantamento Comportamento e Saúde de Crianças em Idade Escolar, realizado pela Organização Mundial da Saúde.[165] Esse levantamento não traz dados da Austrália, Nova Zelândia nem do Japão, mas a relação com a desigualdade ainda é forte o bastante para assegurar que não é devida ao acaso. As diferenças entre os países são menores para crianças com sobrepeso do que para adultos. Nos Países Baixos — que apresentam o nível mais baixo —, 7,6% das crianças entre 13 e 15 anos estão acima do peso, o que representa um terço da taxa nos Estados Unidos, onde 25,1% estão acima do peso. (Como esses números se baseiam

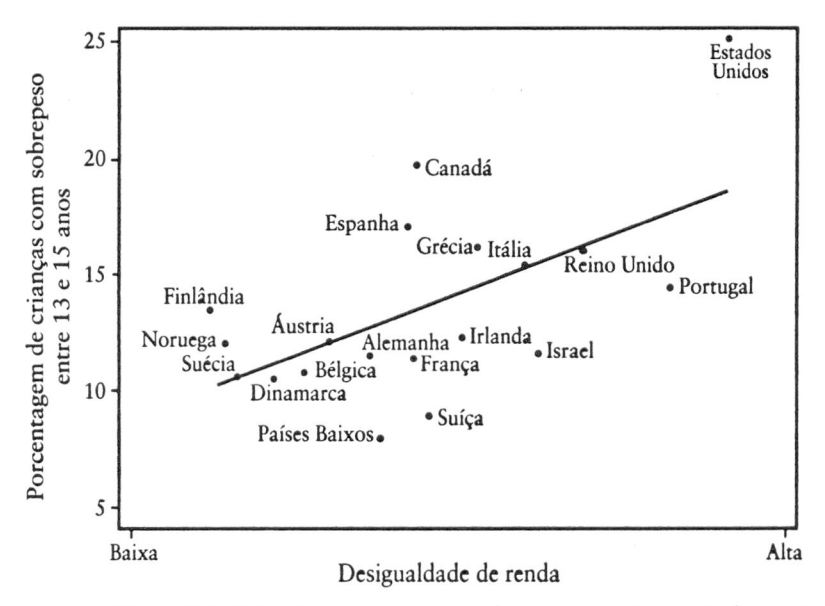

Figura 7.2 *Mais crianças estão acima do peso nos países mais desiguais.*

no relato das próprias crianças sobre sua altura e peso, em vez de terem sido medidas, a verdadeira prevalência de sobrepeso é provavelmente mais elevada em todos os países, mas isso não deveria fazer muita diferença no modo como estão relacionados à desigualdade.)

Nos Estados Unidos, não há estados com níveis de obesidade adulta inferiores a 20%. O Colorado tem a prevalência mais baixa de obesidade, em 21,5%, comparada com os 34% no Texas, que tem a mais alta.* Mas a relação com a desigualdade ainda é forte o bastante para nos assegurar que não se deve ao acaso. Outros pesquisadores descobriram relações similares. Um estudo estabeleceu que uma desigualdade de renda estadual mais alta estava associada ao ganho de peso abdominal nos homens,[166] outros que a desigualdade de renda aumenta o risco de estilos de vida inativos.[167] O sobrepeso entre os pobres parece estar especialmente associado à desigualdade de renda (Figura 7.3).

---

*Os dados sobre obesidade adulta nos Estados Unidos nos foram cedidos pelo professor Majid Ezzati, da Escola de Saúde Pública da Harvard University. O professor Ezzati baseia em medidas de altura e peso seus cálculos de prevalência da obesidade em cada estado.

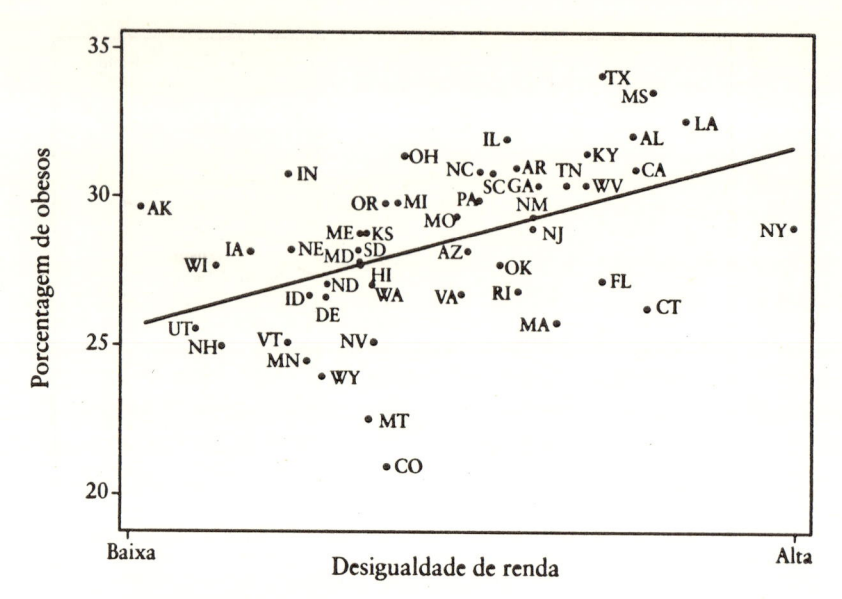

Figura 7.3 *Mais adultos são obesos nos estados norte-americanos mais desiguais.* [168]

Os dados relativos às crianças dos Estados Unidos foram obtidos através do Levantamento Nacional de Saúde Infantil (Figura 7.4). Assim como nos números infantis internacionais, esses dados se referem a crianças com sobrepeso (e não obesas), entre 10 e 17 anos. (A altura e o peso são relatados por um dos pais ou adulto que melhor conhece a criança.) A relação com a desigualdade é ainda maior para as crianças do que para os adultos.

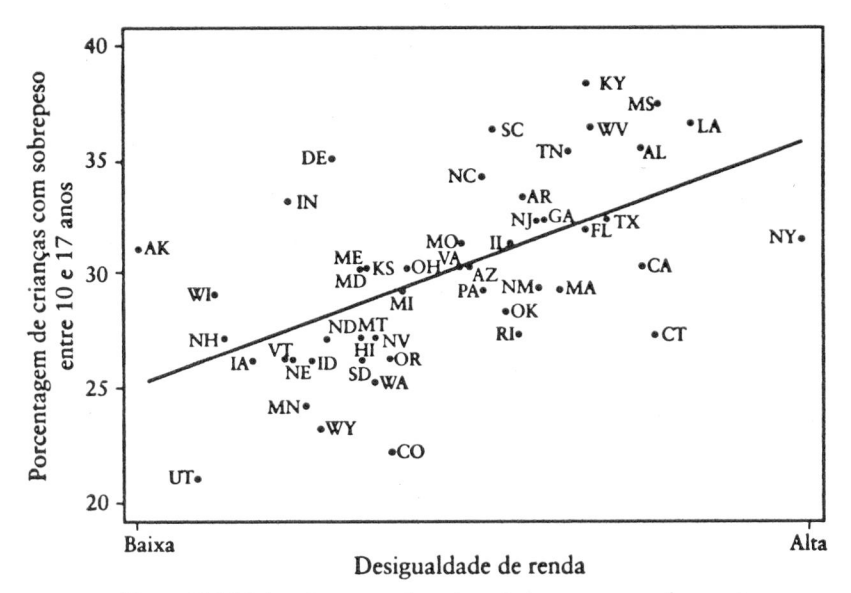

Figura 7.4 *Mais crianças estão acima do peso nos estados norte-americanos mais desiguais.*

Legenda: (AL) Alabama, (AK) Alasca, (AZ) Arizona, (AR) Arkansas, (CA) Califórnia, (CO) Colorado, (CT) Connecticut, (DE) Delaware, (FL) Flórida, (GA) Georgia, (HI) Havaí, (ID) Idaho, (IL) Illinois, (IN) Indiana, (IA) Iowa, (KS) Kansas, (KY) Kentucky, (LA) Louisiana, (ME) Maine, (MD) Maryland, (MA) Massachusetts, (MI) Michigan, (MN) Minnesota, (MS) Mississippi, (MO) Missouri, (MT) Montana, (NE) Nebraska, (NV) Nevada, (NH) New Hampshire, (NJ) Nova Jersey, (NM) Novo México, (NY) Nova York, (NC) Carolina do Norte, (ND) Dakota do Norte, (OH) Ohio, (OK) Oklahoma, (OR) Oregon, (PA) Pensilvânia, (RI) Rhode Island, (SC) Carolina do Sul, (SD) Dakota do Sul, (TN) Tennessee, (TX) Texas, (UT) Utah, (VT) Vermont, (VA) Virgínia, (WA) Washington, (WV) Virgínia Ocidental, (WI) Wisconsin, (WY) Wyoming.

COMER PARA SE CONSOLAR...

Em parte, os caminhos que ligam a desigualdade de renda à obesidade devem incluir a ingestão calórica e a atividade física. De fato, nossa própria pesquisa mostrou que a ingestão calórica *per capita* é mais elevada em países mais desiguais. Isso explicou parte da relação entre desigualdade e obesidade, mas menos para mulheres do que para homens.[169] Outros pesquisadores mostraram que a desigualdade de renda dos estados dos Estados Unidos está relacionada à inatividade física.[170] Tudo indica que as pessoas em sociedades mais desiguais estão comendo mais e se exercitando menos. Mas em estudos realizados na Austrália, no Reino Unido e na Suécia o quanto as pessoas comem e a quantidade de exercício que fazem não conseguem explicar totalmente as diferenças de ganho de peso e obesidade entre as classes sociais.[171;172;173;174]

Ingestão calórica e exercício físico são apenas parte da história. Pessoas com um longo histórico de estresse parecem responder à alimentação de modo diferente das demais. Seus organismos reagem depositando gordura especialmente em torno do abdômen, em vez de mais abaixo, nos quadris e nas coxas.[175;176] Como vimos no Capítulo 6, o estresse crônico afeta a ação do hormônio cortisol e os pesquisadores descobriram diferenças nos exames de cortisol e vulnerabilidade psicológica ao estresse entre homens e mulheres com altos níveis de gordura abdominal. As pessoas que acumulam gordura em torno do abdômen ficam especialmente vulneráveis às doenças associadas à obesidade.

A reação do organismo ao estresse causa outro problema. Não só faz com que depositemos gordura nos lugares errados como pode também aumentar nossa ingestão de alimentos e mudar nossas escolhas alimentares, um padrão conhecido como comer por estresse ou comer por consolo. Em experimentos com ratos, quando os animais estão estressados eles comem mais açúcar e gordura. As pessoas que estão cronicamente estressadas tendem a comer em excesso e engordar ou comer menos que o necessário e perder peso. Num estudo realizado na Finlândia, as pessoas cuja alimentação era impulsionada pelo estresse comiam linguiça, hambúrguer, pizza, chocolate e bebiam mais álcool do que as outras.[177] Os cientistas começam a entender como o comer por consolo pode ser um modo de lidar com mudanças particulares em nossa fisiologia quando estamos cronicamente estressados, mudanças que são acompanhadas por sentimentos de ansiedade.[178]

As três crianças obesas apresentadas no *The Sun*, que descrevemos antes, pareciam comer por consolo para lidar com rupturas familiares. A menina de 9 anos disse: "A única coisa que me interessa é chocolate. Só vivo para isso... quando estou triste e preocupada, eu só como." Seu irmão mais velho engordou 94 kg em cinco anos, após o divórcio dos pais.

Alguns anos atrás, o *Wall Street Journal* publicou uma série de artigos, "Dieta mortal", sobre os problemas de nutrição nas áreas pobres dos Estados Unidos.[179] Entre as pessoas com sobrepeso entrevistadas, havia uma menina de 13 anos, moradora de um conjunto habitacional violento, que declarou que comida e TV eram meios para acalmar os nervos. Uma mulher desempregada, ciente de que sua alimentação e seu hábito de beber estavam prejudicando o fígado e as artérias, ainda achava que "preferia viver menos tendo prazer". Uma avó que criava os netos devido ao vício da filha em crack e cocaína disse:

> Antes eu estava tão aborrecida com o vício de minha filha no crack que nem conseguia comer. Passei a tomar Pepsi — era como uma droga para mim. Eu não conseguia funcionar sem ela. Costumava acordar com uma Pepsi na mão. Bastava uma garrafa de três litros para que eu conseguisse enfrentar o dia.

Pesquisas recentes sugerem que o alimento estimula o cérebro de quem abusa da comida cronicamente do mesmo modo que as drogas estimulam o cérebro dos viciados.[180;181;182] Estudos que utilizaram tomografias cerebrais mostraram que pessoas obesas reagem ao alimento e à sensação de estar satisfeitas de modo diferente das pessoas magras.[183]

... COMER (OU NÃO) POR STATUS

Mas as escolhas alimentares e as dietas não são só ditadas pelo modo como nos sentimos — também se configuram por fatores sociais. Fazemos escolhas alimentares por complicadas razões culturais — às vezes gostamos de pratos com os quais fomos criados, que representam o lar para nós, às vezes queremos aqueles que representam um estilo de vida que estamos tentando alcançar. Oferecemos comida a outras pessoas para mostrar que as amamos, para mostrar que somos sofisticados ou que podemos nos permitir ser generosos. É provável que a comida sempre tenha desempenhado esse papel; é o componente necessário da festa, com todos os seus significados sociais. Mas agora, com a fácil disponibilidade de alimentos baratos, altamente energéticos, quaisquer que sejam os benefícios que possam vir dos banquetes frequentes, eles são superados por desvantagens.

Na série "Dieta mortal" do *Wall Street Journal*, um imigrante que veio recentemente de Porto Rico descreve como sua família costumava viver de uma alimentação constante de arroz, feijão, vegetais, porco e peixe seco. Desde que se mudaram para Chicago, passaram a consumir refrigerantes, pizza, hambúrguer, cereais matinais açucarados, cachorro-quente e sorvete. "Não posso comprar sapatos ou roupas caras para as crianças... mas comida é mais fácil, então eu deixo que comam tudo que desejam." Mais do que tudo, a família vai a restaurantes de *fast food* e come fora duas vezes por mês, embora as crianças quisessem de fazer isso com mais frequência. "Nós nos sentimos bem quando vamos a esses lugares... sentimos como se fôssemos americanos, que estamos aqui e que este é o nosso lugar."

Um jovem de 17 anos, de Nova Jersey, descreveu como a capacidade de comprar *fast food* comprova seu status financeiro, mostra que a pessoa tem dinheiro no bolso, sem ter de esperar pelo cheque da previdência no final do mês.

Um homem de 37 anos disse que gastava metade de seu salário em *fast food*. No dia em que foi entrevistado, estivera no McDonald's três vezes e estava planejando ir ao Kentucky Fried Chicken e a um *delivery* de comida chinesa antes do fim do dia. Mas os restaurantes de *fast food* tinham um significado para ele que ia muito além da comida barata. Apesar de estar trabalhando, ele não tinha casa e eles se tornaram seu santuário:

> Ele não tem casa própria e trafega entre a casa da tia no Brooklyn e o apartamento de um amigo num conjunto habitacional do Harlem. "O ambiente me faz sentir confortável e relaxado e não é preciso ter pressa", diz ele, enquanto admira o assoalho brilhante da lanchonete e o quadro de George Washington Carver (um famoso negro americano do século XIX) na parede. Embalado pela música suave de fundo, ele dá uma cochilada momentânea e depois acrescenta: "Não tem nada de hip-hop, nada de profanação. O quadro, as plantas, o modo como tudo é mantido em ordem aqui fazem com que a gente se sinta na civilização."

Um membro hispânico de uma gangue de rua faz todas as suas refeições em restaurantes de *fast food*, vangloriando-se de não ter feito uma refeição em casa desde os 16 anos:

> A rapaziada aqui não quer comer a comida da mãe [...] todo mundo está cansado da comida das mães — arroz com feijão repetidamente. Eu queria levar a vida de um homem. *Fast food* nos dá status e respeito.

GORDURA É UM PROBLEMA FEMININO?

Nosso próprio trabalho, assim como os estudos de outros pesquisadores, mostra que a relação entre desigualdade de renda e obesidade é mais forte para as mulheres do que para os homens. No estudo da Organização Mundial da Saúde realizado em 26 países, o gradiente social em obesidade é visto de modo mais consistente e tende a ficar mais verticalizado para mulheres do que para homens. No Levantamento da Saúde na Inglaterra de 2003, a associação positiva entre baixo status socioeconômico e obesidade fica bem clara para mulheres, mas entre os homens não há associação.[184]

Talvez essa configuração resulte do fato de a obesidade provocar um efeito negativo mais forte na mobilidade social das mulheres do que dos homens. É possível que mulheres jovens obesas sofram mais discriminação nos mercados do trabalho e do casamento do que os homens jovens obesos. Ou então o baixo status social seja um maior fator de risco para a obesidade em mulheres do que em homens. Dois estudos de nascimentos ocorridos em "grupos" britânicos oferecem algumas pistas. Esses estudos são análises de grandes amostras de pessoas nascidas na mesma época e acompanhadas a partir de então. Um estudo de pessoas nascidas em 1946 descobriu que homens e mulheres com mobilidade ascendente eram menos propensos a ser obesos do que aqueles cujas classes sociais não se modificaram entre a infância e a vida adulta.[185] No grupo de 1970 as mulheres obesas, mas não os homens, tiveram mais propensão a nunca ter emprego assalariado nem um companheiro.[186]

Nos Estados Unidos e na Grã-Bretanha, a obesidade feminina na adolescência foi ligada a salários mais baixos na vida adulta.[187;188] Embora não tenha se limitado às mulheres, um levantamento recente, realizado com mais de dois mil profissionais de recursos humanos, descobriu que 93% favoreceriam um candidato a emprego de peso normal em relação a um candidato igualmente qualificado acima do peso. Quase 50% desses profissionais sentiam que pessoas com sobrepeso eram menos produtivas; 33% sentiam que a obesidade era um motivo válido para não contratar alguém; e 40% sentiam que pessoas com sobrepeso não tinham disciplina.[189]

Embora o sobrepeso claramente atrapalhe a mobilidade social, nossa própria análise das tendências entre as mulheres nascidas na Grã-Bretanha em 1970 sugere que isso não explica o gradiente social em obesidade entre as mulheres e, até a meia-idade, uma classe social baixa está ligada ao ganho de peso.[190]

NUNCA SE PODE SER RICO DEMAIS OU MAGRO DEMAIS

As diferenças de classe social na importância do tamanho do corpo e na imagem física a que as mulheres aspiram também parecem contribuir para o gradiente social da obesidade. No passado, as mulheres com corpos voluptuosos eram admiradas, mas em muitas culturas modernas, mais ricas, ser magra indica classe social elevada e beleza. As mulheres britânicas de classes sociais mais altas são mais propensas a monitorar seu peso e a fazer dieta do que as mulheres de classes sociais mais baixas, e são também mais insatisfeitas com seu físico.[191] As mulheres que descem a escala social parecem dar menos ênfase à magreza e são mais satisfeitas com seu físico. Mudanças de status civil também têm seu papel: num estudo realizado nos EUA, as mulheres que se casaram engordaram mais do que as que continuaram solteiras, se divorciaram ou se separaram.[192] E nem todas as mulheres querem ser magras — nas comunidades negras miseráveis, por exemplo, a magreza pode ser associada a uma imagem de pobreza, fome e dependência da previdência social, assim como ter aids e vício em drogas. Como uma mulher de 19 anos disse:

Sempre fui uma mulher voluptuosa. Se eu começar a emagrecer muito, as pessoas vão pensar que estou usando drogas [...] no gueto, a gente simplesmente não pode se permitir ficar muito magra.

Suas palavras são um lembrete dos modos como a classe social está relacionada ao sobrepeso no mundo em desenvolvimento, no qual só os afluentes podem se permitir ser gordos. Nos países ricos, a impressão é a de que as mulheres de classes sociais mais altas são mais propensas a ter aspirações à magreza e ser mais capazes de atingi-la.

Mas enquanto o peso das mulheres pode ser muito afetado por fatores sociais, os homens certamente não estão imunes. Um recente estudo realizado nos Estados Unidos, de 12 anos de duração, com homens em idade ativa, revelou que, se eles ficassem desempregados, engordavam.[193] Quando sua renda anual caía, eles engordavam, em média, dois quilos e meio.

O FENÓTIPO ECONÔMICO

Outra ideia que sugere uma ligação causal entre níveis mais elevados de desigualdade de renda numa sociedade e maiores pesos corporais é conhecida como a hipótese do "fenótipo econômico". Resumidamente, essa teoria sugere que, quando uma gestante está estressada, o desenvolvimento de seu feto é modificado para prepará-lo para a vida num ambiente estressante. Ainda não está claro se os próprios hormônios do estresse causam o dano ou se os fetos estressados ficam menos bem nutridos, ou se as duas coisas acontecem, mas esses bebês "fenótipos econômicos" nascem com baixo peso e uma taxa metabólica mais baixa. Ou seja, estão adaptados a um ambiente de escassez de alimentos — são pequenos e necessitam de menos alimento. Em condições de escassez durante nosso passado evolutivo, essa adaptação teria sido benéfica, mas em nosso mundo moderno, no qual é improvável que o estresse durante a gestação se deva à falta de alimento e os bebês nascem num mundo de abundância, é uma má adaptação. Os bebês com fenótipo econômico num mundo onde a comida é abundante são mais propensos a obesidade, diabetes e doença cardiovascular. Como este livro mostra, as sociedades com níveis mais elevados de desigualdade de renda têm níveis mais altos de desconfiança, doença, insegurança de status, violência e outros motivadores de estresse; portanto, o fenótipo econômico pode muito bem estar contribuindo para a elevada prevalência da obesidade nessas sociedades.

A DIETA DA IGUALDADE

Está claro que obesidade e sobrepeso não são problemas limitados aos pobres. Nos Estados Unidos, cerca de 12% da população é pobre, mas mais de 75% estão acima do peso. No Reino Unido, as diferenças de classe social em relação à obesidade feminina podem ser vistas em toda a extensão da escala social. Enquanto a obesidade afeta apenas 16% das mulheres em cargos "administrativos e posições profissionais mais elevadas", logo abaixo delas 20% das mulheres em cargos subalternos são obesas. Diante desses fatos, é difícil argumentar que a epidemia da obesidade se deve ao fraco conhecimento nutricional entre os pouco instruídos. Num estudo com mulheres britânicas de meia-idade,[194] 84% sabiam que deviam consumir cinco frutas e vegetais todos os dias e outro estudo mostrava que as pessoas obesas calculam melhor as calorias de um lanche do que as magras.[195]

Outra demonstração relativa, não absoluta, é que os níveis de renda que importam para a obesidade vêm de estudos em que se pede às pessoas que descrevam subjetivamente sua posição na hierarquia social. Os pesquisadores mostram aos sujeitos um diagrama de uma escala e lhes dizem que no topo estão as pessoas de status mais elevado e na base as de status mais baixo e então lhes pedem que coloquem um "X" na escala, marcando sua própria posição. Demonstrou-se que essa medida de status social subjetivo está ligada a uma configuração não saudável de distribuição de gordura[196] e à obesidade[197] — ou seja, a obesidade ficou mais fortemente relacionada à sensação subjetiva que as pessoas têm de seu status, em vez de a seu verdadeiro grau de instrução ou renda.

Se pudermos observar quais mudanças em desigualdade de renda são seguidas por mudanças em obesidade, isso também seria uma evidência sustentadora de uma associação causal. Um exemplo de uma sociedade que experimentou rápido aumento na desigualdade é a Alemanha após a reunificação. Depois da queda do Muro de Berlim, a desigualdade aumentou na antiga Alemanha Oriental[198] e estudos de acompanhamento pessoal ao longo do tempo evidenciam que essa ruptura social levou a aumentos no Índice de Massa Corporal em crianças, jovens adultos e mães.[199]

As políticas sociais e de saúde para tratamento e prevenção da obesidade tendem a enfocar o indivíduo; essas políticas tentam instruir as pessoas sobre os riscos associados ao sobrepeso e treiná-las para adquirir melhores hábitos. Mas essas abordagens deixam de examinar os motivos *pelos quais* as pessoas continuam a ter um estilo de vida sedentário e a ter uma alimentação pouco saudável, *como* esses comportamentos proporcionam consolo ou status, *por que* há um gradiente social na obesidade e *qual* é o papel da depressão e do estresse na gestação. Como as mudanças comportamentais são mais fáceis para as pessoas que se sentem no controle e num bom estado emocional, a diminuição dos fardos da desigualdade poderia dar uma importante contribuição para a solução da epidemia de obesidade.

CAPÍTULO 8

Desempenho educacional

> Nosso progresso como nação não pode ser mais veloz do que nosso progresso na educação. A mente humana é nosso recurso fundamental.
>
> John F. Kennedy,
> Mensagem especial sobre educação ao Congresso, 20 de fevereiro de 1961

Em todo o mundo desenvolvido e em todo o espectro político, há unanimidade sobre a importância da educação. É bom para a sociedade, que necessita de contribuições para a produtividade econômica — sem mencionar impostos — ter uma força de trabalho qualificada, e é bom para os indivíduos. Pessoas com maior grau de instrução ganham mais, ficam mais satisfeitas com seu trabalho e lazer, têm menos chances de ficar desempregadas, são mais propensas a ser saudáveis, menos propensas a ser criminosas, e é mais provável que cedam parte de seu tempo para o trabalho voluntário e que votem nas eleições.[200] Em 2006, segundo o Departamento [Ministério] do Trabalho dos Estados Unidos, se a pessoa tivesse frequentado o ensino médio, mas sem concluí-lo, ganharia uma média de US$ 419 por semana. Essa soma subiria para US$ 595 se a pessoa tivesse se formado, iria para US$ 1.039 se tivesse concluído a faculdade e se elevaria para mais de US$ 1.200 com uma pós-graduação.[201]

A VANTAGEM FAMILIAR

Embora boas escolas façam a diferença, a maior influência para a conquista educacional — o que define o bom desempenho escolar e mais tarde a educação superior — é o contexto familiar. Num relatório sobre o futuro da educação na Grã-Bretanha, Melissa Benn e Fiona Millar descrevem como:

> Um dos maiores problemas das escolas britânicas é o desnível entre ricos e pobres e a enorme disparidade nos contextos familiares das crianças e do capital social e cultural que elas levam para a carteira escolar.[202]

As crianças se saem melhor se os pais tiverem rendas mais altas e eles próprios mais instrução, se vierem de lares onde haja um lugar para estudar, livros de consulta e jornais e onde a educação seja valorizada.[203] O envolvimento dos pais na educação dos filhos é ainda mais importante.

Então por que, quando todas as sociedades desenvolvidas estão comprometidas com educação e igualdade de oportunidades (pelo menos em teoria), por melhor que seja o sistema escolar, as crianças desfavorecidas têm pior desempenho e perdem a miríade de benefícios que a educação oferece? Como veremos, algumas sociedades chegam muito mais perto de alcançar igualdade de oportunidades do que outras.

RESULTADO DESIGUAL

A Figura 8.1 mostra que as notas escolares internacionais estão estreitamente relacionadas à desigualdade de renda e a Figura 8.2 mostra a mesma relação nos Estados Unidos. Países e estados mais desiguais têm um pior resultado educacional — e essas relações são bastante fortes para nos assegurar de que não se devem ao acaso. Os dados internacionais comparativos sobre êxito escolar originam-se do Programme for International Student Assessment (Pisa) [Programa Internacional de Avaliação Estudantil], criado para administrar exames padronizados a alunos de 15 anos em escolas de diferentes países. O programa começou em 43 países em 2000 e avalia as crianças a cada três anos, normalmente testando entre

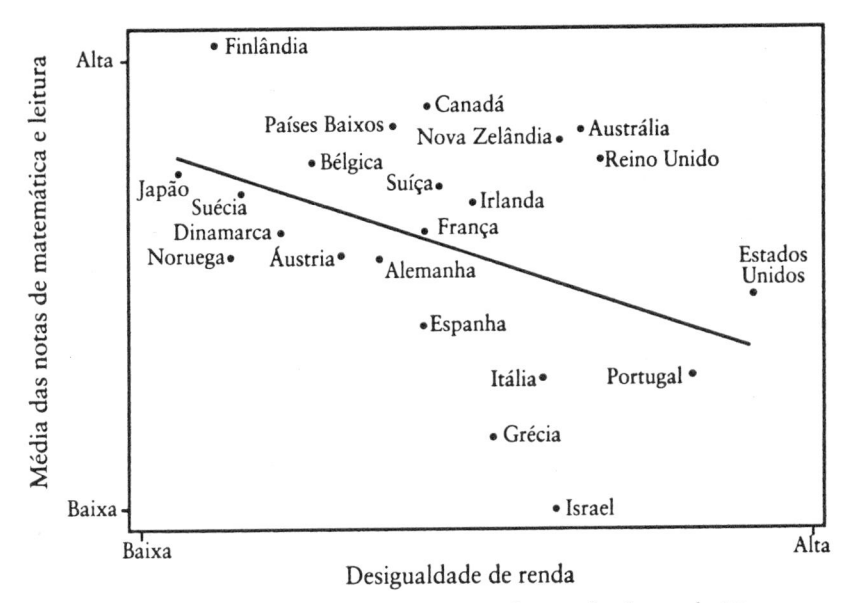

Figura 8.1 *As notas em matemática e leitura de alunos de 15 anos são mais baixas nos países desiguais.*[204, 205]

4.500 e 10.000 adolescentes em cada país cada vez; as escolas são escolhidas ao acaso. Os exames Pisa testam alunos de 15 anos porque esses estão chegando ao fim da escolaridade compulsória na maioria dos países. Cada avaliação aplica exames de leitura, matemática e ciências. A meta é saber em que medida os estudantes conseguem aplicar seus conhecimentos e suas habilidades.

Para ser coerentes com os dados disponíveis para os Estados Unidos, combinamos a média nacional de notas em leitura e matemática apenas, representando-as em comparação com a desigualdade de renda (Figura 8.1). Contudo, se acrescentássemos os conhecimentos científicos, isso provocaria pouca diferença nos resultados. Não havia dados disponíveis para o Reino Unido do Pisa 2003, pois poucas escolas concordaram em tomar parte da pesquisa, o que não satisfez os padrões do programa. A mesma forte relação internacional com desigualdade de renda também foi mostrada pela classificação do conhecimento adulto, usando dados do International Adult Literacy Survey [Levantamento Internacional de Alfabetização Adulta].[206]

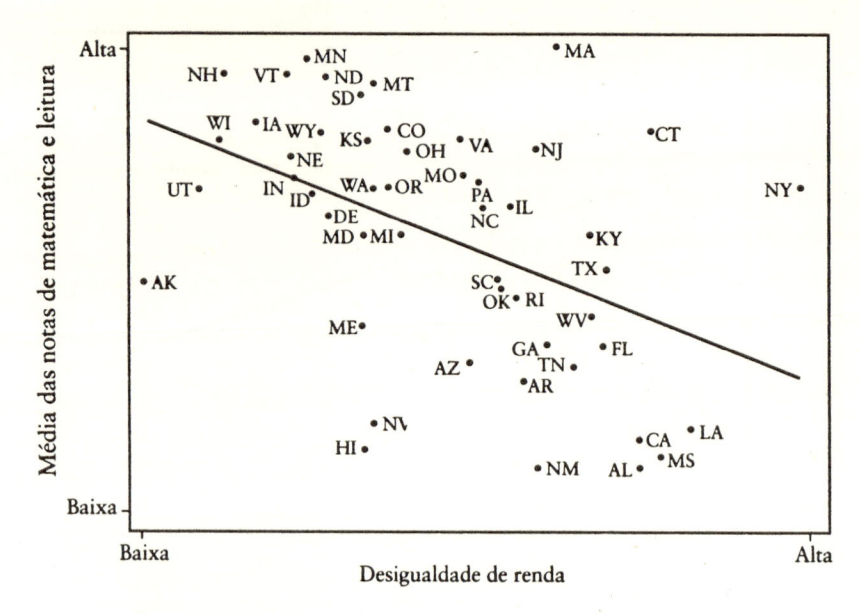

Figura 8.2 *As notas de matemática e leitura dos alunos do oitavo ano são mais baixas nos estados norte-americanos mais desiguais.*

Legenda: (AL) Alabama, (AK) Alasca, (AZ) Arizona, (AR) Arkansas, (CA) Califórnia, (CO) Colorado, (CT) Connecticut, (DE) Delaware, (FL) Flórida, (GA) Georgia, (HI) Havaí, (ID) Idaho, (IL) Illinois, (IN) Indiana, (IA) Iowa, (KS) Kansas, (KY) Kentucky, (LA) Louisiana, (ME) Maine, (MD) Maryland, (MA) Massachusetts, (MI) Michigan, (MN) Minnesota, (MS) Mississippi, (MO) Missouri, (MT) Montana, (NE) Nebraska, (NV) Nevada, (NH) New Hampshire, (NJ) Nova Jersey, (NM) Novo México, (NY) Nova York, (NC) Carolina do Norte, (ND) Dakota do Norte, (OH) Ohio, (OK) Oklahoma, (OR) Oregon, (PA) Pensilvânia, (RI) Rhode Island, (SC) Carolina do Sul, (SD) Dakota do Sul, (TN) Tennessee, (TX) Texas, (UT) Utah, (VT) Vermont, (VA) Virgínia, (WA) Washington, (WV) Virgínia Ocidental, (WI) Wisconsin, (WY) Wyoming.

Para examinar a mesma relação entre os 50 estados dos Estados Unidos, combinamos as notas de desempenho em 2003 em matemática e leitura de alunos do oitavo ano (com cerca de 14 anos) provenientes do Centro Nacional de Estatísticas Educacionais do Departamento da Educação dos Estados Unidos (Figura 8.2). As notas são significativamente mais baixas em estados com maiores diferenças de renda

Como teste adicional, verificamos a proporção de crianças que abandonam o ensino médio nos Estados Unidos. Como mostra a Figura 8.3, há muito mais propensão de isso acontecer em estados mais desiguais. Os estados com as taxas mais baixas de abandono são Alasca, Wyoming, Utah, Minnesota e New Hampshire, com índices em torno de 1,2%. Em três estados, Mississippi, Louisiana e Kentucky, mais de um quarto das crianças abandonou o ensino médio sem qualificações educacionais.

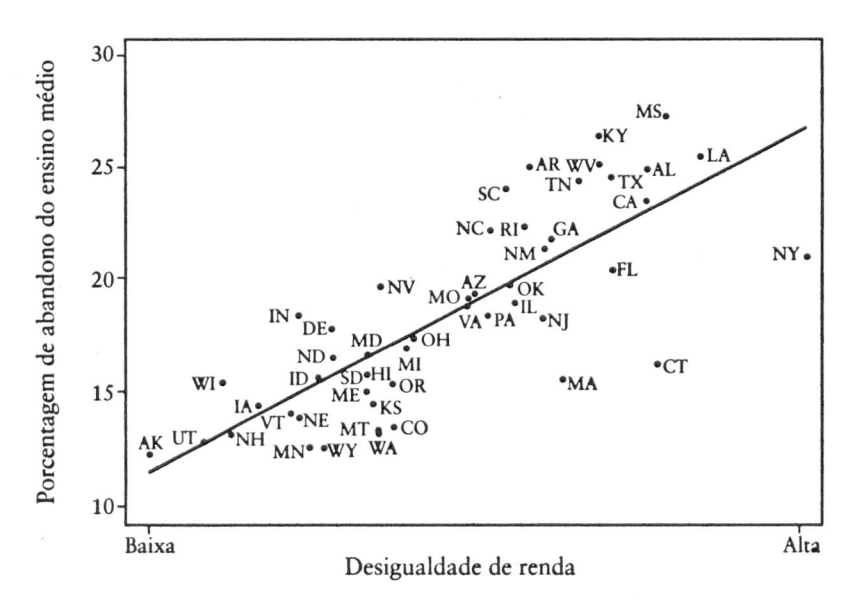

Figura 8.3 *Mais jovens abandonam o ensino médio nos estados norte-americanos mais desiguais.*

Legenda: (AL) Alabama, (AK) Alasca, (AZ) Arizona, (AR) Arkansas, (CA) Califórnia, (CO) Colorado, (CT) Connecticut, (DE) Delaware, (FL) Flórida, (GA) Georgia, (HI) Havaí, (ID) Idaho, (IL) Illinois, (IN) Indiana, (IA) Iowa, (KS) Kansas, (KY) Kentucky, (LA) Louisiana, (ME) Maine, (MD) Maryland, (MA) Massachusetts, (MI) Michigan, (MN) Minnesota, (MS) Mississippi, (MO) Missouri, (MT) Montana, (NE) Nebraska, (NV) Nevada, (NH) New Hampshire, (NJ) Nova Jersey, (NM) Novo México, (NY) Nova York, (NC) Carolina do Norte, (ND) Dakota do Norte, (OH) Ohio, (OK) Oklahoma, (OR) Oregon, (PA) Pensilvânia, (RI) Rhode Island, (SC) Carolina do Sul, (SD) Dakota do Sul, (TN) Tennessee, (TX) Texas, (UT) Utah, (VT) Vermont, (VA) Virgínia, (WA) Washington, (WV) Virgínia Ocidental, (WI) Wisconsin, (WY) Wyoming.

Pode-se pensar que essa notável associação se deve à pobreza absoluta — que as crianças abandonam o ensino médio com mais frequência nos estados pobres para começarem a trabalhar mais cedo e contribuir com o orçamento familiar. E é verdade que as altas taxas de abandono do ensino médio são mais elevadas em estados pobres, mas pobreza e desigualdade têm efeitos independentes. Todavia, aquela não explica o efeito desta. Nenhum estado tem uma taxa de pobreza superior a 17%, mas as taxas de abandono ficam acima dos 20% em 16 estados e o abandono não se limita aos pobres.

PADRÕES DE DESEMPENHO

Geralmente se supõe que o desejo de elevar o padrão nacional de desempenho em áreas como educação e o de reduzir desigualdades educacionais numa sociedade não têm conexão. Mas a verdade pode ser bem o contrário. Tudo indica que a conquista de padrões nacionais mais elevados de desempenho educacional pode na verdade depender da redução do gradiente social no empreendimento educacional de cada país. Douglas Willms, professor de pedagogia da University of New Brunswick, no Canadá, fornece ilustrações impressionantes disso.[207] Na Figura 8.4 mostramos a relação entre as notas de capacitação adulta para ler e escrever provenientes do International Adult Literacy Survey e o grau de instrução dos pais desses adultos pesquisados — na Finlândia, na Bélgica, no Reino Unido e nos Estados Unidos.

Esses números sugerem que mesmo tendo pais instruídos — e, portanto, supostamente de elevado status social — o país em que a pessoa vive faz diferença para seu sucesso educacional. Mas para aqueles que ocupam posições mais baixas na escala social, com pais menos instruídos, faz uma diferença muito maior. Um ponto importante a se notar, observando esses quatro países, é a inclinação do gradiente social — maior nos Estados Unidos e no Reino Unido, onde a desigualdade é alta, menor na Finlândia e na Bélgica, que são mais igualitárias. Fica claro também que uma importante influência na média da classificação de alfabetização — no plano nacional de conquista — em cada um desses países é a inclinação do gradiente social. Os Estados Unidos e o Reino Unido têm uma classificação média baixa, puxada para baixo ao longo do gradiente social.

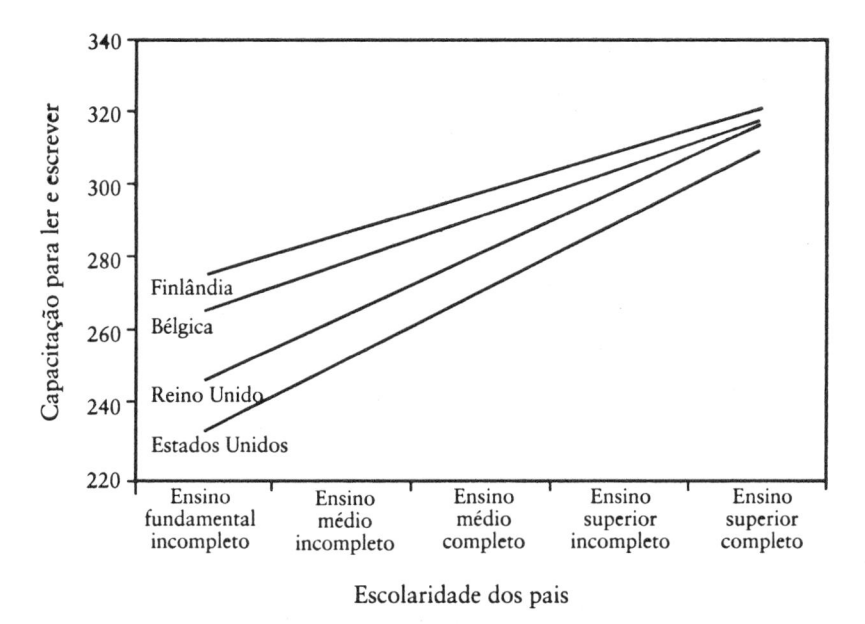

Figura 8.4 *Capacitação para ler e escrever em relação à educação formal dos pais, em quatro países. (Fonte: International Adult Literacy Survey)*

Willms demonstrou que a configuração mostrada na Figura 8.4 se sustenta de modo mais amplo — internacionalmente entre os 12 países desenvolvidos, assim como nas províncias canadenses e nos estados dos Estados Unidos.[208] Assim como a tendência em direção à divergência — maiores diferenças na base do gradiente social do que no topo —, ele diz que "há uma forte relação inversa entre os níveis médios de proficiência e o declive dos gradientes socioeconômicos".

O epidemiologista Arjumand Siddiqi e colaboradores também analisaram os gradientes sociais na capacidade de leitura em alunos de 15 anos, usando dados do Pisa 2000.[209] Eles descobriram que países com um longo histórico de oferta de previdência social se saíam melhor e, como Willms, relatam que países com uma média classificatória mais elevada têm diferenças sociais menores em capacidade de leitura. Finlândia e Suécia têm uma média alta na classificação de leitura e baixos níveis de desigualdade nessa classificação; Grécia e Portugal apresentam uma média baixa de classificação e um elevado grau de desigualdade na capacidade de leitura. Siddiqi e colaboradores reconhecem, no entanto, algumas exceções a essa configuração geral. Nova Zelândia e Reino Unido têm uma média elevada na classificação de leitura, mas um alto grau de desigualdade social no que concerne à capacidade de leitura. Por outro lado, a Noruega combina uma média classificatória medíocre com muito pouca desigualdade socioeconômica em capacidade de leitura. Uma explicação oferecida por esses pesquisadores é que na Nova Zelândia e no Reino Unido há uma maior proporção de adolescentes que deveriam fazer o exame, mas não o fazem porque abandonaram a escola ou são gazeteiros.

PREVIDÊNCIA EDUCACIONAL

Siddiqi e colaboradores enfatizam que uma classificação elevada em leitura e baixa desigualdade social de capacidade de leitura são encontradas em nações "marcadas por provisões previdenciárias mais fortes". Voltaremos a esse ponto no Capítulo 12, quando analisarmos o gasto público em educação em relação à desigualdade de renda. Mas de que outras maneiras a desigualdade afeta os resultados educacionais?

Uma conexão importante tende a se dar através do impacto que a desigualdade provoca na qualidade da vida familiar e dos relacionamentos. As desigualdades sociais no desenvolvimento da primeira infância estão entrincheiradas muito antes do início da educação formal. Atualmente temos vasto conhecimento da importância dos primeiros anos para o futuro desenvolvimento — o aprendizado se inicia no berço e os primeiros anos de vida representam um período crítico para o desenvolvimento do cérebro. Esse aprendizado precoce pode ser estimulado ou inibido pelo ambiente no qual a criança se cria. Um amplo estudo no Reino Unido descobriu que, aos 3 anos, as crianças oriundas de famílias desfavorecidas já estavam propensas a ficar educacionalmente um ano atrasadas em relação às crianças de famílias mais privilegiadas.[210]

Um ambiente social estimulante é essencial para o aprendizado precoce. Bebês e crianças pequenas necessitam de ambientes amorosos e receptivos. É preciso que se fale e interaja com elas, que sejam amadas. Elas precisam de oportunidades para brincar, falar e explorar seu mundo e devem ser estimuladas dentro de limites seguros, em vez de reprimidas em suas atividades ou punidas. Tudo isso é mais difícil de proporcionar quando os pais e outros responsáveis são pobres, estressados ou desassistidos.

No Capítulo 4 descrevemos como a qualidade geral das relações sociais é mais baixa em sociedades mais desiguais e nos Capítulos 5 e 6 mostramos como a desigualdade está ligada a uma saúde física e mental precária e a um maior abuso de entorpecentes. Portanto, não é um grande salto pensar como a vida numa sociedade mais hierárquica e desconfiada pode afetar as relações íntimas, domésticas e a vida familiar. Conflito doméstico e violência, doença mental dos genitores, falta de recursos e de tempo para o lazer, tudo irá combinar para afetar o desenvolvimento da criança. Os resultados dessas tensões talvez possam ser vistos numa análise feita pelos economistas Robert Frank e Adam Levine, da Universidade de Cornell. Eles mostraram que nos Estados Unidos os municípios que tiveram os maiores aumentos em desigualdade de renda foram os mesmos que sofreram as maiores altas em taxas de divórcio.[211] As crianças que vivem com famílias de baixa renda passam por situações mais conflituosas e conhecem a ruptura familiar, além de estar mais propensas a testemunhar ou vivenciar violência, assim como a viver em moradias mais populosas, ruidosas e precárias[212] — a qualidade do ambiente familiar está diretamente relacionada à renda.[213] O modo como os pais se comportam em relação à relativa pobreza (não ter o mínimo de renda para manter o padrão médio da sociedade em que vivem) atinge os filhos — há demonstrações de que algumas famílias são impermeáveis a tais problemas, ao passo que outras reagem com uma autoridade mais punitiva e com ausência de receptividade, até o ponto de se tornar negligentes ou abusivas.[214;215] Mais uma vez, é importante notar que as dificuldades nas relações familiares e de paternidade não se limitam aos pobres. A socióloga Annette Lareau descreve como a paternidade difere entre a classe média, a classe operária e as famílias pobres na América: há diferenças fundamentais na organização da vida cotidiana, no uso da linguagem e no grau em que as famílias são socialmente conectadas.[216] Descobrimos que no UK Millennium Cohort Study [Estudo Coorte do Milênio no Reino Unido], um grande levantamento entre crianças nascidas em 2000 e 2001, mesmo as mães que ocupam o segundo lugar antes do topo da escala social são propensas a relatar sentimentos de incompetência como mães ou de ter uma má relação com seus filhos, em comparação com as que ocupam a primeira posição.

As sociedades podem fazer muito para melhorar as tensões familiares e apoiar o desenvolvimento infantil precoce. Desde o início da vida, algumas sociedades fazem mais do que outras para promover uma ligação segura entre mãe e filho através de provisão de licença-maternidade remunerada para as mães que trabalham. Usando dados sobre a duração da licença-maternidade remunerada, fornecidos pela Clearinghouse on International Developments in Child, Youth and Family Policies [Câmara de Desenvolvimento Internacional das Políticas para a Infância, a Juventude e a Família] da Columbia University, descobrimos que países mais igualitários oferecem períodos mais longos de licença-maternidade remunerada.

A Suécia oferece licença-maternidade (que pode ser dividida entre a mãe e o pai) com 80% de reposição do salário até os 18 meses da criança; mais três meses podem ser requeridos a uma taxa básica de remuneração e depois outros três meses de licença não remunerada. A Noruega concede (novamente para mãe ou pai) um ano de licença com reposição salarial de 80%, ou seis meses e meio com 100%. Em contrapartida, os Estados Unidos e a Austrália não oferecem direito legal à licença remunerada — na Austrália os pais podem tirar licença de um ano sem remuneração e, nos Estados Unidos, de três meses.

Assim como permitir a licença-maternidade, as sociedades podem melhorar a qualidade da primeira infância por meio da provisão de subsídios familiares e benefícios fiscais, moradia subvencionada pelo governo, atendimento à saúde, programas que promovam equilíbrio entre trabalho e vida pessoal, impondo remunerações de apoio à criança e, talvez o mais importante, por meio do fornecimento de uma educação infantil de alta qualidade. Programas educativos infantis precoces podem fomentar o desenvolvimento físico e cognitivo, assim como o desenvolvimento social e emocional.[217;218;219] Podem alterar trajetórias de longo prazo na vida das crianças e análises de custo-benefício mostram que são investimentos altamente lucrativos. Em experimentos, as crianças desfavorecidas que receberam educação de alta qualidade na primeira infância são menos propensas a necessitar de reforço escolar, a se envolver com a criminalidade e ganham salários mais altos quando adultos.[220] Tudo isso acrescenta um retorno substancial aos investimentos governamentais em tais programas.

OPORTUNIDADES DESIGUAIS DE APRENDIZADO

Até agora descrevemos modos pelos quais uma maior desigualdade pode afetar o desenvolvimento infantil através de seu impacto na vida familiar e nas relações. Mas também há demonstrações de efeitos mais diretos da desigualdade sobre as habilidades cognitivas e o aprendizado da criança.

Em 2004, as economistas do Banco Mundial Karla Hoff e Priyanka Pandey relataram os resultados de um experimento notável.[221] Elas reuniram 321 meninos de 11 a 12 anos de casta alta e 321 de casta baixa de vilarejos rurais da Índia e lhes propuseram a tarefa de montar quebra-cabeças. Primeiro, os meninos executaram a tarefa sem ter conhecimento da casta uns dos outros. Sob essas condições, os meninos de casta inferior realizaram um trabalho tão bom quanto os de casta alta, de fato até um pouco melhor.

Depois, o experimento foi repetido, mas dessa vez cada menino foi requisitado a confirmar seu nome, vilarejo, dos nomes do pai, do avô e da casta. Após esse anúncio público da casta, os meninos resolveram mais jogos de quebra-cabeça e dessa vez houve uma grande diferença entre as castas no resultado — o desempenho dos meninos de casta baixa caiu de modo significativo (Figura 8.5).

Essa é uma demonstração gritante de que desempenho e comportamento numa tarefa educativa podem ser profundamente afetados pelo modo como sentimos que somos vistos e julgados pelos outros. Quando esperamos ser vistos como inferiores, nossas habilidades parecem diminuir.

O mesmo fenômeno foi demonstrado, de modo bastante convincente, em experimentos com estudantes brancos e negros de ensino médio nos Estados Unidos, pelos psicólogos sociais Claude Steele, da Universidade de Stanford, e Joshua Aronson, da Universidade de Nova York.[222] Num estudo eles aplicaram um teste padronizado usado em admissão universitária para candidatos a cursos de graduação. Numa situação, os estudantes eram informados de que era um teste de aptidão; numa segunda situação, dizia-se que *não* era uma medida de aptidão. Os estudantes brancos tiveram o mesmo desempenho sob as duas condições, mas os negros tiveram um desempenho muito pior quando acharam que sua aptidão estava em julgamento. Steele e Aronson rotularam esse efeito de "ameaça do estereótipo" e atualmente está provado que é um efeito geral, que se aplica a diferenças de sexo, assim como a diferenças raciais e étnicas.[223]

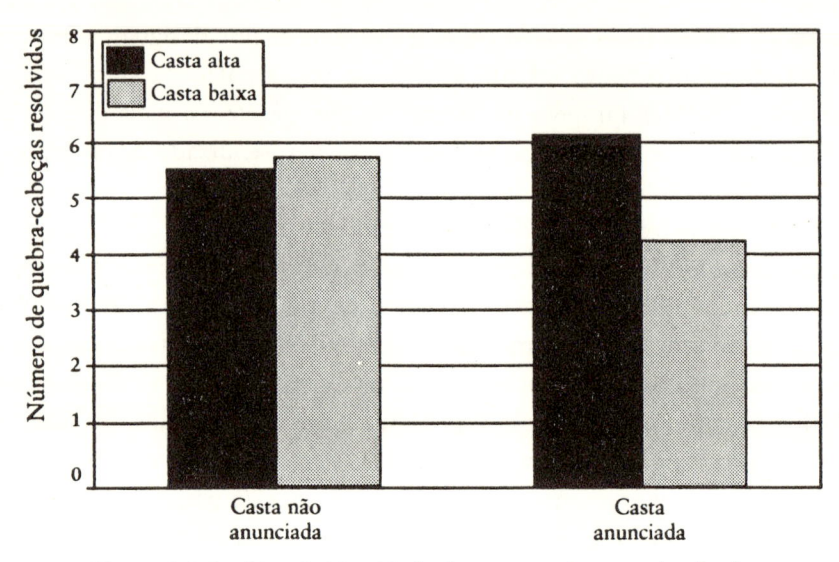

Figura 8.5 *O efeito da identidade da casta no desempenho de alunos indianos.*[224]

Apesar do trabalho mencionado sobre ansiedade social e os efeitos de ser julgado negativamente que discutimos no Capítulo 3, talvez seja surpreendente a facilidade com que os estereótipos e as ameaças ao estereótipo são estabelecidos, mesmo em condições artificiais. Jane Elliott, uma professora primária americana, fez uma experiência com seus alunos em 1968, num esforço para lhes ensinar algo sobre desigualdade racial e injustiça.[225] Ela disse que os cientistas tinham demonstrado que pessoas de olhos azuis eram mais inteligentes e tinham mais probabilidade de ser bem-sucedidas do que as de olhos castanhos, que eram preguiçosas e burras. Ela dividiu a turma em grupos de olhos azuis e olhos castanhos e deu ao primeiro privilégios extras, elogio e atenção. O grupo de olhos azuis rapidamente fez valer sua superioridade em relação às crianças de olhos castanhos, tratando-as com desdém, e seu desempenho escolar melhorou. O grupo de olhos castanhos tão rapidamente quanto o outro adotou uma timidez submissa e suas notas caíram. Após alguns dias, Elliot disse às crianças que tinha recebido a informação de modo invertido e que na verdade eram os olhos castanhos que indicavam superioridade. A situação da sala de aula rapidamente se inverteu.

Novos avanços em neurologia fornecem explicações biológicas de como nosso aprendizado é afetado pelos sentimentos.[226] Aprendemos melhor em ambientes estimulantes quando temos certeza de que podemos vencer. Quando nos sentimos felizes e confiantes, nosso cérebro se beneficia com a liberação da dopamina, o agente químico gratificante, que ainda auxilia a memória, atenção e solução de problemas. Também nos beneficiamos com a serotonina, que melhora o humor, e com a adrenalina, que nos ajuda a ter o melhor desempenho possível. Quando nos sentimos ameaçados, impotentes e tensos, nosso organismo é inundado pelo hormônio cortisol, que inibe nosso pensamento e nossa memória. Portanto, as desigualdades do tipo que estamos descrevendo neste capítulo, na sociedade e nas nossas escolas têm um efeito direto e demonstrável em nosso cérebro, no aprendizado e na conquista educacional.

CADA PESSOA TEM SEU RITMO

Outro modo como a desigualdade afeta diretamente a conquista educacional é através de seu impacto nas aspirações, normas e nos valores das pessoas que se encontram na base da hierarquia social. Enquanto a classe média, os professores e os formuladores das políticas veem a educação como um meio para que os pobres e a classe operária ascendam e se revelem, estes nem sempre endossam esses valores.

Em seu livro *Educational Failure and Working Class White Children in Britain* [*Fracasso escolar e crianças brancas da classe operária na Grã-Bretanha*], de 2006, a antropóloga Gillian Evans descreve a cultura da classe operária de Bermondsey, no leste de Londres.[227] Ela mostra como os tipos de atividades esperadas de crianças nas escolas se encaixam com o modo como os pais de classe média esperam que seus filhos brinquem e interajam em casa, mas entram em conflito com o modo como as famílias da classe operária se importam e interagem com os filhos. Até certo ponto, as pessoas da classe operária resistem à imposição da educação e aos valores da classe média, pois para se instruir elas teriam de abandonar certos modos de ser que valorizam. Uma mulher diz a Evans que ser "do povo" significa "saber como dar uma boa risada, porque a gente não é arrogante". As coisas sobre as quais as mulheres descritas gostam de conversar relacionam-se às famílias, à saúde, ao trabalho e aos modos de ganhar dinheiro, ao trabalho doméstico, aos amigos, às compras, ao sexo e às fofocas. Falar sobre ideias abstratas, livros e cultura é visto como esnobe e pretensioso. Os filhos dessas mães de classe operária se limitam a um mínimo de regras em suas casas. Evan descreve jovens que têm permissão de comer e beber o que gostam, quando querem; de fumar em casa; de fazer o dever de casa ou não, como lhes aprouver. "Se quiserem aprender, irão aprender, se não quiserem, não irão e é isso aí." É claro que essas famílias querem o melhor para seus filhos, mas esse "melhor" nem sempre é "educação, educação, educação".

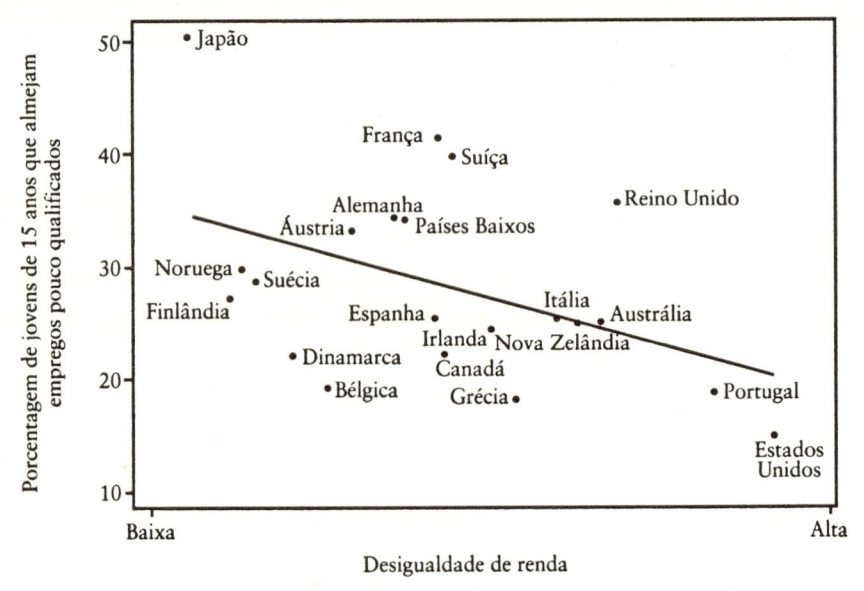

Figura 8.6 *Aspirações dos jovens de 15 anos e a desigualdade nos países ricos.*

O fato de as crianças pobres e da classe operária resistirem à educação formal e aos valores da classe média não significa, é claro, que não tenham aspirações ou ambições. Na verdade, quando analisamos pela primeira vez os dados sobre as aspirações das crianças através de um relatório do Unicef sobre bem-estar infantil,[228] ficamos surpresos com sua relação com a desigualdade de renda (Figura 8.6). Mais crianças relataram baixas aspirações em países mais igualitários; nos países desiguais as crianças eram mais propensas a ter altas aspirações. Parte disso pode ser explicado pelo fato de que nas sociedades mais igualitárias o trabalho menos qualificado pode ser menos estigmatizado, em comparação com sociedades mais desiguais, nas quais as escolhas de carreira são dominadas por ideias estelares de sucesso financeiro e imagens de glamour e celebridade.

Em países mais desiguais, encontramos uma diferença maior entre as aspirações e as verdadeiras oportunidades e expectativas. Se compararmos a Figura 8.1 sobre as notas em matemática e leitura nos diferentes países com a Figura 8.6, fica claro que as aspirações são mais altas em países onde a conquista educacional é mais baixa. Mais crianças podem aspirar a empregos de status superior, mas menos estarão qualificadas para consegui-los. Se a desigualdade leva a esperanças não realistas, também deve levar a desapontamentos.

Gillian Evans cita uma professora de escola primária do gueto que resumiu o efeito corrosivo da desigualdade sobre as crianças:

> Essas crianças não sabem que são da classe operária; nem vão saber até sair da escola e perceber que os sonhos que nutriram durante a infância não podem se realizar.[229]

Nos próximos dois capítulos, mostraremos como os jovens em sociedades mais desiguais reagem ao seu baixo status social, e no Capítulo 12 retornaremos ao tema da educação e das oportunidades de vida quando examinarmos o impacto da desigualdade sobre a mobilidade social.

CAPÍTULO 9

Maternidade na adolescência: a reciclagem da privação

> Simplesmente dizer "Não" evita a gravidez na adolescência do mesmo modo que "Tenha um bom dia" cura depressão crônica.
>
> Faye Wattleton, Discurso em conferência, Seattle, 1988

No verão de 2005, três irmãs chegaram às manchetes dos jornais sensacionalistas da Grã-Bretanha — todas eram mães adolescentes. A mais nova, a primeira a engravidar, teve o bebê aos 12 anos. "Nós estávamos brincando na cama, na casa da minha mãe, e o sexo acabou acontecendo", contou. "Eu não disse a ninguém porque estava muito assustada e não sabia o que fazer... desejei que tivesse acontecido com outra pessoa."[230] Pouco depois, a irmã do meio teve um bebê aos 14 anos. "Foi uma dessas coisas. Achei que nunca fosse acontecer comigo", disse ela. "No início eu queria fazer um aborto, porque não queria ficar como minha irmã, mas não consegui levar isso adiante." A irmã mais velha, a última das meninas a descobrir que estava grávida, deu à luz com 16 anos; ao contrário das irmãs, ela pareceu receber bem a maternidade. "Saí da escola... pois não estava realmente interessada", admitiu, "todas as minhas amigas estavam tendo bebês e eu também queria ser mãe". Na época em que viraram reportagem, as meninas estavam morando em casa com a mãe, dividindo os quartos com seus filhos, as duas mais jovens se esforçando para dar conta da escola e todas as três tentando se sustentar com os benefícios da previdência social. Sem qualificações nem o apoio dos pais das crianças, seus futuros eram sombrios. Os comentaristas da mídia e o público foram rápidos na condenação das irmãs e da mãe, retratando-as como parasitas incapazes. "Conheçam as irmãzinhas... mina de ouro em benefícios... Os bebês das meninas é que são as verdadeiras vítimas", exclamavam os jornais.[231;232] A mãe culpou a escola pela falta de educação sexual.

POR QUE IMPORTA

O furor da imprensa dá um foco acentuado aos temores e às preocupações da sociedade em relação à maternidade na adolescência. Muitas vezes descrita como "bebês tendo bebês", é vista como maléfica para a mãe, para a criança e para a sociedade.

Não há dúvida de que os bebês gerados por adolescentes são mais propensos a nascer com baixo peso, a ser prematuros, a ter alto risco de morrer e, conforme crescem, têm mais risco de fracasso escolar, delinquência juvenil e de eles mesmos se tornarem pais na adolescência.[233;234] As meninas que têm filhos na adolescência têm mais chances de ser pobres e sem instrução. Mas será que todas as coisas ruins associadas com a maternidade na adolescência são realmente causadas pela *idade* da mãe? Ou serão simplesmente resultado da cultura do mundo onde as mães adolescentes dão à luz?

A questão provoca discussões acaloradas. Por um lado, alguns argumentam que a maternidade na adolescência *não* é um problema de saúde porque a pouca idade por si só não é causa de piores resultados.[235] Na verdade, entre as negras pobres, a exposição cumulativa à pobreza e ao estresse ao longo da vida compromete a saúde a tal ponto que os bebês se beneficiam se essas mulheres tiverem filhos mais jovens.[236;237] Essa ideia, conhecida como "desgaste", sugere que adiar a gravidez até uma idade mais madura realmente não significa a garantia de bebês mais saudáveis para as mulheres pobres e desfavorecidas. Outros demonstraram que os filhos de mães adolescentes ficam mais propensos a acabar excluídos da sociedade vigente, com pior saúde física e emocional e mais privações. Isso é verdadeiro mesmo depois de se levarem em conta outras circunstâncias da infância, como classe social, educação, estado civil dos pais, personalidade desses e assim por diante.[238] Mas, embora possamos às vezes separar as influências da idade da mãe e das circunstâncias econômicas nas pesquisas, na vida real elas geralmente parecem inextricavelmente entrelaçadas e a maternidade na adolescência está associada a um ciclo intergeracional de privações.[239]

Mas de que modo, exatamente, as experiências e escolhas individuais das jovens — dormir com seus namorados, usar anticoncepcionais, abortar, suas qualificações e carreiras profissionais — são moldadas pela sociedade em que vivem? Como os assuntos discutidos em capítulos anteriores, a taxa de maternidade na adolescência está fortemente relacionada à relativa privação e à desigualdade.

NASCIDO DESIGUAL

Há diferenças de classe social nas *concepções* e nos *nascimentos* envolvendo adolescentes, mas essas são menores para concepções do que para nascimentos, porque as jovens de classe média são mais propensas a fazer abortos. As taxas de maternidade na adolescência são mais elevadas em comunidades que também têm taxas elevadas de divórcio, baixos níveis de confiança e baixa coesão social, alto nível de desemprego, pobreza e altas taxas de criminalidade.[240] Já foi sugerido por outros que a maternidade na adolescência é uma escolha feita pelas mulheres quando sentem que não têm outras perspectivas de atingir as credenciais sociais da vida adulta, como uma relação íntima estável ou um emprego gratificante.[241] A socióloga Kristin Luker afirma que são as "desmotivadas entre as desfavorecidas" que se tornam mães na adolescência.[242]

Mas é importante lembrar que não são apenas as jovens pobres que se tornam mães adolescentes: como todos os problemas que analisamos, a desigualdade nas taxas de maternidade na adolescência permeiam a sociedade. Na Figura 9.1, mostramos a porcentagem de jovens mulheres britânicas que se tornaram mães na adolescência em relação à renda familiar. Todos os anos quase 5% das adolescentes que moram nos bairros mais pobres têm o primeiro filho, quatro vezes a taxa dos bairros mais ricos. Mas mesmo no grupo de bairros que fica em segundo lugar na classificação, a taxa dobra em relação ao primeiro grupo (2,4% e 1,2%). Configurações similares são observadas nos Estados Unidos. Embora a maioria desses nascimentos ocorra com adolescentes mais velhas, entre 18 e 19 anos, o padrão é evidente e até mais forte para as de 15 a 17 anos.

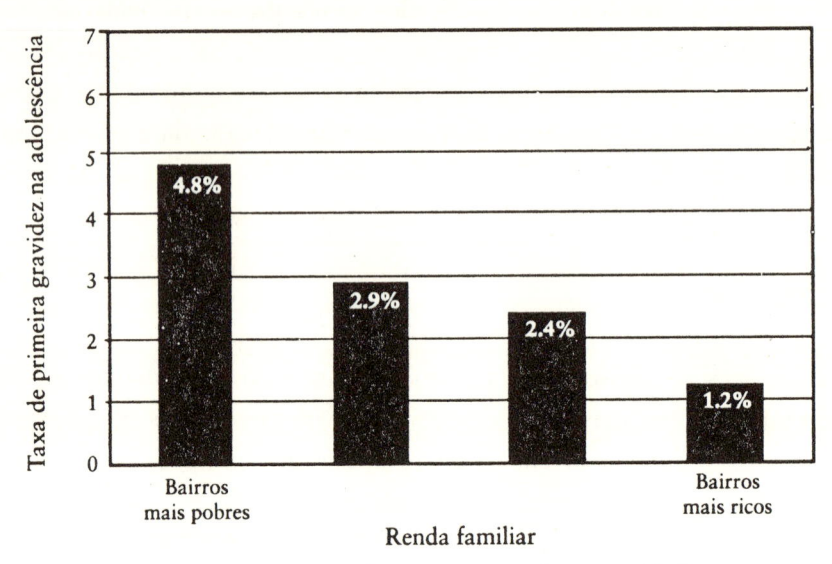

Figura 9.1 *Há uma gradação nas taxas de maternidade na adolescência por renda familiar, dos mais pobres aos mais ricos.*[243]

A Figura 9.2 mostra que as taxas internacionais de maternidade na adolescência fornecidas pelo Unicef[245] se relacionam à desigualdade de renda e a Figura 9.3 mostra a mesma relação para os 50 estados dos Estados Unidos, usando taxas de gravidez na adolescência do US National Vital Statistics System[246] [Sistema Nacional de Estatísticas Vitais dos Estados Unidos] e do Instituto Alan Guttmacher.[247] Há uma forte tendência de que países e estados mais desiguais apresentem taxas mais elevadas de maternidade na adolescência — fortes demais para serem atribuídas ao acaso. O relatório do Unicef mostrou que pelo menos 250 mil adolescentes engravidam todos os anos nos países ricos da OCDE e cerca de 750 mil tornam-se mães nessa faixa etária.[248] As diferenças são impressionantes. Os Estados Unidos e o Reino Unido coroam as tabelas. No topo da liga em nosso grupo de países ricos, os Estados Unidos têm uma taxa de maternidade na adolescência de 52,1 (por mil mulheres entre 15 e 19 anos), quatro vezes superior à média da União Europeia e cerca de dez vezes mais elevada do que a do Japão, que tem uma taxa de 4,6.

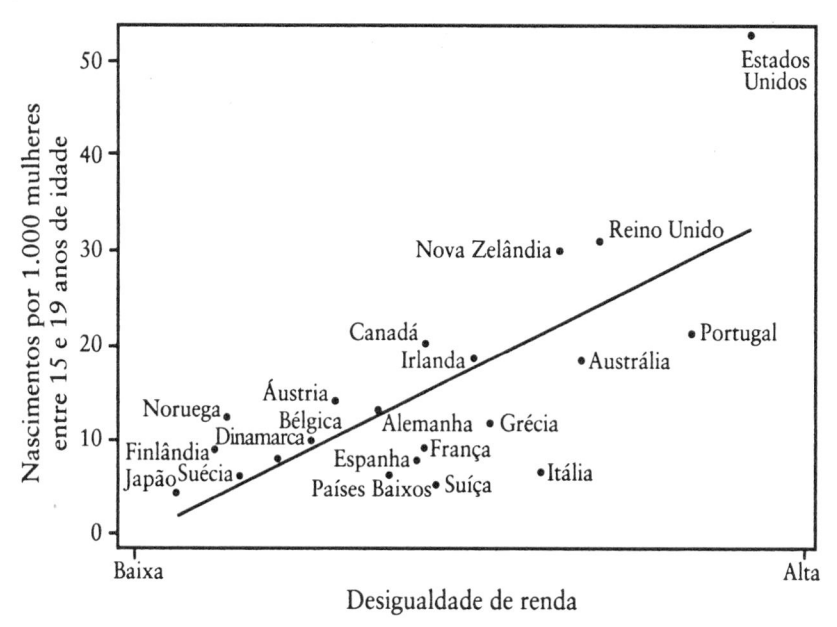

Figura 9.2 *Taxas de maternidade na adolescência são mais elevadas nos países mais desiguais.*[244]

Rachel Gold e colaboradores estudaram a desigualdade de renda e a maternidade na adolescência nos Estados Unidos e demonstraram que suas taxas são mais elevadas nos municípios mais desiguais, assim como nos relativamente mais miseráveis. Ela relatou também que o efeito da desigualdade era mais forte para as jovens mães, as que tinham entre 15 e 17 anos.[249] Mostramos dados combinados de nascimentos vivos e abortos para os estados dos Estados Unidos. Há diferenças substanciais nas taxas de gravidez entre os estados americanos. A do Mississippi é quase o dobro da de Utah.

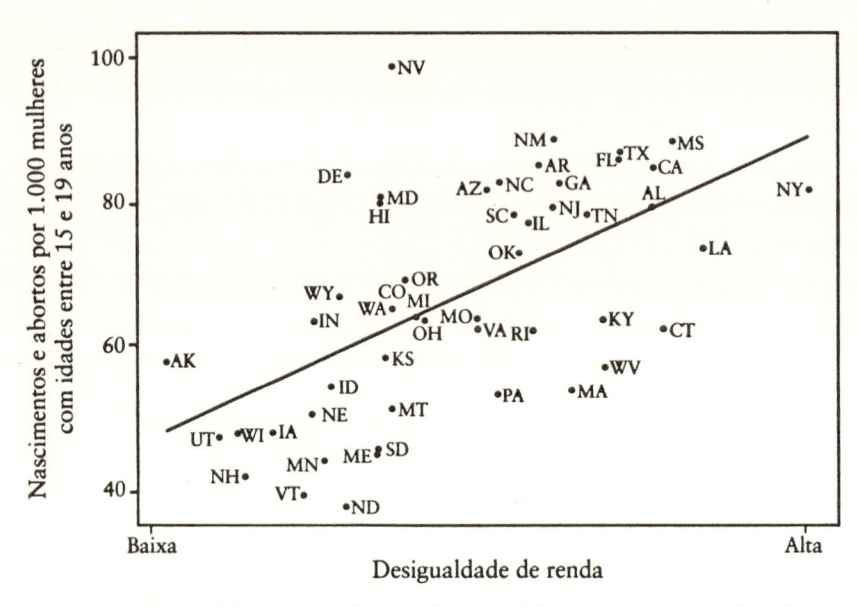

Figura 9.3 *As taxas de gravidez na adolescência são mais elevadas nos estados norte-americanos mais desiguais.*

Legenda: (AL) Alabama, (AK) Alasca, (AZ) Arizona, (AR) Arkansas, (CA) Califórnia, (CO) Colorado, (CT) Connecticut, (DE) Delaware, (FL) Flórida, (GA) Georgia, (HI) Havaí, (ID) Idaho, (IL) Illinois, (IN) Indiana, (IA) Iowa, (KS) Kansas, (KY) Kentucky, (LA) Louisiana, (ME) Maine, (MD) Maryland, (MA) Massachusetts, (MI) Michigan, (MN) Minnesota, (MS) Mississippi, (MO) Missouri, (MT) Montana, (NE) Nebraska, (NV) Nevada, (NH) New Hampshire, (NJ) Nova Jersey, (NM) Novo México, (NY) Nova York, (NC) Carolina do Norte, (ND) Dakota do Norte, (OH) Ohio, (OK) Oklahoma, (OR) Oregon, (PA) Pensilvânia, (RI) Rhode Island, (SC) Carolina do Sul, (SD) Dakota do Sul, (TN) Tennessee, (TX) Texas, (UT) Utah, (VT) Vermont, (VA) Virgínia, (WA) Washington, (WV) Virgínia Ocidental, (WI) Wisconsin, (WY) Wyoming.

Pode-se esperar que as configurações de concepções, abortos e nascimentos sejam influenciadas por fatores como religião e etnia. Seria de esperar que países predominantemente católicos tivessem altas taxas de maternidade na adolescência por causa das baixas taxas de aborto. Mas enquanto os predominantemente católicos Portugal e Irlanda possuem altas taxas que realmente se encaixariam nessa explicação alternativa, Itália e Espanha têm inesperadas baixas taxas, embora também sejam predominantemente católicos. Nos países, diferentes grupos étnicos podem ter diferentes culturas e valores sobre sexualidade, anticoncepção, aborto, casamento precoce e papel da mulher na sociedade. Nos Estados Unidos, por exemplo, as meninas hispânicas e negras têm quase o dobro da probabilidade de ser mães adolescentes do que as brancas; no Reino Unido, de modo semelhante, taxas comparativamente mais elevadas são observadas nas comunidades bangladeshianas e caribenhas.[250] Mas como essas comunidades representam minorias na população, essas diferenças realmente não provocam muito impacto no ranking dos países e estados pelas taxas de gravidez ou maternidade na adolescência e, portanto, não afetam nossa interpretação da ligação com desigualdade.

Ocultas nas simples relações reveladas nas Figuras 9.2 e 9.3, estão as complexidades da vida real do que significa ser mãe adolescente em qualquer país específico. No Japão, na Grécia e na Itália, por exemplo, mais da metade das adolescentes que têm filhos é casada — no Japão, de fato, 86% delas são casadas, ao passo que nos Estados Unidos, no Reino Unido e na Nova Zelândia menos de um quarto dessas mães são casadas.[251] Portanto, o último grupo de países não só têm taxas gerais mais elevadas de maternidade na adolescência como também há a associação desses nascimentos a um vasto âmbito de problemas sociais e de saúde que consideramos consequências típicas da maternidade precoce — problemas que afetam tanto a mãe quanto a criança. Nos Estados Unidos, as mães adolescentes hispânicas são mais propensas a ser casadas do que as de outros grupos étnicos, mas também são mais propensas a ser pobres;[252;253] o mesmo é verdadeiro para as bangladeshianas no Reino Unido.

Então, o que sabemos sobre essas jovens que se tornam mães na adolescência que pode nos ajudar a entender esse efeito específico da desigualdade?

A ROTA VELOZ PARA A VIDA ADULTA

Curiosamente, não há muita ligação entre as taxas de maternidade na adolescência e as de maternidade para mulheres de *todas as idades* em países ricos. Os países mais desiguais, Estados Unidos, Reino Unido, Nova Zelândia e Portugal, têm taxas de maternidade na adolescência muito elevadas em relação às taxas de maternidade de mulheres mais velhas nos países mais igualitários, como Japão, Suécia, Noruega e Finlândia, que têm taxas de maternidade na adolescência mais baixas em relação às de maternidade das mulheres mais velhas.[254] Portanto, seja o que for que aumente as taxas de maternidade na adolescência em países desiguais, isso não está conectado aos fatores que impulsionam a fertilidade em geral. Sociedades desiguais afetam a maternidade na adolescência em particular.

Um relatório da Fundação Rowntree, o *Young People's Changing Routes to Independence* [*Variação nas rotas para a independência entre os jovens*], que compara o desenvolvimento das crianças nascidas em 1958 e 1970, descreve um "hiato crescente entre elas nas rotas para a vida adulta".[255] Na rota lenta, os jovens nascidos em famílias pertencentes às classes socioeconômicas mais altas passam longo tempo envolvidos com educação e preparação profissional, adiando casamento e criação de filhos até estar estabelecidos como adultos bem-sucedidos. Para os jovens na rota veloz, uma educação interrompida geralmente os leva a um padrão desvinculado, de desemprego, má remuneração no trabalho e falta de treinamento, em vez de uma trajetória de carreira ascendente.

Como observam as sociólogas Hilary Graham e Elizabeth McDermott, a maternidade na adolescência é um caminho que exclui as mulheres das atividades e conexões da sociedade mais ampla e um modo de encarceramento das gerações pela desigualdade.[256] Mas assim como as limitações que a relativa pobreza impõe às oportunidades de vida para os jovens, parece haver razões adicionais para que a maternidade na adolescência seja sensível aos graus de desigualdade na sociedade.

MATURIDADE PRECOCE E PAIS AUSENTES

A primeira dessas razões adicionais foi abordada no Capítulo 8, quando discutimos o impacto da desigualdade nas relações familiares e do estresse no início da vida. As experiências da primeira infância podem ser tão relevantes para a maternidade na adolescência quanto as oportunidades educacionais e econômicas disponíveis aos adolescentes. Em 1991, o psicólogo Jay Belsky, da Universidade de Londres, e seus colaboradores propuseram uma teoria, baseada na psicologia evolucionista, em que as experiências da primeira infância levariam os indivíduos em direção a uma estratégia reprodutora *quantitativa* ou *qualitativa*, dependendo do grau de estresse de suas primeiras experiências de vida.[257] Eles sugeriram que as pessoas que aprenderam, ao crescer, "a perceber os outros como não confiáveis, as relações como oportunistas e destinadas à gratificação própria e os recursos como escassos e/ou imprevisíveis" atingiriam a maturidade mais cedo, seriam sexualmente ativas mais cedo, teriam mais propensão a criar relações de curto prazo e a fazer menos investimentos na paternidade. Ao contrário, as pessoas que nessa fase aprendem "a perceber os outros como confiáveis, as relações como duradouras e mutuamente gratificantes e os recursos como disponíveis constantemente" amadureceriam mais tarde, adiariam a atividade sexual, seriam mais aptas a formar relações de longo prazo e investiriam mais na criação de seus filhos.

Num mundo em que os seres humanos evoluem, essas diferentes estratégias fazem sentido. Se não pudermos enfiar em nosso parceiro ou em outras pessoas e não pudermos contar com recursos, então pode fazer sentido começar cedo e ter muitos filhos — pelo menos alguns irão sobreviver. Mas se for possível ter o comprometimento do parceiro e da família conosco e saber que nada nos faltará, faz sentido ter menos filhos e dedicar mais atenção e recursos a cada um.

Rachel Gold e sua equipe descobriram que a relação entre desigualdade e taxas de maternidade na adolescência nos Estados Unidos pode estar agindo através do impacto provocado pela desigualdade no capital social, que discutimos no Capítulo 4.[258] Entre os estados dos Estados Unidos, naqueles com menores níveis de coesão social, engajamento cívico e confiança mútua — exatamente as condições que podem favorecer uma estratégia quantitativa — as taxas de maternidade na adolescência são mais elevadas.

Diversos estudos também mostraram que conflitos na infância e a ausência de um pai são prognósticos de uma maturação precoce — meninas em tal situação ficam fisicamente maduras e têm o início da menstruação antes das que crescem sem essas fontes de estresse.[259;260] E atingir a puberdade precocemente aumenta a probabilidade da ativação sexual feminina e de uma maternidade na adolescência.[261]

A ausência do pai pode ser especialmente importante para a gravidez na adolescência. Num estudo com duas grandes amostras dos Estados Unidos e da Nova Zelândia, o psicólogo Bruce Ellis e colaboradores acompanharam meninas desde a primeira infância até a vida adulta.[262] Nos dois países, quanto mais longo o tempo de ausência de um pai, maior a probabilidade de sua filha experimentar o sexo prematuramente e de ter um filho na adolescência — e esse forte efeito não podia ser explicado por problemas comportamentais das meninas, pelo estresse familiar, estilo de paternidade, status socioeconômico ou pelas diferenças de bairros onde elas foram criadas. Portanto, deve haver processos adaptativos profundos que levam sociedades mais estressadas e desiguais — talvez especialmente de status social mais baixo — a taxas mais altas de maternidade na adolescência. Infelizmente, ao mesmo tempo que conseguimos obter dados internacionais sobre famílias de um só responsável pela criança, ser mãe solteira significa coisas muito diversas em países diferentes e não há dados internacionais que nos digam quantos pais estão ausentes da vida de seus filhos.

E OS PAIS?

Em todo este capítulo, discutimos o problema da geração de filhos na adolescência exclusivamente em termos de mães adolescentes. Mas e os pais? Retornemos à história das três irmãs. O pai do bebê da menina de 12 anos a deixou logo após o nascimento do filho. O menino apontado pela irmã do meio como pai de sua filhinha negou ter feito sexo com ela e exigiu um teste de paternidade. E o pai de 38 anos do bebê da irmã mais velha já tinha pelo menos quatro filhos.

As sociólogas Graham e McDermott discutem o que se aprendeu com estudos em que os pesquisadores conversam detalhadamente com as jovens mulheres sobre suas experiências. O que mostram é que as experiências dessas irmãs com os pais de seus bebês são típicas.[263] A maternidade é um modo que essas jovens mulheres em circunstâncias de privação encontram para entrar nas redes sociais adultas — redes que geralmente incluem suas próprias mães e outros parentes — e essas redes de apoio as ajudam a transcender o estigma social de ser uma mãe adolescente. Segundo Graham e McDermott, jovens mulheres dão prioridade à relação com seus bebês e não à relação, geralmente difícil, com os pais das crianças, porque sentem que é uma "fonte mais certa de intimidade do que as relações heterossexuais que tinham experimentado".

Homens jovens que moram em áreas com altas taxas de desemprego e baixos salários geralmente não podem oferecer muito no sentido de estabilidade e sustento. Em comunidades com altos níveis de maternidade na adolescência, os homens jovens estão eles próprios tentando se adaptar a muitas dificuldades que a desigualdade inflige às suas vidas e a paternidade juvenil acrescenta mais uma tensão a esse estresse.

CAPÍTULO 10. Violência: a conquista do respeito

> Onde a justiça é negada, onde a pobreza é imposta, onde a ignorância prevalece e onde qualquer classe sente que a sociedade é uma conspiração organizada para oprimi-la, roubá-la e degradá-la, nem pessoas nem propriedades estarão em segurança.
>
> Frederick Douglas, Discurso no 24º aniversário de emancipação, Washington, DC, 1886

Ao começarmos a escrever este capítulo, a violência estava nas manchetes dos dois lados do Atlântico. Nos Estados Unidos, um homem de 18 anos entrou armado num centro comercial de Salt Lake City, Utah, aparentemente ao acaso, e matou cinco pessoas, deixando quatro feridas, antes de ser morto a tiros pela polícia. No Reino Unido, em menos de duas semanas, houve uma onda de assassinatos no sul de Londres, inclusive o de três meninos adolescentes. Mas talvez a história que melhor ilustre o assunto deste capítulo seja a que ocorreu em março de 2006, num subúrbio tranquilo de Cincinnati, Ohio. Charles Martin, de 66 anos, telefonou para o serviço de emergência.[264] "Acabei de matar um garoto", disse ele à telefonista. "Atirei duas vezes nele com uma maldita espingarda 410." O Sr. Martin tinha baleado seu vizinho de 15 anos. O crime do menino? Ele tinha atravessado o gramado do Sr. Martin. "O garoto andava me provocando, fazendo outros garotos importunarem a mim e a minha propriedade."

A violência é uma preocupação real na vida de muitas pessoas. Nos mais recentes levantamentos sobre a criminalidade britânica, 35% das pessoas declararam estar muito ou razoavelmente preocupadas com a possibilidade de ser vítimas de assalto; 33% temiam um ataque físico, 14% se preocupavam com estupro e 13% com violência motivada por questões raciais. Mais de um quarto das pessoas que responderam declarou estar preocupado com a possibilidade de ser ofendido ou incomodado em público.[265] Levantamentos realizados nos Estados Unidos e na Austrália relatam descobertas similares — na verdade, o temor de violência pode ser um problema tão grande quanto seu verdadeiro nível. Muito pouca gente é vítima de crime violento, mas seu medo afeta a qualidade de vida de muito mais pessoas. Afeta desproporcionalmente os vulneráveis — os pobres, as mulheres e os grupos minoritários.[266] Em muitos lugares, as mulheres ficam nervosas quando têm de sair à noite ou chegar tarde em casa; os idosos trancam suas portas e não as abrem para estranhos. Essas são importantes infrações de liberdades humanas básicas.

O medo que as pessoas têm de crime, violência e comportamento antissocial nem sempre combina com as taxas e tendências reais. Um recente decréscimo (que agora teve fim) nas taxas de homicídio nos Estados Unidos não correspondeu a uma diminuição do medo que as pessoas têm da violência. Voltaremos às tendências recentes mais tarde. Primeiramente, analisemos as variações nas taxas da verdadeira violência entre as diversas sociedades e vejamos algumas das semelhanças e das diferenças entre elas.

De alguma forma, os padrões de violência são notavelmente consistentes através do tempo e do espaço. Em diferentes lugares e momentos, os atos violentos são esmagadoramente perpetrados por homens e a maioria deles é adolescente ou tem 20 e poucos anos. Em seu livro *The Ant and the Peacock* [*A formiga e o pavão*], a filósofa e psicóloga evolucionista Helena Cronin mostra o quanto as características de idade e gênero dos assassinos estão correlacionadas em diferentes lugares.[267] Reproduzimos seu gráfico, que mostra taxas de assassinato, comparando Chicago com a Inglaterra e o País de Gales (Figura 10.1). A idade do criminoso está exibida ao longo da base; na horizontal fica a taxa de assassinato e há linhas separadas para homens e mulheres. Fica imediatamente aparente que as taxas de assassinato atingem seu auge no final da adolescência e início dos 20 anos para os homens e que as taxas para as mulheres são muito mais baixas em todas as idades.

A distribuição de idade e sexo é incrivelmente semelhante em Chicago e na Inglaterra e no País de Gales. Entretanto, o que fica menos óbvio é que as escalas à esquerda e direita do gráfico são bem diferentes. À esquerda, a escala mostra as taxas de homicídio por milhão de pessoas na Inglaterra e no País de Gales, indo de 0 a 30. À direita, a escala mostra as taxas de homicídio em Chicago e aqui a escala vai de 0 a 900 assassinatos por milhão. Apesar das incríveis semelhanças em padrões de distribuição etária e de gênero, há algo fundamentalmente diferente nesses lugares; Chicago teve uma taxa de homicídio 30 vezes superior à da Inglaterra e à do País de Gales. Além das semelhanças biológicas, há enormes diferenças ambientais.

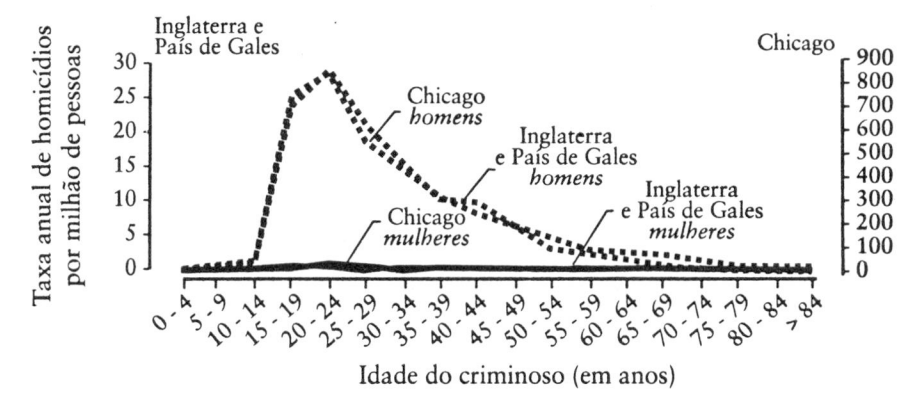

Figura 10.1 *Homicídios por idade e sexo do criminoso Inglaterra e País de Gales comparados a Chicago.*[268]

Crimes violentos são quase desconhecidos em algumas sociedades. Nos Estados Unidos, uma criança morre baleada a cada três horas. Apesar de ter uma taxa muito mais baixa do que os Estados Unidos, o Reino Unido é uma sociedade violenta em comparação com muitos outros países: mais de um milhão de crimes violentos foram registrados em 2005 e 2006. E em qualquer sociedade, enquanto geralmente são os homens jovens os violentos, a maioria dos homens jovens não o é. Assim como são as mulheres jovens desmotivadas entre as desfavorecidas as que têm filhos na adolescência, são os jovens pobres de áreas desfavorecidas que são mais propensos a serem vítimas e autores de violência. Por quê?

"SE VOCÊ NÃO TEM ORGULHO, VOCÊ NÃO TEM NADA."[269]

James Gilligan é psiquiatra da Escola de Medicina de Harvard, onde dirige o Centro de Estudo da Violência e trabalha na prevenção desse tipo de ato há mais de 30 anos. Ele foi encarregado do serviço de saúde mental do sistema prisional de Massachusetts por muitos anos e na maior parte de seu tempo como psiquiatra clínico trabalhou com os mais violentos infratores nas prisões e nos manicômios judiciários. Em seus livros *Violence*[270] e *Preventing*[271] ele argumenta que esses atos são "tentativas de evitar ou eliminar o sentimento de vergonha e humilhação — um sentimento doloroso e que pode até ser insuportável e devastador — e substituí-lo pelo seu oposto, o sentimento de orgulho". Repetidamente, ao conversar com homens que tinham cometido crimes violentos, ele descobriu que o desencadeador da violência envolvera ameaças — ou a percepção de ameaça — ao orgulho, atos que instigavam sentimentos de humilhação ou vergonha. Às vezes, os incidentes que levavam à violência pareciam incrivelmente banais, mas todos eles evocavam a vergonha. Um jovem vizinho caminhando desrespeitosamente pelo seu gramado imaculado... os garotos populares da escola o importunando e o chamando de bicha... ser despedido do emprego... sua mulher o deixando por outro homem... alguém olhando de modo estranho para você...

Gilligan chega ao ponto de dizer que está "para ver um grave ato de violência que não tenha sido provocado pela experiência de a pessoa ter se sentido envergonhada ou humilhada... e que não tenha representado a tentativa de... se desfazer da perda de prestígio.[272] E todos nós podemos reconhecer esses sentimentos, mesmo que nunca chegássemos ao ponto de agir sobre eles. Reconhecemos os sentimentos de vergonha e constrangimento que nos dão um nó no estômago, a humilhação que nos faz corar quando passamos por tolos aos olhos alheios. Sabemos o quanto é importante nos sentirmos apreciados, respeitados e valorizados.[273] Mas se todos temos esses sentimentos, por que é predominantemente entre os homens jovens que eles evoluem para atos violentos?

Nesse ponto, o trabalho dos psicólogos evolucionistas Margo Wilson e Martin Daly ajuda a dar sentido a esses padrões de violência. Em seu livro de 1988, *Homicide*,[274] e num grande número de livros, capítulos e artigos desde então, eles utilizam dados estatísticos, antropológicos e históricos para mostrar como os homens jovens têm fortes incentivos para atingir e manter o status social mais elevado que puderem — porque seu sucesso na competição sexual depende do status.[275;276;277;278;279] Enquanto para as mulheres o mais importante é a aparência e beleza física, entre os homens o que mais importa para o sucesso sexual é o status. O psicólogo David Buss descobriu que as mulheres valorizam o status financeiro dos possíveis parceiros duas vezes mais do que os homens.[280] Então, enquanto as mulheres tentam realçar sua atratividade sexual com roupas e maquiagem, os homens competem por status. Isso explica não só por que os sentimentos de rejeição, desrespeito e humilhação são os desencadeadores mais comuns da violência; explica também por que a maior parte da violência ocorre entre os homens — são eles quem mais têm a ganhar ou perder com a conquista (ou não) de status. Um comportamento imprudente, até violento, vem dos homens jovens da base da sociedade, destituídos de todos os sinais de status, que precisam lutar para manter o prestígio e qualquer pouco status que tiverem, muitas vezes reagindo de modo explosivo quando ele é ameaçado.

Mas, enquanto parece claro que a propensão à violência entre os homens jovens encontra-se parcialmente nas adaptações psicológicas evolutivas relacionadas à competição sexual, a maioria dos homens não é violenta. Então quais fatores explicam por que algumas sociedades parecem mais bem-sucedidas do que outras na prevenção ou no controle desses impulsos à violência?

DESIGUALDADE É VIOLÊNCIA "ESTRUTURAL"

A simples resposta é que uma maior desigualdade eleva as apostas na competição por status: ele importa ainda mais. O impacto da desigualdade sobre a violência é ainda mais bem estabelecido e aceito do que os outros efeitos da desigualdade discutidos neste livro.[281] Neste capítulo mostramos relações entre violência e desigualdade para os mesmos países e o mesmo período de tempo que usamos em outros capítulos. Muitos gráficos similares foram publicados por outros estudiosos, para outros períodos de tempo ou conjunto de países, incluindo um que cobre mais de 50 países entre 1970 e 1994 dos pesquisadores do Banco Mundial.[282;283] Um trabalho consistente mostra uma relação clara entre maior desigualdade e taxas mais elevadas de homicídio. Ainda em 1993, os criminalistas Hsieh e Pugh escreveram uma crítica que incluía 35 análises de desigualdade de renda e crimes violentos.[284] Com exceção de uma, todas encontraram um elo positivo entre os dois — conforme aumentava a desigualdade, aumentavam os crimes violentos. Homicídios e agressões eram os mais estreitamente associados à desigualdade de renda; roubo e estupro, menos. Encontramos as mesmas relações ao analisar estudos publicados mais recentemente.[285] Homicídios são mais comuns nas áreas mais desiguais em bairros e cidades que vão de Manhattan ao Rio de Janeiro, e em estados e cidades americanos e províncias canadenses mais desiguais.

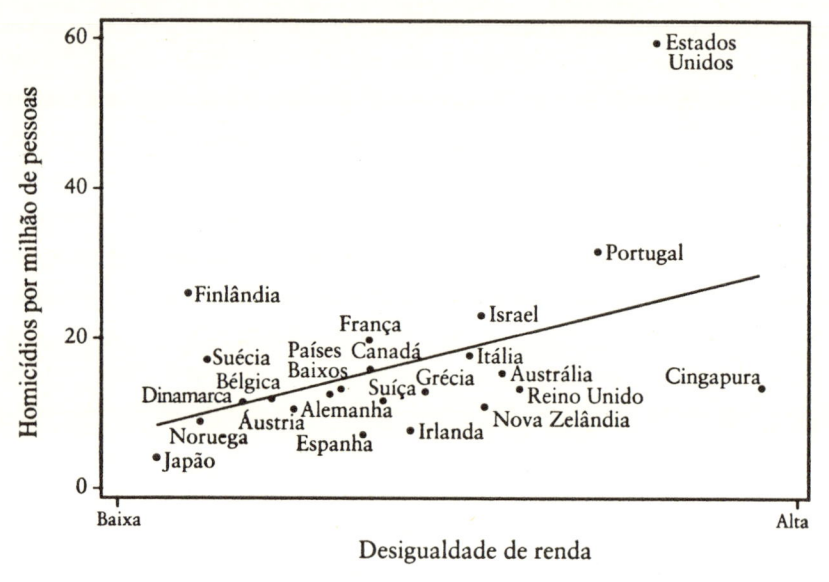

Figura 10.2 *Homicídios são mais comuns nos países mais desiguais.*

A Figura 10.2 mostra que as taxas internacionais de homicídio, originárias dos Levantamentos sobre Tendências Criminais e Operações dos Sistemas de Justiça Criminal das Nações Unidas,[286] estão relacionadas à desigualdade de renda. A Figura 10.3 mostra a mesma relação para os Estados Unidos, usando as taxas de homicídio coletadas pelo FBI.[287] As diferenças entre alguns países no primeiro gráfico são bem grandes. Os Estados Unidos mais uma vez estão no topo da tabela dos países ricos. Sua taxa de assassinato é de 64 por milhão, mais de quatro vezes superior à do Reino Unido (15 por milhão) e mais de 12 vezes superior à do Japão, que tem uma taxa de apenas 5,2 por milhão. Dois países assumem posições mais incomuns nesse gráfico, em comparação à sua posição em muitos outros capítulos: Cingapura tem uma taxa muito mais baixa de homicídio do que seria de esperar e a Finlândia tem uma taxa elevada. Curiosamente, embora as relações internacionais entre a posse de armas e os crimes violentos sejam complicadas (a posse de armas está ligada, por exemplo, a assassinatos que envolvem vítimas femininas, mas não masculinas),[288] no Estudo Internacional sobre Regulação de Armas de Fogo das Nações Unidas, a Finlândia tinha a maior proporção de domicílios com posse de armas e Cingapura tinha a taxa mais baixa.[289] Apesar dessas exceções, a tendência de países mais desiguais terem taxas mais altas de homicídio fica bem estabelecida.

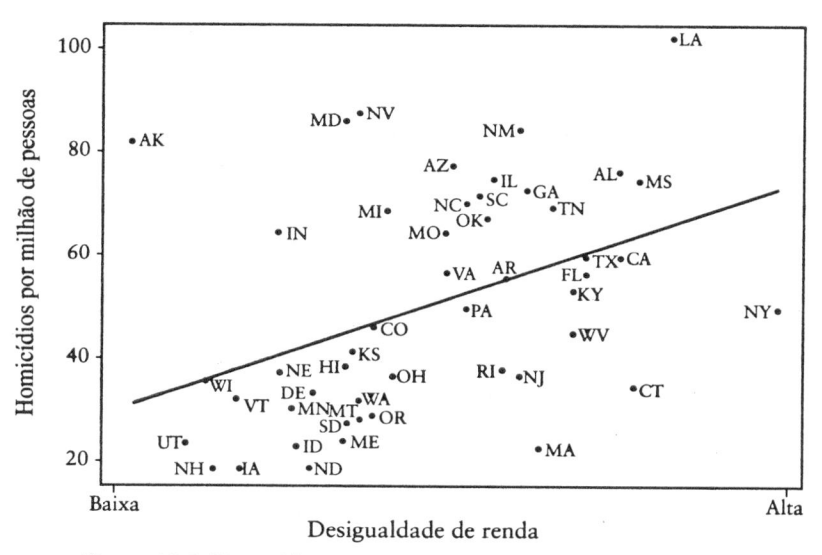

Figura 10.3 *Homicídios são mais comuns nos estados norte-americanos mais desiguais.*

Legenda: (AL) Alabama, (AK) Alasca, (AZ) Arizona, (AR) Arkansas, (CA) Califórnia, (CO) Colorado, (CT) Connecticut, (DE) Delaware, (FL) Flórida, (GA) Georgia, (HI) Havaí, (ID) Idaho, (IL) Illinois, (IN) Indiana, (IA) Iowa, (KS) Kansas, (KY) Kentucky, (LA) Louisiana, (ME) Maine, (MD) Maryland, (MA) Massachusetts, (MI) Michigan, (MN) Minnesota, (MS) Mississippi, (MO) Missouri, (MT) Montana, (NE) Nebraska, (NV) Nevada, (NH) New Hampshire, (NJ) Nova Jersey, (NM) Novo México, (NY) Nova York, (NC) Carolina do Norte, (ND) Dakota do Norte, (OH) Ohio, (OK) Oklahoma, (OR) Oregon, (PA) Pensilvânia, (RI) Rhode Island, (SC) Carolina do Sul, (SD) Dakota do Sul, (TN) Tennessee, (TX) Texas, (UT) Utah, (VT) Vermont, (VA) Virgínia, (WA) Washington, (WV) Virgínia Ocidental, (WI) Wisconsin, (WY) Wyoming.

Nos Estados Unidos, embora não haja dados para Wyoming, a relação entre desigualdade e homicídios ainda é significativa e as diferenças entre os estados são quase tão grandes quanto aquelas entre os países. Louisiana tem uma taxa de assassinatos de 107 por milhão, mas sete vezes superior à de New Hampshire e Iowa, que ficam na base da tabela, com taxas de assassinatos de 15 por milhão. A taxa de homicídios no Alasca é muito mais alta do que poderíamos esperar, dada sua relativa baixa desigualdade, e as taxas em Nova York, Connecticut e Massachusetts são mais baixas. Nos Estados Unidos, dois em cada três assassinatos são cometidos com armas de fogo e as taxas de homicídio são mais elevadas nos estados onde as pessoas têm posse de armas.[290] Entre os estados do nosso gráfico, o Alasca é o que tem a taxa mais alta de posse de armas e Nova York, Connecticut e Massachusetts estão entre as mais baixas.[291] Se levarmos em conta a posse de armas, encontramos uma relação levemente mais forte entre desigualdade e homicídios.

REFÚGIOS NUM MUNDO IMPIEDOSO

Já vimos algumas características das sociedades mais desiguais que ajudam a ligar a violência à desigualdade. Tudo tem importância: a vida familiar, a escola, a vizinhança e a competição pelo status.

No Capítulo 8 mencionamos um estudo que descobriu serem as taxas de divórcio mais elevadas em municípios americanos mais desiguais. Em seu livro *Life Without a Father* [*Vida sem um pai*], o sociólogo David Popenoe descreve como 60% dos estupradores americanos, 72% dos assassinos juvenis e 70% dos prisioneiros com penas longas se criaram em casas sem pai.[292] O efeito da ausência paterna na delinquência e violência só é parcialmente explicado pelo fato de essas famílias serem pobres. Por que os pais importam tanto?

Um pesquisador descreveu o comportamento de meninos e jovens que se criaram sem pais como "hipermasculino", que os faz se engajarem em "comportamentos masculinos inflexíveis e excessivamente compensadores"[293] — crimes contra propriedades e pessoas, agressão, exploração e conquistas sexuais de curto prazo. Isso pode ser visto como a versão masculina da estratégia de quantidade *versus* qualidade nos relacionamentos humanos que descrevemos em relação às mães adolescentes no Capítulo 9. A ausência de um pai pode predispor alguns meninos a uma diferente estratégia reprodutiva: desviar o equilíbrio de um relacionamento de longo prazo e dar mais ênfase à competição por status.

É claro, os pais podem atuar como modelos positivos para seus filhos. Os pais podem ensinar aos meninos, simplesmente por estar presentes na família, os aspectos positivos da masculinidade — como se relacionar com o sexo oposto, como ser um adulto responsável, como ser independente e positivo, embora ligado a outras pessoas e fazendo parte de suas vidas. É de especial importância o modo como os pais podem servir de autoridade e disciplinar os meninos adolescentes; sem essa segurança, os jovens ficam mais influenciados por seus colegas e mais propensos a se engajar nos tipos de comportamento antissocial vistos com tanta frequência quando grupos de jovens se reúnem. Mas os pais também podem ser modelos negativos. Um estudo descobriu que, embora as crianças tivessem mais problemas comportamentais quando tinham convivido *menos* tempo com seus pais, isso deixava de ser verdadeiro quando os próprios pais tinham problemas comportamentais.[294] Se os pais fossem engajados em comportamentos antissociais, seus filhos ficavam expostos a maior risco se passassem *mais* tempo convivendo com eles.

Talvez o mais importante seja que os pais amam seus filhos de um modo que, segundo estudos, os padrastos não. É claro, isso não quer dizer que a maioria dos padrastos e outros homens não cria amorosamente os filhos de outros homens, mas em média as crianças que convivem com seus pais biológicos são menos propensas a sofrer intimidações, a ser delinquentes, a abandonar a escola, a ser emocionalmente negligenciadas. O psiquiatra Gilligan diz dos homens violentos com quem trabalhou.[295]

> Eles tinham sido sujeitados a tal grau de violência infantil que extrapolava qualquer coisa em que eu pensara anteriormente como apropriada

para descrever essa expressão. Muitos tinham apanhado até quase a morte, repetidamente estuprados prostituídos ou sido negligenciados a um grau de risco de vida por pais demasiadamente incapacitados para tomar conta de um filho. E, entre aqueles que não tinham experimentado esses extremos de violência física ou de negligência, meus colaboradores e eu descobrimos que tinham experimentado um grau de violência emocional que fora igualmente prejudicial... em que serviam de bode expiatório para quaisquer sentimentos de vergonha e humilhação que seus pais tivessem sofrido e então tentavam se livrar transferindo-os para a criança, sujeitando-a a sistemáticas e crônicas situações de vergonha e humilhação, deboche e ridículo

A crescente ruptura e o estresse familiar em sociedades desiguais levam a ciclos de violência entre as gerações, tanto quanto aos ciclos intergeracionais de maternidade na adolescência.

É claro, não é só o ambiente familiar que pode gerar vergonha, humilhação e violência. As crianças têm experiências na escola e na vizinhança que influenciam a probabilidade de se voltar para a violência quando tiverem seu status ameaçado. Os massacres nas escolas de ensino médio americanas demonstraram o significado da intimidação, ou *bullying*, como desencadeador da violência.[296;297]

No relatório de 2007 do Unicef sobre bem-estar infantil e juvenil nos países ricos, há medidas da frequência com que os jovens em diferentes países se envolviam em contenda física, eram vítimas de intimidação ou não consideravam seus colegas "gentis e prestativos".[298] Combinamos essas três medidas num índice de experiências de conflitos infantojuvenis e descobrimos que estavam significativamente correlacionadas com a desigualdade de renda, como mostra a Figura 10.4. Nas sociedades mais desiguais as crianças têm mais experiências de intimidação, briga e conflito. E não há melhor instrumento de previsão da violência posterior do que a violência infantojuvenil.

As influências ambientais sobre as taxas de violência são reconhecidas há muito tempo. Na década de 1940, os sociólogos da Escola de Chicago descreveram como alguns bairros de Chicago tinham uma persistente reputação

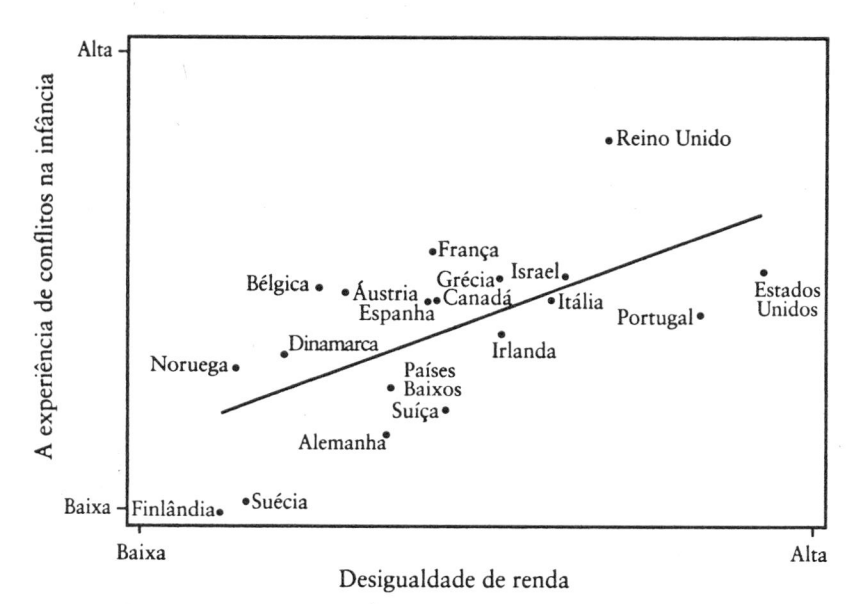

Figura 10.4 *Há mais conflito entre crianças nos países mais desiguais (baseado em porcentagens que relatam brigas, bullying e a consideração sobre os colegas como não gentis ou prestativos).*

de violência ao longo dos anos — diferentes populações se mudavam dali ou para lá, mas os mesmos bairros pobres permaneciam perigosos, não importando quem estivesse morando neles.[299] Em Chicago, os bairros costumam ter identificação com um grupo étnico específico. Portanto, uma área que no passado podia ter sido um enclave de imigrantes irlandeses e de seus descendentes mais tarde se torna uma comunidade polonesa e depois uma vizinhança latina. Os sociólogos da escola de Chicago chamaram a atenção para o persistente efeito da privação e pobreza nos bairros pobres em quem quer que ali habite. Nos bairros onde as pessoas não podem confiar umas nas outras, onde há altos níveis de temor e grupos de jovens se reúnem nas esquinas, os moradores não intervêm pelo bem comum — sentem-se impotentes diante do distúrbio público, do tráfico de drogas, da prostituição, da pichação e dos detritos nas ruas. O sociólogo Robert Sampson e colaboradores da Harvard University mostraram que as taxas de crimes violentos são mais baixas em bairros coesos, onde os residentes têm laços estreitos e estão dispostos a agir para o bem comum, mesmo levando em consideração fatores como pobreza, violência anterior, concentração de imigrantes e estabilidade residencial.[300] Nos Estados Unidos, os bairros pobres se transformaram em guetos, cercados e negligenciados pelos mais favorecidos que se mudaram dali.[301]

Embora os moradores de áreas com baixos níveis de confiança (veja o Capítulo 4) possam se sentir menos inclinados a intervir para o bem comum, eles parecem ser mais combativos. Em *Bowling Alone*, o sociólogo Robert Putnam ligou uma medida de agressividade aos níveis de capital social nos estados dos Estados Unidos. Numa pesquisa, perguntaram às pessoas se elas concordavam ou não com a frase "Eu me sairia melhor do que a média numa briga de socos". Putnam diz que os cidadãos em estados com capital social mais baixo estão "mais preparados para uma briga (talvez por necessidade) e estão predispostos a provocar lesões corporais".[302] Quando analisamos essa medida de combatividade em relação à desigualdade dentro dos estados, descobrimos uma relação tão forte quanto à mostrada por Putnam com o capital social (Figura 10.5).

Portanto, a violência é quase sempre uma reação ao desrespeito, à humilhação e à perda de prestígio e geralmente é uma reação masculina a esses gatilhos. Mesmo nas sociedades mais violentas, a maioria das pessoas não reage violentamente a esses desencadeadores, porque tem outras formas de alcançar e manter o respeito próprio e o senso de status. Talvez possuam mais elementos de status — uma boa educação, boas casas e bons carros, bons empregos, roupas novas. Talvez tenham família, amigos e colegas que as estimem ou qualificações de que se orgulhem, habilidades que sejam valorizadas e valiosas, ou um grau de instrução que lhes dá status e esperança no futuro. Como resultado, embora todo mundo seja tratado com desrespeito e humilhação às vezes, nem todos se tornam violentos; todos nós experimentamos perda de prestígio, mas não saímos por aí atirando em alguém. Nas sociedades mais desiguais, mais gente carece dessas proteções e desses amortecedores. Vergonha e humilhação tornam-se questões mais sensíveis em sociedades mais hierárquicas: o status torna-se mais importante, a competição por status aumenta e mais pessoas ficam privadas de acesso aos indicadores de status e sucesso social. E se a sua fonte de orgulho é seu gramado imaculado, você vai ficar mais do que um pouco aborrecido quando o pisoteiam.

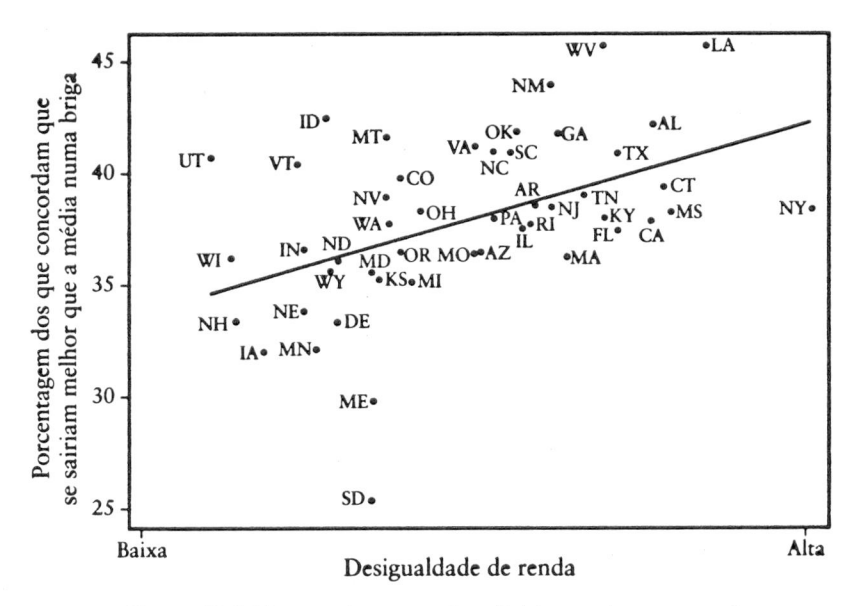

Figura 10.5 *Nos estados menos igualitários, mais pessoas acham que se sairiam melhor que a média numa briga.*

Legenda: (AL) Alabama, (AK) Alasca, (AZ) Arizona, (AR) Arkansas, (CA) Califórnia, (CO) Colorado, (CT) Connecticut, (DE) Delaware, (FL) Flórida, (GA) Georgia, (HI) Havaí, (ID) Idaho, (IL) Illinois, (IN) Indiana, (IA) Iowa, (KS) Kansas, (KY) Kentucky, (LA) Louisiana, (ME) Maine, (MD) Maryland, (MA) Massachusetts, (MI) Michigan, (MN) Minnesota, (MS) Mississippi, (MO) Missouri, (MT) Montana, (NE) Nebraska, (NV) Nevada, (NH) New Hampshire, (NJ) Nova Jersey, (NM) Novo México, (NY) Nova York, (NC) Carolina do Norte, (ND) Dakota do Norte, (OH) Ohio, (OK) Oklahoma, (OR) Oregon, (PA) Pensilvânia, (RI) Rhode Island, (SC) Carolina do Sul, (SD) Dakota do Sul, (TN) Tennessee, (TX) Texas, (UT) Utah, (VT) Vermont, (VA) Virgínia, (WA) Washington, (WV) Virgínia Ocidental, (WI) Wisconsin, (WY) Wyoming.

PICOS E VALES

Após uma elevação por décadas, as taxas de homicídio nos Estados Unidos atingiram seu pico no início da década de 1990 e depois caíram ao seu nível mais baixo no início da década de 2000. Em 2005 começaram a subir novamente.[303] De modo similar, após atingir seu auge no início da década de

1990, a gravidez na adolescência e as taxas de nascimento começaram a diminuir nos Estados Unidos e o declínio foi particularmente íngreme para os negros.[304] Mas, em 2006, a taxa de maternidade na adolescência começou a subir outra vez e a maior inversão foi para as mulheres negras.[305]

Algumas pessoas tentaram explicar o declínio da violência apontando para mudanças no policiamento, uso de drogas, acesso a armas ou até à "perda" de coorte de homens jovens que *não* nasceram devido ao crescente acesso ao aborto. As explicações para a queda das taxas de maternidade na adolescência enfocaram as mudanças no número de adolescentes que são sexualmente ativos e no crescente uso de anticoncepcionais. Mas o que influencia o fato de os jovens usarem drogas, comprarem armas, praticarem sexo, usarem anticoncepcionais ou não? Por que os homicídios e a maternidade na adolescência estão subindo outra vez? E como essas tendências combinam com mudanças na desigualdade? Por que as duas taxas se movem paralelamente?

Para examinar isso mais detalhadamente, precisamos de dados sobre as recentes flutuações de curto prazo na desigualdade de renda geral nos Estados Unidos. Os melhores dados provêm de uma equipe internacional de pesquisadores dos Estados Unidos, da China e do Reino Unido, que produziu uma série de estimativas anuais.[306] Eles mostram a desigualdade subindo na década de 1980, atingindo um pico no início da década de 1990. A década seguinte assistiu a um declínio geral na desigualdade, com uma mudança para melhor desde 2000. Portanto, há uma combinação razoável entre as recentes tendências em homicídios, maternidade na adolescência e desigualdade subindo no início da década de 1990 e caindo por mais ou menos uma década, com uma recente virada.

Embora a violência e a maternidade na adolescência sejam assuntos complexos e as taxas sobre cada uma possam responder a muitas outras motivações, as tendências decrescentes pela década de 1990 foram coerentes com melhorias nas rendas relativas das pessoas na base da pirâmide de distribuição de renda. A distribuição de renda pode ser mais ampliada em algumas partes de sua estrutura do que em outras. Uma sociedade pode ficar mais desigual porque os pobres estão muito para atrás em relação ao meio ou porque os ricos estão saltando para a frente. E quem sofre devido ao baixo status social também pode variar de um grupo para outro. Entre as sociedades que têm um mesmo nível geral de desigualdade, numa podem ser os idosos que ficam mais privados em relação aos demais, noutra podem ser os grupos de minoria étnica.

Desde o início da década de 1990 houve nos Estados Unidos um declínio particularmente acentuado na pobreza relativa e no desemprego para os jovens da base da hierarquia social. Embora os ricos continuassem a se afastar do grosso da população, a partir do início da década de 1990 a posição *relativa* dos americanos mais pobres começou a melhorar.[307;308] Como violência e maternidade na adolescência estão tão intimamente ligadas à relativa privação e concentradas nas áreas mais pobres, é o que acontece bem na base que mais importa.[309]

Essas tendências, durante a década de 1990, contrastam com o que vinha acontecendo anteriormente. As décadas que levaram à de 1990 testemunharam uma longa deterioração de oportunidades e status para os jovens da base, tanto na sociedade americana quanto na britânica. Nos Estados Unidos, desde aproximadamente 1970 até o início da década de 1990, a posição salarial dos homens jovens declinou e as perspectivas de emprego para os jovens que abandonaram o ensino médio ou que o completaram, mas não foram para a faculdade, pioraram,[310] aumentando a violência e a maternidade na adolescência. Num estudo recente, a demógrafa Cynthia Colen e seus colaboradores mostraram que os níveis decrescentes de desemprego durante a década de 1990 explicam os 85% de declínio nas taxas de primeiros filhos entre as negras de 18 e 19 anos.[311] Esse foi o grupo que teve a maior queda de maternidade na adolescência. A reforma da previdência e as mudanças na disponibilidade de aborto, ao contrário, parecem ter provocado pouco impacto.

No Reino Unido, o impacto da recessão econômica e a ampliação das diferenças de renda durante a década de 1980 também podem ser rastreados na taxa de homicídios. Como o geógrafo em saúde Danny Dorling observou com respeito a essas tendências:[312, p. 36 e 37]

Não há nível natural de assassinatos [...] Para que as taxas de assassinato subam em lugares específicos [...] é preciso que as pessoas sejam obrigadas a se sentir sem valor. Então, há mais brigas, mais rixas, mais desordens, mais garrafas, mais facas e mais homens jovens morrem [...] Esses são os mesmos jovens que viram muitos de seus semelhantes, criados em melhores circunstâncias e em diferentes partes da Grã-Bretanha, conseguirem um bom trabalho ou educação universitária, ou ambos, e ficarem mais ricos do que qualquer coorte de idade similar tão jovem na história britânica.

Em resumo, podemos ver que a associação entre desigualdade e violência é forte e coerente; foi demonstrada em muitos períodos de tempo e locais diferentes. Demonstrações recentes da estreita correlação entre as subidas e descidas em desigualdade e violência indicam que, se a desigualdade diminuísse, os níveis de violência também cairiam. E a importância evolutiva da vergonha e humilhação oferece uma explicação plausível para que sociedades mais desiguais sofram mais violência.

CAPÍTULO 11

Encarceramento e punição

> Pode-se julgar o grau de civilização de uma sociedade entrando-se em suas prisões.
>
> Fiódor Dostoiévski, *Recordações da casa dos mortos*

Nos Estados Unidos, as populações encarceradas têm crescido constantemente desde o início da década de 1970. Em 1978 havia mais de 450 mil pessoas na cadeia, até 2005 existiam dois milhões: os números tinham mais que quadruplicado. No Reino Unido, os números quase que dobraram desde 1990, saltando de 46 mil para 80 mil em 2007. Na verdade, em fevereiro de 2007 as prisões do Reino Unido estavam tão cheias que o ministro do Interior solicitou aos juízes que só enviassem para a prisão os criminosos mais perigosos.

Isso contrasta bastante com o que acontece em outros países ricos. Durante a década de 1990, a população prisional estava estável na Suécia e declinou na Finlândia; subiu em apenas 8% na Dinamarca e 9% no Japão.[313] Mais recentemente as taxas vêm caindo na Irlanda, Áustria, França e Alemanha.[314]

CRIME OU CASTIGO?

O número de pessoas presas é influenciado por três coisas: a frequência com que os crimes são cometidos, a tendência a encarcerar criminosos condenados por crimes específicos e o tempo de duração das penas. Mudanças em qualquer desses três fatores podem levar a alterações na proporção da população prisional em qualquer dado momento. No Capítulo 10 descrevemos a tendência de crimes violentos serem mais comuns em sociedades mais desiguais. O que vem acontecendo às taxas de criminalidade nos EUA e no Reino Unido enquanto as taxas de encarceramento disparam?

Os criminalistas Alfred Blumstein e Allen Beck examinaram o crescimento da população prisional nos Estados Unidos.[315] Só 12% do aumento de prisioneiros estaduais entre 1980 e 1996 puderam ser incluídos devido ao aumento do número de infrações (caracterizado pelo crescimento do número de crimes relacionados a drogas). Os outros 88% do aumento do número de encarceramentos foram devidos à crescente probabilidade de que criminosos condenados fossem enviados à prisão em vez de receberem penas sem custódia e às maiores durações das penas. Nas prisões federais, penas mais longas são a principal razão para a elevação do número de prisioneiros. *Three-strikes laws,** penas compulsórias mínimas, e *truth-in-sentencing laws*** significam que alguns condenados estão recebendo penas longas por crimes de menor importância. Na Califórnia, em 2004, havia 360 pessoas com penas de prisão perpétua por furto em loja.[316]

No Reino Unido, o número de prisioneiros também aumentou devido a penas mais longas e ao uso de penas em custódia para infrações que alguns anos atrás teriam sido punidas com uma multa ou trabalho comunitário.[317] Cerca de 40 sentenças de prisão por furto em loja são emitidas todos os dias no Reino Unido. Aqui, as taxas de criminalidade vêm caindo de modo tão inexorável quanto as taxas de encarceramento vêm subindo.

O criminalista David Downes, professor emérito de administração social da Faculdade de Economia de Londres, descreve o sistema prisional dos Países Baixos.[318] Ele explica como dois terços da diferença entre a baixa taxa de encarceramento nos Países Baixos e a taxa muito mais alta no Reino Unido se devem ao diferente uso das penas em custódia e à duração dessas penas em vez de diferenças nas taxas de criminalidade.

Comparando diferentes países, Marc Mauer, do *Sentencing Project* [Projeto de Julgamento],[319] mostra que nos Estados Unidos as pessoas são mandadas para a prisão com mais frequência e por mais tempo por crimes

---

* *Three-strikes laws* é uma lei que submete à prisão perpétua a pessoa condenada por um delito que tenha duas ou mais condenações anteriores por delitos graves ou violentos. *(N. da T.)*

** *Truth-in-sentencing laws* referem-se a políticas e legislações que têm por objetivo eliminar ou reprimir a liberdade condicional, ou seja, "lei para cumprimento total da pena imposta" *(N. da T.)*

relativos à propriedade e a drogas do que no Canadá, na Alemanha Ocidental, na Inglaterra e no País de Gales. Nos Estados Unidos, por exemplo, os
ladrões recebem penas médias de 16 meses, ao passo que no Canadá são de
cinco meses. E as variações nas taxas de crime não explicavam mais do que
uma pequena parte da variação nas taxas de encarceramento quando os pesquisadores observaram a Austrália, a Nova Zelândia e uma série de países
europeus. Se as taxas de criminalidade não conseguem explicar as diferentes
taxas de encarceramento, será que a desigualdade pode fazê-lo?

ENCARCERAMENTO E DESIGUALDADE

Utilizamos estatísticas da proporção da população encarcerada em diferentes países provenientes dos *Levantamentos das tendências criminais e operações dos sistemas de justiça criminal* das Nações Unidas.[320] A Figura 11.1
mostra (em escala logarítmica) que países mais desiguais têm taxas mais
altas de encarceramento do que países mais igualitários.

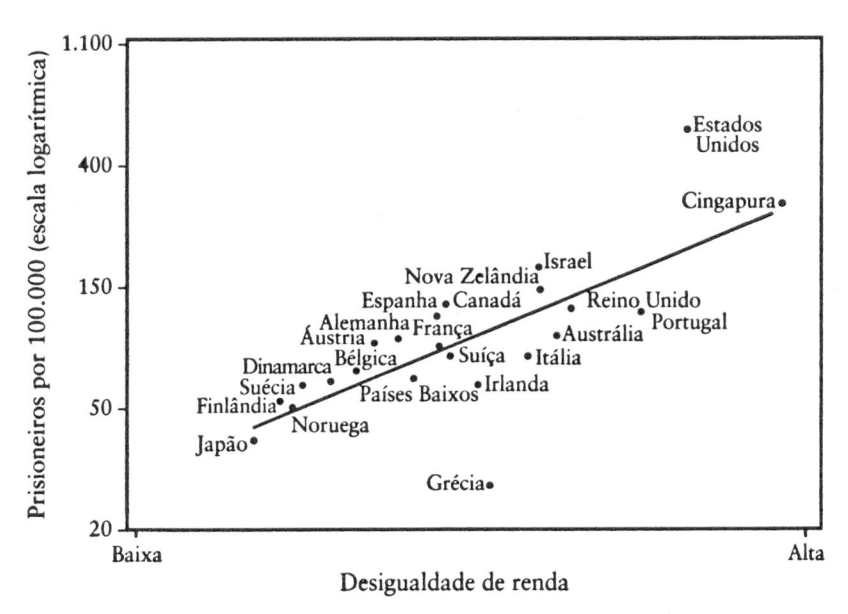

Figura 11.1 *Mais pessoas são presas nos países mais desiguais.*[321]

Nos Estados Unidos, para cada cem mil pessoas há 576 na prisão, o que é mais de quatro vezes e meia superior ao Reino Unido, com 124 por cem mil e mais de 14 vezes superior ao Japão, que tem a taxa mais baixa, com 40 por cem mil. Mesmo que os Estados Unidos e Cingapura fiquem excluídos como discrepantes, a relação é forte entre os países remanescentes.

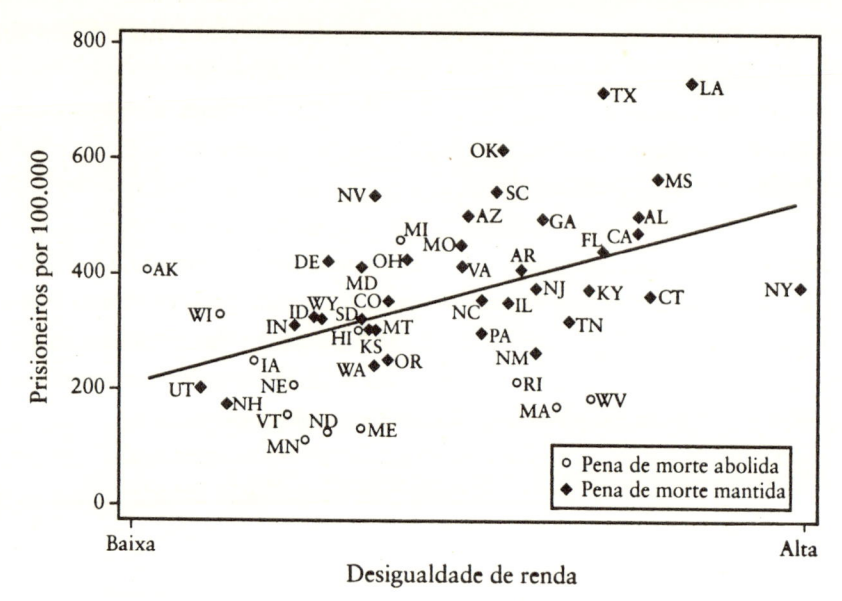

Figura 11.2 *Mais pessoas são presas nos estados norte-americanos mais desiguais.*[322]

Legenda: (AL) Alabama, (AK) Alasca, (AZ) Arizona, (AR) Arkansas, (CA) Califórnia, (CO) Colorado, (CT) Connecticut, (DE) Delaware, (FL) Flórida, (GA) Georgia, (HI) Havaí, (ID) Idaho, (IL) Illinois, (IN) Indiana, (IA) Iowa, (KS) Kansas, (KY) Kentucky, (LA) Louisiana, (ME) Maine, (MD) Maryland, (MA) Massachusetts, (MI) Michigan, (MN) Minnesota, (MS) Mississippi, (MO) Missouri, (MT) Montana, (NE) Nebraska, (NV) Nevada, (NH) New Hampshire, (NJ) Nova Jersey, (NM) Novo México, (NY) Nova York, (NC) Carolina do Norte, (ND) Dakota do Norte, (OH) Ohio, (OK) Oklahoma, (OR) Oregon, (PA) Pensilvânia, (RI) Rhode Island, (SC) Carolina do Sul, (SD) Dakota do Sul, (TN) Tennessee, (TX) Texas, (UT) Utah, (VT) Vermont, (VA) Virgínia, (WA) Washington, (WV) Virgínia Ocidental, (WI) Wisconsin, (WY) Wyoming.

Os números de encarceramentos realizados em 1997-8 nos 50 estados dos Estados Unidos são do Departamento de Justiça dos Estados Unidos, Bureau de Estatísticas Judiciais.[323] Como a Figura 11.2 mostra, há uma forte relação entre encarceramento e desigualdade e grandes diferenças entre os estados — Louisiana tem uma taxa seis vezes maior de presos do que a de Minnesota.

Outra coisa a observar nesse gráfico é que os estados são mostrados com o uso de dois símbolos diferentes. Os círculos representam estados que aboliram a pena de morte; os losangos, os que a mantiveram.

Como observamos no Capítulo 2, essas relações com a desigualdade ocorrem por problemas que têm íngremes gradientes sociais dentro das sociedades. Há um forte gradiente social nos encarceramentos, e há mais probabilidade de as pessoas de classe baixa, pouca renda e baixo nível de instrução serem mandadas para a prisão do que aquelas posicionadas mais acima na pirâmide. A raridade de encarceramentos de pessoas da classe média é realçada pelo fato de que dois sociólogos da Politécnica Estadual da Califórnia acharam que valia a pena publicar uma pesquisa que descreve a adaptação de um prisioneiro de classe média à vida na prisão.[324]

Disparidades raciais e étnicas nas taxas de encarceramento são um meio de mostrar as desigualdades no risco de ser preso. Nos Estados Unidos, o abismo racial pode ser medido como a relação entre as taxas de encarceramento para brancos e negros.[325] O Havaí é o único estado onde o risco de ser preso não parece diferir muito por raça. Lá, se a pessoa for negra, o risco de ser presa é 1,34 vez mais elevado do que se ela for branca. Em todos os outros estados as relações são superiores a 2. A relação é de 6,04 para os Estados Unidos como um todo e sobe para 13,15 em Nova Jersey. Há um quadro similar para o Reino Unido, onde os membros das minorias étnicas são muito mais propensos a acabar na prisão.[326] Serão essas desigualdades resultado de disparidades étnicas nas taxas de crimes cometidos? As pesquisas com jovens americanos sugerem que não.[327] Dos jovens brancos dos Estados Unidos, 25% cometeram um delito violento até os 17 anos, em comparação com os 36% dos negros, as taxas étnicas por crime contra a propriedade são as mesmas e os jovens negros cometem menos crimes relativos a drogas. Mas a juventude negra é esmagadoramente mais propensa a ser detida, acusada como se fosse um adulto e encarcerada. A mesma configuração é verdadeira para os adultos negros e hispânicos, que são tratados de modo mais duro do que os brancos em todos os estágios dos procedimentos judiciais.[328] Diante das mesmas acusações, os réus brancos têm muito mais probabilidade de ter suas acusações reduzidas ou de essas receberem penas alternativas — um deferimento ou suspensão do processo se o infrator concordar com certas condições, como realizar um programa de reabilitação do uso de drogas.

GRAUS DE CIVILIZAÇÃO

Dados prisionais nos mostram que as sociedades mais desiguais são mais punitivas. Há outros indicadores disso nas maneiras como os infratores são tratados nos diferentes sistemas penais. Primeiramente, como mostra a Figura 11.2, estados mais desiguais dos Estados Unidos são mais propensos a manter a pena de morte. Depois, o modo como os prisioneiros são tratados parece divergir.

Debatendo os Países Baixos, David Downes descreve como um grupo de advogados criminalistas e psiquiatras se reuniu para influenciar o sistema prisional. Eles acreditavam que:

> o infrator deve ser tratado como um ser humano pensante e sensível, capaz de responder aos *insights* oferecidos ao longo de um diálogo [...] por agentes terapêuticos.[329]

A filosofia resultou, diz ele, num sistema prisional que enfatiza tratamento e reabilitação. Permite licenças para visitas à casa e interrupção de penas, assim como uso extensivo de liberdade condicional e absolvições. Os prisioneiros são alojados em celas independentes, as relações entre prisioneiros e com os funcionários são boas e programas educativos, profissionalizantes e recreativos são considerados um modelo ideal. Embora o sistema tenha endurecido um pouco desde a década de 1980, em resposta à elevação da criminalidade (em grande parte uma consequência da elevação das taxas de tráfico de drogas e o uso dos Países Baixos como base para o crime organizado internacional), ele permanece caracteristicamente humanitário e decente.

O Japão é outro país com uma taxa muito baixa de encarceramento. Os ambientes prisionais de lá foram descritos como "refúgios de tranquilidade".[330] O sistema judiciário japonês exerce uma flexibilidade notável nas acusações e nos processos criminais. Os infratores que confessam seus crimes e expressam arrependimento e um desejo de se reformar costumam receber um voto de confiança da polícia, dos juízes e da maior parte da população. Um criminalista escreve que:

> a vasta maioria [dos acusados] [...] confessa, mostra arrependimento, negocia o perdão de suas vítimas e se submete às autoridades. Em troca, é tratada com extraordinária indulgência.[331]

Muitas penas em custódia são suspensas, mesmo para crimes graves que em outros países levariam a longas penas compulsórias. Aparentemente, a maioria dos prisioneiros concorda com a adequação de suas penas. Eles são alojados em aposentos para oito pessoas e as refeições são feitas nesses pequenos grupos. Os prisioneiros trabalham 44 horas semanais e têm acesso a atividades profissionalizantes e recreativas. A disciplina é rígida, com regras definidas de conduta, mas isso parece servir para manter uma atmosfera calma, em vez de provocar uma reação agressiva. Os funcionários do presídio devem agir como instrutores morais e conselheiros leigos, assim como os guardas.

O quadro é muito mais duro nos sistemas prisionais dos Estados Unidos. A dureza desses sistemas nos planos federal, estadual e municipal já foi repetidamente condenada por entidades como a Anistia Internacional,[332;333] o Human Rights Watch[334;335] e o Comitê contra a Tortura da ONU.[336] Suas preocupações se relacionam a práticas como encarceramento de adolescentes em prisões de adultos, tratamento dos doentes mentais e incapacitados de aprender, prevalência dos ataques sexuais dentro das prisões, uso de algemas em prisioneiras durante o parto, uso de aparelhos de eletrochoque para controlar prisioneiros, uso de confinamento prolongado em solitárias, brutalidade e maus-tratos às vezes perpetrados pela polícia e pelos guardas dos presídios, especialmente contra as minorias étnicas, migrantes e homossexuais.

O eminente criminalista americano John Irwin há tempo estuda as prisões de segurança máxima, cadeias municipais e a Penitenciária Estadual de Solano, na Califórnia, uma prisão de segurança média com cerca de seis mil prisioneiros que ficam aglomerados, com acesso muito limitado a recursos recreativos, educativos, profissionalizantes ou programas de recuperação para dependentes químicos.[337] Ele descreve graves prejuízos psicológicos imputados aos prisioneiros e a dificuldade que esses enfrentam para se adaptar ao mundo exterior quando são libertados de todos os tipos de instituições, de qualquer grau de segurança.

Em algumas prisões, os encarcerados não dispõem de atividades recreativas, inclusive televisão, e práticas esportivas. Em outras, eles têm de pagar por tratamentos de saúde, assim como pela acomodação e alimentação. Algumas trouxeram de volta os uniformes listrados e os agrupamentos de acorrentados. "O delegado mais durão dos Estados Unidos", Joe Arpaio, ficou famoso por sua cadeia municipal, a "cidade das barracas", no deserto do Arizona, onde os prisioneiros vivem sob lonas, apesar de temperaturas que podem chegar a mais de 50°C, e são alimentados com refeições que custam menos de 20 centavos de dólar por cabeça.[338;339]

A criação das prisões "supermax"[340] nos Estados Unidos, dependências designadas a criar um permanente estado de isolamento social, foi condenada pelo Comitê contra a Tortura da ONU.[341] Às vezes isoladas, mas outras construídas como "prisões dentro de prisões", esses são lugares onde os prisioneiros ficam confinados em solitárias durante 23 das 24 horas diárias. Só deixam suas celas para exercício físico solitário e banhos. A médica antropóloga Lorna Rhodes, que trabalhou numa "supermax", descreve a vida dos prisioneiros como caracterizada por "falta de movimento, estimulação e contato social".[342] Os prisioneiros mantidos em tais condições geralmente estão (ou se tornam) mentalmente doentes e despreparados para uma eventual libertação: não têm trabalho significativo, não recebem treino profissionalizante nem educativo. As estimativas variam, mas talvez 40 mil pessoas estejam encarceradas nessas condições e novas prisões desse tipo continuam sendo construídas.

É claro, existe uma variação considerável de regimes prisionais nos Estados Unidos. Um recente relatório do Comitê de Segurança e Abuso das prisões americanas fornece um quadro completo dos problemas do sistema e descreve alguns dos métodos e das práticas mais humanos.[343] Uma iniciativa de atendimento à saúde em Massachusetts fornece apoio constante aos prisioneiros encarcerados e na comunidade após sua libertação. Maryland possui um programa exemplar de rastreamento de doença mental entre os prisioneiros. Vermont garante que os prisioneiros tenham acesso a chamadas telefônicas de baixo custo para manter contato com o mundo exterior. E em Minnesota há uma prisão de segurança máxima que enfatiza contato humano, luz natural, exercício físico regular e a necessidade de tratar os prisioneiros com dignidade e respeito. Se olharmos para a Figura 11.2, poderemos ver que a maioria desses exemplos é oriunda de estados mais igualitários dos Estados Unidos.

Não só as taxas mais elevadas de encarceramento em sociedades mais desiguais parecem refletir penas maiores do que taxas de criminalidade, como também a dureza dos sistemas prisionais e o uso da pena de morte apontam para a mesma direção.

SERÁ QUE A PRISÃO FUNCIONA?

Talvez uma alta taxa de encarceramentos e um sistema rigoroso para lidar com os criminosos pareçam valer a pena se a prisão funcionasse para deter a criminalidade e proteger o público.* Ao contrário, o consenso entre os especialistas em todo o mundo parece que não funciona muito bem.[344;345;346;347] O psiquiatra prisional James Gilligan diz que "*o modo mais eficaz de transformar uma pessoa não violenta em violenta é mandá-la para a prisão*".[348, p.117] Na verdade, o encarceramento não parece funcionar tão bem agora quanto no passado nos Estados Unidos: a violação da liberdade condicional e repetidas infrações são um fator crescente para a elevação das taxas de encarceramento. Entre 1980 e 1996, as prisões por violação à liberdade condicional subiram de 18% para 35%.[349] Penas longas parecem ser menos inibitórias que as altas

---

* John Irvin escreve que enquanto geralmente se acredita que o encarceramento tem quatro propósitos "oficiais" — reparação pelos crimes cometidos, repressão, desarticulação dos criminosos perigosos e reabilitação —, na verdade, três outros propósitos formaram a frequência e as condições de encarceramento nos Estados Unidos. Esses propósitos "não oficiais" são *controle de classe* — a necessidade de proteger os cidadãos honestos de classe média dos perigosos criminosos de subclasse; *bodes expiatórios* — tirar a atenção dos problemas sociais mais sérios (e aqui ele destaca as crescentes desigualdades em riqueza e renda); e usar a ameaça da classe perigosa para *proveito político.* Conferir em: J. Irwin, *op. cit.*

taxas de condenação e, quanto mais tempo alguém fica encarcerado, mais difícil se torna a adaptação posterior ao mundo lá fora. Gilligan diz que:

> a justiça criminal e os sistemas penais vêm operando sob um enorme engano, ou seja, a crença de que a punição irá deter, evitar ou inibir a violência, quando de fato é o estimulante mais poderoso da violência que já descobrimos.[350]

Alguns esforços de usar os sistemas de punição para deter a criminalidade não só são ineficazes, eles realmente a elevam. No Reino Unido, a introdução das "Ordens de comportamento antissocial" (Asbos) para delinquentes juvenis foi controversa, parcialmente porque podem criminalizar comportamentos que de outro modo são legais, mas também porque a aquisição de uma Asbo passou a ser vista como um rito de passagem e distintivo de honra entre alguns jovens.[351;352]

Embora pareça haver um consenso crescente entre os especialistas de que a prisão não funciona, é difícil encontrar bons dados comparativos sobre as taxas de reincidência infratora nos diferentes países. Se um país aprisiona uma proporção menor de seus cidadãos, há uma maior probabilidade de que sejam criminosos mais cruéis do que os encarcerados sob um regime mais rígido. Então pode-se esperar que países com taxas gerais mais baixas de encarceramento tenham taxas mais altas de infratores reincidentes. Na verdade, parece haver uma tendência em direção a taxas mais altas de infratores reincidentes nos sistemas mais punitivos (nos Estados Unidos e no Reino Unido, as taxas de reincidência geralmente ficam entre 60% e 65%) e a taxas mais baixas em ambientes menos duros (as taxas de reincidência na Suécia e Japão ficam entre 35% e 40%)

ATITUDES PUNITIVAS

Vimos que as taxas de encarceramento não são tão determinadas pelas taxas de criminalidade como pelas diferenças nas atitudes oficiais em relação à punição *versus* reabilitação e reforma. Em sociedades com maior desigualdade, nas quais as distâncias sociais entre as pessoas são grandes, as atitudes de "nós e eles" são mais entrincheiradas, e a falta de confiança e o medo da criminalidade são correntes, tanto a população quanto os formuladores das políticas ficam mais dispostos a encarcerar as pessoas e a adotar atitudes punitivas em relação aos "elementos criminosos" da sociedade. Sociedades mais desiguais são lugares mais rígidos, mais desumanos. E, como a prisão não é especialmente eficaz para a inibição nem para a reabilitação, então uma sociedade só pode estar querendo manter uma alta taxa (e alto custo) de encarceramento por razões não relacionadas à eficácia.

Sociedades que aprisionam mais pessoas também gastam menos de sua riqueza em previdência para seus cidadãos. Isso é verdadeiro para os estados que compõem os Estados Unidos e também para os países da OCDE.[353;354] Os criminalistas David Downes e Kirstine Hansen relatam que esse fenômeno de "expansão penal e contração da previdência" se pronunciou nas últimas duas décadas. Em seu livro *Crime and Punishment in America*, publicado em 1998, o sociólogo Elliot Currie observa que, desde 1984, o estado da Califórnia só construiu uma faculdade, mas 21 presídios a mais.[355] Em sociedades mais desiguais, o dinheiro é desviado de gastos positivos em previdência, educação etc. para os sistemas criminais e judiciários. Em nosso grupo de países ricos, há uma correlação significativa entre desigualdade de renda e o número de policiais e oficiais de segurança interna por cem mil pessoas.[356] A Suécia emprega 181 policiais por cem mil pessoas, enquanto Portugal tem 450.

Nossa impressão é a de que, em países e sociedades mais igualitárias, os órgãos legais e judiciais, os processos de acusação e julgamento, assim como os sistemas penais, são desenvolvidos em conjunto com especialistas — criminalistas, advogados, psiquiatras e psicólogos forenses etc. —, refletindo assim considerações teóricas e pautadas em comprovações sobre o que funciona para deter a criminalidade e reabilitar os infratores. Ao contrário, os países e estados mais desiguais parecem ter desenvolvido estruturas legais e sistemas penais em resposta à pressão política e da mídia, um desejo de endurecer com a criminalidade e de ser reconhecido por isso, em vez de numa reflexão ponderada sobre o que funciona ou não. John Silverman, escrevendo para o Conselho de Pesquisa Socioeconômico do Reino Unido, diz que os presídios só são eficazes "como um meio de responder a um constante ataque da mídia com uma aparente exibição de força".[357] Em conclusão, Downes e Hanson merecem ser citados por extenso.[358]

> Um medo crescente da criminalidade e a perda de confiança no sistema penal [...] tornaram a população em geral mais favorável às duras políticas judiciais criminalistas. Assim, em certos países, em particular nos Estados Unidos e numa menor proporção no Reino Unido, a exigência pública de penas mais duras e prolongadas foi satisfeita por políticas públicas e campanhas eleitorais desenvolvidas e vencidas com base na política penal punitiva. Em outros países, como Suécia e Finlândia, onde o governo provê um maior "isolamento contra as emoções geradas por pânico moral e ciclos de longo prazo de tolerância e intolerância" (Tonry, 1999),[359] os cidadãos têm sido menos propensos a apelar e a apoiar políticas penais mais duras e o governo resiste ao impulso de implementar tais planos.

CAPÍTULO 12. Mobilidade social: oportunidades desiguais

Todas as pessoas como nós são Nós e todas as outras são Eles.

Rudyard Kipling, *Nós e Eles*

Em algumas sociedades históricas e modernas, a mobilidade social tem sido praticamente impossível. Onde o status social é determinado por sistemas religiosos ou legais, como o hindu — dividido em castas —, os feudais da Europa medieval ou a escravidão, há pouca ou nenhuma oportunidade de subir ou descer na escala social. Mas nas modernas democracias de mercado, as pessoas podem subir ou descer durante a vida (mobilidade *intrageracional*) ou seus filhos podem subir ou descer em relação aos pais (mobilidade *intergeracional*). Ao falarmos de igualdade de oportunidades nos referimos à possibilidade de chance social: a ideia de que qualquer pessoa, por mérito próprio e trabalho árduo, possa atingir uma melhor posição social ou econômica para si mesma e sua família. Ao contrário da maior igualdade em si mesma, a igualdade de oportunidades é valorizada por todo o espectro político, pelo menos em teoria. Mesmo que não façam nada para realmente promover a mobilidade social, pouquíssimos políticos assumiriam uma postura pública contra a igualdade de oportunidades. Então, como acontece a mobilidade nas ricas democracias de mercado?

Não é fácil medi-la nas sociedades. Para isso necessita-se de dados longitudinais — estudos que rastreiem as pessoas ao longo do tempo para verificar em que ponto da pirâmide estavam ao nascer e quando morreram. Um modo conveniente é tomar a *mobilidade de renda* como medida da mobilidade social: para observar o quanto as rendas das pessoas mudam durante suas vidas ou o quanto ganham em comparação com seus pais. Para medir a mobilidade intergeracional, esses estudos longitudinais devem cobrir períodos de até 30 anos, para que os filhos estabeleçam sua posição na hierarquia de renda. Quando temos os dados de renda dos pais e dos filhos, a mobilidade social pode ser medida como a correlação entre os dois. Se a correlação entre a renda dos pais e a dos filhos for alta, significa que pais ricos tendem a ter filhos que também são ricos e pais pobres tendem a ter filhos que continuam pobres. Quando a correlação é baixa, a renda dos filhos é menos influenciada pelo fato de os pais terem sido ricos ou pobres. (Essas comparações não são afetadas pelo fato de que as rendas médias atuais são mais elevadas do que no passado.)

TAL PAI, TAL FILHO?

Só há disponibilidade de dados internacionais comparáveis sobre a mobilidade social intergeracional para uns poucos dos países ricos. Extraímos nossos números de um estudo realizado pelo economista Jo Blanden e colaboradores da Faculdade de Economia de Londres.[360] Usando amplos estudos longitudinais representativos de oito países, esses pesquisadores conseguiram calcular a mobilidade social como a correlação entre as rendas dos pais quando seus filhos nasceram e as rendas dos filhos aos 30 anos. A relação entre a mobilidade social intergeracional e a desigualdade de renda é muito forte. A Figura 12,1 mostra que os países com maiores diferenças de renda tendem a ter uma mobilidade social muito menor. Na verdade, longe de possibilitar a ideologia do Sonho Americano, os Estados Unidos têm as menores taxas de mobilidade desses oitos países. O Reino Unido também tem uma baixa mobilidade social, a Alemanha Ocidental fica no meio e o Canadá, assim como os países escandinavos, tem a maior mobilidade.

Com informações de tão poucos países, é preciso ter cautela, especialmente por não haver dados desse tipo que nos permitam estimar a mobilidade social de cada estado e testar a relação com a desigualdade de modo independente nos Estados Unidos. Mas outras observações, que analisam as mudanças na mobilidade social ao longo do tempo, o gasto público em educação, as mudanças na segregação geográfica, o trabalho dos sociólogos sobre questões de gosto, o de psicólogos sobre a agressividade deslocada, e os supostos efeitos da densidade grupal sobre a saúde emprestam plausibilidade ao quadro que vemos na Figura 12.1

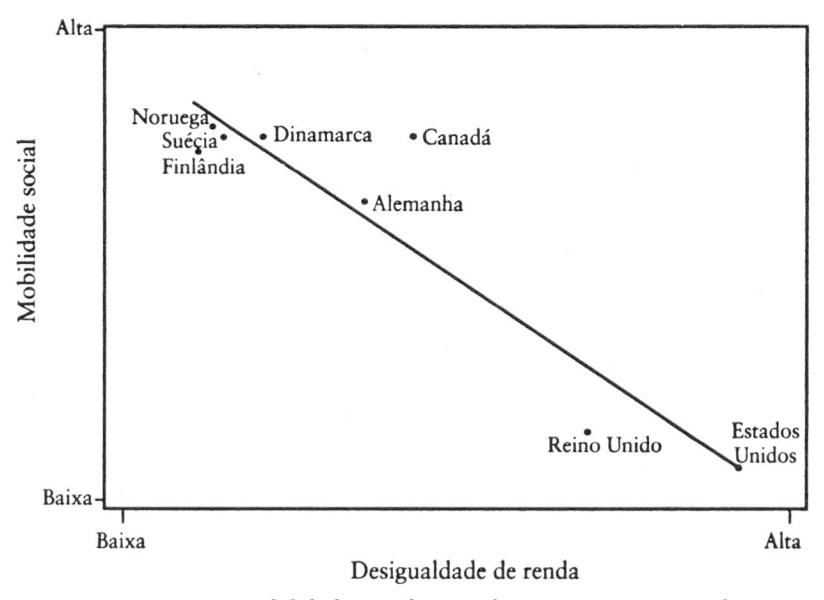

Figura 12.1 *A mobilidade social é mais baixa nos países mais desiguais.*[361]

A primeira dessas observações é que, após aumentar lentamente de 1950 a 1980, a mobilidade social nos Estados Unidos declinou rapidamente, conforme as diferenças de renda se ampliaram acentuadamente na última parte do século.

A Figura 12.2 utiliza dados do relatório *The State of Working America* [A situação da América trabalhadora] 2006-7. A altura de cada coluna mostra a renda dos pais para determinar a renda de seus filhos; portanto, barras *mais baixas* indicam mais mobilidade social: as rendas paternas são menos proféticas das rendas dos filhos. As barras *mais altas* indicam menos mobilidade: pais ricos são mais propensos a ter filhos ricos, e pais pobres, a ter filhos pobres.

Os dados das décadas de 1980 e 1990 mostram que cerca de 36% dos filhos cujos pais estavam na quinta camada da base da distribuição de riqueza acabam nessa mesma posição quando adultos e 36% dos filhos cujos pais ocupavam a quinta camada de riqueza do topo também podem ser encontrados nessa mesma posição.[362] Os que estão no topo conseguem manter sua riqueza e seu status e os que estão na base têm dificuldade de subir a escala de renda, mas há mais flexibilidade no meio. A mobilidade social intergeracional também caiu na Grã-Bretanha ao longo do período em que as diferenças de renda se ampliaram.[363]

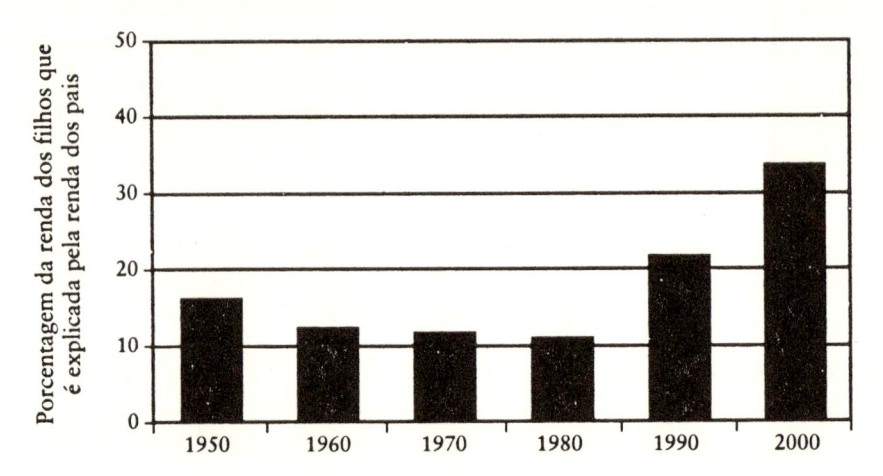

Figura 12.2 *A mobilidade social nos Estados Unidos aumentou até os anos 1980 e depois diminuiu.*[364]

Uma segunda observação que sustenta nossa crença de que a desigualdade de renda reduz a mobilidade social provém de dados dos dispêndios em educação. Geralmente se acredita que a educação seja o principal motor de mobilidade social nas democracias modernas — pessoas mais instruídas ganham mais e têm um status social mais elevado. Vimos no Capítulo 8 como a desigualdade afeta as realizações e aspirações educacionais, mas vale notar que, entre os oito países de que temos informações sobre a mobilidade social, o gasto público em educação (ensinos fundamental e médio) está fortemente ligado ao grau de igualdade de renda. Na Noruega, o mais igualitário dos oito, quase todo (97,8%) o gasto em educação escolar é público.[365] Em contrapartida, nos Estados Unidos, o mais desigual desse grupo de países, apenas dois terços (68,2%) dos gastos em educação escolar são públicos. É provável que isso provoque um impacto substancial nas diferenças sociais do acesso à educação superior.

MOBILIZAÇÃO PARA CIMA, MOBILIZAÇÃO PARA FORA

Um terceiro tipo de demonstração que pode confirmar a correlação entre desigualdade de renda e mobilidade social está no modo como maiores distâncias sociais se traduzem em maior segregação geográfica entre ricos e pobres em sociedades mais desiguais.

Com o aumento da desigualdade desde a década de 1970 nos Estados Unidos, também aumentou a segregação geográfica entre ricos e pobres.[366] O economista político Paul Jargowsky analisou dados do censo americano para 1970, 1980 e 1990 e mostrou que a *concentração* residencial da *pobreza* aumentou ao longo desse período.[367;368] A concentração de bairros pobres é uma medida que nos informa a proporção de pobres que moram em áreas miseráveis numa cidade. Jargowsky calcula que em 1970 cerca de um em cada quatro negros pobres habitava em bairros miseráveis, mas até 1990 essa proporção tinha aumentado para um em cada três. Entre os brancos, a concentração de pobreza duplicou durante as duas décadas, enquanto as diferenças de renda se alargavam. Quando a concentração de pobreza é alta, os pobres não estão lidando apenas com sua própria pobreza, mas também com a consequência da pobreza de seus vizinhos. Entre os censos de 1990 e 2000, Jargowsky relata um declínio na concentração da pobreza, especialmente para os negros americanos habitantes de áreas degradadas, o que acompanha as melhorias na posição relativa dos americanos mais pobres, que descrevemos no final do Capítulo 10.[369] Mesmo enquanto a concentração de pobreza declinava nas áreas centrais degradadas, crescia nos círculos internos dos subúrbios e, com a recente queda econômica nos Estados Unidos, Jargowsky avisa que os ganhos da década de 1990 já podem ter se invertido.

Uma configuração similar de segregação pela pobreza e riqueza durante um período de crescentes diferenças de renda vem ocorrendo no Reino Unido.[370] Os ricos estão dispostos a pagar para viver separados dos pobres,[371] e a segregação residencial juntamente com o alinhamento econômico aumentou durante as décadas de 1980 e 1990.[372] A imagem dos conjuntos habitacionais britânicos provoca um quadro tão claro de subclasse miserável como a imagem dos guetos e *barrios* nos Estados Unidos.

Os pesquisadores estão seguros de que a crescente desigualdade de renda é responsável pelo aumento da segregação entre ricos e pobres nos dois lados do Atlântico.[373;374;375] A concentração dos pobres em áreas pobres aumenta todos os tipos de estresse, privação e dificuldades — desde o maior tempo de ida e volta para o emprego, no caso dos que precisam deixar as comunidades pobres para encontrar trabalho em outro lugar, a um maior risco de acidentes de tráfego, piores escolas, baixo nível de serviços, exposição à violência das gangues, poluição e assim por diante. O sociólogo William Julius Wilson, em seu clássico estudo da pobreza nas áreas miseráveis, refere-se aos habitantes dos bairros pobres como os "verdadeiramente desfavorecidos".[376] Dois estudos americanos mostraram que a segregação residencial econômica eleva o risco de óbito e um mostrou que cidades mais desiguais eram também mais segregadas economicamente.[377;378] É claro que esses processos irão realimentar maiores reduções na mobilidade social.

QUESTÃO DE GOSTO   E CULTURA

Portanto, a mobilidade social é mais baixa e a segregação geográfica é maior em sociedades mais desiguais. É como se uma maior desigualdade tornasse a estrutura social da sociedade mais rígida e dificultasse a movimentação ascendente e descente na escala social.

O trabalho do sociólogo francês Pierre Bourdieu também nos ajuda a entender como a mobilidade social se torna mais limitada dentro de sociedades mais hierárquicas.[379] Ele descreve como as diferenças materiais entre as pessoas, a quantidade de dinheiro e recursos que elas têm ficam revestidas por marcadores culturais de diferença social, que se tornam questões de esnobismo e preconceito. Todos nós usamos questões de gosto como marcas de distinção e classe social — julgamos as pessoas por sotaque, vestuário, linguagem, escolha de leituras, programas de televisão a que assistem, comida que consomem, esportes que fazem, música que preferem e apreciação — ou não — da arte.

As pessoas de classe média e alta têm o sotaque certo, sabem como se comportar na "sociedade culta", sabem que a instrução pode realçar suas vantagens. Elas passam tudo isso para seus filhos, de modo que, por sua vez, eles sejam bem-sucedidos na escola e no trabalho, façam bons casamentos, encontrem empregos muito bem pagos etc. É assim que as elites se estabelecem e mantêm seu status de elite.

As pessoas podem usar marcadores de distinção e classe, seu "bom gosto", para manter suas posições, mas por toda a hierarquia social elas também usam a discriminação e o preconceito para evitar que aqueles que estão abaixo melhorem seu status. Apesar da moderna ideologia de igualdade de oportunidades, essas questões de gosto e classe ainda mantêm as pessoas em seus lugares — impedindo-as de crer que podem melhorar sua posição e revigorar sua autoconfiança se tentarem. As experiências sobre ameaça ao estereótipo descritas no Capítulo 8 mostram o quanto podem ser fortes os efeitos sobre o desempenho. Bourdieu chama as ações pelas quais a elite mantém sua distinção de *violência simbólica*; podemos da mesma forma chamá-las de discriminação e esnobismo. Embora o preconceito racial seja amplamente condenado, o preconceito de classe é, apesar das semelhanças, raramente mencionado.

Esses sistemas de gosto, que definem o que é refinado e culto e o que é vulgar e popular, constantemente mudam de conteúdo, mas sempre estão conosco. Os exemplos que Bourdieu recolheu na década de 1960 parecem muito datados agora mas ilustram esse ponto. Ele observou que diferentes grupos sociais preferiam diferentes tipos de música; os grupos de classe mais baixa preferiam as melodias fáceis do *Danúbio azul*, enquanto as mais altas exprimiam uma preferência pelo mais "difícil" *Cravo bem-temperado*. As classes mais altas preferiam arte abstrata e romances experimentais, enquanto as mais baixas gostavam de quadros figurativos e livros com um bom enredo. Mas, se todo mundo começar a apreciar Bach, Picasso e James Joyce, então os gostos da classe alta vão mudar e passar a apreciar algo novo — o elitismo é mantido pela mudança das fronteiras. O que Bourdieu está descrevendo é uma "economia de bens culturais" e as desigualdades nessa economia afetam as pessoas de um modo quase tão profundo quanto as desigualdades de renda.

Em seu livro *Watching the English* [*De olho nos ingleses*], a antropóloga Kate Fox descreve os marcadores sociais dos ingleses — conversas informais, casas, carros, roupas, alimentação e mais.[380] Joseph Epstein faz o mesmo em relação aos Estados Unidos em *Snobbery: The American Version* [*Esnobismo: versão americana*].[381] Os dois livros são divertidos, assim como eruditos, e é difícil deixar de rir de nossas próprias pretensões e do gosto pobre dos outros.

No Reino Unido, por exemplo, pode-se dizer se alguém é da classe operária, média ou alta pelo modo como chama a refeição da noite: "tea", "dinner" ou "supper". Pelo modo como chama sua mãe de "mam", "mum" ou "mummy", pelo modo como se refere a sair: "do", "function" ou "party", e assim por diante.

Esnobismo, diz Epstein, é "sentar-se no seu BMW 7401 e sentir-se silenciosa e garantidamente melhor do que o pobre grosseiro... que para ao lado no sinal em seu vulgar Cadillac. É o calmo prazer com que você parabeniza a notícia de que o filho da mulher a quem acaba de ser apresentado está se formando em fotojornalismo na Arizona State University, enquanto sua filha está estudando história da arte em Harvard...". Mas esnobismo e gosto acabam sendo um jogo de resultado zero. Epstein continua e aponta que num outro dia, sob outro foco, uma Bentley irá parar ao lado de sua patética BMW e você poderá ser apresentado a uma mulher cujo filho está estudando os clássicos em Oxford

As maneiras como classe, gosto e esnobismo funcionam para restringir as oportunidades e o bem-estar das pessoas são, na realidade, dolorosas e penetrantes. São formas de discriminação e exclusão social. Em seu livro de 1972, *The Hidden Injuries of Class* [*Os danos ocultos de classe*], os sociólogos Richard Sennet e Jonathan Cobb descrevem o dano psicológico imputado aos homens de classe operária em Boston, que passaram a ver seus fracassos de ser bem-sucedidos no mundo como resultado de suas próprias inadequações, resultando em sentimentos de hostilidade, ressentimento e vergonha.[382] Mais recentemente, o sociólogo Simon Charlesworth, numa entrevista com um operário em Rotherham, na região central da Inglaterra, fica sabendo como um homem fica envergonhado ao encontrar uma mulher de classe média.[383] Mesmo que nada seja dito entre eles, ele é imediatamente invadido por uma sensação de inferioridade, constrangimento, e acaba hostil e zangado:

Fui ao social [agência de seguridade social] outro dia [...] havia cadeiras e um lugar ao lado dessa vaca metida, sabe como é, magra, bonita, de classe média, e eu não queria sentar ao lado dela, a gente sente que não deve [...] fiquei todo constrangido, do meu peso, me senti gordo demais, comecei a suar, comecei a ficar confuso, trocando os pés, só pensei "não, não vou sentar lá, não quero que ela se aborreça", não quero sentir que ela se aborreceu, a gente não quer importuná-las [...] a gente sabe que as ofende [...] o modo como olham para a gente como se estivessem enojadas [...] olham para a gente como se a gente estivesse invadindo a área delas [...] sabe, de imediato... a gente sente "eu não devia estar lá" [...] faz a gente não ter vontade de sair. Isso é uma forma de violência [...] é isso, é como uma barreira dizendo "ouça, seu inferior, nem sequer [*a voz se eleva de dor e raiva*] chegue perto de mim! [...] Que droga você está fazendo no meu espaço... Nós pagamos para ficar longe de gentalha como você [...]" Isso nos deixa muito estressados, a gente fica exausto [...] Acontece em toda parte [...] Quer dizer, eu encarei ela como eles nos encaram, certo [...] e pensei "droga, nem vou sentar lá". Ela se sentiria desconfortável e isso me deixaria constrangido, sabe como é [*a voz se eleva de dor e raiva*] [...] Só de sentar lá, entende o que estou tentando dizer? [...] É como um entendimento comum, a gente sabe como elas se sentem, *a gente sente isso*... São todos uns merdas, não têm nada, mas é aquele ar que eles têm, sabe, eles têm o corpo certo, as roupas e tudo o mais, a segurança, a atitude, entende [...]? Nós [*triste, a voz abaixa*] não temos, não podemos ter. Nós entramos como quem está exaurido, arrastando os pés ao caminhar [...] a gente sente vontade de se esconder [...]

A REAÇÃO CICLÍSTICA

Grandes diferenças de riqueza material tornam as variações de status mais importantes e nas sociedades mais desiguais o peso do preconceito tende a ser maior; há uma distância maior entre os "de posse" no topo e os "despossuídos" na base. Na verdade, uma maior desigualdade aumenta os preconceitos sociais. Mantemos o status mostrando superioridade em relação aos que estão abaixo. Os destituídos de status tentam readquiri-lo descontando nas pessoas mais vulneráveis, que estão abaixo deles. Dois versos burlescos captam esses processos. Os ingleses dizem "O capitão dá um pontapé no camareiro, que dá um pontapé no gato", descrevendo o fluxo decrescente de agressão e ressentimento, e um verso americano é afamado por descrever Boston como o lugar "onde os Lowells só falam com os Cabots, e os Cabots só falam com Deus", invocando o esnobismo e a escalada social de pessoas que admiram as que estão acima delas.

Quando as pessoas reagem a uma provocação feita por alguém em posição superior, redirecionando sua agressão a alguém em posição inferior, os psicólogos a rotulam como *agressividade deslocada*.[384] Exemplos incluem: o homem que é repreendido pelo chefe e chegando em casa grita com a mulher e os filhos; o maior grau de agressividade nos locais de trabalho onde supervisores tratam os funcionários injustamente;[385] os modos como as pessoas em comunidades desprovidas reagem a um influxo de imigrantes estrangeiros;[386;387] e o modo como os prisioneiros que sofrem intimidação viram-se contra os que estão abaixo deles — especialmente os condenados por crimes sexuais — na hierarquia da prisão.[388]

Em seu livro *The Hot House*, que descreve a vida dentro de uma prisão de segurança máxima nos Estados Unidos, Pete Earley conta a história de um homem condenado à prisão perpétua por assassinato.[389] Bowles fora preso pela primeira vez aos 15 anos, quando ficou num reformatório juvenil. No dia em que chegou, um garoto mais velho, mais corpulento, veio até ele:

— Ei, que número de sapato você usa? — perguntou.

— Não sei — disse Bowles.

— Deixa eu ver um deles? — perguntou o garoto, educadamente.

Bowles sentou-se no chão e tirou o sapato. O garoto mais velho tirou seu próprio sapato e o comparou com o de Bowles.

— Me deixa ver o outro?

— Tirei meu outro sapato e o entreguei a ele — lembrou Bowles —, que o calçou, amarrou e depois saiu andando até sua mesa, enquanto todos os outros garotos começaram a rir de mim. Foi quando me dei conta de que era eu o alvo da brincadeira.

Bowles pegou um taco de bilhar e atacou o garoto, pelo que precisou pagar com uma semana de trabalho árduo. Quando um novato chegou ao reformatório na semana seguinte, ele também foi confrontado por um veterano que exigiu seus sapatos. Só que dessa vez era Bowles que tirava vantagem do novo garoto. "Era minha vez de gozar de alguém", lembrou. "Eu tinha adquirido esse direito."

No mesmo livro, Earley conta quase a mesma história de novo, só que dessa vez descreve a reação de um homem ao ser atacado e sodomizado em sua primeira noite numa cadeia municipal, aos 16 anos. Seis anos depois, preso em outra cidade, ele foi colocado numa cela com um "rapaz, provavelmente de uns 17 anos, e sabe o que eu fiz? Fodi o garoto".[390]

A agressividade deslocada entre os primatas não humanos foi rotulada de "a reação ciclística". O primatólogo Volker Summer explica que a imagem evocada é a de alguém se projetando para a frente numa bicicleta de corrida, numa mesura para seus superiores, enquanto chuta os que vêm vindo atrás ou de baixo. Ele descreve como os animais que vivem em hierarquias sociais rígidas se sujeitam aos animais dominantes e atacam os inferiores. Os psicólogos Jim Sidanius e Felícia Pratto já sugeriram que os conflitos e as opressões grupais humanos, como racismo e machismo, se originam no modo como a desigualdade dá origem à discriminação individual e institucional e no grau de cumplicidade ou resistência das pessoas ao domínio de alguns grupos sociais por outros.[391] Em sociedades mais desiguais, mais pessoas se direcionam para o domínio; em sociedades mais igualitárias, para a inclusão e a empatia.

Nossa última demonstração de que a desigualdade de renda provoca uma menor mobilidade social vem de pesquisas que ajudam a explicar por que os grupos estigmatizados de pessoas que vivem em sociedades desiguais podem se sentir mais confortáveis quando separados das pessoas que as tratam com superioridade. Numa poderosa ilustração de como discriminação e preconceito alijam o bem-estar das pessoas, as pesquisas mostram que a saúde dos grupos étnicos minoritários que vivem em áreas com mais pessoas como elas às vezes é melhor do que a de sua contrapartida mais afluente que vive em áreas com mais grupos étnicos dominantes.[392] Isso se chama efeito da "densidade grupal" e foi mostrado pela primeira vez em relação à doença mental. Estudos realizados em Londres, por exemplo, mostraram uma maior incidência de esquizofrenia entre minorias étnicas que habitavam bairros com menos pessoas como elas,[393] e o mesmo foi demonstrado em relação ao suicídio[394] e ao autoflagelo.[395] Mais recentemente, estudos realizados nos Estados Unidos demonstraram os mesmos efeitos para cardiopatias[396;397] e baixo peso ao nascer.[398;399;400;401;402] Geralmente, morar numa área mais pobre está associado a um pior estado de saúde. Os membros das minorias étnicas que moram em áreas onde há poucos como eles tendem a ser mais afluentes e a viver em bairros melhores do que aqueles que habitam áreas com uma maior concentração da etnia. Portanto, descobrir que esses indivíduos mais isolados etnicamente sejam às vezes menos saudáveis é surpreendente. A provável explicação é que, através dos olhos da comunidade majoritária, eles fiquem mais conscientes de pertencer a um grupo minoritário de baixo status, talvez encontrem preconceito e discriminação mais frequentes e tenham menos apoio. Que os efeitos do estigma às vezes sejam fortes o bastante para neutralizar os benefícios à saúde oferecidos pela vantagem material nos diz muito sobre o poder da desigualdade e nos faz retornar à importância do status social, do apoio social, das amizades, e da influência da ansiedade e do estigma social discutidos no Capítulo 3.

Maiores diferenças de renda estratificam a estrutura social e diminuem as chances de mobilidade ascendente. Onde há maior desigualdade de ganhos, a igualdade de oportunidades é uma perspectiva significativamente mais distante.

TERCEIRA PARTE

Uma sociedade melhor

CAPÍTULO 13. Sociedades disfuncionais

> Nenhum homem é uma ilha isolada; cada homem é uma partícula do continente, uma parte do oceano.
>
> John Donne, *Meditação XVII*

Os últimos nove capítulos mostraram que, entre os países ricos desenvolvidos e entre os 50 estados dos Estados Unidos, a maioria dos importantes problemas sociais e de saúde do mundo rico é mais comum nas sociedades mais desiguais. Nos dois cenários as relações são fortes demais para ser relegadas a descobertas ao acaso. A importância dessas relações dificilmente pode ser superestimada. Em primeiro lugar, as diferenças entre as sociedades mais e menos igualitárias são grandes — os problemas ficam cerca de três a dez vezes mais comuns nas sociedades mais desiguais. Em segundo lugar, não se trata de diferenças entre grupos de alto e baixo risco dentro das populações que possam se aplicar apenas a pequenas proporções da população ou apenas aos pobres. Pelo contrário, são diferenças entre a prevalência de diferentes problemas que se aplicam a populações inteiras.

Um dos pontos que emergem dos Capítulos 4 a 12 é a tendência de alguns países se saírem bem em praticamente quase tudo e outros se saírem mal. Pode-se prever o desempenho de um país sobre um resultado a partir do conhecimento de outros. Se, por exemplo, um país se sai mal com a saúde, pode-se prever com alguma segurança que também irá encarcerar uma proporção maior de sua população, ter mais casos de maternidade na adolescência, mais analfabetos funcionais, mais casos de obesidade, pior saúde mental e assim por diante. A desigualdade parece tornar os países socialmente disfuncionais num vasto âmbito de decorrências.

No plano internacional, na extremidade saudável da distribuição, nós sempre parecemos encontrar os países escandinavos e o Japão. Na extremidade oposta, sofrendo altas taxas da maioria dos problemas sociais e de saúde, geralmente estão os Estados Unidos, Portugal e o Reino Unido. O mesmo se aplica aos 50 estados dos Estados Unidos. Entre os que parecem ter um bom desempenho, estão Hampshire, Minnesota, Dakota do Norte e Vermont, e, do outro lado, estão Mississippi, Louisiana e Alabama.

A Figura 13.1 resume nossas descobertas. É uma cópia exata da Figura 2.2. Mostra novamente a relação entre desigualdade e a combinação de nosso Índice de Problemas Sociais e de Saúde. Esse gráfico mostra também que a relação não depende de nenhum grupo específico de países — por exemplo, os que ficam nas extremidades da distribuição. Ao contrário, é sólida em todo o âmbito de desigualdade encontrado nas democracias desenvolvidas de mercado. Mesmo que às vezes se encontrem relações menos fortes em nossas análises dos 50 estados dos Estados Unidos, nas análises internacionais o país como um todo está exatamente onde sua desigualdade nos levaria a esperar.

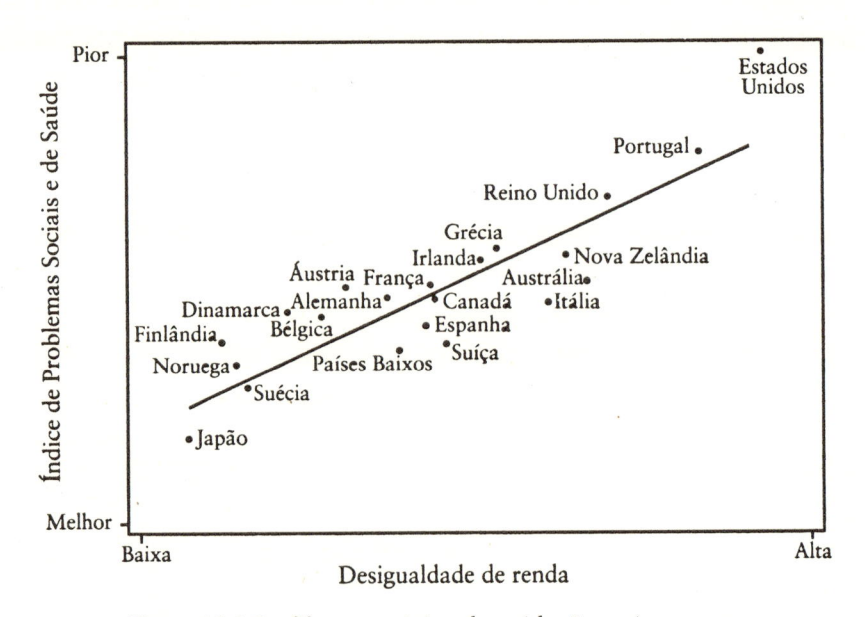

Figura 13.1 *Problemas sociais e da saúde são mais comuns nos países mais desiguais.*

Embora os números de algumas nações supostamente estejam mais precisos do que os de outros, é claramente importante que não sejamos seletivos com os dados. Por essa razão usamos do princípio ao fim o mesmo conjunto de dados sobre a desigualdade, publicado pelas Nações Unidas. Na análise dos estados americanos, usamos os dados do censo dos Estados Unidos como publicados. Contudo, mesmo que alguém fizesse forte objeção aos números de uma ou outra sociedade, claramente isso não mudaria o quadro geral apresentado na Figura 13.1. O mesmo se aplica aos números que usamos para todos os problemas sociais e de saúde. Cada conjunto está como fornecido pela fonte — nós os tomamos como publicados, sem um "se" ou "mas".

O único problema social que encontramos com tendência a ser comum em países mais igualitários (mas não significativamente entre os estados mais igualitários dos Estados Unidos) foi, talvez surpreendentemente, o suicídio. Há duas razões para isso. A primeira é que em alguns países o suicídio não é mais comum na base da escala social. Na Grã-Bretanha, um gradiente social bem definido só surgiu nas décadas recentes. A segunda é que o suicídio costuma ser inversamente relacionado ao homicídio. Parece haver algo no clichê psicológico de que a raiva às vezes vai para dentro e noutras para fora: as pessoas culpam a si mesmas ou aos outros pelo que dá errado? No Capítulo 3 observamos o aumento da tendência a culpar o mundo externo — narcisismo defensivo — e os contrastes entre os Estados Unidos e o Japão. É notável que num trabalho sobre saúde realizado no Harlem, em Nova York, o suicídio foi a única causa de óbito a ser menos comum lá do que no resto dos Estados Unidos.[403]

TODOS SE BENEFICIAM

Uma reação comum às descobertas das pesquisas de ciências sociais é as pessoas dizerem que são óbvias e depois talvez acrescentarem, com certo deboche, que não havia necessidade de fazer todo esse trabalho caro para lhes dizer o que já sabem. Muitas vezes, no entanto, essa sensação de saber só se sustenta pelo benefício de uma visão retrospectiva, depois que os resultados das pesquisas ficaram conhecidos. Tente pedir que as pessoas prevejam os resultados com antecedência e fica claro que as mais diversas coisas podem parecer perfeitamente plausíveis. Tendo visto as demonstrações nos capítulos anteriores de como a desigualdade está relacionada à prevalência de tantos problemas, esperamos que a maioria dos leitores sinta que o quadro faz imediato sentido intuitivo. Realmente, pode parecer óbvio que os problemas associados à privação relativa devam ser mais comuns em sociedades mais desiguais. Contudo, se perguntarmos às pessoas por que uma maior igualdade reduz esses problemas, grande parte do que supõem é que deve ser porque as sociedades mais igualitárias têm menos pessoas pobres. A suposição é a de que uma maior igualdade ajuda os que estão na base. Assim como essa só é uma parte menor da explicação adequada, é uma suposição que reflete nossa incapacidade de reconhecer processos muito importantes que afetam nossas vidas e as sociedades de que fazemos parte. A verdade é que a vasta maioria da população é alijada por uma maior desigualdade.

Uma das pistas que inicialmente achamos surpreendente é simplesmente a dimensão das diferenças entre as sociedades nas taxas dos vários problemas discutidos nos Capítulos 4 a 12. Na *totalidade* das populações, as taxas de doença mental são cinco vezes mais elevadas nas sociedades mais desiguais em comparação com as menos desiguais. De modo similar, nas sociedades mais desiguais, as pessoas têm cinco vezes mais probabilidade de ser encarceradas, seis vezes mais chance de ser clinicamente obesas e as taxas de assassinato frequentemente são muitas vezes mais altas. A razão para que essas diferenças sejam tão grandes se deve, bem simplesmente, ao fato de que os efeitos da desigualdade não ficam limitados aos menos favorecidos: ao contrário, afetam a vasta maioria da população. Para citar como exemplo, a razão para que a expectativa de vida para a média dos americanos seja 4,5 anos mais curta do que é para a média dos japoneses não se explica principalmente porque os 10% mais pobres entre os americanos têm expectativa de vida aumentada dez vezes (ou seja, 45 anos) enquanto o resto da população tem um desempenho tão bom quanto o dos japoneses. Como o epidemiologista Michael Marmot frequentemente observa, podem-se retirar todos os problemas de saúde dos pobres e ainda deixar a maioria dos problemas de saúde intocados. Ou, para ver a questão por outro ângulo, mesmo que observemos as taxas de óbito só dos americanos brancos, eles ainda têm pior desempenho — como veremos a seguir — do que as populações da maioria dos outros países desenvolvidos.

Comparações da saúde em diferentes grupos da população em sociedades mais ou menos igualitárias mostram que os benefícios de uma maior
igualdade são muito extensos. Recentemente, um estudo do *Journal of the
American Medical Association* comparou a saúde de homens de meia-idade
dos Estados Unidos e da Inglaterra (não de todo o Reino Unido).[404] Para
aumentar o grau de comparação, o estudo se limitou às populações brancas
não hispânicas nos dois países. As pessoas foram divididas em categorias
de renda e de grau de instrução. A Figura 13.2 mostra as taxas de diabetes,
hipertensão, câncer, doença pulmonar e cardíaca em cada uma das três categorias por grau de instrução — alto, médio e baixo. As taxas americanas
são representadas pelas barras mais escuras do fundo e as da Inglaterra
pelas barras mais claras da frente. Há uma tendência constante de taxas
mais altas desses problemas nos Estados Unidos do que na Inglaterra, não
só entre os menos instruídos, mas em todos os graus de instrução. O mesmo
foi também válido para as taxas de óbito em vários indicadores biológicos,
como pressão arterial, colesterol e medidas de estresse.

Embora isso só seja aparente, os autores do estudo dizem que as diferenças de classe social na saúde tendem a ser mais íngremes nos Estados Unidos
do que na Inglaterra, não importando se as pessoas são classificadas por
renda ou grau de instrução.[405]

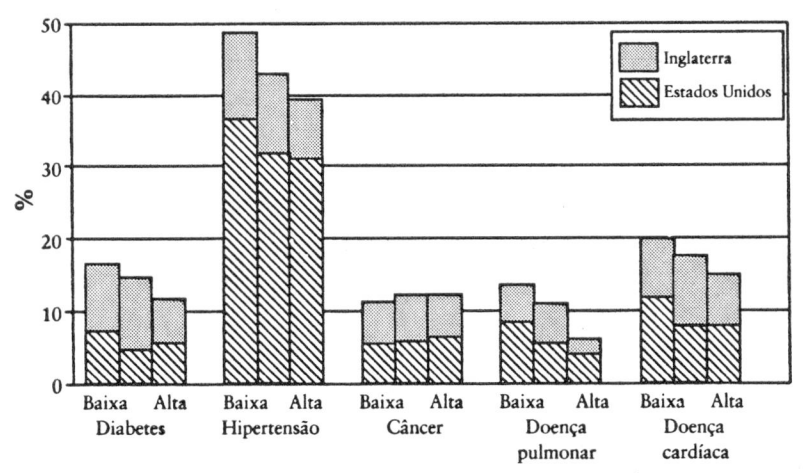

Figura 13.2 *As taxas de doenças são mais baixas em todos os graus
de instrução na Inglaterra em comparação aos Estados Unidos.*[406]

Nessa comparação, a Inglaterra foi o mais igualitário e saudável dos dois países. Mas houve comparações similares das taxas de óbito da Suécia com a Inglaterra e o País de Gales. Para que as comparações fossem precisas, os pesquisadores suecos classificaram um grande número de óbitos suecos segundo a classificação ocupacional de classe inglesa. A classificação vai das ocupações manuais sem qualificação na classe V da base às ocupações profissionais na classe I do topo. A Figura 13.3 mostra as diferenças encontradas nas taxas de óbito para os homens em idade ativa.[407] A Suécia, o mais igualitário dos dois países, apresentou taxas de óbito mais baixas em todas as classes ocupacionais; tanto que suas taxas de óbito mais elevadas — nas classes mais baixas — são menores do que as da classe mais alta na Inglaterra e no País de Gales.

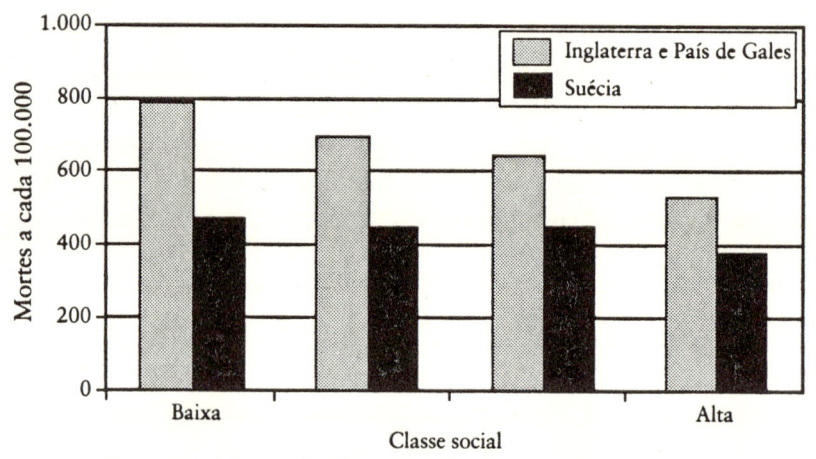

Figura 13.3 *Taxas de óbito entre homens em idade ativa são mais baixas em todas as classes ocupacionais da Suécia em comparação à Inglaterra e ao País de Gales.*[408]

Outro estudo similar comparou a mortalidade infantil da Suécia com a da Inglaterra e a do País de Gales.[409] Os óbitos infantis foram classificados de acordo com a profissão do pai e novamente as ocupações foram codificadas do mesmo modo em cada país. Os resultados aparecem na Figura 13.4. Os óbitos de bebês nascidos de mães solteiras, que não puderam ser codificados pela profissão do pai, são mostrados separadamente. Mais uma vez, as taxas de óbito suecas são mais baixas em toda a sociedade.

(Observe que, como os dois estudos foram publicados algum tempo atrás, as taxas de óbito exibidas são consideravelmente mais elevadas do que as atuais.)

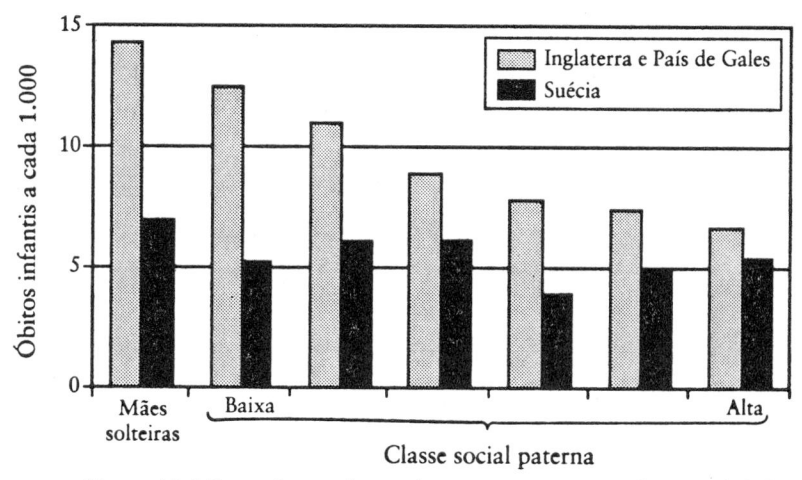

Figura 13.4 *Em todas as classes de ocupação, as taxas de mortalidade são mais baixas na Suécia que na Inglaterra e no País de Gales.*[410]

Fizeram-se comparações também entre os estados mais e menos igualitários dos Estados Unidos. Aqui também os benefícios das menores diferenças de renda nas regiões mais iguais parecem se espalhar por todos os grupos de renda. Um estudo concluiu que "a desigualdade exerce um efeito comparável em todos os subgrupos de todas as populações", sejam as pessoas classificadas pelo grau de instrução, raça ou renda — de tal modo que os autores sugeriram que a desigualdade agia como um poluente espalhado pela sociedade.[411] Num estudo próprio, analisamos a relação entre a renda municipal média e as taxas de óbito em todos os municípios dos Estados Unidos.[412] Comparamos a relação entre a renda municipal média e as taxas municipais de óbito segundo a localização dos municípios nos 25 estados mais igualitários ou nos 25 menos igualitários. Como mostra a Figura 13.5, tanto nos estados mais igualitários quanto nos menos, os municípios mais pobres tendiam — como esperado — a ter taxas de óbito mais elevadas. Contudo, em todos os níveis de renda, as taxas de óbito eram mais baixas nos 25 estados mais igualitários que nos outros 25. A comparação em cada nível de renda dos municípios nos mostrou que os benefícios de uma maior igualdade eram maiores nos mais pobres, mas ainda existiam mesmo nas cidades mais ricos. Em sua essência, o quadro é bem como o mostrado pelas Figuras 13.3 e 13.4, que comparam a Suécia com a Inglaterra e o País de Gales. Assim como entre os municípios dos Estados Unidos, onde as vantagens de uma maior igualdade estadual se estendiam a todos os grupos de renda, os benefícios da maior igualdade da Suécia se estendiam por todas as classes, mas eram maiores nas mais baixas.

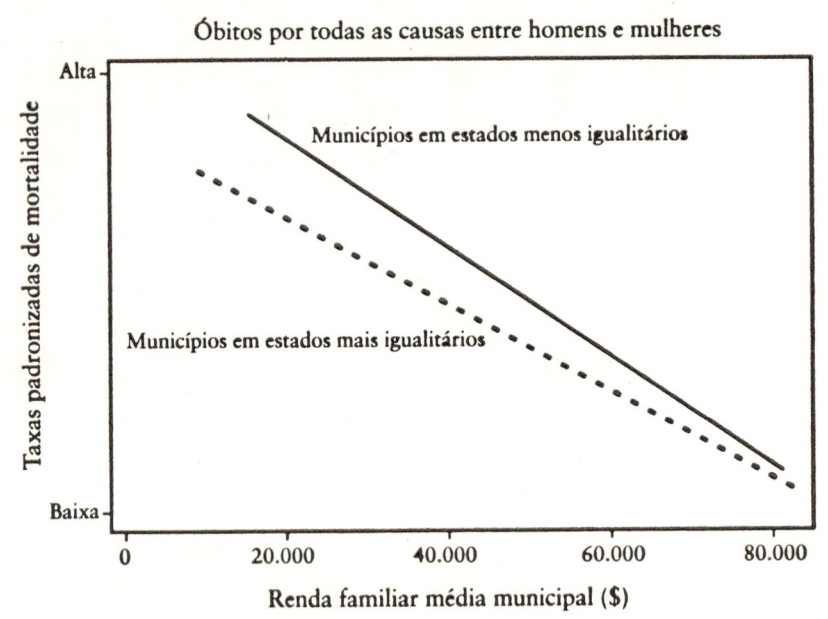

Figura 13.5 A *relação entre a renda média municipal e as taxas municipais de óbito segundo a localização dos municípios nos 25 estados mais igualitários ou nos 25 menos igualitários.*

MUNICÍPIOS EM ESTADOS MAIS IGUALITÁRIOS

A Figura 8.4 do Capítulo 8, que comparou a pontuação da alfabetização funcional dos jovens em diferentes países segundo o grau de instrução de seus pais (e, portanto, segundo o status social de sua família), também mostrou que os benefícios de uma maior igualdade se estendem a toda sociedade. Na Finlândia e Bélgica, os benefícios da maior igualdade eram, mais uma vez, maiores na base da escala social do que no Reino Unido e nos Estados Unidos. Mas mesmo os filhos de pais com graus mais elevados de instrução tinham melhor desempenho na Finlândia e na Bélgica do que no Reino Unido e nos Estados Unidos.

Uma pergunta frequente é se mesmo os ricos se beneficiam com uma maior igualdade. Talvez, como disse John Donne, "Nenhum homem é uma ilha" mesmo para os efeitos da desigualdade. As demonstrações que discutimos geralmente dividem a população em três ou quatro grupos de renda ou de instrução ou, ocasionalmente (como na Figura 13.4), em seis classes ocupacionais. Nessas análises tudo indica que até os grupos mais ricos se beneficiam. Mas se, quando falamos dos "ricos", nos referirmos a milionários, celebridades, pessoas que aparecem na mídia, responsáveis por grandes empresas ou produtores de notícias, só é possível imaginar como eles podem ser afetados. Podemos sentir que vivemos num mundo povoado por rostos e nomes que não param de se manifestar na mídia, mas na verdade essas pessoas somam apenas a fração mínima de 1% da população e representam uma proporção muito pequena para que seja analisada separadamente. Sem dados sobre um grupo tão pequeno, só podemos conjeturar se elas são propensas ou não a escapar da crescente violência, da dependência química ou doença mental das sociedades mais desiguais. As vidas e mortes de celebridades como Britney Spears, John Lennon, Kurt Cobain, Marilyn Monroe, os irmãos Kennedy assassinados, princesa Diana ou princesa Margaret sugerem que não. Mas o que os estudos deixam claro é que uma maior igualdade leva a ganhos substanciais até para a classe que ocupa o topo e entre o quarto ou terço dos mais ricos ou mais instruídos da população, que inclui a pequena maioria dos realmente ricos. Em resumo, quer observemos estados ou países, os benefícios de uma maior igualdade parecem ser compartilhados pela maior parte da população. Só porque eles são tão amplamente compartilhados é que as diferenças nas taxas dos problemas entre as sociedades podem ser tão grandes como o são.

À medida que novas pesquisas foram feitas ao longo dos anos, a ampla natureza dos benefícios de uma maior igualdade a princípio parecia tão paradoxal que tudo era posto em questão. Diversas tentativas feitas por grupos de especialistas internacionais de comparar a desigualdade de saúde em diversos países sugeriam que percentualmente não eram muitos diferentes de um país para outro. Isso parecia incoerente com as demonstrações de que a saúde era melhor em sociedades mais igualitárias. Como é que uma maior igualdade melhorava a saúde a não ser que o fizesse pelo estreitamento das diferenças de saúde entre ricos e pobres? Na época isso parecia um enorme obstáculo. Agora, porém, podemos ver como os dois conjuntos de descobertas são coerentes. Menores diferenças de renda melhoram a saúde de todos, mas fazem uma maior diferença para a saúde dos pobres do que dos ricos. Se menores diferenças de renda levam aproximadamente à mesma porcentagem de redução das taxas de óbito na totalidade das sociedades, então, quando mensuradas em termos relativos, as diferenças das taxas de óbito entre ricos e pobres permanecerão imutáveis. Suponhamos que as taxas de óbito sejam de 60 por cem mil pessoas na classe da base e de apenas 20 por cem mil na do topo. Se então descontarmos 50% das taxas de óbito em todos os grupos, reduziremos a taxa de óbito em 30 no grupo da base e em dez no do topo. Mas, embora os pobres tenham tido a maior redução absoluta nas taxas de óbito, ainda há uma tripla diferença relativa de classe nas taxas de óbito. Seja qual for a redução na porcentagem das taxas de óbito, contanto que se aplique em toda a sociedade, fará mais diferença para os pobres, mas ainda deixa imutáveis as medidas relativas da diferença.

Agora podemos ver que os estudos que no passado pareciam paradoxais estavam de fato nos dizendo algo importante sobre os efeitos de uma maior igualdade. Ao sugerir que todas as sociedades continham diferenciais de saúde relativa similares, elas nos diziam que todos recebem benefícios aproximadamente proporcionais de uma maior igualdade. Agora existem diversos estudos sobre essa questão que utilizam dados dos estados dos Estados Unidos[413;414;415] e pelo menos cinco internacionais, fornecendo demonstrações consistentes de que, em vez de se limitar aos pobres, os benefícios de uma maior igualdade se espalham amplamente.[416;417;418;419;420]

OUTRAS EXPLICAÇÕES?

Fica claro que algo afeta o desempenho das sociedades em relação a um vasto âmbito de problemas sociais, mas qual é a certeza que se pode ter de que seja a desigualdade? Antes de discutir se a desigualdade desempenha papel causal, verifiquemos a possibilidade de diferentes explicações.

Embora as pessoas ocasionalmente sugiram que são os países de língua inglesa que se saem mal, isso não explica muitas das demonstrações. Tomemos a saúde mental, por exemplo, em que os piores desempenhos entre os países para os quais existem dados comparáveis são os de língua inglesa. No Capítulo 5 mostramos que as taxas mais elevadas estão nos Estados Unidos, seguidos pela Austrália, pelo Reino Unido, pela Nova Zelândia e pelo Canadá. Mas mesmo entre esses países há uma correlação fortíssima entre a prevalência de doença mental e desigualdade. Portanto, a desigualdade explica por que os países de língua inglesa se saem tão mal *e* explica quais se saem melhor ou pior do que outros.

Não somente Estados Unidos e Grã-Bretanha, dois países que têm muito em comum, deixam de ir bem na maioria dos resultados. Portugal também não vai. O fraco desempenho é coerente com seu alto grau de desigualdade, mas Portugal e Estados Unidos não poderiam ser menos semelhantes em outros aspectos.

Contudo, a prova de que estas relações não são simplesmente um reflexo de algo errado nas culturas de língua inglesa é que, mesmo que as retiremos da Figura 13.1, continuará existindo, nos outros países relacionados, uma estreita ligação entre a desigualdade e o Índice de Problemas Sociais e de Saúde. O mesmo se aplica em relação ao domínio dos países nórdicos no outo lado da distribuição. Eles claramente compartilham importantes características culturais. Mas, como os países de língua inglesa, se os retirarmos da Figura 13.1, ainda haverá nos outros países uma forte relação entre a desigualdade e o Índice de Problemas Sociais e de Saúde.

Na outra extremidade da distribuição, é verdade que os países que se saem bem são dominados pelos escandinavos, mas os melhores números são do Japão, que é, em outros aspectos, tão diferente quanto possível da Suécia, o país que apresenta o segundo melhor desempenho. Pense nas estruturas familiares contrastantes e na posição das mulheres no Japão e na Suécia. Nos dois casos, esses dois países ficariam em extremidades opostas do espectro. A Suécia tem uma alta proporção de nascimentos fora do casamento e as mulheres são quase igualmente representadas na política. No Japão, acontece o oposto. Há um forte contraste entre a proporção de mulheres em empregos assalariados nos dois países. Até mesmo o modo como eles conseguem sua maior igualdade é bem diferente. A Suécia o faz através da redistribuição de impostos e benefícios e de uma ampla previdência social. Em relação à renda nacional, o gasto público em setores sociais no Japão está, em comparação ao da Suécia, entre os mais baixos dos principais países desenvolvidos. O Japão consegue seu alto grau de igualdade não tanto através da redistribuição, mas por uma maior igualdade de renda de mercado, de ganhos *antes* dos impostos e benefícios. Todavia, os dois países se saem bem — conforme suas estreitas diferenças de renda nos levariam a esperar, mas quase nada além disso.

Isso nos leva a outro ponto importante: uma maior igualdade pode ser conquistada pelo uso de impostos e benefícios para redistribuir rendas desiguais ou por uma maior igualdade nas rendas brutas, antes dos impostos e benefícios, o que diminui a necessidade de redistribuição. Portanto, nem sempre é necessário um grande governo para que se adquiram as vantagens de uma sociedade mais igualitária. O mesmo se aplica a outras áreas de dispêndios federais. Coletamos os números da OCDE sobre os gastos públicos em setores sociais nos países de nossa análise internacional em paralelo aos dados de PIB e descobrimos que não há nenhuma relação com nosso Índice de Problemas Sociais e de Saúde. Talvez de um modo não intuitivo, eles também não fizeram diferença para a associação entre desigualdade e o Índice. Parte da razão para isso é que os governos podem gastar para evitar problemas sociais ou, onde as diferenças de renda se ampliaram, para lidar com as consequências.

Exemplos dessas rotas contrastantes para a maior igualdade que vimos nos dados internacionais também podem ser encontrados entre os 50 estados dos Estados Unidos. Embora os que tenham melhor desempenho sejam dominados pelos mais generosos com suas ofertas de previdência, o de melhor desempenho é New Hampshire, que tem os gastos públicos sociais mais baixos do que qualquer outro estado. Como o Japão, ele parece conseguir seu alto grau de igualdade através de uma incomum igualdade de renda de mercado. Pesquisas que usaram dados dos estados dos Estados Unidos tentando verificar se melhores serviços de previdência explicavam o melhor desempenho de estados mais igualitários descobriram que, embora — no cenário americano — os serviços pareçam fazer diferença, eles não são totalmente responsáveis pelo motivo para que estados mais igualitários se saiam melhor.[421] A implicação realmente importante é que o modo como uma sociedade se torna mais igualitária é menos importante do que o fato de ela realmente o ser ou não.

ETNIA E DESIGUALDADE

Às vezes as pessoas questionam se não são as divisões étnicas das sociedades as responsáveis pela relação entre desigualdade e a maior frequência de problemas sociais e de saúde. Há dois motivos para se pensar que há um elo. Um deles é a ideia de que alguns grupos étnicos são inerentemente menos capazes e mais propensos a ter problemas. Isso deve ser rejeitado porque é simplesmente uma expressão de preconceito racial. O outro, mais grave, é a possibilidade de que as minorias frequentemente apresentam um pior desempenho por ser excluídas das oportunidades educacionais e empregatícias necessárias para um bom desempenho. Sob esse ponto de vista, o preconceito contra as minorias pode fazer com que as divisões étnicas estejam associadas a maiores diferenças de renda e, partindo disso, a uma saúde pior e problemas sociais mais frequentes. Entretanto, isso produziria uma relação entre desigualdade de renda e piores pontuações em nosso índice através dos mesmos processos responsáveis por esta relação, onde quer que ela ocorra. As divisões étnicas podem elevar a exclusão social e a discriminação, mas a saúde precária e os problemas sociais tornam-se mais comuns conforme a maior privação relativa que as pessoas experimentam, seja qual for sua etnia.

As pessoas mais próximas da base da sociedade quase sempre enfrentam a discriminação e o preconceito que partem de cima. É claro, há importantes diferenças entre o que é visto como preconceito de classe em sociedades sem divisões étnicas e como preconceito racial onde há. Embora as marcas culturais de classe derivem inerentemente da diferenciação de status, elas são mais indeléveis do que diferenças de cor da pele. Mas quando as diferenças de etnia, religião ou idioma passam a ser vistas como indicadores de baixo status social e atraem vários preconceitos, as divisões sociais e a discriminação podem aumentar.

Nos Estados Unidos, a desigualdade de renda estadual está intimamente relacionada com a proporção de negros na população do estado. Os estados com maiores diferenças de renda tendem a ser os que têm maiores populações negras. As mesmas áreas também têm os piores resultados — por exemplo na saúde — tanto entre os negros *como* entre os brancos. A distinção étnica aumenta o preconceito e assim amplia as diferenças de renda. A consequência é que ambas as comunidades sofrem. Em vez de os brancos aproveitarem os privilégios resultantes de uma maior comunidade negra menos bem remunerada, a consequência é que a expectativa de vida é menor entre as duas populações.

Então a resposta à pergunta sobre a possibilidade de que a desigualdade resulte de divisões étnicas é que as duas questões envolvem em geral os mesmos processos e não deveriam ser vistas como explicações alternativas separadas. O preconceito quase sempre ligado às divisões étnicas pode aumentar a desigualdade e seus efeitos. Onde as diferenças étnicas ficam fortemente associadas às divisões de status social, as divisões étnicas fornecem um indicador quase tão bom da escala de diferenciação de status social quanto a desigualdade de renda. Nos Estados Unidos, pode-se afirmar que as diferenças de renda são sobrepujadas, estatisticamente falando, pelas diferenças étnicas.[422] Contudo, outros trabalhos que examinaram essa afirmação a rejeitaram.[423;424;425] Os Estados Unidos, com suas divisões étnicas, é só um país entre os muitos nos quais o impacto da desigualdade de renda foi testado. Analisamos 168 relatórios publicados de pesquisas que examinam o efeito da desigualdade sobre a saúde — atualmente existem cerca de 200.[426] Em muitos deles (Portugal, por exemplo), não há possibilidade de que os efeitos possam ser atribuídos a divisões étnicas. Um estudo internacional que incluiu uma medida da mescla étnica de cada país descobriu que ela não era responsável pela tendência de que sociedades mais desiguais sejam menos saudáveis.[427]

PAIS SOLTEIROS

Como assinalamos no princípio deste capítulo, geralmente os mesmos países apresentam bons resultados e os mesmos apresentam maus índices quaisquer que sejam os quesitos sociais ou de saúde que venhamos a observar. O fato de que tantos tipos diferentes de problemas apresentem os mesmos padrões internacionais implica que tenham uma causa subjacente em comum. A questão é se a desigualdade é uma dessas causas comuns. Outra alternativa possível é que esses problemas estejam enraizados na decomposição da estrutura familiar biparental na qual as crianças são criadas. Há uma tendência a atribuir uma extensa gama de problemas sociais à incapacidade dos pais — resultando especialmente da crescente prevalência de pais solteiros.

Os dados que comparam crianças criadas por famílias de pais solteiros com outras criadas por pai e mãe quase sempre demonstram que crianças de pais solteiros têm pior desempenho. Mais controversa é a questão do quanto isso reflete as diferenças do grau de instrução das mães e a depressão materna,[428] quanto é devido à tendência das famílias de pais solteiros serem mais pobres e quanto esse problema resulta de uma pior relação entre pais e filho. Geralmente todos esses fatores podem contribuir substancialmente.

A proporção de pais solteiros varia acentuadamente de uma nação para outra. Em países como a Grécia, apenas cerca de 4% das famílias com filhos são monoparentais, mas em outros países, como os Estados Unidos, a Inglaterra e a Nova Zelândia, esta proporção cresce para 30%. Será que isso explicaria por que as crianças de certos países se desenvolvem menos bem que outras? Em vez da desigualdade, a questão real seria os problemas da família monoparental? Para averiguar isso, verificamos se o índice de bem-estar infantil do Unicef se relacionava com a proporção de pais solteiros em cada país. Os resultados surpreendentes são apresentados na Figura 13.6. Não há conexão entre a proporção de pais solteiros e os padrões nacionais de bem-estar infantil. Esta informação contrasta nitidamente com a forte relação entre bem-estar infantil e a desigualdade de renda mostrada na Figura 2.6.

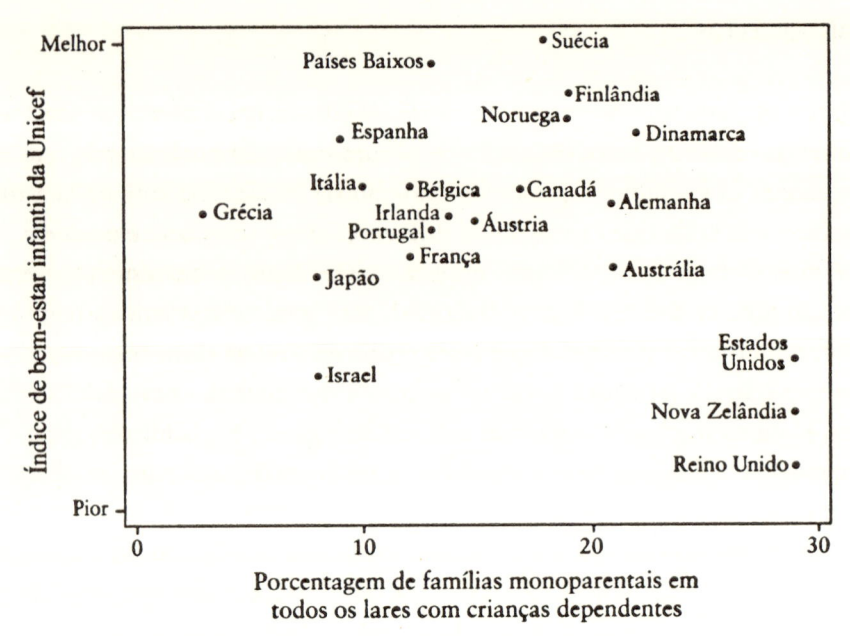

Figura 13.6 *O bem-estar infantil não está relacionado à proporção de pais solteiros.*[430]

Que exista tão pouca conexão nos níveis internacionais entre bem-estar infantil e a proporção de pais solteiros é em parte, provavelmente, um reflexo de como os sistemas de previdência social em certos países protegem as famílias monoparentais da pobreza. Recentes estimativas da OCDE sugerem que apenas 6% dos pais suecos solteiros com emprego e 18% dos desempregados estão em relativa pobreza em comparação a 36% e 92% dos pais solteiros dos Estados Unidos respectivamente.[429] As estimativas do Reino Unido são de 7% de pais solteiros empregados e 39% de desempregados. A existência de creches ou outros espaços nos quais os pais possam deixar suas crianças enquanto trabalham parece ser bastante importante.

Dadas as controvérsias políticas em relação ao estabelecimento de apoios estatais para pais solteiros, dois pontos são importantes de serem observados. O primeiro é que parece ser possível salvaguardar as crianças contra a maior parte dos efeitos adversos de serem criadas por pais solteiros, e o segundo é que negar o apoio estatal não parece reduzir a proporção de pais solteiros.

HISTÓRIAS DIFERENTES

Outra explicação às vezes sugerida para que a desigualdade de renda esteja relacionada a problemas sociais e de saúde é que o importante não é a desigualdade por si só, mas primeiramente os fatores históricos que levaram as sociedades a ficarem mais ou menos igualitárias — como se a desigualdade se mantivesse, quase como um monumento estatístico, devido a uma história de divisão. Na maioria das vezes isso é sugerido em relação aos Estados Unidos quando as pessoas percebem que os estados mais desiguais geralmente (mas nem sempre) são os confederados do sul, com suas histórias de economia agrícola dependente do trabalho escravo. Contudo, o grau de igualdade em todos os cenários tem seu histórico particular. Se observarmos como a Suécia se tornou mais igualitárias como a Grã-Bretanha e uma série de outros países recentemente se tornaram muito menos igualitários ou como as regiões da Rússia ou China desenvolveram diversos valores de igualdade ou desigualdade, teremos diferentes histórias em cada caso. E é claro que esses antecedentes são importantes: sem dúvida, em cada caso há explicações históricas específicas de como alguns países, estados ou algumas regiões são agora mais ou menos desiguais do que outros. Mas a prevalência de saúde precária e problemas sociais nessas sociedades não é simplesmente um reflexo desconfigurado de tantas histórias. Ao contrário, é configurado segundo o tamanho da desigualdade que resultou dessas histórias únicas. O que parece interessar, portanto, não é *como* as sociedades chegaram aonde estão, mas *onde* — em termos de seu nível de desigualdade — elas estão.

Isso não significa que essas relações com a desigualdade sejam fixas para todos os momentos. O que muda a situação é o estágio de desenvolvimento econômico que uma sociedade alcança. Neste livro nosso foco está exclusivamente nas ricas sociedades desenvolvidas. Mas está claro que uma série de decorrências, inclusive saúde e violência, também está relacionada à desigualdade em países menos desenvolvidos. O que ocorre durante o curso do desenvolvimento econômico é que alguns problemas revertem seus gradientes sociais e isso muda suas associações com a desigualdade. Nas sociedades mais pobres, obesidade e doença cardíaca eram mais comuns entre os ricos, mas, conforme as sociedades enriquecem, esses problemas tendem a reverter sua distribuição social e a ficar mais comuns entre os pobres. Em consequência, observamos que nos países pobres são os mais desiguais que têm maior volume de pessoas abaixo do peso — o oposto do padrão dos países ricos visto no Capítulo 7. A idade da menarca também muda sua distribuição social durante o curso do desenvolvimento econômico. Como uma grande proporção das meninas pobres é subnutrida, elas chegam à maturidade sexual mais tarde do que as meninas das famílias ricas. Com a elevação do padrão de vida, essa configuração também se reverteu — talvez contribuindo para os casos de gravidez na adolescência descritos no Capítulo 9. Em resumo, parece que o crescimento econômico e as diferenças de status social são os mais importantes determinantes de muitos aspectos de nossas vidas.

CAUSALIDADE

As relações da desigualdade com saúde precária e problemas sociais são muito fortes para que sejam atribuíveis ao acaso; ocorrem independentemente em nossos dois campos de teste; e a ligação da desigualdade com violência e saúde já foi amplamente demonstrada um grande número de vezes em diversos cenários, com o uso de dados de diferentes fontes. Mas a associação por si só não prova causalidade e, mesmo que haja uma relação causal, não aponta qual é a causa e qual é o efeito.

Todos os gráficos que mostramos são um corte transversal — isto é, mostram relações num ponto específico do tempo, e não sua sequência de mudanças ao longo do tempo em cada país. Entretanto, essas relações de amostragem representativa só poderiam continuar aflorando se, de algum modo, mudassem juntas. Se saúde e desigualdade seguissem seus caminhos separadamente e só se cruzassem por coincidência, como navios à noite, não continuaríamos percebendo vislumbres repetidos desses dois fatores em estreita formação. Geralmente, não há suficientes dados internacionalmente comparáveis para rastrear as relações ao longo do tempo, mas já foi possível observar mudanças em saúde e desigualdade. Um estudo descobriu que as mudanças entre 1975 e 1985 na proporção da população que vivia com menos da metade da renda média nacional entre os que na época formavam os 12 membros da União Europeia estavam significativamente relacionadas a mudanças na expectativa de vida.[431] De modo similar, a diminuição da longevidade nos países do leste da Europa nos seis anos que se seguiram à queda do comunismo (1989-95) demonstrou ser maior nos países que tiveram o mais rápido aumento nas diferenças de renda. Um exemplo de longo prazo e particularmente impressionante de como a distribuição de renda e a saúde mudam com o tempo é o modo como os Estados Unidos e o Japão trocaram de posição na tabela internacional dos países desenvolvidos. Na década de 1950, a saúde nos Estados Unidos só era superada por uns poucos países. O Japão, por outro lado, tinha um mau desempenho. Mas até a década de 1980 o Japão já tinha a mais alta expectativa de vida de todos os países desenvolvidos e os Estados Unidos tinham descido na escala e estavam a caminho de sua atual posição, de número 30, no mundo desenvolvido. As diferenças de renda se estreitaram crucialmente durante os 40 anos que se seguiram à Segunda Guerra Mundial. A saúde no Japão melhorou rapidamente, superando a de outros países, e sua taxa de criminalidade (quase isolada entre os países desenvolvidos) diminuiu. Enquanto isso, as diferenças de renda nos Estados Unidos se ampliaram a partir da década de 1970.

No Capítulo 3 damos uma explicação geral do motivo para que sejamos tão sensíveis à desigualdade e em cada um dos Capítulos 4 a 12 sugerimos elos causais específicos para cada problema social e de saúde. Também analisamos a possibilidade de haver outros elos culturais óbvios entre os países que têm bom desempenho entre os que não o têm. Mas que outra explicação pode haver se alguém quiser rejeitar a ideia de uma relação causal? Será que a desigualdade e cada um dos problemas sociais poderiam ser causados por algum outro fator desconhecido?

Relações fracas às vezes podem acabar sendo apenas miragens a refletir a influência de algum fator subjacente, mas essa é uma explicação muito menos plausível de relações tão próximas quanto essas. O fato de nosso índice não estar significativamente relacionado a rendas médias no campo internacional de testes e nem nos estados dos Estados Unidos quase certamente exclui qualquer fator subjacente diretamente relacionado a padrões de vida material. Nossa análise no início deste capítulo também exclui os gastos sociais governamentais como uma possível explicação alternativa. Assim como para outros possíveis fatores ocultos, parece improvável que um fator causal tão importante subitamente venha à tona, e não só determine a desigualdade, mas também cause tudo, de saúde precária à obesidade e alto nível de populações encarceradas.

Isso nos deixa a questão da orientação da causalidade. Ocasionalmente, ao descrevermos nossas descobertas, as pessoas sugerem que em vez de ser a desigualdade a causa de todo o resto talvez seja tudo inverso, e que a saúde precária e os problemas sociais sejam os causadores da diferença de renda. É claro, no mundo real essas coisas não acontecem em passos claramente definidos, o que nos possibilitaria ver o que vem primeiro. As limitadas demonstrações de estudos sobre as mudanças ao longo do tempo só nos dizem que elas tendem a se modificar juntas. Seria possível que as pessoas que sucumbem aos problemas sociais ou de saúde sofram uma perda de renda e isso tenda a aumentar a desigualdade? Talvez as pessoas de saúde precária ou que estejam muito acima do peso sejam menos propensas a ter empregos ou a receber promoções. Será que isso explicaria por que países com pior saúde e mais problemas sociais são mais desiguais?

A resposta imediata é não — ou, pelo menos, não muito. Em primeiro lugar, não explica a tendência de que as sociedades que têm mau desempenho em qualquer problema social ou de saúde o tenham em todos eles. Se não são todos, pelo menos parcialmente, causados pela mesma coisa, então não haveria razão para os países que, por exemplo, têm altas taxas de obesidade também terem grandes populações encarceradas. Em segundo lugar, é improvável que alguns dos problemas sociais e de saúde levem a sérias perdas de renda. Usando o índice do Unicef mostramos que muitos resultados na infância foram piores em países mais desiguais. Mas um baixo bem-estar na infância não terá uma grande influência na desigualdade de renda entre os adultos. Nem altas taxas de homicídio poderiam ser consideradas uma causa importante de desigualdade, mesmo que os números fossem muito mais altos. Quanto a isso, nem as crescentes populações encarceradas levam a maiores diferenças de renda — muito pelo contrário, pois as medidas de desigualdade geralmente se baseiam em medidas de renda familiar, que deixam de fora populações institucionalizadas. Embora se pudesse argumentar que mães adolescentes possam aumentar a desigualdade por geralmente serem solteiras e pobres, alguns países mais igualitários têm uma maior proporção de mães solteiras, mas um generoso sistema previdenciário garante que uma parte bem menor delas fique na pobreza do que em países mais desiguais. E, ao estar protegidos da pobreza, os desempregados e os filhos de mães solteiras estão também protegidos do dano humano que ela pode causar.

Entretanto, há uma objeção mais fundamental à ideia de que a causalidade possa ir dos problemas sociais à desigualdade. Antes, neste capítulo, mostramos que são as pessoas em quase todos os níveis de renda, não só os pobres, que têm um pior desempenho em sociedades mais desiguais. Mesmo quando se comparam grupos de pessoas com a mesma renda, descobre-se que as das sociedades mais desiguais se saem pior do que as pessoas de mesma renda nas sociedades mais igualitárias. Embora algumas sociedades mais desiguais tenham mais pobres, a maior parte da relação com a desigualdade não é, como apontamos antes, explicada pelos pobres: os efeitos são muito mais espalhados. Portanto, mesmo que haja alguma perda de renda entre os enfermos ou afetados por algum problema social, isso não começa a explicar por que as pessoas que detêm boas rendas ainda têm pior desempenho nas sociedades mais desiguais.

Outra abordagem alternativa é sugerir que a verdadeira causa não é a distribuição de renda, mas algo mais, como mudanças em ideologia, talvez a migração para uma filosofia econômica ou visão da sociedade mais individualista, como o dito pensamento "neoliberal". É claro que ideologias diferentes irão afetar não só políticas governamentais, mas também as decisões tomadas nas instituições econômicas em toda a sociedade. Elas são um dos muitos diferentes fatores que podem afetar a escala de diferenças de renda. Mas dizer que uma mudança em ideologia pode afetar a distribuição de renda não é o mesmo que dizer que ela também pode afetar todos os problemas sociais e de saúde que discutimos — independentemente do que aconteça à distribuição de renda. Embora pareça que as políticas neoliberais ampliam as diferenças de renda (veja o Capítulo 16), não houve intenção governamental de baixar a coesão social ou de aumentar a violência, a maternidade na adolescência, a obesidade, o abuso de drogas e tudo o mais. Portanto, ao mesmo tempo que a ideologia governamental pode às vezes estar entre as causas de mudanças na distribuição de renda, ela não faz parte de um pacote de políticas planejadas para aumentar a prevalência dos problemas sociais. Esse movimento é, em vez disso, uma consequência não intencional de mudanças na distribuição de renda. Se os governos entendessem as consequências do aumento das diferenças de renda, ficariam mais dispostos a impedi-las, em vez de contestar o papel causal da desigualdade no aumento dos problemas sociais e de saúde.

Os economistas nunca sugeriram que saúde precária e problemas sociais fossem os verdadeiros determinantes da desigualdade de renda. Ao contrário, eles se concentraram na contribuição de coisas como impostos e benefícios, concorrência internacional, mudanças tecnológicas e a combinação de habilidades necessárias para a indústria. Nenhuma dessas está obviamente ligada à frequência dos problemas sociais e de saúde. No Capítulo 16 abordamos os fatores responsáveis pelas principais mudanças na desigualdade dos diferentes países.

Uma dificuldade para comprovar essas motivações é a impossibilidade de reduzirmos experimentalmente as desigualdades em metade da nossa amostra de países, e não na outra, e depois esperar para ver o que acontece. Mas a pesquisa puramente de observação ainda pode produzir uma ciência potente — assim como a mostrada pela astronomia. Contudo, há estudos experimentais trabalhando no caminho que nosso argumento sugere. Alguns deles já foram mencionados em capítulos anteriores. No Capítulo 8, sobre educação, descrevemos experimentos que mostram o quanto o desempenho das pessoas é afetado quando elas são classificadas como socialmente inferiores. Crianças indianas de castas mais baixas solucionavam quebra-cabeças tão bem quanto as das castas mais altas — até que sua casta baixa se tornasse conhecida. Experiências realizadas nos Estados Unidos mostraram que os alunos negros (mas não os brancos) tiveram pior desempenho quando foram informados de que um teste era de habilidade, em relação a quando fizeram o mesmo teste acreditando que não era de habilidade. Descrevemos também o famoso experimento dos "olhos azuis" com alunos de escola primária, que mostrou os mesmos processos em andamento.

Experimentos com animais podem, às vezes, ser efetivos na demonstração de associações normalmente só observadas em seres humanos. Estudos com funcionários públicos mostram um declínio da saúde cardiovascular acompanhando um declínio do status social. Mas como podemos dizer se o dano é causado pelo status social mais baixo, e não pelas piores condições materiais? Experimentos realizados com macacos deixam a resposta clara. Os macacos formam hierarquias baseadas em status, mas com colônias cativas é possível garantir que todos os animais vivam nas mesmas condições materiais: recebam a mesma alimentação e habitem os mesmos complexos. Além disso, é possível manipular o status social locomovendo os animais entre os grupos. Se tirarmos os animais de baixo status dos diferentes grupos e os pusermos para viver juntos, alguns irão ficar com alto status. Da mesma forma, se reunirmos animais de alto status, alguns ficarão com baixo status. Descobriu-se que os animais que caem de posição nessas condições rapidamente desenvolvem aterosclerose.[432] Experimentos similares também sugerem uma relação causal entre baixo status social e o acúmulo de gordura abdominal.[433] No Capítulo 5 mencionamos outros experimentos com animais, demonstrativos de que, ao se oferecer cocaína a primatas nessas condições, os animais de baixo status social consumiram mais, como que para compensar a circulação mais baixa de dopamina.[434]

Finalmente, a importância fundamental da desigualdade tem sido confirmada por pesquisas que se utilizam de métodos estatísticos para verificar os caminhos causais pelos quais a desigualdade afeta os níveis de confiança ou de violência nas escolas.[435;436;437]

Embora não tenhamos conhecimento de experimentos que confirmem a causalidade da relação entre desigualdade e violência, convidamos qualquer um a ir a uma área pobre da cidade e tentar ofender alguém ao acaso.

Já discutimos as razões para pensarmos que esses elos são causais a partir de uma série de diferentes perspectivas. Mas filósofos que estudam a ciência, como Sir Karl Popper, já enfatizaram que um elemento essencial ao julgamento do sucesso de qualquer teoria é o fato de suas previsões serem bem-sucedidas. Isso se traduz em prever a existência de fenômenos até então desconhecidos ou de relações que depois podem ser verificadas. A teoria de que sociedades mais igualitárias são mais saudáveis surgiu de um conjunto de dados internacionais. Atualmente existe um grande número de testes (cerca de dois mil) que comprovam essa teoria em diferentes cenários. Com a exceção de estudos que analisavam a desigualdade em pequenas áreas locais, uma maioria esmagadora deles confirmou a teoria. Em segundo lugar, se a ligação era causal, isso implica a existência de um mecanismo. A procura por um mecanismo levou à descoberta de que as relações sociais (mensuradas por coesão social, confiança, envolvimento na vida comunitária e baixos níveis de violência) são melhores em sociedades mais igualitárias. Isso aconteceu numa época em que a importância das relações sociais para a saúde começava a ser mais amplamente reconhecida. Em terceiro lugar, a teoria de que a saúde precária pode ser um de uma série de problemas com gradientes sociais que está relacionada à desigualdade foi testada (inicialmente sobre taxas de óbito de causa específica, como descrito anteriormente neste capítulo) e desde então foi amplamente confirmada em dois cenários diferentes, como descrito nos Capítulos 4 a 12. Em quarto lugar, numa época em que não havia motivo para se pensar que a desigualdade tivesse efeitos psicológicos, a relação entre saúde e igualdade parecia implicar que a desigualdade deve afetar a saúde através de processos psicossociais relacionados à diferenciação social. Que a desigualdade tem efeitos psicossociais poderosos agora se confirma por sua ligação (mostrada em capítulos anteriores) com a qualidade das relações sociais e numerosos resultados comportamentais.

É muito difícil ver como as enormes variações existentes de uma sociedade para outra no plano dos problemas associados ao baixo status social podem ser explicadas sem aceitar que a desigualdade seja, num aspecto essencial, o denominador comum e uma força enormemente danosa.

Aceitar isso não envolve um grande salto teórico. Devemos ter dois pontos em mente. Em primeiro lugar, as evidências apenas confirmam a intuição comum de que a desigualdade é desagregadora e socialmente corrosiva. Em segundo lugar, todos sabem que em nossas comunidades os problemas sociais e de saúde estão relacionados ao status social e são mais comuns nos bairros mais desprovidos. Mesmo que no passado possamos ter sido perdoados por pensar que isso apenas reflete uma tendência que faz os vulneráveis acabarem na extremidade inferior da pirâmide, agora parece óbvio que isso não consegue explicar por que esses problemas são tão mais comuns em sociedades mais desiguais. Este livro simplesmente destaca que, se aumentarmos as diferenças de renda e de status relacionadas a esses problemas, então — sem surpresa — todos eles se tornarão mais comuns.

CAPÍTULO 14. Nossa herança social

Presentes fazem amigos e amigos fazem presentes
Marshall Sahlins, *Stone Age Economics* [*Economia da Idade da Pedra*]

OLHAR ANTES DE ATRAVESSAR

Embora as atitudes relativas à desigualdade sempre tenham sido centrais
para o desacordo entre a direita e a esquerda políticas, poucos não prefeririam uma sociedade mais amigável, com menos violência, melhor saúde
mental, mais envolvimento na vida comunitária e assim por diante. Agora
que demonstramos que a redução da desigualdade leva a uma sociedade
muito melhor, o principal impasse é se as pessoas acreditam que uma maior
igualdade é alcançável. Logicamente, nossa análise não comparou sociedades existentes com outras imaginárias, impossivelmente igualitárias: não se
trata de utopia ou da extensão do aperfeiçoamento humano. Tudo que vimos provém de comparações feitas com sociedades existentes e essas não
são especialmente incomuns ou estranhas. Ao contrário, observamos exclusivamente as diferenças entre as economias mais ricas e mais bem-sucedidas
do mundo, e todas elas desfrutam de instituições democráticas e liberdade
de expressão. Não resta nenhuma dúvida de que os seres humanos são capazes de viver bem em sociedades com desigualdades tão pequenas como
as encontradas no Japão e nos países nórdicos. Longe de serem pouco práticas, as implicações de nossas descobertas são provavelmente mais coerentes com as estruturas institucionais da democracia de mercado do que

algumas pessoas, nas duas extremidades do espectro político, gostariam de crer.

Alguns ainda podem ficar hesitantes em aceitar as demonstrações como verdadeiras. Do ângulo das nações mais desiguais, pode ser genuinamente confuso e difícil de entender como alguns países aparentemente similares podem funcionar com uma desigualdade tão menor. A demonstração de que o interesse material em favorecimento próprio é o princípio diretor da vida humana parece estar em todo lugar. A eficiência da economia de mercado parece provar que ganância e avareza são, como supõe a teoria econômica, as motivações humanas preponderantes. Até mesmo o fardo da criminalidade parece surgir da dificuldade de impedir que as pessoas burlem a lei para satisfazer desejos egoístas. Os sinais de uma natureza humana amorosa, que compartilha, parecem frágeis.

Parte desse ceticismo pode ser mitigado por uma compreensão mais fundamental de como nós, seres humanos, somos prejudicados pela desigualdade e temos capacidade para outra coisa. Precisamos entender como, sem fazer uma reengenharia genética em nós mesmos, uma maior igualdade permite o surgimento de uma natureza humana mais sociável.

OS DOIS LADOS DA MOEDA

Em nossa pesquisa para este livro, status social e amizade florescem juntos, ligados inextricavelmente como um par de opostos. De início, são relacionados como determinantes da saúde de cada indivíduo. Como vimos no Capítulo 6, a amizade e o envolvimento na vida social são altamente protetores da boa saúde, enquanto o baixo status social ou as grandes diferenças de status e mais desigualdade são danosos. Em segundo lugar, esses elementos estão mais uma vez ligados conforme variam nas sociedades. Vimos no Capítulo 4 que, à medida que a desigualdade aumenta, os fatores de sociabilidade, como força da vida comunitária, o quanto as pessoas confiam umas nas outras e a raridade da violência, diminuem. Afloram juntos uma terceira vez na tendência de as pessoas escolherem amigos entre seus iguais mais próximos: diferenças maiores de status ou riqueza criam um vácuo social entre as pessoas.

O que une status social e amizade dessas diferentes maneiras? A explicação é simples. Eles representam os dois modos opostos que reúnem os seres humanos. A estratificação do status, como os sistemas de classificação ou hierarquia social entre os animais, é fundamentalmente ordenadora, com base em poder e coerção, em acesso privilegiado aos recursos, sem considerar as necessidades alheias. Em sua forma mais nua e animal, a força está certa e o mais fraco come por último.

A amizade é quase exatamente o tipo oposto de relação. Trata-se de reciprocidade, mutualidade, compartilhamento, obrigações sociais, cooperação e reconhecimento das necessidades alheias. Presentes são símbolos de amizade porque demonstram que o que dá e o que recebe não competem pelo acesso às necessidades, mas, sim, reconhecem e respondem às necessidades um do outro. Nas bem escolhidas palavras de Marshall Sahlins, um antropólogo social, "presentes fazem amigos e amigos fazem presentes".[438] Compartilhar alimentos e comer reunidos são coisas que carregam a mesma mensagem simbólica e assim o fazem de um modo particularmente poderoso, porque o alimento é a mais fundamental das necessidades materiais. Em tempos de escassez, a competição por alimentos tem o potencial de ser socialmente destrutiva.

AMIGO OU INIMIGO

Status social e amizade são tão importantes para nós porque refletem diferentes modos de lidar com o que talvez seja o problema mais fundamental da organização social e da vida política entre os animais e também entre os humanos. Como os membros de uma espécie compartilham necessidades, carregam o potencial de ser os piores rivais uns dos outros, competindo por quase tudo — alimentos, abrigo, parceiros sexuais, um lugar confortável onde sentar à sombra, um bom local para construir um ninho — realmente para todos os tipos de confortos e necessidades. Em consequência, entre uma grande quantidade de espécies, os conflitos mais frequentes não ocorrem muito entre os membros de diferentes espécies, apesar do perigo dos predadores, mas entre os membros da mesma espécie. Um babuíno de baixo status precisa passar mais tempo evitando um babuíno dominante do que os leões. A maioria das marcas de mordidas e cicatrizes que os animais subordinados exibem é proveniente dos membros mais dominantes de sua própria espécie. Podemos observar os sinais de rivalidade nas espécies ao redor — basta observar pássaros num comedor de jardim, cachorros brigando ou pensar nas agora extintas rinhas de galo: em cada caso, os conflitos estão dentro da espécie.

Os seres humanos têm de lidar com o mesmo problema. No século XVII, Thomas Hobbes tornou o perigo do conflito, causado pela rivalidade por recursos escassos, a base de sua filosofia política.[439] Como todos nós temos as mesmas necessidades, a competição por necessidades escassas levaria a um conflito contínuo de "um homem contra o outro". Devido a esse perigo, Hobbes acreditava que a tarefa mais importante do governo era simplesmente manter a paz. Ele supunha que, sem a mão firme do governo, a vida "em estado natural" seria "solitária, pobre, desagradável, brutal e curta".

Mas talvez uma importante parte da história tenha passado despercebida a Hobbes. Assim como o potencial para o conflito, os seres humanos têm um potencial ímpar de ser a melhor fonte de cooperação, aprendizado, amor e assistência de qualquer tipo uns para os outros. Enquanto avestruzes ou lontras não têm muito a fazer por um membro lesionado de sua própria espécie, os humanos têm. Mas não é só isso. Como a maioria das habilidades é aprendida, dependemos dos outros para a aquisição das nossas habilidades vitais. De modo similar, nossa capacidade ímpar de especialização e divisão de trabalho significa que os seres humanos têm um potencial inigualável para se beneficiar com a cooperação. Portanto, assim como temos potencial de ser os piores rivais uns dos outros, também temos o de ser a maior fonte de conforto e segurança uns para os outros.

Ficamos atentos à amizade e ao status social porque a qualidade das relações sempre foi crucial para o bem-estar, determinando se as outras pessoas são rivais temidos ou fontes vitais de segurança, cooperação e apoio. As dimensões da vida social são tão importantes que a falta de amigos e um baixo status social atualmente estão entre as fontes mais importantes de estresse crônico a afetar a saúde das populações nos países ricos.

Embora Hobbes estivesse certo sobre o problema subjacente aos perigos da competição entre os membros da mesma espécie, sua visão de como as sociedades funcionavam antes da criação de governos com o poder de manter a paz estava bem longe da verdade. Agora que temos muito mais conhecimento das sociedades caçadoras e coletoras, fica claro que nossos ancestrais não viviam num estado de contínuo conflito. Pelo contrário, eles tinham outros modos de manter a paz.[440] Para evitarem o "pior de cada um contra todos", a vida socioeconômica se baseava em sistemas de troca de presentes, compartilhamento de alimentos e num altíssimo grau de igualdade. Isso servia para minimizar as animosidades e manter as relações dóceis. Formas de troca que envolvessem expressões diretas de interesse próprio, como compra e venda ou permuta, geralmente eram encaradas como socialmente inaceitáveis e ilegais.

Esses padrões demonstram a verdade fundamental: sistemas de relações materiais ou econômicas são sistemas de relações sociais.

EXPERIMENTOS ECONÔMICOS

A teoria econômica trabalha tradicionalmente com a suposição de que o comportamento humano poderia ser explicado, em grande parte, em termos de uma tendência inerente de maximizar o interesse material próprio. Mas uma série de experimentos que usam jogos econômicos mostrou agora o quanto isso está distante da verdade.

No "jogo do ultimato", voluntários são postos em duplas ao acaso, mas permanecem anônimos uns para os outros e não se encontram. Uma soma conhecida de dinheiro é entregue ao "proponente", que então a divide como bem quer com o "respondedor". Só o que os respondedores fazem é meramente aceitar ou recusar a oferta. Se recusada, nenhum membro da dupla fica com nada, mas, se aceita, os dois ficam com o valor oferecido.

O jogo é feito uma única vez, então não faz sentido rejeitar uma pequena oferta para tentar forçar o proponente a ser mais generoso na próxima vez — eles sabem que não haverá uma próxima vez. Nessa situação, os respondedores com interesse próprio deviam aceitar qualquer oferta, por mais irrisória, e os proponentes com interesse próprio deviam oferecer a menor quantia, o suficiente apenas para garantir que o respondedor a aceitasse.

Embora os experimentos mostrem que é exatamente assim que os chimpanzés agem,[441] não é o que acontece com os seres humanos. Na prática, a oferta média feita pelas pessoas de sociedades desenvolvidas costuma ficar entre 43% e 48%, sendo 50% a oferta mais comum.[442] A um custo direto para nós mesmos, chegamos perto de dividir igualmente até com pessoas que não conhecemos e com quem nunca mais interagiremos outra vez.

Os respondedores tendem a recusar ofertas abaixo de 20%. As ofertas recusadas representam dinheiro que o respondedor prefere perder para punir o proponente e evitar que ele se beneficie de uma oferta mesquinha. O desejo humano de punir, mesmo com a possibilidade de ter algum custo pessoal, foi chamado de "punição altruísta" e desempenha importante papel no reforço do comportamento cooperativo e impede o parasitismo.

Embora os estudos de como as pessoas jogam o jogo do ultimato não se relacionassem aos níveis de desigualdade de cada sociedade, eles são, assim mesmo, sobre o quanto igual ou desigualmente as pessoas escolhem dividir dinheiro entre elas e outrem. Enfocam o modo como as pessoas sentem que é adequado tratar os outros (mesmo quando não há contato direto entre elas e elas arcam com o custo de qualquer generosidade). As preferências igualitárias que as pessoas revelam no jogo do ultimato parecem se opor às reais desigualdades das nossas sociedades.

CHIMPANZÉS E BONOBOS

Alguns primatas não humanos são muito mais hierárquicos do que outros. Ao observar seus diferentes sistemas sociais, muitas vezes temos a impressão de que a porção de conflito, a qualidade das relações sociais e o relacionamento entre os sexos são todos designados pelo grau de hierarquia que eles têm. É claro, os seres humanos não estão presos a nenhum sistema social específico. Nossa capacidade de adaptação nos possibilita viver em estruturas sociais muito diferentes, tanto muito igualitárias quanto muito hierárquicas.

Mas alguns dos mesmos efeitos da hierarquia sobre outros aspectos de nossos sistemas sociais ainda parecem estar visíveis — mesmo que os padrões comportamentais sejam impulsionados pela cultura, e não pelo instinto. Sociedades menos hierárquicas são menos dominadas pelos homens, de modo que, como vimos no Capítulo 4, a posição das mulheres é melhor. De modo semelhante, a qualidade das relações sociais em sociedades mais igualitárias é menos hostil. As pessoas confiam mais umas nas outras e a vida comunitária é mais forte (Capítulo 4), há menos violência (Capítulo 10) e a punição é menos severa (Capítulo 11).

Cerca de seis ou sete milhões de anos atrás, o ramo da árvore evolutiva do qual emergimos se dividiu daquele que levou a duas espécies diferentes de macacos: os chimpanzés e os bonobos. Geneticamente nós somos igualmente relacionados a ambos. Contudo, há incríveis diferenças no comportamento social dessas duas espécies, que ilustram maneiras nitidamente diferentes de solucionar o problema hobbesiano de conflito potencial por escassez de recursos.

Os bandos de chimpanzés são liderados por um macho dominante que, na maior parte, obtém sua posição por meio do maior tamanho, força e habilidade de formar alianças — geralmente incluindo o apoio das fêmeas. Em qualquer espécie as hierarquias de domínio são ordens de acesso aos recursos escassos, que incluem — no que se refere aos machos — o acesso reprodutor às fêmeas. Os rankings da dominação hierárquica são estabelecidos e mantidos através de frequentes disputas, demonstrações e avaliações de força. Como dizem os primatologistas Frans de Waal e Frans Lanting:

> Os chimpanzés passam por rituais elaborados em que um indivíduo comunica seu status ao outro. Especialmente entre os machos adultos, um deles literalmente irá rastejar no chão, emitindo grunhidos ofegantes, enquanto o outro ficará de pé, numa leve exibição intimidante, para deixar claro quem manda em quem.[443]

Os bonobos, por outro lado, se comportam de modo bem diferente. Não só há muito menos conflito entre grupos vizinhos de bonobos do que há entre os de chimpanzés, mas os bonobos — mais uma vez ao contrário dos chimpanzés — têm um alto grau de igualdade sexual. As fêmeas são, no mínimo, tão importantes quanto os machos e as hierarquias de domínio são muito menos pronunciadas. Embora os machos sejam um pouco maiores do que as fêmeas, essas geralmente têm permissão de comer primeiro. Muitas vezes apelidados de macacos "amorosos, compartilhadores", eles estão frequentemente envolvidos na atividade sexual — inclusive masturbação mútua — e em qualquer combinação de sexos e idades. O sexo evoluiu não só para servir às funções reprodutoras, mas também para aliviar tensões em situações que, em outras espécies, talvez causassem conflito. Como diz de Waal, "o sexo é o amalgamador da sociedade bonobo".[444] Apazigua conflitos, indica amizade e acalma situações estressantes. Os bonobos usam o sexo para solucionar a questão de como evitar o conflito provocado pelo acesso aos recursos escassos. Aparentemente, o auge da atividade sexual ocorre na hora de comer. Mesmo antes que os alimentos sejam jogados no cercado, os machos bonobos têm ereções e tanto machos quanto fêmeas convidam parceiros de ambos os gêneros para o sexo. Possíveis conflitos relacionados a outros recursos, além do alimento, são tratados do mesmo modo.

Embora a atividade sexual não preceda a alimentação entre os humanos, comer representa o auge da socialização — seja na forma de refeições familiares compartilhadas, nos encontros com amigos, nas festas e nos banquetes ou mesmo no simbolismo religioso de compartilhar pão e vinho na comunhão

Resumindo a diferença comportamental entre os chimpanzés e os bonobos, de Waal e Lanting disseram: "Se, dos conceitos análogos de sexo e poder, os chimpanzés têm apetite pelo segundo, os bonobos claramente têm pelo primeiro. Os chimpanzés resolvem questões sexuais (disputas) com o poder; os bonobos com o sexo."[445] Talvez, em consequência dessas diferenças, os bonobos sejam, como a pesquisa mostrou, melhores nas tarefas cooperativas do que os chimpanzés.

Então o que faz a diferença? Curiosamente, uma seção do DNA, conhecida pela importância que tem na regulação social, sexual e no comportamento parental, foi encontrada para diferenciar chimpanzés e bonobos.[446] Talvez seja reconfortante saber que, pelo menos nessa seção de DNA, os humanos apresentam a configuração do bonobo, e não a do chimpanzé, sugerindo que nosso ancestral comum pode ter tido uma preferência pelo amor em vez da guerra.

O CÉREBRO SOCIAL

O fato de podermos simultaneamente concordar com Sartre que "o inferno são os outros", e também reconhecer que os outros podem ser o céu, mostra o quanto estamos profundamente enredados na vida social. As pesquisas que procuraram pelas fontes mais poderosas de estresse que afetam o sistema cardiovascular concluíram que "conflitos e tensões com outras pessoas são, de longe, os eventos mais estressantes da vida cotidiana em termos de efeitos iniciais e duradouros sobre o bem-estar emocional" — mais do que as exigências do trabalho, das preocupações com dinheiro ou outras dificuldades.[447] A qualidade de nossas relações com os outros sempre foi tão crucial, não só para o bem-estar, mas também para a sobrevivência e o sucesso reprodutivo, que a interação social foi uma das influências mais poderosas na evolução do cérebro humano.

Uma indicação notável disso é a relação incrivelmente estreita, apontada pela primeira vez pelo primatologista Robin Dunbar, entre o tamanho característico do grupo de cada espécie de primata (andem eles solitários, em duplas ou em pequenos ou grandes bandos) e a proporção do cérebro formada pelo neocórtex.[448] Quanto maior o tamanho do grupo, parecemos necessitar de um maior neocórtex para lidar com a vida social. Nossos ancestrais paleolíticos geralmente viviam em comunidades maiores do que outros primatas e o neocórtex forma uma parte maior do nosso cérebro do que o dos primatas. Como seu crescimento foi fundamental para o aumento do cérebro humano, a relação sugere que o motivo para termos desenvolvido a inteligência pode ter sido uma resposta às exigências da vida social.

Em todo o mundo, os humanos se preocupam com a interação social, com o que as pessoas disseram, com o que possam estar pensando, se são gentis, precipitadas, mal-educadas, por que se comportam desse ou daquele jeito, quais são suas motivações e como deveríamos reagir. Todo esse processamento social depende da aquisição de um conjunto básico de habilidades sociais, como a capacidade de reconhecer e distinguir as fisionomias, de utilizar-se da língua, de deduzir os pensamentos e sentimentos uns dos outros pela linguagem corporal, de reconhecer as peculiaridades uns dos outros, de entender e considerar o que são modos aceitáveis ou não de comportamento em nossa sociedade, de reconhecer e manobrar as impressões que outros têm de nós e, é claro, uma habilidade básica de fazer amizades e de lidar com conflitos. Mas os motivos para que nossos cérebros tenham se desenvolvido como órgãos sociais para lidar com as interações sociais não foram só para proporcionar diversão, mas devido à suprema importância de termos as relações sociais certas. É por isso que nos importamos com elas. A razão para que outras pessoas sejam o céu ou o inferno é que elas têm o potencial de ser nossos piores rivais e concorrentes, assim como de ser nossas melhores fontes de cooperação, assistência e segurança.

NOSSA HERANÇA DUAL

Diferentes formas de organização social proporcionam diferentes ambientes seletivos. Características que podem ter sucesso num cenário podem não ter em outro. Em consequência, os seres humanos tiveram de desenvolver diferentes conjuntos de ferramentas mentais que os equipassem para operar em hierarquias de domínio e também em sociedades igualitárias. Estratégias de domínio e de agregação fazem parte de nossa formação psicológica profunda. Através delas sabemos como fazer e manter amigos, como competir por status e quando cada uma dessas estratégias contrastantes é apropriada.

As estratégias de domínio são quase certamente pré-humanas em sua origem. Não teriam sido adequadas à vida nas sociedades predominantemente igualitárias de humanos caçadores e coletores da Idade da Pedra. Nas hierarquias de domínio pré-humanas, não só desenvolvemos características que ajudam a conseguir e expressar um alto status como também estratégias para fazer o melhor do baixo status se for isso que nos cabe. O perigo, especialmente para os machos de algumas espécies, é que evolutivamente um baixo status social representa um beco sem saída. Para evitar isso, certa porção de risco e oportunismo pode ser desejável.

A competição eficiente por status requer muito mais do que o desejo por um alto status social e a aversão por um baixo status. Requer um alto grau de atenção aos diferenciais de status e a capacidade de fazer precisas comparações sociais de força e status: é importante ser capaz de distinguir claramente os conflitos que podem ser vencidos dos invencíveis. Em muitas espécies, a vida e o risco geralmente dependem do discernimento de quando recuar ou desafiar um animal dominante pelo posto. A maximização do status depende de ser visto como superior. Isso forma um solo psicológico fértil para o desenvolvimento e a expressão de formas de preconceito, discriminação e esnobismo projetadas para expressar superioridade. E, quanto mais nos sentirmos desvalorizados pelos que estão acima e pelos poucos recursos de status com que contamos, maior será o desejo de readquirir algum senso de autovalia, garantindo a superioridade em relação a quaisquer grupos mais vulneráveis. É provável que seja essa a fonte da chamada "reação ciclística" mencionada no Capítulo 12.

Embora seja um costume pensar que a busca de status é uma característica particularmente masculina, não se pode esquecer o quanto isso é uma reação à preferência feminina por homens de alto status. Como disse Henry Kissinger: "Poder é o supremo afrodisíaco."

Apesar da impressão moderna da permanência e universalidade da desigualdade, na escala de tempo da história humana e da pré-história, as sociedades altamente desiguais da atualidade são as excepcionais. Por mais de 90% de nossa existência como seres humanos nós vivemos, quase exclusivamente, em sociedades altamente igualitárias. Talvez, pelos últimos dois milhões de anos, o que cobre a vasta parte do tempo em que estamos "anatomicamente modernos" (isso quer dizer, com a aparência que temos agora), os seres humanos viveram em grupos de caçadores e coletores — e exploradores — notavelmente igualitários.[449;450;451;452] A desigualdade moderna surgiu e se disseminou com o desenvolvimento da agricultura. As características selecionadas como prósperas em sociedades mais igualitárias teriam sido muito diferentes das selecionadas em hierarquias de domínio.

Em vez de refletir um surto evolutivo de altruísmo, os estudos de sociedades modernas caçadoras e coletoras recentes sugerem que elas mantinham a igualdade não só através de instituições como a partilha de alimentos e troca recíproca de presentes, mas também através do que foi chamado "estratégias de contradominação".[453] A divisão era o que foi descrito como "partilha vigilante", com as pessoas observando para ver se obtinham sua parte justa. As estratégias de contradominação pelas quais essas sociedades mantinham sua igualdade funcionavam quase como alianças de todos contra qualquer um cujo comportamento ameaçasse a sensação de autonomia e igualdade que todos sentiam. A sugestão é a de que essas estratégias podem ter se desenvolvido como uma forma generalizada do tipo de alianças que os primatologistas costumam descrever que se formam entre dois ou três animais para possibilitar o ataque e a deposição do macho dominante. Estudos observadores das modernas e recentes sociedades exploradoras sugerem que as estratégias de contradominação costumam envolver qualquer coisa, desde a implicância e a ridicularização até o ostracismo e a violência, que são impingidos contra qualquer um que tente dominar outros. Um ponto importante sobre essas sociedades é elas mostrarem que os desejos egoístas dos indivíduos por mais riqueza e proeminência podem ser refreados ou desviados para formas de expressão menos danosas socialmente.

Uma série de características psicológicas teria sido escolhida para nos ajudar a nos conduzir em sociedades igualitárias. É provável que incluíssem nossa forte concepção e avaliação de justiça, o que facilita a chegada a um acordo sem conflitos na partilha de recursos escassos. Visível até em crianças pequenas, nossa preocupação com justiça às vezes parece tão forte que podemos nos questionar como é possível tolerar sistemas sociais com grande desigualdade. De modo similar, a sensação de endividamento (agora reconhecida como universal nas sociedades humanas) que experimentamos após receber um presente serve para induzir a reciprocidade e evitar o parasitismo, assim sustentando a amizade. Como os jogos econômicos experimentais que discutimos mostraram, também há demonstrações de que podemos nos sentir enfurecidos o bastante pela injustiça a ponto de querer punir, mesmo com algum custo pessoal.

Outra característica que talvez seja importante é nossa tendência de ter uma sensação de identidade comum e interdependência com aqueles com quem partilhamos a comida e outros recursos como iguais. Eles formam o grupo interno, o "nós", com quem temos empatia e compartilhamos um senso de identidade. Em várias instituições religiosas e organizações políticas, o compartilhar foi usado para criar um senso de fraternidade e dizermos que uma sociedade tem um sistema familiar "estendido" ou "nuclear" tem a ver com a extensão do grupo de partilha — se relações mais distantes participam dos recursos umas das outras. Em meados do século XIX, Tocqueville acreditava que diferenças substanciais de padrão de vida material entre as pessoas representavam uma formidável barreira à empatia.[454] Como vimos no Capítulo 4, ele achava que as diferenças de condições materiais impediam que a nobreza francesa tivesse empatia pelos sofrimentos do campesinato e também explicava por que os americanos donos de escravos não eram afetados pelo sofrimento deles. Ele também achou que a forte vida comunitária presenciada entre os brancos em sua visita aos Estados Unidos em 1830 era um reflexo do que ele chamou de "igualdade de condições".

Uma fonte muito importante da estreita integração social numa comunidade igualitária é o senso de gratificação obtido quando conseguimos satisfazer as necessidades de outros. Isso costuma ser visto como uma qualidade misteriosa, quase como se estivesse acima de explicações. Ela vem, é claro, de nossa necessidade de nos sentirmos valorizados pelos outros. Ficamos com a sensação de sermos valorizados ao fazer coisas que outros apreciem. O melhor modo de garantir a permanência da inclusão no grupo cooperativo de caça e coleta e de reduzir o risco de ser expulso, marginalizado e de servir de presa era fazendo as coisas que as pessoas apreciavam. Hoje em dia, seja preparando uma boa refeição, contando piadas ou de outros modos, mas satisfazendo as necessidades das pessoas, qualquer dessas coisas pode dar origem à sensação de ter valor. É essa capacidade — atualmente mais visível na paternidade/maternidade — que, muito antes do surgimento dos mecanismos de mercado e trabalho assalariado, capacitou os seres humanos — quase sem similar — a conquistar os benefícios de uma divisão de trabalho e especialização dentro de grupos cooperativos de indivíduos interdependentes.

Temos, portanto, estratégias sociais para lidar com tipos bem diferentes de organização social. Num dos extremos, as hierarquias de domínio são relativas ao avanço próprio e à competição por status. Os indivíduos precisam contar consigo mesmos e os outros são vistos basicamente como rivais por alimentos e parceiros sexuais. No extremo oposto fica a mútua interdependência e a cooperação, em que a segurança de cada pessoa depende da qualidade de suas relações com os outros e o senso de autovalorização se origina menos no status do que na contribuição feita para o bem-estar dos outros. Ao contrário da busca material premeditada de interesse próprio, as estratégias agregadoras dependem de mutualidade, reciprocidade e da capacidade de empatia e ligação emocional.

Na prática, é claro, deus e o dinheiro coexistem em todas as sociedades e o território de cada um varia dependendo da esfera de vida, do sistema econômico e das diferenças individuais.

PRIMEIRAS EXPERIÊNCIAS

Os seres humanos já tiveram de encarar tipos de sociedades tão diferentes que os processos que nos adaptam para lidar com qualquer sistema social específico começam bem cedo na vida. Crescer numa comunidade na qual é preciso estar preparado para tratar os outros com desconfiança, ficar olhando para os lados e lutar pelo que se pode conseguir requer habilidades bem diferentes das necessárias num grupo no qual se conta com empatia, reciprocidade e cooperação. Psicólogos e similares sempre nos disseram que a natureza da vida inicial de uma criança afeta o desenvolvimento de sua personalidade e o tipo de pessoa que se torna quando adulta. Em todo o mundo animal e até na vida vegetal, existem exemplos de uma capacidade especial de se adaptar às circunstâncias do ambiente no início da vida. Nos humanos, as reações ao estresse e os processos que moldam nossas características emocionais e mentais passam por um tipo de ajuste, ou programação, que se inicia no útero e continua na primeira infância. O estresse que as mulheres experimentam na gestação passa a afetar o desenvolvimento dos bebês antes do nascimento. Os hormônios do estresse atravessam a placenta e afetam os níveis hormonais do bebê e seu crescimento no útero.

O estresse que as próprias crianças experimentam na primeira infância também é importante para influenciar seu desenvolvimento. A qualidade da atenção e amamentação, a qualidade da vinculação e o grau de conflito existente, tudo afeta os hormônios do estresse e o desenvolvimento emocional e cognitivo. Embora ainda não identificados nos humanos, períodos sensíveis do início da vida às vezes podem envolver processos "epigenéticos" pelos quais exposições e experiências precoces podem ligar ou desligar genes específicos para padrões de desenvolvimento a longo prazo. Em ratos, as diferenças de comportamento da mãe na amamentação demonstraram afetar a expressão genética de sua cria, proporcionando assim modos de adaptação ao ambiente levando em consideração as primeiras experiências.[455]

No passado, havia uma forte tendência a simplesmente considerar as crianças que tiveram um início de vida muito estressante como "danificadas". Mas cada vez mais parece que as primeiras experiências estão sendo usadas para adaptar a criança a lidar com tipos contrastantes de realidade social. A maquiagem emocional que nos prepara para viver numa sociedade na qual temos de nos virar por conta própria, olhar para os lados e lutar por cada bocado que se puder conseguir é bem diferente do que é necessário se crescemos numa sociedade em que (para pegar o extremo oposto) contamos com empatia, reciprocidade e cooperação e na qual nossa segurança depende da manutenção de boas relações com outros. As crianças que experimentam mais estresse no início da vida podem ser mais agressivas, menos compreensíveis e provavelmente mais capazes para lidar com conflitos. Na verdade, o início da vida serve para proporcionar uma amostra do tipo de relações sociais que estamos propensos a ter de enfrentar na vida adulta.

Esses processos são tão importantes que é necessário ver a paternidade/maternidade como parte de um sistema que passa a experiência da adversidade do adulto para a criança. Quando as pessoas falam de paternidade/maternidade deficiente ou dizem que as pessoas não têm talento para ser pai/mãe, a verdade é que muitas vezes o modo como os pais tratam seus filhos realmente serve para lhes passar sua experiência de adversidade para a criança. Embora isso geralmente seja um processo inconsciente, no qual o pai/a mãe simplesmente perde a paciência, está deprimido(a) ou não sabe para onde apelar, às vezes também pode ser consciente. Num recente caso jurídico, três mulheres estimularam os filhos a brigar — incitando-os a bater na cara um do outro e a chutar o irmão de um que caíra no chão.[456] A avó das crianças não mostrou remorso, insistindo que isso iria "endurecê-las".

Dada sua experiência de vida, isso era claramente o que elas achavam ser necessário. Muitos estudos demonstram que formas de comportamento experimentadas na infância tendem a ser espelhadas na vida adulta. As crianças que, por exemplo, experimentaram violência ou maus-tratos são mais propensas a maltratar e se tornar violentas quando chegam à vida adulta.

Os efeitos das primeiras experiências são duradouros. As crianças estressadas no início da vida ou cujas mães estavam estressadas durante a gestação têm mais propensão a sofrer na meia-idade ou na velhice de uma série de doenças relacionadas ao estresse — incluindo cardiopatias, diabetes e derrame. A consequência é que alguns dos efeitos da ampliação das diferenças de renda numa sociedade podem não ser de curta duração. Uma maior desigualdade significa que mais famílias sofrem as tensões de viver de rendas relativamente baixas e numerosos estudos mostram os efeitos danosos disso sobre o desenvolvimento infantil. Quando os pais experimentam mais adversidades, a vida familiar sofre e os filhos crescem menos compreensivos, mas mais preparados para lidar com relações antagônicas.

Muitos dos problemas relacionados à desigualdade que vimos envolvem a reação adulta à competição por status. Mas também descobrimos que uma série de problemas a afetar as crianças está relacionada à desigualdade. Esses incluem conflitos juvenis, más relações entre colegas e mau desempenho escolar, obesidade infantil, mortalidade infantil e gravidez na adolescência. Problemas dessa ordem tendem a refletir o modo como o estresse de uma sociedade mais desigual — de baixo status social — penetrou na vida familiar e nas relações. A desigualdade está associada a piores resultados de vários tipos porque ela leva a uma deterioração da qualidade dos relacionamentos. Importante parte da razão para que países como Suécia, Finlândia e Noruega pontuem bem no índice de bem-estar infantil do Unicef é que seus sistemas previdenciários mantiveram baixas as taxas de pobreza relativa entre as famílias.

NEURÔNIOS-ESPELHO E EMPATIA

Encarar a busca por uma maior igualdade como um processo de forçar as sociedades a calçar um sapato desconfortavelmente apertado reflete uma falha no reconhecimento de nosso potencial social humano. Se compreendêssemos nossas necessidades sociais e susceptibilidades, veríamos que uma sociedade menos desigual provoca taxas tão acentuadamente mais baixas de saúde precária e problemas sociais porque nos proporciona um "sapato que serve melhor".

Os neurônios-espelho são um exemplo extraordinário de como nossa biologia nos estabelece como seres profundamente sociais. Quando observamos alguém fazendo algo, os neurônios-espelho do cérebro são incitados a reproduzir as mesmas ações.[457] É provável que o sistema tenha se desenvolvido para promover o aprendizado pela imitação. Ver uma pessoa executando uma sequência específica de ações — um trabalho de pesquisa usa o exemplo de uma mesura — como observador externo não nos diz como fazermos aquilo tão bem. Mas isso muda se nosso cérebro agir *como se* estivéssemos fazendo os mesmos movimentos em consonância. Para fazer a mesma coisa, é preciso experimentá-la interiormente.

Geralmente, é claro, não há sinal visível dos processos internos de identificação que nos capacitam a nos pôr no lugar dos outros. Contudo, a atividade elétrica desencadeada por esses neurônios especializados é detectada nos músculos. Foi sugerido que processos similares podem estar por trás de nossa capacidade de empatia uns com os outros e até por trás do modo como as pessoas às vezes se contraem assistindo a um filme com cenas de alguém infligindo dor a outra pessoa. Reagimos como se estivesse acontecendo conosco.

Embora equipados com a capacidade para nos identificar estreitamente com os outros, o quanto desenvolvemos e usamos esse potencial é novamente afetado pela nossa primeira infância.

OXITOCINA E CONFIANÇA

Outro exemplo de como nossa biologia combina com a natureza das relações sociais envolve um hormônio, a oxitocina, e seus efeitos sobre nossa disposição de confiar nos outros. No Capítulo 4 vimos que pessoas de sociedades mais desiguais são muito menos propensas a confiar nos outros. É claro, a confiança é um ingrediente importante em qualquer sociedade, mas torna-se essencial nas modernas sociedades desenvolvidas com alto grau de interdependência.

Em muitas espécies diferentes, a oxitocina afeta a ligação social e criação de laços, tanto entre mãe e filho como entre casais. Sua produção é estimulada pelo contato físico durante a relação sexual, no parto e na amamentação, quando controla a saída do leite. Entretanto, numa série de espécies mamíferas, incluindo os humanos, ela também tem seu papel na interação social mais generalizada, afetando o comportamento de aproximação e rejeição.

Os efeitos da oxitocina sobre a disposição das pessoas de confiar umas nas outras foram testados num experimento que envolvia um jogo de confiança.[458] Os resultados mostraram que aqueles que tomaram oxitocina ficaram muito mais propensos a confiar no parceiro. Em experimentos similares, descobriu-se que esses efeitos funcionavam nos dois sentidos: não só tomar oxitocina deixa as pessoas mais propensas a confiar, como a confiança dos outros também leva a um aumento de oxitocina. Esses efeitos foram encontrados mesmo quando os únicos contatos entre as pessoas se davam através de decisões numéricas comunicadas por terminais de computador.[459]

PRAZER COOPERATIVO E EXCLUSÃO DOLOROSA

Outros experimentos demonstraram como o senso de cooperação estimula os centros de recompensa do cérebro. A experiência de cooperação mútua, mesmo na ausência de contato frente a frente ou de comunicação real, seguramente leva ao estímulo dos centros de recompensa. Os pesquisadores sugeriram que as redes neurais de recompensa servem para incentivar reciprocidade e mutualidade e, ao mesmo tempo, para resistir à tentação de agir egoisticamente.[460]

Ao contrário das recompensas da cooperação, experimentos que utilizaram exames de imagem cerebrais mostraram que a dor da exclusão social envolve as mesmas áreas do cérebro que são estimuladas ao se experimentar dor física. Naomi Eisenberger, uma psicóloga da UCLA, reuniu voluntários para um jogo de taco e bola no computador com dois outros participantes virtuais.[461] O programa foi arranjado de tal modo que após algum tempo os dois participantes virtuais começavam a passar a bola um para o outro apenas, excluindo assim o sujeito experimental. Os exames de imagem do cérebro mostraram que as áreas ativadas por essa experiência de exclusão eram aquelas ativadas pela dor física. Foi descoberto que em várias espécies de símios essas mesmas áreas cerebrais funcionam no momento do chamado das crias pedindo proteção e no das mães providenciando-a.

Essas ligações sempre foram entendidas intuitivamente. Quando falamos em "sentimentos feridos" ou de "coração partido", reconhecemos a ligação entre dor física e a dor social causada pela ruptura de laços sociais próximos, por exclusão ou marginalização. Os psicólogos evolucionistas demonstraram que a tendência a marginalizar as pessoas que não cooperam e de excluí-las dos procedimentos de compartilhamento é um modo poderoso de manter altos padrões de cooperação.[462] E, assim como o jogo do ultimato mostrou que as pessoas estão dispostas a punir um distribuidor mesquinho, rejeitando — com algum custo para si mesmas — as distribuições que pareceram injustas, do mesmo modo nós parecemos ter um desejo de excluir as pessoas que não cooperam.

Logicamente, a dor social é central na rejeição e é o oposto dos prazeres — discutidos antes — de ser valorizado ou da sensação de realização pessoal que advém da apreciação dos outros por algo que fizemos por eles. Os poderes da inclusão e exclusão indicam nossa necessidade fundamental por integração social e são, sem dúvida, parte da explicação para que a amizade e o envolvimento social sejam tão protetores da saúde (Capítulo 6).

Classes sociais e diferenças de status quase certamente causam formas similares de dor social. Injustiça, desigualdade e rejeição da cooperação são todas formas de exclusão. Os experimentos, que demonstraram os efeitos sobre o desempenho de ser classificado como inferior (que vimos no Capítulo 8 entre crianças indianas de diferentes castas em experimentos com alunos da do ensino fundamental e entre alunos negros informados de que estavam fazendo testes de habilidade), indicaram a dor social relacionada à exclusão. Parte do mesmo quadro é a dor social que às vezes desencadeia a violência (Capítulo 10) quando as pessoas sentem que são desprezadas, humilhadas ou sofrem perda de prestígio.

Para uma espécie que floresce na amizade e aprecia cooperação e confiança, que tem um forte senso de justiça, que é equipada com neurônios-espelho que nos permitem aprender nosso modo de vida através de um processo de identificação, fica claro que estruturas sociais que criam relações baseadas na desigualdade, inferioridade e exclusão social devem infligir uma grande dor social. Sob essa perspectiva, talvez se possa começar não só a ver por que sociedades mais desiguais são tão socialmente disfuncionais, mas, através disso, talvez também nos sentir mais confiantes de que uma sociedade mais humanista pode ser muito mais prática do que as altamente desiguais nas quais tantos de nós vivem na atualidade.

CAPÍTULO 15

Igualdade e sustentabilidade

Aquele que morrer com mais brinquedos vence.

Adesivo de para-choques nos Estados Unidos

Na próxima geração, ou próximo disso, tudo indica que a política será dominada por esforços para evitar o desenfreado aquecimento global ou, se fracassar, por tentativas de lidar com suas consequências. As emissões de carbono *per capita* nos países ricos são entre duas e cinco vezes mais elevadas do que a média mundial. Mas cortar suas emissões pela metade ou quatro quintos não será suficiente: o total mundial já está alto demais e as concessões devem ser feitas para o crescimento econômico dos países mais pobres.

De que modo uma maior igualdade e políticas de redução das emissões de carbono andam juntas? Admitindo o que a desigualdade faz a uma sociedade e particularmente como ela eleva o consumo competitivo, parece não só que as duas coisas são complementares, mas também que os governos talvez não consigam fazer cortes suficientes nas emissões de carbono sem também reduzir a desigualdade

SUSTENTABILIDADE E QUALIDADE DE VIDA

Desde o Relatório Brandt de 1980 as pessoas sugerem que a sustentabilidade social e a ambiental andam juntas. É auspicioso que justamente quando a espécie humana descobre que o ambiente não pode absorver mais aumentos de emissões também se aprenda que um maior crescimento econômico no mundo desenvolvido já não irá melhorar saúde, felicidade ou medidas de bem-estar. Além disso, foi observado que há modos de melhorar a qualidade de vida nos países ricos sem maior crescimento econômico.

Mas se não precisamos consumir mais, quais seriam as consequências de consumir menos? Fazer os cortes necessários em emissões de carbono significaria posicionar o presente padrão de vida material abaixo do que as pessoas do mundo rico poderiam aceitar como qualidade adequada de vida? A sustentabilidade é compatível com a manutenção de nossa qualidade de vida?

Um ponto de partida para responder a essa questão está na Figura 15.1. Ela mostra a expectativa de vida em relação às emissões de CO_2 *per capita* entre países ricos e pobres. Como as emissões de carbono tendem a subir à medida que as sociedades enriquecem, esta figura tem bastante semelhança com a relação entre a expectativa de vida e o desenvolvimento econômico dos países mostrados na Figura 15.1. Entretanto, o que podemos ver agora é que alguns países em desenvolvimento alcançam expectativas de vida próximas aos 80 anos com apenas frações de emissão de CO_2 usuais nos países mais ricos. Portanto, deveria ser possível fazer reduções drásticas nas emissões da maioria dos países ricos sem perdas para a saúde ou o bem-estar — mesmo com base na ineficiente tecnologia atual fundamentada principalmente em fontes de energia não renováveis.

O círculo no canto superior esquerdo da Figura 15.1 mostra (novamente baseando-se na tecnologia atual) a área na qual as sociedades parecem capazes a terem mais ganhos em saúde com um mínimo custo ambiental. Como a linha vertical no centro do círculo é a estimativa aproximada da média mundial de emissões de CO_2, o gráfico sugere que todos os países do globo têm potencial para alcançar altos índices de expectativa de vida sem exceder as atuais emissões mundiais de CO_2.

Mas, como as emissões atuais já estão causando um rápido processo de aquecimento global, precisamos reduzi-las para muito abaixo dos valores que vigoram. Isso só pode ser alcançado através de modos de vida mais eficientes e do desenvolvimento de formas de energia mais sustentáveis. Tais mudanças deslocariam o círculo (sinalizando os mais baixos custos ambien-

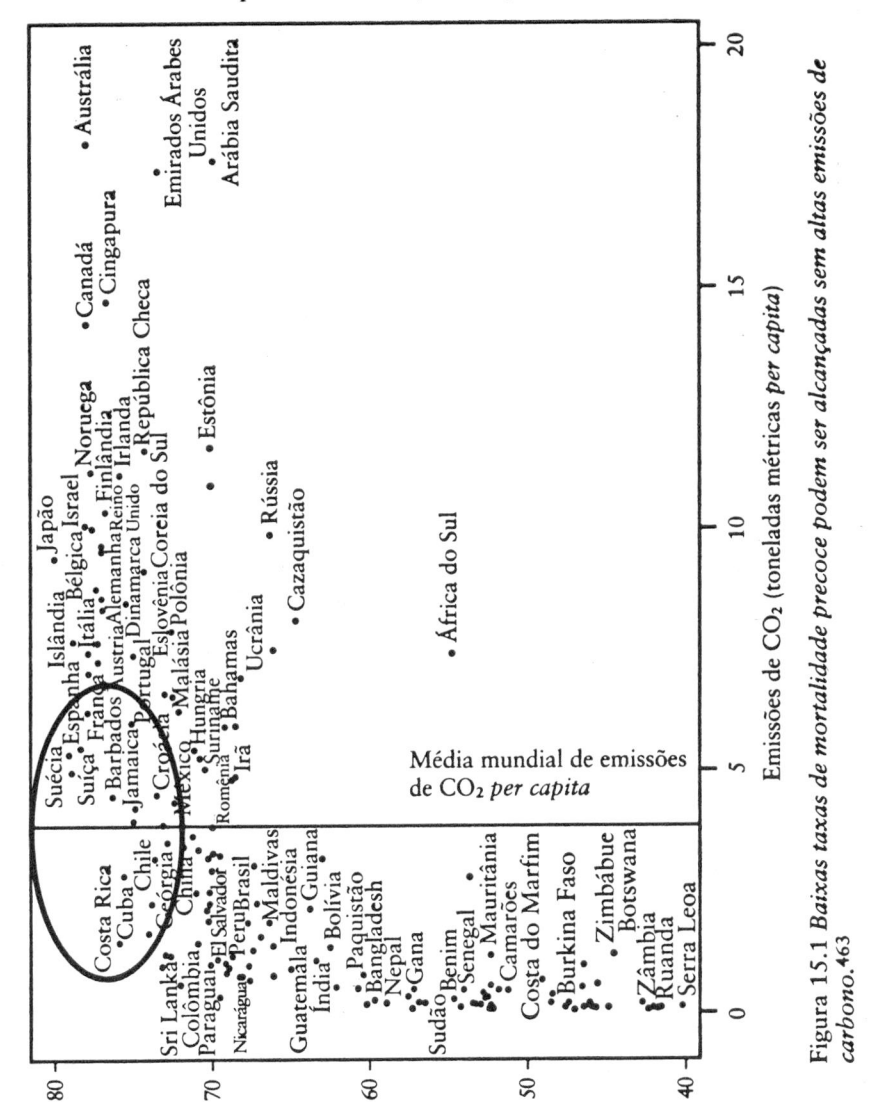

Figura 15.1 *Baixas taxas de mortalidade precoce podem ser alcançadas sem altas emissões de carbono.*[463]

tais com os quais altos índices de saúde e bem-estar podem ser alcançados) para a esquerda e provavelmente para cima.

Outra resposta para a questão se a sustentabilidade é compatível com a manutenção de um alto bem estar vem do World Wildlife Fund (WWF), que analisou dados da qualidade de vida em cada país relacionando-os ao tamanho da pegada ecológica *per capita* da população.[464] Para medir a qualidade de vida, eles usaram o Índice de Desenvolvimento Humano (IDH) da ONU, que combina expectativa de vida, educação e Produto Interno Bruto *per capita*. A Figura 15.2 usa os dados do WWF para mostrar a relação entre a pegada ecológica *per capita* em cada país e sua pontuação no IDH da ONU. Praticamente nenhum país combina a qualidade de vida (acima do limiar do WWF de 0,8 no IDH) com uma pegada ecológica que seja globalmente sustentável. Cuba é o único que o faz. Apesar de seus níveis de renda muito mais baixos, as taxas de expectativa de vida e mortalidade infantil são quase idênticas às dos Estados Unidos

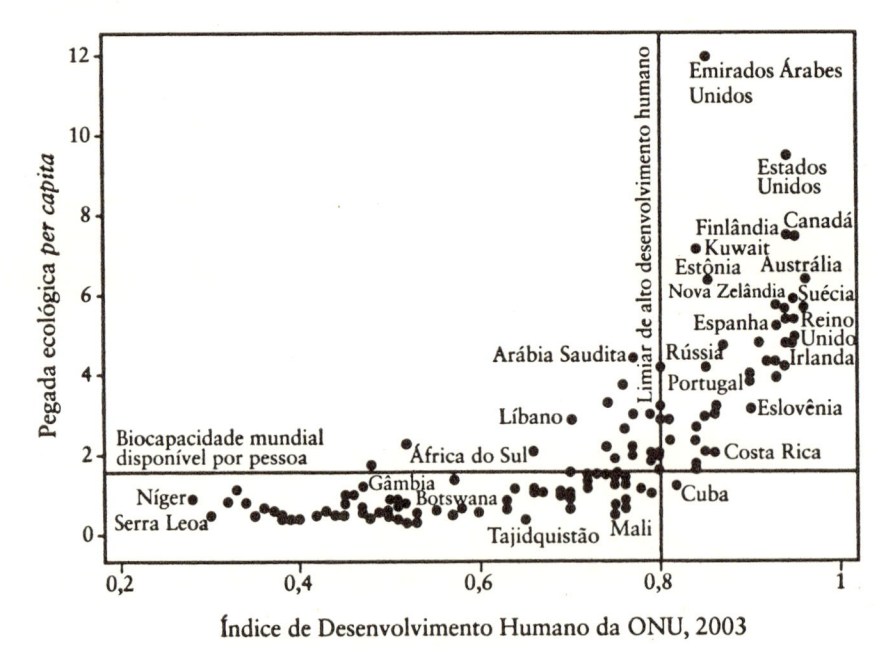

Índice de Desenvolvimento Humano da ONU, 2003

Figura 15.2 *Bem-estar humano e sustentabilidade.*[465]

O fato de que pelo menos um país consegue combinar padrões aceitáveis de vida com uma economia sustentável prova que isso pode ser feito. Entretanto, como a combinação é alcançada sem o acesso à tecnologia mais ecológica e eficiente de uso combustível, significa que isso poderia ser feito mais facilmente nos países com acesso a tecnologia avançada em relação à de Cuba. Com as vantagens da geração de energia a partir de recursos renováveis, de novas tecnologias favoráveis ao meio ambiente e maior igualdade, temos confiança na possibilidade de combinar sustentabilidade com alta qualidade de vida. Antes de abandonarmos a Figura 15.2, vale a pena notar que grande parte da razão para que as pontuações mais altas no IDH sejam alcançadas pelos países com a maior pegada ecológica é um mero reflexo do fato de que o Produto Interno Bruto *per capita* seja um dos componentes do IDH.

A REDUÇÃO JUSTA DAS EMISSÕES DE CARBONO

Melhorar a qualidade real de nossas vidas com níveis mais baixos de consumo é só uma das contribuições que a igualdade pode oferecer para reduzir as emissões de carbono. Há duas outras. A primeira, se quisermos que as políticas de corte de emissões tenham aceitação pública, elas devem ser vistas como justas em sua aplicação. Quanto mais rica é a pessoa e quanto mais ela gasta, mais propensa está a contribuir para o aquecimento global. As emissões de carbono causadas pelo consumo de uma pessoa rica podem ser dez vezes mais altas do que as de uma mais pobre na mesma sociedade. Se os ricos são os piores infratores, então soluções duras certamente devem afetá-los mais. Seria improvável que as políticas que espremeram os pobres enquanto permitiam que os ricos continuassem a produzir níveis muito mais altos de emissões conquistassem apoio público.

Já foi proposto um sistema de cotas individuais de carbono como um modo justo de reduzir as emissões. O nível total de emissões de um país pode ser dividido pela população para dar uma cota *per capita* de emissões permitidas. Existe aqui um óbvio paralelo com as políticas igualitárias implementadas na Grã-Bretanha durante a Segunda Guerra: para conquistar a cooperação pública no esforço de guerra, precisava-se passar a impressão de que o fardo fora dividido de maneira justa. Titmuss considerou isso como o fundamento lógico para a introdução do racionamento e do imposto de renda progressivo, assim como para o subsídio para produtos essenciais e a taxação de artigos de luxo.[466] Uma sugestão atual é que as pessoas deviam usar um cartão eletrônico para cobrir pagamentos de combustível, energia e viagens aéreas. Os que não usassem toda sua cota poderiam vender a porção não utilizada de volta ao banco de carbono, que então ser comprada por pessoas mais ricas que desejassem usar além de sua fração. Com tal sistema de "cotas de carbono negociáveis", os grandes consumidores estariam compensando os demais e a renda seria redistribuída dos ricos para os pobres. Em 2006, o ministro do Meio Ambiente da Grã-Bretanha, David Miliband, propôs tal sistema e um pequeno ensaio teve início em Manchester em 2007. Para salvaguardar os pobres, pode ser necessário evitar que as pessoas vendam as partes não utilizadas de sua ração até o final do período de validade, de modo que só as concessões já economizadas poderiam ser negociadas.

A NOVA TECNOLOGIA NÃO SUFICIENTE POR SI SÓ

É de se esperar que novas tecnologias nos salvem dos rigores de um racionamento de carbono. Entretanto, embora as inovações ecológicas que reduzem o consumo de combustível e as emissões de carbono sejam parte essencial da mudança que precisamos fazer, só elas não podem resolver os problemas. Imagine que seja introduzida uma nova geração de motores automobilísticos que cortem pela metade o consumo de combustível. Andar de carro seria mais barato e isso nos economizaria dinheiro, mas seria um dinheiro que quase certamente gastaríamos em outra coisa. Poderia ser gasto para andar mais de carro, para comprar um veículo maior ou mais equipamentos famintos de energia elétrica — talvez um maior refrigerador com freezer. Mas seja como for que gastarmos o dinheiro economizado por motores automobilísticos mais eficientes, nosso consumo adicional provavelmente será acrescido às emissões de carbono em outro lugar e perderá grande parte do benefício ambiental original. A mesma lógica se aplica em quase todas as áreas. Máquinas de lavar mais eficientes energeticamente ou casas com melhores isolamentos térmicos ajudarão o meio ambiente; mas também abaixam nossas contas, e isso imediatamente significa que perdemos parte do ganho ambiental gastando em alguma outra coisa o dinheiro economizado. Como os carros se tornaram mais eficientes em termos de gasto de combustível, nós escolhemos andar mais. Como as casas ganharam melhor isolamento térmico, nós elevamos o padrão de aquecimento e, como trocamos as lâmpadas por outras mais econômicas, é provável que comecemos a pensar que não importa muito se as deixarmos acesas.

Como as inovações de economia energética significam que podemos comprar mais, elas são como o crescimento econômico. Embora nos proporcionem padrões mais elevados para qualquer nível de emissões de carbono, grande parte da economia é engolida pelos próprios padrões de vida mais altos. A única questão é: quanto dos benefícios da tecnologia ecológica acaba sendo engolido pelo maior consumo. À medida que os países adotaram carros menores, mais eficientes energeticamente, as emissões nacionais geralmente continuaram a subir, apesar da crescente eficiência.

UMA ECONOMIA DE ESTADO ESTÁVEL

Está claro que devemos andar na direção de algo mais como a economia de estado estável proposta pelo economista Herman Daly.[467] Mas como fazer isso quando, como disse Murray Bookchin — o ecologista social e filósofo libertário americano —, "o capitalismo não pode ser 'persuadido' a limitar o crescimento, assim como o ser humano não pode ser 'persuadido' a parar de respirar"?[468] Quando Daly elaborou o conceito de economia de estado estável, as pessoas estavam mais interessadas em utilizar os recursos minerais e agrícolas limitados da terra do que preocupadas com o aquecimento global. Ele sugeriu que tivéssemos cotas físicas de extração dos minerais e que o crescimento do uso dos recursos mundiais devia ser evitado. Limitar a produção mundial de petróleo e carvão poderia ser um modo muito eficaz de desacelerar o aquecimento global. Inovação e mudança iriam então se concentrar no uso mais eficiente dos recursos limitados para o benefício da humanidade.

Pense no padrão de vida material proporcionado pelo estoque de bens em uso, em oposição ao fluxo do consumo ao desperdício. Quanto mais rapidamente as coisas se desgastam e necessitam de substituição, mais contribuem para o desperdício. Se o padrão material depende dos bens que temos em uso, então cada coisa que se desgasta é uma subtração disso. Em vez de servirmos como consumidores, ajudando os negócios a manterem as vendas em alta, necessitamos de incentivos para produzir e manter bens duradouros de todos os tipos.

Claramente, qualquer sistema que encare esses problemas precisa tratar de modo diferente os países ricos e os pobres. A Índia produz 1,6 tonelada de carbono por pessoa anualmente, e não pode ser tratada da mesma forma que os Estados Unidos, que produzem 24 toneladas por pessoa. Qualquer sistema regulatório precisa incluir políticas de "contração e convergência" ou de "cap and share".* As duas abordagens propõem uma contração anual nos níveis de emissão permitidos, levando a uma convergência final de emissões iguais *per capita* em todo o planeta.

Seria um erro pensar que uma economia de estado estável significaria estagnação e falta de mudança. Paradoxalmente, a transição para uma economia de estado estável criaria enormes demandas de inovação e mudança. Tentar tirar mais partido dos recursos limitados disponíveis sempre será um motor para a inovação e mudança técnica.[469] Fixar limites no consumo de recursos não reduziria a velocidade da descoberta científica e da inovação técnica. Na verdade, como veremos no próximo capítulo, os contínuos e rápidos avanços tecnológicos, como digitalização, comunicação eletrônica e sistemas virtuais, que criam setores "sem peso" na economia, facilitam muito a combinação de altos padrões de vida com baixo consumo de recursos e emissões.

Frequentemente é sugerido que invenção e inovação andam juntas da desigualdade e dependem da promessa de incentivos financeiros individuais. Entretanto, a Figura 15.3 sugere o contrário — que sociedades mais igualitárias tendem a ser mais criativas. Isto demonstra que há uma tendência a haver mais concessões de patentes *per capita* nestas comunidades do que nas menos igualitárias. Se isso ocorre porque o talento se desenvolve menos ou é desperdiçado em sociedades mais desiguais, ou se a hierarquia gera conformismo, depende do ponto de vista de cada um. Mas isso sugere que maior igualdade não produz sociedades menos adaptáveis.

---

* "Cap and share" refere-se ao conceito mencionado anteriormente relacionado ao banco de carbono, ou seja, a cotização e negociação das emissões de carbono. *(N. da T.)*

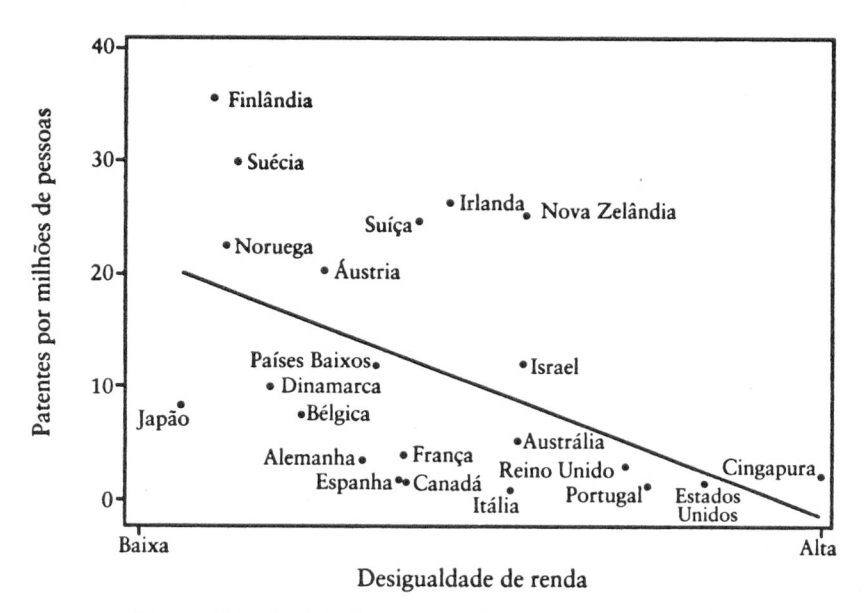

Figura 15.3 *Sociedades mais igualitárias são mais inovadoras.*[470]

DESIGUALDADE E CONSUMO

O segundo elo entre uma maior igualdade e a prevenção do aquecimento global envolve o consumismo, que tanto dificulta a contenção da atividade econômica dentro de níveis sustentáveis. Nosso vício de comprar e gastar faz muita gente pensar que já perdemos a batalha contra o aquecimento global. Assim como a força de nossas tendências consumistas está nos levando a enfiar a cabeça num buraco como avestruz, negando as implicações de nosso estilo de vida, ela também reduziu os governos a um estado de paralisia; de excessivo nervosismo em relação ao eleitorado, para implementar quaisquer política capaz de apresentar uma proposta inovadora. Como faremos para transformar essa cultura e possibilitar a redução de ameaça ao planeta?

Uma maior igualdade nos dá a solução decisiva para reduzir a pressão cultural ao consumo. Num período em que as pessoas pareciam estar menos cautelosas, Henry Wallich, ex-regulador do Federal Reserve [o Banco Central dos Estados Unidos] e professor de economia em Yale, disse: "O crescimento é um substituto para a igualdade de renda. Enquanto houver crescimento, há esperança e isso torna as grandes diferenças de renda toleráveis."[471] Mas essa relação é de mão dupla. Não se trata simplesmente de o crescimento ser um substituto para a igualdade, mas, sim, que uma maior igualdade torna o crescimento muito menos necessário. É uma precondição para a economia de estado estável.

Grande parte do que impulsiona o consumo é a competição por status. É provável que a maioria das pessoas sinta isso menos como competitividade e mais como um tipo de defesa: se não elevarmos nosso padrão, ficamos para trás e tudo vai começar a parecer desmazelado, gasto e desatualizado. Robert Frank, economista da Cornell University, descreveu como os padrões são inerentemente relativos e envolvem comparações com os outros. Em seu livro *Falling Behind: How Rising Inequality Harms the Middle Class* [*Ficar para trás: como a crescente desigualdade prejudica a classe média*], ele coloca da seguinte forma:[472]

> Ninguém nega que um carro de 1950, tido como um veículo de rápida aceleração, pareceria lento para a maioria dos motoristas atuais. De modo similar, uma casa de dado tamanho provavelmente será vista como espaçosa quanto maior for em relação a outras casas da mesma localidade. E um traje adequado para uma entrevista é aquele que se compare favoravelmente com os usados pelos outros candidatos ao mesmo emprego. Em resumo, a avaliação sempre e em todo lugar depende do contexto.[473]

O problema é que produtos de segunda classe nos fazem parecer pessoas de segunda classe. Em comparação com os ricos e famosos, o resto parece de segunda classe e inferior e, quanto maiores as diferenças, mais perceptíveis e importantes os ricos se tornam. Como a desigualdade aumenta a competição por status, precisamos lutar com mais garra para nos manter por cima. Mesmo que os ricos possam acreditar que seu desejo de gastar enormes somas num relógio, num carro ou em algum ou outro item de luxo reflete a apreciação que eles têm pela "atenção ao detalhe" ou pela "arte do design", o que realmente faz a diferença é o que suas aquisições dizem sobre eles em relação ao resto das pessoas. Como todo publicitário sabe, aquilo serve para mantê-los à parte como pessoas de distinção — distinção social. Só as melhores pessoas podem ter nada além do melhor.

O outro lado dessa moeda é que o consumo dos ricos reduz a satisfação de todas as outras pessoas com o que elas possuem, mostrando-as como inferiores — como menos do que o melhor. Em seu livro *Happiness* [*Felicidade*], Richard Layard, fundador do Centro para o Desempenho Econômico da London School of Economics, tratou essa insatisfação como o custo que os ricos impõem ao resto da sociedade.[474] Como se fosse a fumaça que sai da chaminé de uma fábrica, ele calculou o custo que os ricos deviam pagar por isso. Entretanto, ele não estava ciente dos efeitos da desigualdade sobre os problemas sociais e de saúde que nós descrevemos. Ele baseou seus cálculos unicamente na perda da satisfação, ou felicidade, para o resto da população e concluiu que uma taxa de 60% de imposto dos mais favorecidos poderia anular a perda (supostamente isso devia ficar acima das taxas de imposto pagas pelas outras pessoas).

A ideia de que a desigualdade amplia a pressão competitiva para o consumo não é só especulativa. Ela tem efeitos observáveis. Ao mesmo tempo que a desigualdade tem aumentado nos Estados Unidos e na Grã-Bretanha, tem havido um declínio de longo prazo na poupança e um aumento de dívidas. Robert Frank aponta que em 1998, mesmo que a economia americana estivesse florescendo como nunca antes, uma entre 68 famílias registrava falência — quatro vezes a taxa no início da década de 1980, antes dos aumentos mais pronunciados na desigualdade.[475] Até 2002, a dívida de cartões de crédito era de US$ 9 mil em média por possuidor de cartão. Observando as mudanças ao longo de um período de dez anos, Frank descobriu que as taxas de falência subiram mais nas partes dos Estados Unidos onde a desigualdade também tinha aumentado.[476;477] O crescimento da desigualdade dificultou a manutenção relativa do padrão de vida em relação ao dos outros. A crescente pressão para consumir levou as pessoas a poupar menos e pedir mais empréstimos, a tal ponto que a expansão da demanda consumista tornou-se um dos principais impulsionadores do longo ciclo de prosperidade econômica e especulação financeira que acabou em crise. Isso se encaixa bem com o fato de que os gastos em publicidade também variam com a desigualdade — em países mais desiguais, uma maior proporção do PIB é gasta em publicidade, e Estados Unidos e Nova Zelândia gastam o dobro de Noruega e Dinamarca.

Outro indicador de como a desigualdade aumenta a pressão sobre o consumo vem do modo como as horas de trabalho variam em diferentes países em relação à desigualdade. Um estudo das horas de trabalho em países da OCDE realizado por Sam Bowles, professor emérito de economia da University of Massachusetts, não só mostrou que países mais desiguais tendem a ter horários mais longos de trabalho, como também que as diferenças em horas de trabalho mudavam alinhadas com as mudanças na desigualdade ao longo de várias décadas.[478] A relação entre uma maior desigualdade e horário mais longo da jornada de trabalho é mostrada na Figura 15.4. As pessoas em países mais desiguais trabalham o equivalente a dois ou três meses a mais por ano. Uma perda do equivalente a férias extras de dois ou três meses é um preço alto a pagar pela desigualdade.

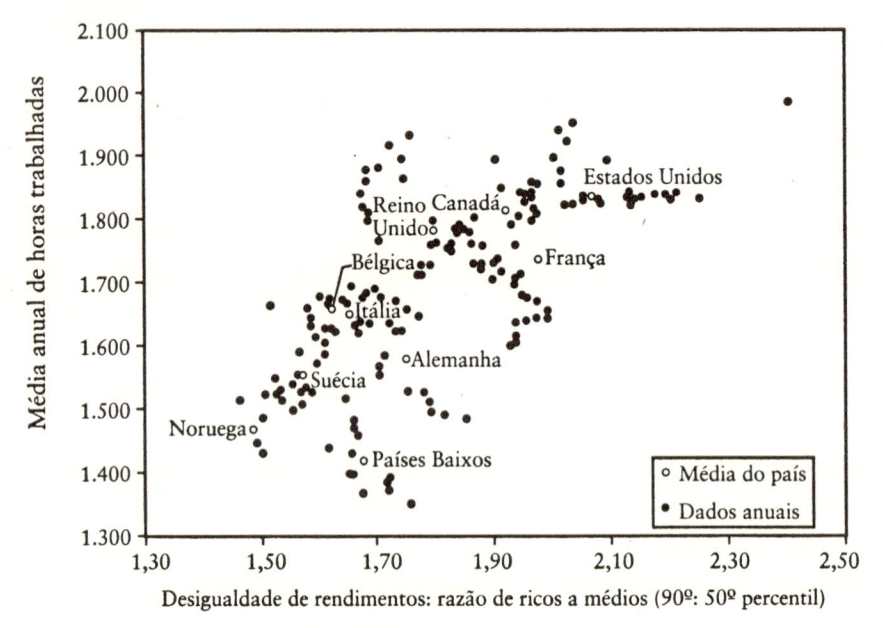

Figura 15.4 *As pessoas trabalham mais nas sociedades mais desiguais.*[479]

Outro estudo, dessa vez usando dados dentro dos Estados Unidos, descobriu que mulheres casadas tinham mais propensão a sair para trabalhar se seus cunhados ganhassem mais do que o seu próprio marido.[480] Um estudo similar sugeriu que as decisões tomadas por mulheres casadas em relação a assumir um trabalho assalariado também são afetadas por desigualdades

menos pessoais: o estudo observou mulheres casadas com homens empregados e descobriu que elas tinham mais propensão a assumir um emprego se
morassem numa área em que as rendas masculinas fossem mais desiguais.[481]

As demonstrações que descrevemos a partir de uma série de diferentes
fontes sobre poupanças, dívidas, taxas de falência, gastos em publicidade e
horas de trabalho, todas concorrem para a visão de que a desigualdade realmente aumenta a pressão consumista. Se importante parte do consumismo
é impulsionada pela imitação, competição por status ou simplesmente pela
obrigação de correr para se manter alinhado aos outros e, basicamente, tem a
ver com aparências e posição, isso explicaria por que continuamos a perseguir
o crescimento econômico apesar de sua aparente falta de benefícios. Se todos
querem mais dinheiro porque ele melhora a autoimagem e o status em relação aos outros, então o desejo de cada pessoa de ser rico não combina com o
desejo social de crescimento econômico. O quanto o desejo das pessoas por
mais renda é realmente um desejo por status mais elevado foi demonstrado
num simples experimento. Perguntaram às pessoas se elas preferiam ser menos
favorecidas do que outras numa sociedade rica ou ter uma renda muito menor
numa sociedade mais pobre, mas serem mais favorecidas do que outras. Dos
participantes, 50% abririam mão de metade de sua renda real se pudessem
viver numa sociedade em que fossem mais favorecidos do que os outros.[482]
Isso mostra o quanto valorizamos o status e explica por que (como vimos no
Capítulo 2) as diferenças de renda dentro das sociedades ricas importam muito mais do que as diferenças de renda entre elas. Uma vez tendo o suficiente
para as necessidades da vida, são as relatividades que importam.

Quando Bowles e Park demonstraram a relação entre desigualdade e
horas de trabalho (Figura 15.3), citaram Thorstein Veblen, que disse: "O
único meio viável de alguém imprimir sua capacidade pecuniária aos observadores antipatizantes de sua vida cotidiana é uma demonstração persistente da capacidade de pagar." *Teoria da classe ociosa*, de Veblen, publicado
em 1899, foi o primeiro grande trabalho sobre a relação entre consumismo
e estratificação social. Foi ele que introduziu o termo "consumo conspícuo"
e enfatizou a importância da "emulação pecuniária" e das "comparações
discriminatórias".[483] Como a indústria publicitária joga com as inseguranças em relação a como somos vistos, ela nos deixa mais conscientes da

psicologia do consumo. Mas Veblen escreveu isso muito antes de sermos bombardeados pela propaganda. Portanto, em vez de culpar inteiramente a publicidade por esses problemas, devíamos reconhecer que ela simplesmente amplia e se utiliza das vulnerabilidades que, de qualquer modo, já estão lá. Agora os economistas usam o termo "efeito Veblen" para se referir ao modo como os produtos são escolhidos pelo seu valor social, e não por sua utilidade. E pesquisas confirmam que a tendência de procurar por bens que conferem status e prestígio realmente é mais forte para categorias de produtos que tenham mais visibilidade.

Com excessiva frequência, o consumismo é encarado como se refletisse um fundamental egoísmo material e desejo de posses da humanidade. Contudo, isso não poderia estar mais distante da verdade. Nossa necessidade quase neurótica de comprar e consumir é, em vez disso, um reflexo do quanto profundamente sociais nós somos. Vivendo em comunidades desiguais e individualistas, usamos as posses para nos mostrar sob um bom foco, para dar uma impressão positiva e para evitar parecermos incompetentes ou inadequados aos olhos alheios. O consumismo mostra como somos poderosamente afetados uns pelos outros. Uma vez tendo o suficiente para o conforto, as posses importam menos e são cada vez mais usadas pelo que dizem sobre seus donos. Idealmente, nossas impressões uns dos outros dependeriam das interações frente a frente no curso da vida comunitária, em vez de nossa aparência externa e da ausência de conhecimento real uns dos outros. Esse ponto nos faz voltar à discussão do Capítulo 4, à demonstração de que a desigualdade enfraquece a vida comunitária. Este ponto e o crescimento do consumismo estão relacionados.

Se, para cortarmos as emissões de carbono, precisamos limitar seriamente o crescimento econômico nos países ricos, então é importante saber que isso não significa sacrificar melhorias na verdadeira qualidade de vida — aquela mensurada pela saúde, felicidade, amizade e vida comunitária, que é o que realmente importa. Entretanto, em vez de simplesmente ter menos de todos os produtos luxuosos que nos impedem de reconhecer nossas necessidades mais fundamentais e as substituem, a desigualdade precisa ser reduzida simultaneamente. Precisamos criar sociedades mais igualitárias, capazes de satisfazer nossas verdadeiras necessidades sociais. Em vez de percebermos as políticas que lidam com o aquecimento global simplesmente como meios de imposição de limites às possibilidades de satisfação material, elas precisam ser acopladas a políticas igualitárias que nos conduzam a maneiras novas e mais fundamentais de melhorar a qualidade de nossas vidas. Isso tem a ver com uma mudança histórica das fontes de satisfação humana, do crescimento econômico para uma sociedade mais sociável.

Rajendra Pachauri, ao receber o Prêmio Nobel da Paz de 2007, fez um discurso em favor do Painel Intergovernamental de Mudanças Climáticas que ele preside. Descreveu como o aquecimento global reduziria a produção agrícola e os suprimentos de água e alimentos para centenas de milhões de pessoas, o que levaria a um crescente conflito. (Quando ele falou, a contribuição das plantações para os biocombustíveis na elevação dos preços dos alimentos ainda não tinha sido claramente reconhecida.) A tarefa de responder adequadamente à ameaça do aquecimento global deve ser vista como maior e mais importante do que cada um de nós. Mas se todos — indivíduos, empresas, nações inteiras — sentem que é quase uma obrigação contornar as regulamentações, explorar quaisquer brechas possíveis (como há muito tem sido a norma com os impostos), então a tarefa está perdida. Enquanto escrevemos, navios-tanque de biocombustível atravessam o Atlântico, da Europa para os Estados Unidos, e voltam só para pegar o subsídio pago pelo governo norte-americano quando pequenas quantidades de petróleo são acrescentadas ao biocombustível, o que podia muito bem ter sido feito na Europa sem que cada litro cruzasse o Atlântico duas vezes. Reverter o efeito pretendido das regulamentações para ganho privado é uma expressão do domínio de atitudes que dificultam muito uma resposta adequada à ameaça do aquecimento global.

O enfrentamento das mudanças climáticas depende da cooperação mundial como nunca antes: não conseguiremos êxito se, na prática, todos estiverem tentando burlar as regulamentações. Essas trapaças e a busca de interesses restritos de curto prazo tornam-se não só antissociais como anti-humanitárias. As políticas para reduzir as emissões de carbono dependem de um senso mais amplo de responsabilidade social, de cooperação e força pública. Aqui novamente demonstrações sugerem que comunidades mais igualitárias se saem melhor. Já vimos (Capítulo 4) que elas são socialmente mais coesas e possuem níveis mais altos de confiança que fomentam a força pública. Também vimos como isso se transfere para as relações internacionais: sociedades mais igualitárias contribuem para o desenvolvimento e têm melhor pontuação no Índice de Paz Global. Uma indicação de que um maior senso de responsabilidade pública em países mais igualitários pode afetar o modo como as sociedades respondem às questões ambientais está na Figura 15.4, que revela que elas tendem a reciclar uma maior proporção de seus refugos. Os dados vêm da Planet Ark Environmental Foundation [Fundação Ambiental Arca do Planeta], da Austrália.[484] Mostramos o ranking de cada país para a proporção do refugo reciclado.

Outra indicação de um senso mais forte de responsabilidade pública vem de um levantamento internacional das opiniões de líderes empresariais. Como nossos colegas Roberto De Vogli e David Gimeno observaram, os líderes empresariais em países mais igualitários posicionam-se mais a favor de que seus governos cumpram os acordos ambientais internacionais em relação aos países mais desiguais.[485;486]

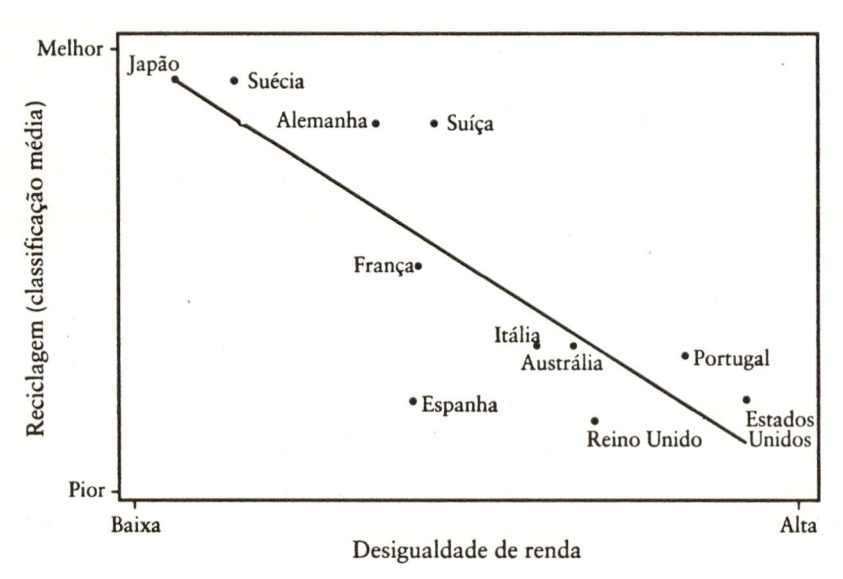

Figura 15.5 *Países mais igualitários reciclam maior proporção de lixo.*

Então, em vez de presumir que estamos presos a níveis de consumismo egoísta, individualismo e materialismo que irão derrotar quaisquer tentativas de desenvolver sistemas econômicos sustentáveis, precisamos reconhecer que eles não são expressões fixas da natureza humana. Em vez disso, refletem as características das sociedades em que nos encontramos e variam até de uma rica democracia de mercado para outra. No plano mais fundamental, a redução da desigualdade trata de deslocar o peso da balança de um consumismo desagregador, de interesse próprio, impulsionado pela competição por status, para uma sociedade mais socialmente integrada e afiliada. Uma maior igualdade pode nos ajudar a desenvolver o etos público e o compromisso de trabalho em conjunto de que necessitamos se quisermos solucionar os problemas que nos ameaçam a todos. Como bem sabiam os líderes da época da guerra, se uma sociedade tiver de trabalhar conjuntamente, as políticas devem ser encaradas como justas e as diferenças de renda devem ser reduzidas.

CAPÍTULO 16

A construção do futuro

> Liberar as corporações e deixar que a força motriz do lucro corra desenfreada não é a receita para um mundo mais habitável.
>
> Tom Scholz, entrevista no Sierra Club

Antes de discutir o que devia ser feito para tornar nossas sociedades mais igualitárias, vale apontar que o foco da atenção nas desigualdades dentro delas não significa ignorar os contrastes internacionais entre países ricos e pobres. As demonstrações sugerem fortemente que estreitar as diferenças de renda dentro dos países ricos os tornará mais sensíveis às necessidades dos países mais pobres. No Capítulo 4 mostramos (Figura 4.4) que países mais igualitários tendem a ceder uma proporção mais alta de sua renda nacional para ajuda externa. Em comparação com os países mais desiguais, alguns dos mais igualitários dedicam quatro vezes a proporção de sua renda nacional à ajuda. Esses também parecem ser mais beligerantes no plano internacional. A desigualdade está relacionada a piores pontuações no Índice de Paz Global, que combina medidas de militarização com outras de conflito doméstico e internacional, além de segurança, direitos humanos e estabilidade. (Este índice é produzido por Visions of Humanity em conjunto com a Economist Intelligence Unit [Unidade de Inteligência da revista *The Economist*].[487]

Se nos concentrarmos no papel desempenhado pelos países nos acordos comerciais internacionais ou, por exemplo, em negociações sobre redução das emissões de carbono, descobrimos que países mais igualitários tomam posições sobre essas questões que tendem a ser mais benéficas para os países em desenvolvimento.

Tudo indica que as desigualdades que afetam o modo como as pessoas tratam umas às outras dentro de suas próprias sociedades também influem nas normas e expectativas que elas têm no que diz respeito às questões internacionais. Crescer e viver numa sociedade mais desigual afetam as suposições das pessoas sobre a natureza humana. Já vimos como a desigualdade afeta a confiança, a vida comunitária e a violência e como — através da qualidade do início da vida — predispõe as pessoas a serem mais ou menos associativas, empáticas ou agressivas. Obviamente, essas questões estão estreitamente relacionadas à crescente competição por status e ao consumismo que discutimos no capítulo anterior. Indicam que, se pusermos nossa própria casa em ordem, poderemos olhar de modo mais solidário para os países em desenvolvimento.

UMA TRANSFORMAÇÃO

Mas como podemos tornar nossas sociedades mais igualitárias? Falar desse assunto preocupa algumas pessoas. Tentando apaziguar esses temores, numa conferência sobre desigualdades de saúde na Associação de Políticas Nacionais em Washington, um de nós apontou que como todos os dados eram de ricas democracias de mercado desenvolvidas e, como só estávamos falando sobre as diferenças entre elas, certamente não seria necessária uma revolução para acertar as coisas. Mas quando *Não é preciso fazer uma revolução* apareceu como título no folheto da associação para a conferência, foi surpreendente saber que algumas pessoas acharam que seria preciso.

Como foi dito por Bill Kerry, um dos fundadores do Equality Trust [Confiança na Igualdade], se quisermos estreitar as diferenças de renda enquanto atuamos eficazmente contra o aquecimento global, o que é preciso ser feito equivale a uma *transformação* de nossas sociedades, do tipo que não será promovida por uma ruptura com os métodos pacíficos, mas que é improvável de ser alcançada por reformulações através de opções políticas mínimas. Um movimento social para maior igualdade precisa ser direcionado com um senso sustentável e uma visão de como se pode alcançar as necessárias mudanças econômicas e sociais. O fundamental é planejar minuciosamente modos pelos quais a nova sociedade possa começar a crescer internamente e lado a lado com as instituições que ela pode gradativamente marginalizar e substituir. É disso que realmente se trata a realização de mudanças. Em vez de simplesmente esperar que o governo faça isso por nós, nós precisamos começar fazendo em nossas vidas e nas instituições de nossa sociedade imediatamente. Não é de uma grande revolução que precisamos, mas de uma corrente contínua de pequenas mudanças numa direção consistente. E, para darmos a nós mesmas uma chance de fazer as necessárias transformações da sociedade, precisamos nos lembrar de que a meta é formar uma sociedade mais sociável, o que significa evitar distúrbios e transtornos que aumentem a insegurança e o medo e muitas vezes acabem num desastroso retrocesso. A meta é aumentar a sensação de segurança das pessoas e reduzir o medo; fazer todas sentirem que uma sociedade mais igualitária não só tem lugar para elas, mas também que oferece uma vida mais gratificante do que é possível numa sociedade dominada por hierarquia e desigualdade.

No passado, quando os argumentos sobre desigualdade se centravam nas privações sofridas pelos pobres e no que é justo, reduzir a desigualdade dependia de assustar ou persuadir os mais favorecidos a adotar uma atitude mais altruísta em relação aos pobres. Mas agora sabemos que a desigualdade afeta tantos resultados de um lado a outro da maior parte da sociedade, que tudo isso mudou. Todos nós compartilhamos um interesse no projeto de transformação da sociedade. Uma maior igualdade é a passagem para uma sociedade capaz de melhorar a qualidade de vida para todos e um passo essencial no desenvolvimento de um sistema econômico sustentável.

Muitas vezes é dito que uma maior igualdade é impossível porque as pessoas não são iguais. Mas isso é uma confusão: igualdade não significa sermos a mesma coisa. Quando o princípio da igualdade diante da lei foi estabelecido, as pessoas não se transformaram na mesma coisa. Reduzir a desigualdade material também não significa — como afirmam com frequência — baixar o padrão ou nivelar tudo por uma mediocridade comum. A riqueza, especialmente a herdada, é um fraco indicador de mérito genuíno — daí a afirmação de George Bernard Shaw de que "Só onde há igualdade pecuniária a distinção do mérito pode se sobressair".[488] Talvez isso faça da Suécia uma morada especialmente adequada para o sistema do Prêmio Nobel.

Não vemos indicação de que o padrão das realizações intelectuais, artísticas ou esportivas seja mais baixo nas sociedades mais igualitárias de nossa análise. Na verdade, fazer uma grande parte da população se sentir desvalorizada com certeza só pode baixar o padrão. Embora uma equipe de beisebol não represente um microcosmo da sociedade, um estudo com mais de 1.600 jogadores em 29 equipes durante um período superior a nove anos descobriu que os principais times da liga de beisebol com as menores diferenças de renda entre os jogadores se saem significativamente melhor do que os mais desiguais.[489] E vimos em capítulos anteriores que países mais igualitários têm níveis gerais mais altos de realizações em diversos campos.

O FRACASSO DA POLÍTICA

A política costumava ser vista como um modo de melhorar o bem-estar social e emocional das pessoas através da mudança de suas circunstâncias. Mas nas últimas décadas a totalidade do quadro se perdeu. Atualmente as pessoas estão mais propensas a ver o bem-estar psicossocial como dependente do que pode ser feito no plano individual, com o uso da terapia cognitiva comportamental — uma pessoa por vez —, pelo apoio à primeira infância ou na reafirmação dos valores religiosos e "familiares". Entretanto, agora está claro que a distribuição de renda provê aos formuladores de políticas um modo de melhorar o bem-estar psicossocial de populações inteiras. Os políticos têm uma oportunidade de fazer um bem genuíno.

As tentativas de lidar com problemas sociais e de saúde através da provisão de serviços especializados comprovaram ser dispendiosas e, na melhor das hipóteses, só parcialmente eficientes. As avaliações de alguns dos mais importantes serviços, como o policial e de atendimento à saúde, sugerem que eles não estão entre os principais determinantes dos níveis de criminalidade ou padrões de saúde da população. Outros, como assistência social ou reabilitação da dependência química, existem para tratar — ou beneficiar — os vários grupos de clientes, e não para diminuir a predominância dos problemas sociais. Nas ocasiões em que as agências governamentais anunciam políticas ostensivamente direcionadas à prevenção — de diminuição da obesidade, redução das desigualdades em saúde ou tentam diminuir as taxas de abuso de drogas —, essas geralmente parecem mais ser uma forma de camuflagem política, uma exibição de boas intenções, planejadas para dar a impressão de um governo que age para atacar os problemas. Às vezes, quando é óbvio que as políticas não atingirão seu objetivo, nos perguntamos se mesmo aqueles que as formularam, ou que escreveram os documentos oficiais, chegaram a acreditar que suas propostas teriam algum impacto mensurável.

Tomemos as desigualdades de saúde, por exemplo. Há dez anos que a Grã-Bretanha tem um governo comprometido com o estreitamento da diferença entre ricos e pobres. Em um estudo dissociado da política realizado em diferentes países, um especialista holandês disse que a Grã-Bretanha estava mais avançada do que outras nações na implementação de políticas para reduzir as desigualdades em saúde.[490] Entretanto, este tipo de problema tem mostrado pouca ou nenhuma tendência a diminuir no país. É como se todos os conselheiros e pesquisadores soubessem, quase inconscientemente, que as soluções realistas não podem ser seriamente consideradas.

Em vez de reduzir a própria desigualdade, as iniciativas que têm em vista atacar os problemas sociais e de saúde quase sempre são tentativas de romper os elos entre a desvantagem socioeconômica e os problemas que ela produz. A esperança não declarada é que as pessoas — especialmente os pobres — possam continuar nas mesmas circunstâncias, mas que de algum modo não irão mais sucumbir à doença mental, à gravidez na adolescência, ao fracasso escolar, à obesidade ou às drogas.

Cada problema é visto como se necessitasse de sua própria solução — sem relação com os outros. As pessoas são incentivadas a fazer exercício físico, a não fazer sexo desprotegido, a dizer não às drogas, a tentar relaxar, a equilibrar vida e trabalho e a dar a seus filhos tempo "qualitativo". A única coisa que muitas dessas políticas realmente têm em comum é que geralmente parecem se basear na crença de que os pobres precisam ser ensinados a ser mais sensatos. O fato claramente óbvio de que esses problemas têm raízes comuns na desigualdade e na privação relativa desaparece de vista.

TENDÊNCIAS EM DESIGUALDADE

Nas últimas décadas a desigualdade aumentou em muitos, mas não em todos, países desenvolvidos. As Figuras 16.1 e 16.2 mostram a ampliação da diferença entre as rendas de ricos e pobres na Grã-Bretanha e nos Estados Unidos num período de 30 anos. Os números mostram a maior diferença entre os 10% do topo e da base em cada país. Os dois países tiveram elevações bem acentuadas na desigualdade, chegando ao auge no início da década de 1990, e pouco mudaram desde então. Nos dois países a desigualdade permanece em níveis quase sem precedentes desde o início dos registros — certamente mais elevada do que estava várias gerações atrás. Poucos outros países desenvolvidos mostraram aumentos tão acentuados da desigualdade durante esse período, mas só uns pouquíssimos — como a Dinamarca — parecem ter ficado imunes por completo. Outros, como a Suécia, que os evitou inicialmente, teve elevações bem inclinadas desde o início da década de 1990.

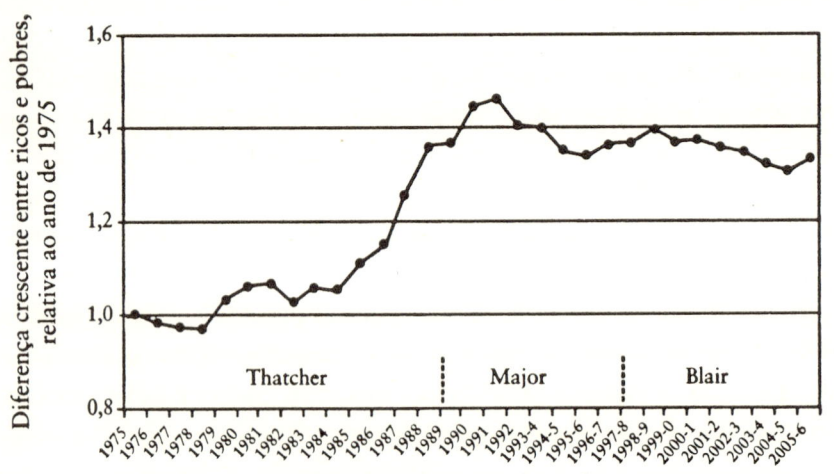

Figura 16.1 *A ampliação da diferença de rendas entre os 10% mais ricos e mais pobres na Grã-Bretanha de 1975 (=1,0) até 2005-6.*

Os números que mostram a crescente desigualdade de renda na Grã-Bretanha e nos Estados Unidos não deixam espaço para dúvida de que as diferenças de rendas realmente mudaram substancialmente ao longo do tempo e que agora não estão muito longe de ser 40% maiores do que eram em meados da década de 1970.

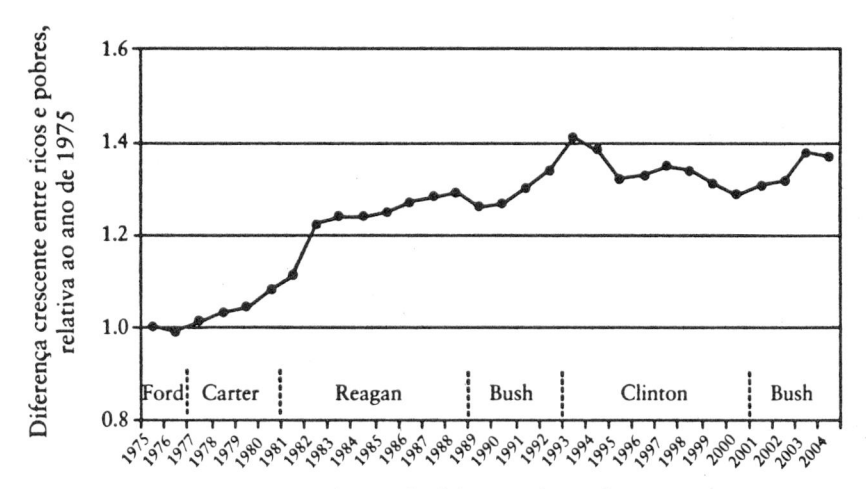

Figura 16.2 *A ampliação da diferença de rendas entre os 10% mais ricos e mais pobres nos Estados Unidos de 1975 (=1,0) até 2004.*

Se as coisas podem mudar tão rapidamente, então há boas razões para se ter confiança de que *podemos* criar uma sociedade na qual a verdadeira qualidade de vida e das relações humanas seja muito mais elevada do que é agora.

Sempre que os governos realmente desejaram aumentar a igualdade, não faltaram políticas para fazê-lo. As demonstrações históricas confirmam a primazia da vontade política. Em vez de uma maior igualdade esperar até que governos bem intencionados achem que podem propiciá-la à sociedade, os governos de modo geral não têm buscado políticas mais igualitárias até achar que sua sobrevivência depende disso. No início da década de 1990, um relatório do Banco Mundial apontou que o rápido desenvolvimento econômico numa série de países do leste asiático estava apoiado pela crescente igualdade.[491] Tentando explicar por que os governos tinham adotado políticas mais igualitárias, o relatório disse que era por terem enfrentado crises de legitimidade e precisarem de apoio popular. Os governos de Taiwan e Hong Kong enfrentaram reivindicações rivais do governo comunista chinês. A Coreia do Sul disputou com a Coreia do Norte, e os governos de Cingapura e das Filipinas, com forças guerrilheiras. Descrevendo a política desses países, John Page, numa publicação de 1994 do Banco Mundial, escreveu:

Mecanismos bem explícitos foram usados para demonstrar a intenção de que todos teriam uma parte da riqueza futura. A Coreia do Sul e Taiwan realizaram abrangentes programas de reforma agrária; a Indonésia usou políticas de preço para o arroz e fertilizantes para elevar as rendas rurais; a Malásia introduziu programas de divisão de riqueza para melhorar o quinhão da etnia malaia frente à etnia chinesa mais bem favorecida; Hong Kong e Cingapura realizaram maciços programas de moradia; em diversas economias, os governos ajudaram na formação de cooperativas de trabalhadores e estabeleceram programas para incentivar pequenas e médias empresas. Qualquer que fosse a forma, esses programas demonstraram que os governos pretendia que todos partilhassem os benefícios do crescimento.[492]

O Japão deve seu status de mais igualitário dos países desenvolvidos em parte ao fato de que todo o sistema fora humilhado pela derrota na Segunda Guerra Mundial e em parte ao apoio para a reconstrução política e econômica — inclusive a homologação de uma nova constituição — proporcionada por conselheiros americanos desinteressados e notavelmente visionários que trabalhavam sob as ordens do general MacArthur.[493]

Outros exemplos de aumento de igualdade têm origens semelhantes. A elaboração inicial de formas de seguridade social de Bismarck foi parte de sua tentativa de ganhar apoio popular para o projeto de unificar os estados germânicos. A Grã-Bretanha se tornou substancialmente mais igualitária durante a primeira e a segunda guerras como parte de uma tentativa de ganhar apoio para o esforço de guerra fazendo as pessoas sentirem que o fardo era igualmente compartilhado. Como Richard Titmuss colocou: "Se a cooperação das massas era considerada essencial [para o esforço de guerra], então as desigualdades tiveram de ser reduzidas e a pirâmide de estratificação social teve de ser achatada."[494]

A maior igualdade da Suécia se originou na vitória eleitoral do Partido Social Democrata em 1932, precedida por violentas disputas trabalhistas em que as tropas abriram fogo contra operários de serrarias. Como primeiro-ministro quase continuamente entre 1932 e 1946, Per Albin Hansson conseguiu, durante o rearmamento sueco e a guerra, levar adiante seu objetivo de fazer da Suécia uma "sociedade sem classes" e "o lar das pessoas".

Voltando agora para os exemplos de lugares onde as diferenças de renda se ampliaram em vez de se estreitarem, o papel central da política não fica menos claro. Nas Figuras 16.1 e 16.2 vimos a ampliação das diferenças de renda na Grã-Bretanha e nos Estados Unidos que ocorreram particularmente durante a década de 1980 e início da de 1990. Paul Krugman, economista detentor do Prêmio Nobel, analisa as razões para a desigualdade crescente nos Estados Unidos. Ele diz que a explicação convencional é que ela foi impulsionada por uma demanda crescente de mão de obra especializada, resultante principalmente da disseminação da informática e pela importação de produtos baratos, como os têxteis, substituindo a mão de obra menos qualificada. Entretanto, ele descarta essas explicações dizendo que as pesquisas econométricas sugerem que são apenas uma pequena parte do quadro. Ele também enfatiza que fatores como esses não explicam as rendas descontroladas do topo — por exemplo, entre os executivos das corporações —, um dos principais traços a provocar o crescimento da desigualdade. E acrescenta que, embora essas forças estejam presentes em todos os países ricos, as diferenças de renda só se ampliaram em alguns deles. A lista de países em que a desigualdade não aumentou durante a década de 1980 e início da de 1990 inclui Canadá, França, Japão, Países Baixos, Espanha e Suíça.[495;496]

Limitando sua atenção aos Estados Unidos, Krugman argumenta que o crescimento da desigualdade foi impulsionado por "mudanças nas instituições, normas e poder político" mais do que pelas forças de mercado. Ele enfatiza o enfraquecimento dos sindicatos, o abandono de acordos de divisão da produtividade, a influência do direito político e as mudanças governamentais em impostos e benefícios. Ele poderia ter acrescentado também o fracasso na manutenção de uma legislação de salários mínimos adequados.

Apesar das diferenças substanciais entre os países, as tendências básicas na distribuição de renda vista nos Estados Unidos durante todo o século XX podem ser encontradas em muitos países. Depois que as desigualdades atingiram seu ponto máximo logo antes do grande *crash* de 1929, elas diminuíram de modo tão drástico no final da década de 1930 e início da de

1940 que algumas vezes o período é chamado de "Grande Compressão". Então as diferenças de renda permaneceram mais estreitas até o final da década de 1970 ou meados da de 1980. Depois disso elas começaram a se ampliar rapidamente outra vez até logo antes da quebra financeira mais recente, quando alcançaram níveis de desigualdade não vistos desde antes do *crash* de 1929.

A maioria das pesquisas sobre mudanças na distribuição de renda trata de dividir os componentes das tendências gerais: quanto se deve à ampliação das diferenças salariais? Quanto às mudanças em impostos e benefícios? Quanto se deve ao crescimento simultâneo em famílias sem trabalho e nas que têm dois membros inseridos na força de trabalho? E então, descendo para o próximo nível causal, quanto da ampliação das diferenças salariais se deve a sindicatos mais fracos e quanto se deve ao declínio da demanda por mão de obra não qualificada? A verdade, porém, é que as maiores mudanças na distribuição de renda em qualquer país quase nunca são atribuíveis simplesmente ao fato de as forças do mercado influenciarem as taxas salariais. O que vemos em vez disso é algo muito mais próximo das mudanças nas instituições, normas e no uso do poder político descrito por Krugman nos Estados Unidos. As diferenças em ganhos líquidos sobem, as taxas de impostos tornam-se menos progressivas, há cortes de benefícios, a lei é mudada para enfraquecer o poder dos sindicatos e assim por diante. Em conjunto, isso tudo é um sinal bem claro de uma mudança nas normas e na perspectiva política. Se assim não fosse e a ampliação das diferenças salariais fosse politicamente inaceitável, os governos teriam agido para reduzir em vez de aumentar as diferenças. Na Grã-Bretanha isso só foi feito depois da mudança de governo, em 1997.

Pode haver ainda menos dúvidas sobre a natureza política da compressão das diferenças de rendas antes e durante a Segunda Guerra Mundial. Os governos tomaram uma atitude tendo como pano de fundo a Depressão, níveis de desemprego sem precedentes e sinais crescentes de inquietação social, presumidamente acoplada ao medo da disseminação do comunismo. Nos Estados Unidos, o presidente Roosevelt criou o *New Deal* no início da década de 1930 e, com a aproximação da guerra, muitos governos reduziram as diferenças de renda de modo ainda mais drástico.

Se as "forças de mercado" fossem as reais impulsionadoras da desigualdade, é improvável que os acordos pós-guerra tivessem permanecido intactos por três ou quatro décadas antes que as diferenças de renda começassem a se ampliar de novo com mais rapidez na década de 1980. O fim daquele consenso foi claramente relacionado a uma guinada para a direita na opinião política. O triunfo da nova direita exaltando os benefícios do livre mercado e o domínio das economias monetaristas foi cultuado na liderança política de Reagan nos Estados Unidos e de Thatcher na Grã-Bretanha. O comunismo deixara de ser uma ameaça realista e muitos governos privatizaram o que antes eram serviços públicos de propriedade do Estado. Para reconhecermos como as atitudes políticas se precipitam pelo cenário internacional, basta darmos uma olhada no modo como os levantes revolucionários de 1848 sacudiram meia dúzia de países europeus, nos lembrarmos do radicalismo da década de 1960 ou da quantidade de governos comunistas que caíram em 1989-90. Um indicador de que a ampliação das diferenças de rendas ocorrida na década de 1980 resultou de outra dessas mudanças da retórica política é que, com exceção do Canadá, elas aumentaram com mais rapidez nos países de língua inglesa — na Grã-Bretanha, nos Estados Unidos, na Nova Zelândia e na Austrália — acompanhadas em cada caso por uma ideologia de livre mercado e políticas projetadas para criar uma força de trabalho mais "flexível". Ligações linguísticas e ideológicas mais fortes significam que os países de língua inglesa pegaram a doença mais rapidamente uns dos outros e o contágio foi grande.

Um estudo que analisou as tendências da desigualdade durante as décadas de 1980 e 1990, na Austrália, Canadá, Alemanha, Japão, Suécia, Grã-Bretanha e Estados Unidos, descobriu que o fator isolado mais importante foi a afiliação aos sindicatos.[497] Embora altos níveis de desemprego enfraqueçam o poder de barganha do trabalho, nesse estudo, a menor sindicalização foi mais associada à ampliação das diferenças de renda.

Não apenas esse fator, mas também a oferta de representação trabalhista nas empresas provavelmente afetam os acordos salariais. A Comissão da União Europeia requer condições mínimas de representação e consultoria para todas as grandes empresas, mas não fica claro o quanto a prática nos diferentes países se adapta ao que foi pretendido. No Japão, entretanto, geralmente existe uma relação muito mais próxima entre a administração e os sindicatos. Na verdade, a Associação de Empregadores da Federação Japonesa descobriu que 15% dos diretores de grandes corporações eram ex-funcionários de sindicatos.[498] Nas empresas da União Europeia, os salários de cerca de 70% dos empregados são tratados por meio de acordos coletivos em comparação a apenas 15% nos Estados Unidos. O valor para a Grã-Bretanha, de 35%, está entre um dos mais baixos da União Europeia.

DIFERENTES ROTAS PARA UMA MAIOR IGUALDADE

Em vez de sugerir uma rota específica ou conjunto de medidas para estreitar as diferenças de renda, talvez seja melhor salientar que há diversos modos de se chegar ao mesmo destino. No Capítulo 13 mostramos que embora os países mais igualitários geralmente consigam sua maior igualdade através da redistribuição de impostos e benefícios e de um grande sistema previdenciário, nações como o Japão conseguem chegar a baixos níveis de desigualdade *antes* dos impostos e benefícios. As diferenças japonesas de ganhos brutos são menores, portanto há menos necessidade de redistribuição em larga escala. É assim que o Japão consegue ser mais igualitário do que os Estados Unidos, mesmo que suas transferências de seguridade social tenham uma menor proporção do PIB do que as dos Estados Unidos.[499] Embora, entre todos os países incluídos em nossas análises, os Estados Unidos e o Japão estejam em extremidades opostas em termos de desigualdade, a proporção do PIB usada para gastos sociais do governo é pequena nos dois casos: ela chega em segundo e terceiro lugar entre as mais baixas dos países de nossas análises.

Demonstrações similares de que há rotas muito diferentes para uma maior igualdade também podem ser vistas entre os estados americanos.[500] O fardo total de impostos em cada estado como porcentagem da renda não tem nenhuma relação com a desigualdade. Como Vermont e New Hampshire são estados vizinhos da Nova Inglaterra, o contraste entre eles é especialmente surpreendente. Vermont tem a mais alta taxação fiscal entre todos os estados, enquanto New Hampshire tem a segunda mais baixa

— só batida pelo Alasca. Contudo, este apresenta o melhor desempenho do país no Índice de Problemas Sociais e de Saúde, sendo seguido de perto por Vermont, o terceiro melhor. Ambos também se saem bem na questão da igualdade: apesar de sua taxação radicalmente diferente, eles são respectivamente o quarto e o sexto estados mais igualitários. A necessidade de redistribuição depende do quanto as rendas são desiguais antes dos impostos e benefícios.

As duas comparações, a internacional e a dos estados americanos, enviam a mesma mensagem: há rotas bem diferentes para uma maior igualdade, que por sua vez melhora a saúde e reduz os problemas sociais. Como dissemos no Capítulo 13, o que importa é o nível de desigualdade a que se chega, não como se chega. Entretanto, os números trazem um claro aviso para aqueles que queiram colocar um gasto público baixo e os impostos no topo de sua lista de prioridades. Se não se conseguir evitar uma alta desigualdade, serão necessárias mais prisões e mais policiais. Será preciso lidar com taxas mais elevadas de doença mental, abuso de drogas e todos os outros tipos de problemas. Se manter os impostos e os benefícios baixos levar a maiores diferenças de renda, a necessidade de lidar com os males sociais resultantes pode forçar a elevar o gasto público para dar conta.

Talvez haja uma escolha entre usar os gastos públicos para dar conta do prejuízo social onde a desigualdade for alta ou pagar por benefícios sociais reais onde ela for baixa. Um exemplo dessa mudança do peso da balança para a direção errada pode ser visto nos Estados Unidos desde 1980, um período em que a desigualdade de renda aumentou com particular rapidez. Durante esse período, os gastos com prisões aumentaram seis vezes mais rapidamente do que os gastos públicos em educação, e agora uma série de estados chegou ao ponto de estar gastando tanto dinheiro público em prisões quanto em educação superior.[501]

Não só seria preferível viver em sociedades nas quais o dinheiro pudesse ser gasto em educação em vez de em prisões como também onde as medidas para sustentar as famílias na primeira infância significariam que muitos daqueles que estão encarcerados estariam ganhando e pagando impostos, em vez de ser um fardo para os fundos públicos. Como vimos no Capítulo

8, as provisões para a pré-escola podem ser um lucrativo investimento de longo prazo: as crianças que recebem esses serviços são menos propensas a necessitar de educação especial e, quando chegam à vida adulta, têm mais chances de estar ganhando dinheiro e menos de ser dependentes do seguro--desemprego ou de se sujeitar a pagar o alto preço do crime.[502]

É tentador dizer que há dois caminhos bem diferentes para uma maior igualdade, um usando impostos e benefícios para redistribuir a renda dos ricos para os pobres e o outro atingindo menores diferenças nas rendas brutas de mercado antes de qualquer redistribuição. Mas as duas opções não são mutuamente exclusivas ou incoerentes entre si. Na busca de uma maior igualdade, devíamos usar as duas estratégias: depender de uma sem a outra seria lutar contra a desigualdade com um braço amarrado nas costas. Mesmo assim, vale lembrar que o argumento para uma maior igualdade não é necessariamente o mesmo que o argumento para um maior governo. Dado que há diversos modos de diminuir a desigualdade, o que importa é criar a necessária vontade política para buscar qualquer um deles.

VONTADE POLÍTICA

Então, se tudo se resume à política, como podemos criar a vontade política necessária para diminuir as desigualdades de renda? A força da demonstração de que uma sociedade mais igualitária é melhor tem um papel fundamental para mudar a opinião pública. Muitas pessoas têm uma forte crença em maior igualdade e justiça, mas esses valores permanecem sendo intuições particulares que elas não acreditam serem compartilhadas pelos outros. A vantagem do crescente corpo de demonstrações do prejuízo infligido pela desigualdade é que ele transforma o que eram intuições puramente pessoais em fatos publicamente demonstráveis. Isso irá aumentar substancialmente a confiança daqueles que sempre partilharam desses valores e incentivá-los a agir. Além disso, algumas pessoas mudarão de opinião à luz das novas evidências. Muita gente está seriamente preocupada com os vários sinais de fracasso social em nossas sociedades e busca por explicações.

As diferenças políticas são mais um reflexo das diferentes crenças sobre a solução dos problemas do que desacordos sobre quais são os problemas.

Quase todos, independentemente de suas políticas, prefeririam viver numa sociedade mais segura e amistosa. Todos irão concordar que uma boa sociedade teria um menor volume de todos os problemas sociais e de saúde que analisamos. A argumentação, portanto, gira em torno das soluções. Embora sugestões tenham sido feitas de muitas maneiras para ajudar os indivíduos que enfrentam dificuldades específicas, as demonstrações apresentadas neste livro sugerem que uma maior igualdade pode melhorar uma série de problemas de um lado a outro de sociedades inteiras. E, se uma maior igualdade também é um componente importante das políticas que atacam o aquecimento global, há muito que a recomende. Pesquisas recentes na Grã-Bretanha usando grupos específicos demonstram que a compreensão dos efeitos da desigualdade pode exercer poderosa influência sobre as atitudes das pessoas em relação ao problema.[503] Os participantes, representados por todo o espectro social e político, tiveram acesso às evidências fornecidas por este livro sobre como a desigualdade afeta a confiança, o conflito infantil e a doença mental. Assim como acharam as relações intuitivamente plausíveis, eles também se emocionaram com a situação. Muitos dos que anteriormente se opunham a uma maior igualdade mudaram de ideia. Até pessoas que rejeitavam os apelos para uma maior justiça ficaram a favor da igualdade quando esta foi apresentada como parte de uma visão social em torno da melhoria da qualidade de vida para todos. Em termos de criar a necessária vontade política, as evidências foram encaradas como uma das razões mais importantes para reduzir a desigualdade.

Por muitas décadas, as políticas progressistas foram seriamente enfraquecidas pela perda de qualquer conceito de uma melhor sociedade. As pessoas têm defendido melhorias graduais em diferentes áreas da existência, têm feito campanhas contra novas ameaças ao meio ambiente ou pelo melhor tratamento dos que buscam asilo, têm feito passeatas contra intervenções militares. Mas em nenhum lugar existe um movimento popular capaz de inspirar as pessoas com uma visão de como tornar a sociedade um melhor lugar para a vasta maioria viver. Sem essa visão, a política raramente irá provocar mais do que um bocejo.

Contudo, as pessoas realmente querem mudanças. No primeiro capítulo deste livro nos referimos ao relatório de uma pesquisa, *Yearning for*

Balance [*Ânsia por equilíbrio*], mostrando que três quartos ou mais dos americanos sentiam que a sociedade perdeu contato com o que realmente importa.[504] Consumismo e materialismo, eles sentiam, estão superando valores mais importantes ligados a amigos, família e comunidade. Embora os políticos reconheçam um profundo mal-estar firmemente assentado e façam suas campanhas por votos dizendo que são a favor de "mudanças", às vezes parecem ter poucas ideias para realizar alterações que cheguem mais fundo do que as diferenças de imagem pessoal que eles projetam. Não há indícios de que tenham qualquer concepção de como começar a fazer o cotidiano ser mais agradável e gratificante.

Pesquisas de opinião pública sugerem que há um desejo substancial de menores diferenças de renda. Nos últimos 20 anos, na Grã-Bretanha, esses estudos mostram que a proporção da população que acredita que as diferenças de renda são excessivas chega a uma média de 80% e raramente fica abaixo dos 75%, mesmo que a maioria das pessoas subestime a verdadeira proporção das diferenças. Nos Estados Unidos, a Maxwell Poll on Civic Engagement [Pesquisa Maxwell de Engajamento Cívico] de 2005 relatou que mais de 80% da população achavam que a extensão da desigualdade era um problema e quase 60% achava que o governo devia tentar reduzi-la. Pesquisas Gallup realizadas em 1984 e 2003 nos Estados Unidos questionaram se renda e riqueza eram justamente distribuídas ou se deveriam ter uma distribuição mais uniforme. Mais de 60% da população respondeu que deveriam ser distribuídas de modo mais uniforme.[505]

PODER CORPORATIVO — O ELEFANTE NA SALA DE ESTAR

Parte do problema da vontade política é a sensação de que não temos os meios para fazer qualquer diferença. Podemos todos censurar a grande riqueza dos super-ricos, mas o que se pode fazer? Como sugerem as demonstrações, os sindicatos podem fazer alguma diferença, mas é difícil fugir à conclusão de que altos níveis de desigualdade em nossas sociedades refletem a concentração de poder em nossas instituições econômicas. As instituições nas quais somos empregados são, afinal, a principal fonte da desigualdade de renda, onde ela é estabelecida. É lá que o valor é criado e dividido entre as várias gradações de funcionários. E é lá que somos colocados do modo mais explícito numa hierarquia classificatória, superiores e inferiores, patrões e subordinados.

Em 2007, os executivos principais de 365 das maiores empresas dos Estados Unidos recebiam bem mais do que 500 vezes o salário de seu funcionário médio e essas diferenças estão aumentando. Em muitas dessas organizações, o presidente recebe mais por dia do que o funcionário médio num ano. Entre as 500 empresas da revista *Fortune*, a diferença de pagamento agora está dez vezes maior do que era em 1980, quando a grande elevação na desigualdade de renda estava só começando.

Como a relação entre a remuneração de um executivo principal e a de um funcionário médio varia tanto entre as grandes e pequenas empresas e de um setor para outro, fica difícil fazer comparações internacionais. Entretanto, uma tentativa (de fonte respeitável) de fazer um paralelo sugere que a relação de remuneração entre um executivo principal e os operários do setor de produção industrial seja de 16:1 no Japão, 21:1 na Suécia, 31:1 no Reino Unido e 44:1 nos Estados Unidos.[506]

Segundo o levantamento anual dos salários dos executivos principais realizado pelo jornal *Guardian*, a remuneração da diretoria nas cem companhias incluídas no índice da Bolsa de Valores do Financial Times na Grã-Bretanha subiu em anos sucessivos em 16%, 13%, 28% e, mais recentemente (2006-2007), em 37% num período em que a inflação raramente superou os 2%.[507] A remuneração média (incluindo os bônus) dos grandes executivos das principais companhias atualmente fica logo abaixo de 2,9 milhões de libras esterlinas. Após análise de pesquisas empíricas, a Organização Internacional do Trabalho concluiu que há pouca ou nenhuma demonstração de uma relação entre a remuneração dos executivos e o desempenho da empresa e sugeriu que essa situação tende a refletir a posição dominante de barganha dos executivos.[508]

Os altos pagamentos dos executivos superam de longe qualquer número no setor público. Nos Estados Unidos, as 20 pessoas mais bem pagas que trabalham em empresas de capital aberto recebiam quase 40 vezes mais do que as mais bem pagas das instituições filantrópicas e 200 vezes mais do que os 20 generais ou secretários de gabinete com os melhores salários do governo federal.[509]

Parece provável que a desestatização de grandes indústrias e a privatização de vasto número de *friendly societies,** sociedades mutualistas, *building societies,*** *provident societies**** e cooperativas de crédito que eram controladas por seus membros, pode ter sido uma contribuição substancial para ampliar as diferenças de renda mostradas nas Figuras 16.1 e 16.2. Era prática comum que os executivos principais e outros altos diretores recebessem enormes aumentos de salário após a conversão dessas sociedades em empresas lucrativas. Isso provavelmente explica parte do aumento acentuado da desigualdade ocorrido na Grã-Bretanha em meados de 1980, mostrado pela Figura 16.1. A British Telecom foi privatizada em 1983, a British Gas em 1986, seguida por uma avalanche de grandes companhias em 1987. A extensão do alargamento da desigualdade de renda também é coerente com a contribuição das privatizações.

Numerosas companhias atualmente são maiores do que muitas nações. Nas palavras da Conferência das Nações Unidas sobre Comércio e Desenvolvimento (Unctad):[510]

> Das cem maiores entidades econômicas mundiais, 29 são companhias transnacionais (TNCs), segundo uma nova lista da Unctad que classifica os países e as TNCs com base no valor agregado. Das 200 TNCs com os mais elevados patrimônios no estrangeiro em 2000, a Esso é a maior em termos de valor agregado (US$ 63 bilhões). Ela ocupa a 45ª posição na nova lista, tornando-se comparável às economias do Chile ou do Paquistão. A Nigéria fica entre a DaimlerChrysler e a General Eletric, enquanto a Philip Morris se equipara à Tunísia, Eslováquia e Guatemala.

---

* As *friendly societies* oferecem serviços de poupança, investimentos, pensões e seguros. Não havendo acionistas, todo o lucro é repassado para seus clientes. Geralmente oferecem melhor retorno com taxas mais baixas. Assim como todas as outras organizações citadas, são sociedades mutualistas, ou seja, seguem o princípio da mutualidade. *(N. da T.)*

** Originalmente uma instituição cooperativa de poupança, a *building society* hoje rivaliza com todos os serviços de outros bancos, com ênfase no empréstimo imobiliário. *(N. da T.)*

*** *Provident society* é uma organização que dirige uma indústria ou comércio, seja como cooperativa, seja em benefício da comunidade. *(N. da T.)*

Usando diferentes medidas, outras estimativas sugerem que metade das maiores economias mundiais são multinacionais e que a General Motors é maior do que a Dinamarca, que a DaimlerChrysler é maior do que a Polônia, a Royal Dutch/Shell é maior do que a Venezuela e a Sony é maior do que o Paquistão. Como a posse de enormes extensões de terra pela aristocracia, que em 1791 foi atacada por Tom Paine em seu *Os direitos do homem*,[511] esses patrimônios produtivos permanecem efetivamente nas mãos de pouquíssimas pessoas muito ricas e fazem nossas pretensões a uma verdadeira democracia parecerem muito débeis.

Durante a vida de Tom Paine, o sistema capitalista estava em sua infância. Como defensor da igualdade e da democracia, ele concentrou seu ataque na aristocracia fundiária, na nobreza, na monarquia e na posse de enormes faixas de terra. Tudo indica que ele supôs de que o sistema de mercado, na época envolvendo basicamente pequenos comerciantes e artesãos, permaneceria em pequena escala, bastante igualitário e assim compatível com a democracia. Caso tivesse previsto como o desenvolvimento de enormes companhias multinacionais excederia as concentrações de riqueza e o poder não democrático da atualidade, ele certamente as teria incluído em sua mira. É impossível discutir modos de reduzir as diferenças de renda sem discutir o que pode ser feito em relação aos bastiões de riqueza, poder e privilégio.

A experiência fracassada com o capital estatal nas economias planificadas da antiga União Soviética e do leste da Europa pretendia, entre outros objetivos, oferecer uma solução para o problema da crescente concentração do poder produtivo em mãos privadas. Mas concentrar o poder nas mãos do Estado não só às vezes era de uma enorme ineficiência como também convidava à corrupção, levava à negação de importantes liberdades básicas e prejudicava a vida pública. Esse fracasso parece nos ter feito sentir que não há alternativas viáveis ao modelo capitalista padronizado e impediu que pensássemos criativamente sobre outros métodos mais democráticos e igualitários. Nós nos cobrimos com antolhos ao fato de que há muitas alternativas, muitas das quais já são parte de nossas vidas e florescem ao nosso redor.

ALTERNATIVAS

Em seu livro *America Beyond Capitalism: Reclaiming our Wealth, our Liberty and our Democracy* [*A América além do capitalismo: a reivindicação de nossa riqueza, liberdade e democracia*], Gary Alperovitz, professor de economia política da Universidade de Maryland, resume a variedade e escala das alternativas em operação nos Estados Unidos.[512] Ele enfatiza o imenso tamanho do setor filantrópico. Nas 20 maiores cidades americanas, quase 40% das 200 maiores empresas são organizações sem fins lucrativos, como universidades e instituições médicas. Ele menciona as 2 mil companhias de energia elétrica que fornecem eletricidade a 40 milhões de americanos. Como de modo geral não precisam lucrar para pagar seus acionistas, costumam ser mais baratas — em média 11%, segundo Alperovitz — do que as companhias com fins lucrativos e muitas prestam especial atenção à sustentabilidade e ao desenvolvimento de fontes renováveis de energia. Também no plano regional, ele discute as organizações como as mais ou menos 4 mil Companhias de Desenvolvimento Comunitário, que apoiam comunidades locais, estabelecendo projetos de moradia de baixa renda, oferecendo financiamento para negócios que às vezes elas possuem e controlam. Existem 48 mil cooperativas nos Estados Unidos com cerca de 120 milhões de associados. Há cerca de 10 mil uniões de crédito, com ativos que somam US$ 600 bilhões, oferecendo serviços financeiros para 83 milhões de americanos. Cerca de mil companhias de seguro em sistema de mutualidade pertencem a seus segurados e 30% dos produtos hortifrutigranjeiros são vendidos através de cooperativas.

Na Grã-Bretanha, instituições como universidades, hospitais e prefeituras também costumam ser os maiores empregadores locais. Como o atendimento médico e as universidades — e também o resto do sistema educacional — são quase inteiramente públicos, são dirigidos por organismos controláveis pelo público. Os organismos administrativos das universidades de Oxford e Cambridge são democraticamente compostos por todos os membros acadêmicos. Apesar da fuga do dinheiro através dos lucros obtidos com as vendas de *friendly societies* e sociedades mutualistas, ainda existem na Grã-Bretanha 63 *building societies* (com mais de duas mil filiais e 38 mil funcionários), 650 cooperativas de crédito, 70 companhias de seguro mutualistas, assim como 250 *friendly societies*, fornecendo diversos serviços financeiros a seus associados. Havia quase 170 mil associações de caridade com uma renda anual combinada superior a 44 bilhões de libras esterlinas. Em 2007, o Banco Cooperativo, com 40 bilhões em ativos, foi reconhecido como a companhia corporativamente mais responsável do Reino Unido, segundo a Business in the Community [Negócios na Comunidade], uma influente associação beneficente das companhias britânicas. As 6.300 lojas cooperativas recentemente revigoradas ainda detêm uma fatia de mais ou menos 5% de todo o varejo alimentício e continuam sendo os maiores varejistas "de bairro" do Reino Unido, com uma fatia de quase 8% desse mercado. Até mesmo a experiência britânica de indústrias estatais (que no passado cobriam energia elétrica, gás, água, telefonia, ferrovias) não foi nada má. Durante as décadas de 1950 e 1960, como observou o jornalista Will Hutton, a produtividade dessas companhias se igualava ou até superava a do setor privado.[513] Ele diz que elas começaram a ganhar má reputação quando os governos atacaram seus lucros e seguraram os preços baixos para ajudar a reduzir as pressões inflacionárias na economia nacional.

A variedade e a vasta escala dessa experiência organizacional não deixam dúvida de que os negócios lucrativos não são o único modo eficaz de trabalho em conjunto e fornecimento de serviços importantes. É um truísmo — mas mesmo assim importante — dizer que a principal diferença entre os tipos de organização que relacionamos e as empresas lucrativas é simplesmente sua opção fundamental ser ou não a de fazer dinheiro ou de fornecer um serviço enquanto permanece economicamente viável. Embora alguns negócios lucrativos possuam altos padrões éticos, a estrutura institucional (e muitas vezes as pressões estranguladoras do mercado) parece convidá-los a uma relação exploradora com a sociedade — daí talvez a razão para termos necessitado de um movimento de "comércio justo". Supostamente devido à diferença motivacional, há uma forte impressão de que muitas das outras formas de organização permitem que as instituições desenvolvam um serviço ético e vejam seu propósito como a continuação dos interesses ambientais e comunitários. O fato de que os mais altos salários no setor produtivo sejam centenas de vezes mais altos do que os dos políticos, dos integrantes do Judiciário e dos militares sem dúvida é em parte um reflexo da busca pelo lucro a qualquer custo.

O QUE PODE SER FEITO?

Então como as forças geradoras de desigualdade no setor lucrativo podem ser contidas e democratizadas? De que modo podem ser adaptadas para se encaixar na necessidade de tornar nossas sociedades mais igualitárias? O que podemos fazer que não possa ser facilmente revertido por um novo governo com interesses opostos? Ao refletir sobre isso, precisamos ter em mente o momento decisivo a que chegamos na história humana. Como mostramos nos Capítulos 1 e 2, a melhoria da qualidade de vida já não depende de um maior crescimento econômico: a questão agora é comunitária e diz respeito a como nos relacionamos uns com os outros.

Pode-se fazer uma abordagem de ataque às descontroladas taxas de remuneração no topo eliminando as brechas do sistema tarifário, limitando "despesas de negócios", aumentando os impostos da faixa mais alta e até legislando um limite de remuneração nas empresas em alguns múltiplos da média da remuneração mais baixa. Ao mesmo tempo em que tais soluções podem parecer a única opção de curto prazo, elas são muito vulneráveis às mudanças de governo: mesmo que alterações fiscais eficazes fossem planejadas e introduzidas, um novo governo com diferentes afiliações políticas simplesmente poderia revertê-las. Dada a importância de manter os níveis de desigualdade baixos, precisamos encontrar modos de assegurar que uma maior igualdade fique profundamente enraizada no tecido de nossas sociedades e menos vulnerável ao capricho de governos sucessivos. Precisamos direcionar as concentrações de poder para o coração da vida econômica.

Uma abordagem que solucionaria alguns dos problemas é a propriedade compartilhada democraticamente pelos empregados. Não só evita a concentração do poder nas mãos do Estado como, avaliações sugerem, traz grandes vantagens econômicas e sociais em relação a organizações controladas e de propriedade de investidores externos em cujo interesse os trabalhadores atuam.

Em muitos países, os governos usam concessões fiscais para incentivar os sistemas de propriedade compartilhada. Assim o fazem pela suposição de que isso melhora o desempenho da empresa, reduzindo a oposição de interesses entre empregadores e empregados. Atualmente, no Reino Unido, os arranjos de propriedade compartilhada cobrem quase um quarto de todos os trabalhadores e cerca de 15% a 20% de todas as companhias.[514;515] Nos Estados Unidos, a Lei Fiscal de 2001 elevou as vantagens fiscais dos Employee Stock Ownership Plans [Planos de Participação Acionária dos Empregados] (Esops) e agora eles cobrem oito milhões de empregados em dez mil firmas, com uma média de 15% a 20% de propriedade compartilhada pelos empregados.[516]

Entretanto, muitos arranjos de propriedade compartilhada equivalem a pouco mais do que arranjos de incentivo, projetados para deixar os empregados mais complacentes com a diretoria, e às vezes fornecem um pé-de-meia para a aposentadoria. Em consequência, costumam ser vistos como políticas de aparência, em vez de uma solução para transformar a estrutura do emprego. É por isso que as pesquisas mostram que a propriedade compartilhada pelos empregados, por si só, não é suficiente para fazer muita diferença no desempenho da companhia. Patrick Rooney, economista das universidades de Indiana e Perdue, descobriu que o sistema não levava necessariamente ao maior envolvimento dos funcionários com as companhias para as quais trabalhavam.[517] Ele comparou a extensão da participação do empregado numa vasta gama de decisões em companhias com e sem arranjos de propriedade compartilhada. De modo geral, o envolvimento dos funcionários é baixo, mas mesmo em companhias com arranjos de propriedade compartilhada o quadro de colaboradores não costumava ser informado ou consultado e a maioria dessas companhias não capacitava seu pessoal a dar uma colaboração significativa às tomadas de decisão.

A propriedade compartilhada deve estar associada a métodos de gerenciamento mais participativos para que faça uma verdadeira diferença no desempenho da companhia.[518;519] Atualmente existe uma série de estudos amplos e bem controlados — inclusive os que usam dados do desempenho antes e depois para várias centenas de funcionários.[520] Eles demonstram os benefícios econômicos da combinação de propriedade compartilhada e participação dos empregados.[521;522] Os estudos mostram repetidamente que benefícios substanciais em desempenho só ocorrem quando os arranjos de propriedade compartilhada são acompanhados por métodos de gerenciamento mais participativos.[523;524;525;526] Pesquisas em um grande número de companhias britânicas durante a década de 1990 analisaram a propriedade compartilhada, a partilha dos lucros e a participação, e cada um deles faz uma contribuição independente para uma maior produtividade.[527] Uma análise da pesquisa concluiu:[528]

> Podemos dizer com certeza que, quando a propriedade e o gerenciamento participativo são combinados, resultam em ganhos substanciais. A propriedade e a participação isoladamente, no entanto, na melhor das hipóteses, só têm resultados localizados e de curta duração. (p. 11)

> [...] o impacto da participação na ausência da propriedade (compartilhada) é curto [...] A propriedade parece fornecer o adesivo cultural que mantém a continuidade da participação. (p. 3)

Estudos de como o trabalho afeta a saúde apontam para a mesma direção; como vimos no Capítulo 6, as pessoas parecem progredir quando têm mais controle sobre seu trabalho. Esse foi o fator isolado que melhor explicou a diferença de três vezes nas taxas de óbito entre funcionários públicos antigos e novos trabalhando nas mesmas repartições governamentais na Grã-Bretanha.[529] Na prática, é provável que isso tenha muito a ver com uma sensação de autonomia e com não se sentir diretamente subordinado. Agora se compreende que a importância do controle envolve um maior grau de democracia no local de trabalho.[530] Existem também crescentes demonstrações de que a sensação de injustiça no trabalho é um importante fator de risco para a saúde.[531]

O fato de investidores externos serem proprietários de uma companhia tem implicações que parecem cada vez mais anacrônicas. Uma fração cada vez menor do valor de uma companhia é representada por seus prédios, equipamentos e bens negociáveis. A maior porção está no quadro de funcionários. Quando as companhias são compradas e vendidas, o que realmente está sendo negociado é, acima de tudo, seu quadro de funcionários como grupo de pessoas, com seu conjunto de habilidades, talentos e conhecimento dos sistemas da companhia e métodos de produção. Somente eles têm a capacidade de fazer a companhia pulsar. E é claro que os conceitos de um grupo de pessoas ser comprado e vendido e pertencer a alguém que não seja elas mesmas é o oposto da democracia.

Será que os empregados não deviam ter controle total sobre seu trabalho e a distribuição de seus ganhos? E será que acionistas externos realmente deviam receber rendas sobre um trabalho que não fizeram, além dos juros determinados sobre o capital? Participação, compromisso, controle e partilha de lucros seriam maximizados se as companhias fossem 100% de propriedade de seus empregados. As empresas poderiam levantar capital através de empréstimos e hipotecas, detendo elas mesmas o controle. No momento, uma proporção ínfima do dinheiro jogado na Bolsa de Valores contribui para ajudar as instituições a comprar bens de produção. Na verdade, com o tempo o pagamento de dividendos a acionistas externos representa um grande escoamento dos lucros da companhia que podiam ter sido usados para melhorar sua tecnologia e seu equipamento.

Robert Oakeshott, autoridade britânica nesse tipo de compartilhamento pelos empregados, diz que ele "acarreta uma mudança: de um negócio como propriedade para um negócio como comunidade de trabalho".[532] As companhias deixam de ser propriedade para ser comunidades quando os empregados possuem a maioria das ações, e assim controlam o negócio. É quando a diretoria torna-se responsável não pelos acionistas externos com pouco interesse na empresa além dos retornos de capital, mas pelo quadro de funcionários. As reuniões da companhia tornam-se ocasiões em que a diretoria faz o relatório aos empregados e deve lidar com os problemas e que possuem estreito conhecimento sobre o que saiu certo e errado discutir com aqueles anteriormente, discutindo as possíveis soluções. A transformação da mentalidade usual que vai do topo para baixo após a participação acionária dos empregados envolve um longo e lento processo de emancipação das pessoas das suposições costumeiras em torno de classe e capacidade, que fazem os que estão em posições subalternas se sentir seres humanos inferiores. No Capítulo 8 discutimos algumas das demonstrações experimentais usando raça e casta para mostrar como as atribuições de um status inferior podem afetar o desempenho.

Esse processo de ajuste e emancipação é descrito em *Local Heroes*, a narrativa de David Erdal sobre a compra da Loch Fyne Oysters da Escócia pelos empregados.[533] Em parte é um processo para desfazer o dano causado pela desigualdade de classes, um processo supostamente dificultado pelo fato de que tais concepções se mantêm arraigadas em torno de todas as pessoas pelo resto de suas vidas. Entretanto, as estruturas em que trabalhamos são essenciais.

Cooperativas e companhias compartilhadas pelos empregados geralmente se originam de respostas a circunstâncias desesperadoras em que os sistemas tradicionais de propriedade e direção fracassaram. Os empregados as têm usado para evitar fechamentos e desemprego nas circunstâncias mais difíceis de mercado. Mesmo assim, às vezes elas têm sido mais bem-sucedidas do que o esperado — como ocorreu com a Tower Colliery no Sul do País de Gales quando, em 1995, os mineradores usaram o dinheiro de sua demissão para comprar a mina e a dirigiram com sucesso até o carvão acabar, 13 anos depois. Muitas companhias de total propriedade dos empregados têm um registro de dar orgulho. Exemplos incluem, ou incluíram, a Orquestra Sinfônica de Londres, Carl Zeiss, United Airlines, Gore-tex, a Corporação Polaroid e a John Lewis Partnership (um dos varejistas mais bem-sucedidos da Grã-Bretanha, com 68 mil sócios-funcionários e vendas anuais de 6,4 bilhões de libras esterlinas). Nos Estados Unidos, entre as maiores companhias de propriedade majoritária dos empregados estão os Supermercados Publixe e Hy-vee, a Science Applications International Corporation (Saic), a companhia internacional de engenharia e construção CH2M Hill e a Tribune — que, entre outras operações de mídia, publica o *Los Angeles Times* e o *Chicago Tribune*. Essas companhias possuem em média 55 mil empregados cada.

Um dos mais conhecidos grupos cooperativos é a Corporação Mondragon, na região basca da Espanha. Em mais de meio século ela evoluiu para um grupo de mais de 120 cooperativas de propriedade de seus empregados com 40 mil funcionários e vendas de US$ 4,8 bilhões. As cooperativas Mondragon são duas vezes mais lucrativas do que outras firmas espanholas e têm a mais alta produtividade trabalhista do país.[534] É difícil explicar parte do sucesso, a menos que uma combinação de posse e participação realmente tenha o potencial de melhorar a produtividade por reduzir o conflito de interesses.

É no trabalho que a maioria da população empregada interage mais intimamente com outras pessoas além da família e onde tem o potencial de se sentir parte de uma comunidade. No Capítulo 3 vimos demonstrações do notável aumento da ansiedade que vem ocorrendo nos últimos 50 anos mais ou menos, conforme a vida comunitária enfraquece sob o impacto da crescente mobilidade geográfica e social. Embora uma maior igualdade esteja associada a comunidades mais coesas e a maiores níveis de confiança (veja o Capítulo 4), esperando-se assim que melhore a vida nos bairros residenciais, é improvável que no futuro próximo venhamos a readquirir os benefícios das comunidades residenciais tão bem entrosadas do passado. Mas no trabalho há o potencial para que as pessoas encontrem um núcleo de amizade e se sintam valorizadas. Esse potencial costuma ser minado pela estratificação hierárquica de pessoas em várias gradações de quem dá ordens e de quem as recebe, o que garante que os empregados ajam não como uma comunidade, mas como propriedade, reunidos e usados para receber o capital de outras pessoas. Um de nós recentemente visitou duas pequenas companhias logo após terem sido compradas por seus empregados. Quando perguntamos aos funcionários quais as diferenças depois da mudança, a primeira coisa que o pessoal do escritório das duas companhias respondeu foi que quando iam a uma loja, "as pessoas os olhavam nos olhos." Sob o antigo sistema, o contato visual era evitado.

A propriedade compartilhada pelos empregados tem a vantagem de aumentar a igualdade especificamente por expandir a liberdade e a democracia. É da base para o topo, ao invés do oposto. Embora não tenhamos conhecimento da escala de diferenças de renda consideradas justas, parece provável que todos concordariam que o principal executivo da companhia para a qual trabalham recebesse um salário várias vezes mais alto do que o deles mesmos — talvez o triplo, ou quem sabe dez vezes mais. Mas é improvável que dissessem várias centenas de vezes mais. Realmente, é provável que diferenças tão gigantescas só consigam ser mantidas pela negação de qualquer medida de democracia econômica.

Enquanto o setor de propriedade compartilhada for só uma pequena parte de toda economia, ele não poderá usar escalas de remuneração muito diferentes das de outras companhias. Se as empresas de propriedade compartilhada pagassem mais ao seu pessoal subalterno do que as outras e menos ao executivo, os primeiros jamais sairiam e seria mais difícil recrutar os últimos. Entretanto, à medida que o setor de propriedade compartilhada crescesse, as normas e os valores sobre o que é um nível adequado de remuneração para os diferentes empregos e qual a diferença aceitável iriam mudar. Poderíamos no mínimo tomar o rumo das normas do setor público e filantrópico. E, se já não houvesse um conjunto de patrões desmedidamente ricos do setor privado provocando comparações e fazendo as pessoas acharem que tais salários podiam ser justificados, o setor filantrópico poderia se tornar mais igualitário. Talvez seja hora de nos desviarmos de um mundo onde as pessoas encaram a maximização do ganho pessoal como um louvável objetivo de vida.

David Erdal, ex-presidente do Grupo Tullis Russell e diretor da Baxi Partnership, certa vez estudou os efeitos do emprego em cooperativas nas comunidades onde se situavam.[535] Ele comparou três cidades do norte da Itália: Imola, que tem 25% de sua força de trabalho empregada em cooperativas, Faenza, onde 16% trabalham nesse tipo de instituição, e Sassuolo, onde não há cooperativas. Com base numa pesquisa relativamente pequena e baixas taxas de resposta, ele concluiu que saúde, educação, criminalidade e participação social tinham todas melhores índices nas cidades com uma maior proporção da população empregada em cooperativas.

Como modo de criar uma sociedade mais igualitária, a propriedade compartilhada e controlada pelos empregados tem muitas vantagens. Primeiramente, possibilita um processo de emancipação social na medida em que as pessoas se tornam membros de uma equipe. Em segundo lugar, coloca a escala de remuneração sob um controle democrático: se o corpo de funcionários deseja grandes diferenças de renda, isso seria de sua escolha. Em terceiro lugar, envolve uma redistribuição substancial da riqueza dos acionistas externos para os funcionários e uma redistribuição simultânea da renda daquela riqueza. Nesse contexto, isso é uma vantagem especialmente importante. Em quarto lugar, melhora a produtividade e, portanto, tem uma vantagem competitiva. Em quinto lugar, aumenta a probabilidade de que as pessoas readquiram a experiência de ser parte da comunidade. E em sexto, é provável que aumente a sociabilidade no resto da sociedade. Mas a verdadeira recompensa não é simplesmente ter umas poucas empresas de propriedade compartilhada numa sociedade ainda dominada por uma ideologia hierárquica e em busca de status, mas ter uma sociedade de pessoas mais livres dessas divisões. E isso só pode ser atingido por uma campanha sustentada ao longo de várias décadas.

Em vez de ser compatível com apenas um sistema de administração e organização de trabalho, a propriedade compartilhada pelos empregados é altamente flexível. Simplesmente coloca a autoridade final nas mãos dos funcionários para desenvolverem quaisquer sistemas que suponham funcionar melhor. Isso possibilita a evolução dos sistemas para satisfazerem qualquer situação. Sistemas de equipes de trabalho, de diretores eleitos por períodos mais longos ou mais curtos, de representantes departamentais, de gestores da companhia, de reuniões semanais a anuais, tudo isso poderia ser tentado em todos os lugares. O poder poderia ser delegado ou exercido diretamente por um corpo de empregados eleitores. Gradativamente, as pessoas aprenderiam os pontos fortes e fracos das diferentes estruturas e que formas de democracia melhor se enquadrariam aos setores públicos e privados e como representar os interesses dos consumidores e comunidades locais.

Entretanto, para garantir que o número de locais de trabalho de propriedade dos empregados cresça, é essencial que sejam constituídos — como facilmente podem ser — de modo a evitar que os empregados vendam suas empresas de volta a acionistas externos. Embora a maioria seja adequadamente protegida, também houve casos de vendas em que os empregados perderam a propriedade e o controle.

Como meio de transformar nossas sociedades, a propriedade compartilhada tem a vantagem de poder coexistir com estruturas comerciais convencionais: com o apoio legal correto e os incentivos fiscais, a transformação da sociedade pode começar imediatamente. Isso nos possibilita embarcar numa transformação fundamental de nossa sociedade através de uma transição ordenada, fazendo com que a nova sociedade cresça a partir da antiga.

Os governos podem dar incentivos adicionais e respaldo para encorajar a propriedade compartilhada pelos empregados. As companhias podem ser requisitadas a transferir uma proporção das ações todos os anos e os donos que se aposentassem podem estar dispostos a passar suas empresas aos empregados.

Embora a indústria de propriedade compartilhada e controlada pelos empregados não precise envolver a comunidade local e representantes dos consumidores no corpo administrativo, essa é uma falta que pode facilmente ser remediada. O que pode ser dito contra a propriedade compartilhada é que ela nada faz sobre a amoralidade básica do mercado. O desejo de obter maiores lucros ainda levaria as companhias a agir de modos antissociais, não importando como fossem controladas. Assim como companhias altamente éticas que operam no mercado sustentam o comércio justo, o meio ambiente, doam às comunidades etc., também existem companhias tentando expandir o mercado do tabaco no mundo em desenvolvimento com a certeza de que causarão milhões de óbitos adicionais. Há companhias que causaram mortes desnecessárias, incentivando as mães de países em desenvolvimento a comprar leite em pó para bebês em vez de amamentá-los, apesar da falta de acesso à água potável ou higiene básica. Há as empresas que continuam a destruir ecossistemas, terras e suprimentos hídricos para explorar recursos minerais onde os governos são excessivamente fracos ou corruptos para fazer frente a elas, e outras ainda usam suas patentes para impedir que medicamentos essenciais à vida sejam vendidos a preços acessíveis em países mais pobres.

Há razões para se crer que companhias de propriedade compartilhada possam manter padrões mais elevados de moralidade mesmo com a motivação do lucro. No emprego convencional, as pessoas são especificamente contratadas para trabalhar por propósitos alheios. São pagas para usar sua perícia para qualquer propósito que seu empregador escolher. A pessoa pode discordar do propósito para o qual está a serviço, pode nem saber qual ele é, mas não é contratada para ter opiniões sobre tais coisas e muito menos para expressá-las. Tais questões não são assunto dela. Se formos contratados para aconselhar sobre modos de expandir os mercados para a companhia, melhorar os lucros, evitar a atenção da imprensa, as chances são de que não nos perguntem nossa opinião ética. Nossa função colocar a perícia a serviço do propósito de outrem. Não só os propósitos não são de nossa responsabilidade como também, como empregados, tendemos a nos sentir absolvidos da responsabilidade por eles. É por isso que é tão frequente as pessoas se isentarem da responsabilidade pelo que fizeram dizendo que "só estavam cumprindo ordens". As famosas experiências realizadas por Milgram mostraram que temos uma tendência tão forte a obedecer à autoridade que isso pode resultar na realização de coisas horríveis. No que foi apresentado como um experimento de "aprendizado", Milgram mostrou que as pessoas estavam dispostas a dar choques elétricos, que elas acreditavam ser não só muito dolorosos como também perigosos, num colega de estudos sempre que esse desse a resposta errada a uma pergunta. Fizeram isso a pedido de um homem de jaleco branco que conduzia a experiência, apesar de ouvir o que acreditavam ser os gritos provocados pelos choques que eles emitiam.[536]

Entretanto, numa estrutura de propriedade e controle compartilhados, as pessoas readquirem especificamente a propriedade e o controle dos propósitos de seu trabalho. Se, por exemplo, descobríssemos que algum aspecto de um projeto ou processo de fabricação está prejudicando a saúde das crianças, nós iríamos querer mudá-lo e provavelmente começaríamos por perguntar o que os colegas achavam daquilo. Não haveria a mesma pressão para guardar as dúvidas para nós mesmos. Nem seria possível dar de ombros, dispensando a questão como se não fosse assunto nosso. Também não temeríamos arriscar nosso emprego se levantássemos questões inconvenientes. Embora as firmas de propriedade compartilhada não fossem ficar acima de todo o comportamento antissocial, é provável que fossem bem-sucedidas em torná-lo, pelo menos, um pouco menos comum.

LIBERDADE E IGUALDADE

A ideia de que não podemos ter, ao mesmo tempo, liberdade e igualdade parece ter surgido durante a Guerra Fria. O que as economias estatais do leste da Europa e da União Soviética pareciam mostrar era que maior igualdade só poderia ser conquistada à custa da liberdade. Um importante custo ideológico da Guerra Fria foi que os Estados Unidos desistiram de seu compromisso com a igualdade. Para os primeiros americanos, assim como para Tom Paine, era impossível se ter liberdade sem igualdade. Sem uma, não haveria a outra. A escravidão, como negação simultânea de ambas, comprovou a regra. A igualdade era o bastião contra o poder arbitrário. Isso foi expresso na exigência histórica por "Não aos impostos sem representação" e "Não à legislação sem representação". A Declaração Americana de Independência diz que todos os homens nascem iguais e são dotados de liberdade como um direito inalienável, assim como os revolucionários franceses exigiram liberdade, igualdade e fraternidade. A qualidade complementar de liberdade e igualdade tem sido proclamada nos escritos de muitos pensadores democráticos, inclusive do filósofo social L.T. Hobhouse, que acreditava que a liberdade dependia, em todos os seus domínios, de igualdade — igualdade perante a lei, igualdade de oportunidades, igualdade das partes num contrato.[537] A proporção da desigualdade econômica hoje existente é menos uma expressão de liberdade e democracia do que de sua negação. Quem, à parte dos muito ricos, votaria a favor de bônus multimilionários para a elite corporativa e financeira enquanto nega rendas adequadas às pessoas que realizam tantos trabalhos essenciais e às vezes desagradáveis — como cuidar de idosos, recolher o lixo ou trabalhar nos serviços de emergência? A verdade é que a desigualdade moderna existe porque a democracia é excluída da esfera econômica. Portanto, ela precisa ser administrada por uma democracia extensiva ao local de trabalho. Precisamos fazer experiências com todas as formas de democracia econômica — participação dos empregados, cooperativas de produtores e consumidores, representações dos funcionários nos conselhos empresariais e assim por diante.

NAVEGANDO NA MARÉ TECNOLÓGICA

Em seu livro *The Weightless World* [*O mundo sem peso*], Diane Coyle observa que, embora as pessoas dos países mais industrializados tenham multiplicado por vinte suas rendas reais durante o século XX, o peso de tudo que foi produzido no final do século foi praticamente o mesmo que tinha sido no começo.[538] Ela diz também que o peso médio do equivalente a um dólar das exportações dos Estados Unidos (ajustado à inflação) caiu pela metade entre 1990 e 1996. Enquanto a tendência rumo à "ausência de peso" parcialmente reflete o crescimento do setor de serviços e a economia do "conhecimento", ela também reflete a mudança tecnológica e a tendência rumo à miniaturização. O fato de que grande parte do consumo é realmente mais leve no uso de recursos materiais do que era no passado deve ser uma boa notícia para o meio ambiente. Mas a natureza subjacente das mudanças que contribuem para a ausência de peso também pode ter importantes implicações para a igualdade.

Cursos de introdução à economia ensinam aos alunos a distinção entre os custos "fixos" da produção por um lado e os custos "marginais" ou variáveis por outro. Os custos fixos são os do prédio e maquinário da fábrica, e os variáveis são os custos adicionais da produção de cada unidade — tradicionalmente em grande parte formados pelos custos do trabalho e materiais necessários, na suposição de que a fábrica e os equipamentos já estão lá. A teoria econômica diz que os preços num mercado competitivo deviam cair até se igualarem aos custos marginais (ou variáveis). Preços mais altos do que isso significariam que, produzindo e vendendo mais, um fabricante lucraria ainda mais, ao passo que, na produção a um custo mais baixo, mesmo um item além acrescentaria mais aos custos do que se ganharia em lucro nas vendas.

Em grandes faixas de toda a economia moderna, a mudança tecnológica está reduzindo rapidamente os custos variáveis. Para tudo que pode ser copiado digitalmente, cópias adicionais custam pouco ou nada, seja para produzir ou para distribuir pela internet. Isso se aplica a música, a softwares e jogos de computador, a filmes, a livros e à palavra escrita em qualquer forma, a todas as informações e ilustrações. Isso cobre grande parte do que é produzido para entretenimento e lazer, para educação de todos os níveis e para muitas aplicações econômicas e profissionais de softwares — seja para controle de armazenamento, análises estatísticas ou desenho gráfico computadorizado.

Os custos marginais de produtos digitais são tão baixos que existe um crescente setor "gratuito". Fazem-se esforços para impor patentes e proteção de direitos autorais numa tentativa de restringir o acesso e habilitar as empresas a se agarrarem aos lucros; mas é difícil resistir à lógica do progresso tecnológico. Sistemas de códigos de proteção à cópia são violados e os produtos são "liberados". Em alguns casos o livre acesso é oferecido através de publicidade, em outros é genuinamente gratuito, assim como programas *freeware* ou *shareware* de computação. A internet já proporciona livre acesso a um número quase ilimitado de informações, não só em forma de livros, enciclopédias, jornais, mas cada vez mais através de periódicos on-line. Legalmente ou não, músicas e filmes são baixados gratuitamente. Alguns provedores oferecem gratuitamente espaço de armazenamento ilimitado. Chamadas telefônicas custam menos do que antes e, ao se utilizarem *links* de computador, com frequência passam a ser gratuitas. E-mails e mensagens instantâneas também oferecem comunicação completamente livre de custo.

Embora de modo menos acentuado do que na economia digital, a tendência rumo à rápida diminuição dos custos variáveis talvez também possa se aplicar a muitas outras áreas da tecnologia, inclusive aos produtos da nanotecnologia, biotecnologia, aos componentes eletronicamente impressos e à engenharia genética. Essas novas tecnologias oferecem possibilidades de energia solar mais eficaz, medicamentos e novos materiais mais baratos.

Do ponto de vista de muitas das companhias que fabricam produtos digitais, as mudanças não apareceram como novas oportunidades de aprimorar a vida e aproveitamento humano, mas como profundas ameaças aos lucros. Em vez de maximizar os benefícios das novas tecnologias, as estruturas institucionais fazem de tudo para restringir esse novo potencial. A acentuada baixa dos custos variáveis abre um fosso que cresce rapidamente entre a maximização do lucro e a do benefício público. Nessa situação é importante que os governos usem seus poderes para auxiliar a criação de novas estruturas institucionais, não para dar sustento às restrições das antigas e defendê-las.

Costumava-se argumentar que os produtos que tivessem custos marginais próximos a zero eram inerentemente públicos e, por isso, deviam ser oferecidos ao público. Antes da era digital, pontes e estradas eram exemplos comumente usados. Uma vez que a sociedade tenha incorrido nos custos de capital para construir a ponte ou a estrada, o retorno máximo ao investimento inicial só é possível se o uso for gratuito. A necessidade de proporcionar acesso irrestrito para maximizar o benefício público foi oferecida como explicação econômica para que estradas e pontes fossem de propriedade pública — até que os governos começassem a tentar um reembolso dos custos da construção cobrando pedágios.

Uma vez que o custo de capital tenha incidido, quanto mais as pessoas compartilharem os benefícios, melhor. Onde o acesso à internet é proveniente de investimentos municipais, não há necessidade de restringir seu acesso. Quando os vitorianos fundaram as bibliotecas públicas gratuitas, eles reconheceram a mesma lógica: um livro pode ser lido repetidamente sem custo extra. Talvez necessitemos de organismos públicos e sem fins lucrativos, fundados a partir da receita pública, capazes de negociar um preço razoável para comprar acesso ou direitos autorais para a nação. Talvez necessitemos de organismos internacionais capazes de negociar livre acesso a recursos educacionais e comerciais em todo o mundo. Do ponto de vista da sociedade como um todo, a tendência da evolução tecnológica de reduzir os custos marginais, está rapidamente diminuindo a vantagem de se proibir que companhias que visam ao lucro controlem a distribuição dos produtos. Cada vez mais elas só podem depender dos remanescentes do poder de monopólio fornecido pelas patentes ou pelos direitos autorais. Precisamos de novas maneiras de pagar às organizações e aos indivíduos por pesquisas, criatividade e inovações para o aprimoramento da vida — as galinhas que põem os ovos de ouro — maneiras que não restrinjam o acesso aos benefícios. Talvez necessitemos de instituições de caridade que patrocinem a produção de softwares para uso gratuito em todo o mundo. Certamente necessitamos de uma completa revisão das leis de direitos autorais e patentes, de modo que os produtores de bens e serviços valiosos possam ser remunerados de forma que não restrinjam o acesso a seus produtos.

A questão para os políticos e para o público é a possibilidade de encontrar formas de remunerar as companhias por suas pesquisas e criações sem tentar controlar um sistema de preços que restrinja os benefícios do que eles produzem — benefícios que podem incluir medicamentos essenciais à vida, inovações agrícolas para alimentar os famintos e acesso às publicações científicas e acadêmicas para as universidades do mundo em desenvolvimento. Se for correto pensar que a nova tecnologia tende cada vez mais a baixar os custos variáveis, então esse problema se tornará progressivamente premente.

Talvez a lógica nos leve na direção de uma sociedade na qual o acesso a uma gama sempre crescente de produtos já não seja firmemente racionado pela renda e que nossas posses deixem de desempenhar um papel tão importante na diferenciação social. Talvez se possa esperar que comecemos a nos ver primordialmente como membros não nivelados da mesma sociedade, reunidos em diferentes combinações de acordo com nossos vários interesses em comum.

O FUTURO DA IGUALDADE

Detidos pelos acontecimentos cotidianos, é fácil esquecer que uma visão mais ampla revela uma tendência histórica quase irreversível rumo a maior igualdade. Ela corre como um rio de progresso humano desde as primeiras limitações constitucionais dos direitos "divinos" (e arbitrários) dos reis e continua pelo lento desenvolvimento da democracia e estabelecimento do princípio da igualdade diante da lei. Avoluma-se com a abolição da escravatura e é fortalecida pela inclusão dos sem propriedade e das mulheres. Acelera o passo com a criação da livre educação, de serviços de saúde e sistemas de manutenção mínima de renda a cobrir períodos de desemprego e enfermidade. Na continuação, inclui leis para proteger os direitos de trabalhadores e inquilinos e outras para impedir a discriminação racial. Há ainda o declínio das formas de deferência de classe. A abolição da pena de morte e da punição corporal também faz parte disso. Assim como a crescente agitação em torno de maior igualdade de oportunidades — independentemente de raça, classe, gênero, orientação sexual e religião. Também vemos essa tendência na atenção crescente que grupos ativistas, pesquisas sociais e agências de estatística governamentais têm prestado à pobreza e desigualdade nos últimos 50 anos; e mais recentemente a observamos na tentativa de criar uma cultura de respeito mútuo.

São todas manifestações de uma crescente igualdade. E, apesar das diferenças de opinião política, existem poucas pessoas que, ao voltar o olhar para essas evoluções históricas, não as encarariam como bem-vindas. As forças históricas a elas subjacentes garantem que a vasta maioria deseja que essas mudanças continuem. O fato de que esse rio de progresso humano seja ocasional e brevemente represado ou de que passamos por redemoinhos na correnteza não deveria nos cegar para sua existência.

As relações entre desigualdade e a prevalência de problemas sociais e de saúde mostrados em capítulos anteriores sugerem que se os Estados Unidos reduzissem sua desigualdade de renda para algo como a média dos quatro países ricos mais igualitários (Japão, Noruega, Suécia e Finlândia), a porcentagem da população que sente que pode confiar nos outros poderia crescer em 75% — presumivelmente com as melhorias correspondentes na qualidade da vida comunitária; as taxas de doença mental e obesidade poderiam ser cortadas em quase dois terços, as taxas de maternidade na adolescência cairiam para menos da metade, as populações carcerárias seriam reduzidas em 40% e as pessoas poderiam viver mais, trabalhando o equivalente a dois meses menos por ano.

De forma semelhante, se a Grã-Bretanha se tornasse tão igualitária quanto esses mesmos quatro países, a expectativa é de que os níveis de confiança subissem em dois terços, as doenças mentais fossem reduzidas à metade, todos conseguissem um ano adicional de vida, as taxas de maternidade na adolescência caíssem um terço, as de homicídio, 75%, de que todos tivessem o equivalente a quase sete semanas a mais de férias por ano e que os governos fechassem presídios em todo o país.

Se quisermos formar uma sociedade melhor, o essencial é desenvolver um movimento sustentável comprometido com isso. As mudanças políticas deverão ser coerentemente dedicadas a esse fim por várias décadas, o que requer uma sociedade que saiba aonde quer chegar. Nossa colaboração para isso é fornecer — e continuaremos a fazê-lo — os resultados de nossas pesquisas, nossos gráficos e outras informações no site Equality Trust (www.equalitytrust.org.uk).

A tarefa inicial é conseguir um vasto entendimento público a respeito do que está em jogo. Mas em vez de permitir que isso seja só uma ideia a mais que ganhe breve atenção antes de ser substituída por outras ideias em voga, precisamos construir um movimento social comprometido com sua concretização. Ele deve ser assumido e seguido por uma rede de grupos igualitários que se encontrem para dividir ideias e ações em todos os lugares, em lares e escritórios, em sindicatos e partidos políticos, em igrejas e escolas. Também precisa ser seguido por grupos de pressão, instituições de caridade e serviços relacionados com as várias questões envolvidas pela igualdade, seja saúde ou maternidade na adolescência, populações carcerárias ou saúde mental, uso de drogas ou padrões educacionais. E precisam combinar com a urgente tarefa de lidar com o aquecimento global. Em todos esses cenários, precisamos falar abertamente e explicar as vantagens de uma sociedade mais igualitária.

Não devemos nos intimidar pela ideia de que impostos mais altos sobre os ricos levarão a sua emigração maciça e à catástrofe econômica. Sabemos que países mais igualitários vivem bem, com altos padrões de vida e ambientes sociais muito melhores. Sabemos também que o crescimento econômico não é o padrão comparativo pelo qual todo o resto deve ser julgado. De fato, sabemos que ele já não contribui para a verdadeira qualidade de nossas vidas e que o consumismo é um perigo para o planeta. Nem deveríamos nos permitir acreditar que os ricos são os escassos e preciosos membros de uma raça superior de seres mais inteligentes de quem o resto depende. Isso é a mera ilusão que a riqueza e o poder criam.

Em vez de adotar uma atitude de gratidão em relação aos ricos, precisamos reconhecer o efeito danoso que eles exercem no tecido social O desastre financeiro do final de 2008 e a recessão resultante nos mostram o quanto os enormes salários e bônus conferidos aos executivos podem ser perigosos. Assim como leva aqueles que controlam nossas instituições financeiras a adotar políticas que põem em risco populações inteiras, a simples existência dos super-ricos aumenta a pressão sobre o consumo, pois todo mundo tenta elevar seu padrão para equiparar-se. A prolongada alta especulativa que precedeu a quebra financeira foi alimentada de modo substancial pelo crescimento dos gastos dos consumidores. A crescente desigualdade levou as pessoas a reduzir suas poupanças, a elevar seus saques a descoberto e dívidas no cartão de crédito, além de arranjar segundas hipotecas para financiar o consumo. Em acréscimo ao elemento especulativo de ciclos de altas e baixas econômicas, a maior desigualdade desvia nossa atenção dos prementes e opressores problemas ambientais e sociais, nos deixando preocupados com desemprego, insegurança e com "um modo de movimentar a economia novamente". Reduzir a desigualdade não só deixaria o sistema econômico mais estável como também faria uma grande contribuição à sustentabilidade social e ambiental.

As sociedades modernas dependerão cada vez mais da capacidade de ser comunidades criativas, adaptáveis, inventivas, bem informadas e flexíveis, habilitadas para responder generosamente uma a outra e às necessidades de onde quer que elas surjam. Essas características não são de sociedades em débito com os ricos, em que as pessoas são impulsionadas pelas inseguranças de status, mas de populações acostumadas a trabalhar juntas e a se respeitar como iguais. E, como estamos tentando fazer uma nova sociedade surgir dentro da antiga, nossos valores e o modo como trabalhamos devem ser parte do modo como materializamos uma nova sociedade. Mas também devemos tentar realizar uma mudança nos valores públicos, de modo que em vez de inspirar admiração e inveja, o consumo ostentoso seja visto como parte do problema, um sinal de ganância e injustiça que prejudica a sociedade e o planeta.

Martin Luther King disse: "O arco moral do universo é longo, mas ele pende para o lado da justiça." Sabendo-se que na pré-história humana vivíamos em sociedades notavelmente igualitárias, estáveis — ou sustentáveis — o modo de vida que alguns denominam "a sociedade afluente original".[539] Talvez seja certo pensar nela como num arco, curvando-se novamente para os princípios humanos bem básicos de justiça e igualdade que ainda encaramos como boas maneiras em qualquer interação social normal.[540] Mas em todos os estágios, a criação de uma sociedade mais igualitária envolve pessoas francas, racionais, organizadas e militantes.

É impossível que os governos não influenciem as diferenças de renda. Não só são os grandes empregadores na maioria dos países, como também quase todas as áreas de política socioeconômica afetam a distribuição de renda. Impostos e benefícios são o caminho mais óbvio. Outras áreas influentes da política incluem leis de remuneração mínima, ações educativas, administração da economia nacional, manutenção de baixos níveis de desemprego, aplicação de impostos sobre a venda de produtos — tanto bens essenciais quanto artigos de luxo — fornecimento de serviços públicos, impostos sobre herança, imposto de renda negativo, políticas de renda mínima, apoio à infância, impostos progressivos de consumo,[541] política industrial, programas de aperfeiçoamento profissional e muito mais. Mas neste capítulo também sugerimos mudanças mais fundamentais para garantir que as diferenças de renda fiquem sujeitas a um controle democrático e que uma maior igualdade fique mais profundamente enraizada no tecido social.

Nesse estágio, criar a vontade política de tornar a sociedade mais igualitária é mais importante do que se fixar num conjunto particular de políticas para reduzir a desigualdade. A vontade política depende do desenvolvimento da visão de uma sociedade melhor, que seja alcançável e inspiradora.

Esperamos ter demonstrado que há uma melhor sociedade a ser conquistada: uma sociedade mais igualitária, em que as pessoas fiquem menos divididas pelo status e hierarquia; uma sociedade na qual readquiramos o senso de comunidade, superemos a ameaça do aquecimento global, possamos ter e controlar nosso trabalho de modo democrático como parte de uma comunidade de colegas e repartir os benefícios de um crescente setor não monetizado da economia. Isso também não é um sonho utópico: as comprovações mostram que mesmo pequenas reduções na desigualdade, já uma realidade em algumas ricas democracias de mercado, fazem uma grande diferença para a qualidade de vida. Agora a tarefa é desenvolver uma política baseada no reconhecimento do tipo de sociedade que precisamos criar e comprometida com fazer uso das oportunidades institucionais e tecnológicas para concretizá-la.

Uma sociedade não se tornará melhor de maneira automática, independentemente de trabalharmos ou não por ela. Talvez não seja possível impedir um aquecimento global catastrófico, talvez se permita que nossas sociedades se tornem cada vez mais antissociais e deixemos de entender o processo envolvido. Podemos fracassar no enfrentamento de uma minúscula minoria de ricos, cujas ideias mal colocadas no interesse próprio os façam se sentir ameaçados por um mundo mais democrático e igualitário. Haverá problemas e desacordos pelo caminho — como sempre houve na luta pelo progresso — mas, com uma ampla concepção do destino que estamos traçando, as necessárias mudanças podem ser realizadas.

Após várias décadas vivendo sob a opressiva sensação de que não há alternativa para o fracasso social e ambiental das sociedades modernas, agora podemos readquirir a sensação de otimismo advinda do conhecimento de que os problemas podem ser resolvidos. Sabemos que uma maior igualdade nos ajudará a refrear o consumismo e facilitar a introdução de políticas que ataquem o aquecimento global. Podemos ver como o desenvolvimento da tecnologia moderna faz as instituições com fins lucrativos parecerem cada vez mais antissociais, conforme elas se sentem ameaçadas pelo potencial em rápida expansão que as novas tecnologias oferecem para o bem público. Estamos prestes a criar uma sociedade qualitativamente melhor e mais verdadeiramente sociável para todos.

Para sustentar a necessária vontade política, devemos nos lembrar de que cabe à nossa geração realizar uma das maiores transformações da história humana. Vimos que os países ricos atingiram as contribuições realmente importantes que o crescimento econômico pode realizar para a qualidade de vida e também que nosso futuro depende da melhoria do ambiente social em cada nação. O papel deste livro é apontar que uma maior igualdade representa o alicerce material em que melhores relações sociais são construídas.

O Fundo da Igualdade

Se a leitura deste livro lhe deu vontade de fazer algo para ajudar a reduzir a desigualdade, então visite o site The Equality Trust [O Fundo da Igualdade] em www.equalitytrust.org. Lá você encontrará slides que podem ser baixados — e que, esperamos, venha a utilizar —, uma palestra em DVD e pequenos resumos das evidências, respostas a perguntas frequentes e sugestões para campanhas.

Ao descobrirmos a proporção dos danos que grandes desigualdades provocam às sociedades, sentimos que precisávamos fazer o possível para tornar essas evidências mais bem conhecidas. O Fundo [Trust] foi estabelecido como uma organização não lucrativa com o intuito de instruir e fazer campanhas sobre os benefícios de uma sociedade mais igualitária. Seu trabalho depende de doações individuais e de organizações que compartilhem nosso ponto de vista.

Esperamos que você assine a Carta da Igualdade [Equality Charter], registre seu nome para receber uma newsletter, faça uma doação, nos comunique suas ideias e entre para este grupo ou forme o seu em prol da igualdade. O que mais esperamos é que você utilize as evidências que começamos a reunir para espalhar o que descobriu e convencer os outros sobre a necessidade de reduzir a desigualdade. Na política, palavras são ação.

The Equality Trust não é uma grande organização capaz de implementar políticas, dirigir campanhas e orquestrar as coisas em seu favor. Em vez disso, ele tem por objetivo tornar as pessoas mais bem informadas e proporcionar recursos que estimulem e fortaleçam suas atividades políticas e educacionais — seja falando com amigos e colegas, passando pela nossa página da internet, escrevendo blogs, fazendo campanhas regionais, enviando cartas aos jornais e aos políticos ou levantando a questão na mídia.

Nosso objetivo é criar uma grande onda de opiniões a favor de uma maior igualdade. Sem isso, os políticos não podem fazer muito. Sentimentos igualitários estão escondidos perto dos corações de um vasto número de pessoas de todas as gamas de opinião política. A maioria das pessoas sabe o quanto nós sacrificamos em favor do consumismo e também que há poucas coisas melhores que relaxar com os amigos e iguais. Sabe ainda que a família, os amigos e a comunidade que importam para a felicidade, e que nosso modo de vida atual está destruindo o planeta. A cultura das últimas décadas nos reduziu a ativistas da igualdade presos no armário: é hora de sairmos da carpintaria e iniciarmos um trajeto para a sanidade.

Apêndice

COMO ESCOLHEMOS OS PAÍSES PARA NOSSAS COMPARAÇÕES INTERNACIONAIS

Primeiramente, obtivemos do Banco Mundial uma lista dos países mais ricos do mundo. O relatório utilizado foi publicado em 2004 e se baseia em dados de 2002.

Depois excluímos os países com populações inferiores a três milhões de habitantes, pois não queríamos incluir paraísos fiscais como as Ilhas Cayman e Mônaco. E excluímos os países que não tivessem informações sobre desigualdade de renda, como a Islândia.

Isso nos deixou com 23 países:

Alemanha	Irlanda
Austrália	Israel
Áustria	Itália
Bélgica	Japão
Canadá	Noruega
Cingapura	Nova Zelândia
Dinamarca	Países Baixos
Espanha	Portugal
Estados Unidos	Reino Unido
Finlândia	Suécia
França	Suíça
Grécia	

DADOS DE DESIGUALDADE DE RENDA

Neste livro, para todas as comparações internacionais, utilizamos a razão 20:20 de medida da desigualdade de renda dos Indicadores de Desenvolvimento Humano do Programa de Desenvolvimento das Nações Unidas, 2003-6. Como as datas dos levantamentos variam para os diferentes países (de 1992 a 2001) e como a defasagem de tempo para os efeitos variam para os diferentes resultados que examinamos, ficamos com a média dos relatórios dos anos de 2003 a 2006. Para as comparações dos Estados Unidos, usamos o coeficiente Gini interestadual de 1999, baseado na renda familiar, produzido pelo departamento de censos dos Estados Unidos.

Fontes dos Dados

Programa de Desenvolvimento das Nações Unidas. *Relatório de desenvolvimento humano*. Nova York: Oxford University Press, 2003, 2004, 2005, 2006.
    US. Census Bureau. *Coeficiente Gini por estado*. 1969, 1979, 1989, 1999. Washington, DC: US Census Bureau, 1999 (tabela S4).

DESENVOLVIMENTO DO ÍNDICE DE PROBLEMAS SOCIAIS E DE SAÚDE

O Índice Internacional

O índice internacional tem dez componentes:

- Expectativa de vida (código reverso);
- Maternidade na adolescência;
- Obesidade;
- Doença mental;
- Homicídios;
- Taxas de encarceramento;
- Desconfiança;
- Mobilidade social (código reverso);
- Educação (código reverso);
- Taxa de mortalidade infantil.

Dezesseis países tinham, pelo menos, nove dessas dez medidas. Cinco outros países tinham oito das dez. Dois países (Israel e Cingapura), com menos medidas, foram excluídos do índice, mas constam nas análises das medidas individuais.

- Países com dados em todas as dez medidas: Canadá, Alemanha, Estados Unidos;
- Países com dados em nove das dez medidas, mas sem dados sobre mobilidade social: Austrália, Bélgica, França, Itália, Japão, Países Baixos, Nova Zelândia, Espanha;
- Países com dados em nove das dez medidas, mas sem dados sobre saúde mental: Dinamarca, Finlândia, Noruega, Suécia;
- País com dados em nove das dez medidas, mas sem dados sobre educação: Reino Unido;
- Países com dados em oito das dez medidas, mas sem dados sobre mobilidade social nem doença mental: Áustria, Grécia, Irlanda, Portugal, Suíça.

O Índice de Problemas Sociais e de Saúde foi criado pela estimativa da média de padronização de cada medida (média feita sobre o número de medidas disponíveis para cada país específico).

Índice de Problemas Sociais e de Saúde para os 50 estados dos Estados Unidos

O Índice tem nove componentes:

- Confiança (código reverso);
- Expectativa de vida (código reverso);
- Maternidade na adolescência;
- Obesidade;
- Homicídios;
- Encarceramento;
- Educação (código reverso);

- Taxa de mortalidade infantil;
- Doença mental.

Dos cinquenta estados, quarenta têm dados para todas as oito medidas.

Nove estados não têm dados sobre confiança no Levantamento Social Geral: Alasca, Delaware, Havaí, Idaho, Maine, Nebraska, Novo México, Nevada, Dakota do Sul.

Wyoming tem dados sobre confiança, mas não sobre homicídios.

O Índice de Problemas Sociais e de Saúde para os Estados Unidos foi criado pela estimativa da média da padronização de cada medida (média feita sobre o número de medidas disponíveis para cada estado específico).

FONTES DOS DADOS PARA OS ÍNDICES DE PROBLEMAS SOCIAIS E DE SAÚDE

Componente	Dados internacionais	Dados de estados dos Estados Unidos
Confiança	Porcentagem de pessoas que respondem afirmativamente à declaração "pode-se confiar na maioria das pessoas" 1999-2001 World Values Survey[1] *Código reverso*	Porcentagem de pessoas que respondem afirmativamente à declaração "pode-se confiar na maioria das pessoas" 1999 General Social Survey[2] *Código reverso*
Expectativa de vida	Expectativa de vida ao nascer para homens e mulheres 2004 Relatório de desenvolvimento humano das Nações Unidas[3] *Código reverso*	Expectativa de vida ao nascer para homens e mulheres 2000 US Census Bureau, Divisão de População[4] *Código reverso*
Mortalidade infantil	Óbitos no primeiro ano de vida para cada mil nascimentos com vida 2000 Banco Mundial[5]	Óbitos no primeiro ano de vida para cada mil nascimentos com vida 2002 Centro Nacional de Estatísticas de Saúde dos Estados Unidos[6]

FONTES DOS DADOS PARA OS ÍNDICES DE PROBLEMAS SOCIAIS E DE SAÚDE

Componente	Dados internacionais	Dados de estados dos Estados Unidos
Obesidade	Porcentagem da população com IMC >30, em média para homens e mulheres 2002 Força-Tarefa Internacional contra a Obesidade[7,8]	Porcentagem da população com IMC >30, em média para homens e mulheres 1999-2002 Estimativas corrigidas do Prof. Majid Ezzati, Universidade de Harvard, com base nos levantamentos de NHANES e BRFSS[9]
Doença mental	Prevalência de doença mental 2001-2003 OMS[10]	Número médio de dias no mês anterior em que a saúde mental estava precária 1993-2001 BRFSS[11]
Pontuações em educação	Média combinada das notas de capacidade matemática e de leitura de pessoas com 15 anos de idade 2000 OCDE Pisa[12] *Código reverso*	Média combinada das notas em matemática e leitura para alunos de 8ª série 2003 US Department of Education, National Center for Education Statistics[13,14] Código reverso
Maternidade na adolescência	Nascimentos por mil entre mulheres com idades entre 15 e 19 anos 1998 Unicef[15]	Nascimentos por mil entre mulheres com idades entre 15 e 19 anos 2000 US National Vital Statistics[16]
Homicídios	Taxa de homicídios por cem mil Média do período 1990-2000 ONU[17]	Taxa de homicídios por cem mil 1999 FBI[18]
Encarceramento	Prisioneiros por cem mil ONU[17]	Prisioneiros por cem mil 1997-8 US Department of Justice[19]
Mobilidade social	Dados da correlação entre as rendas de pai e filho num período de 30 anos da coorte de oito estudos da London School of Economics[20]	Não disponível

FONTES DOS DADOS

1. European Values Study Group [Grupo Europeu de Estudos de Valores] e World Values Survey Association [Associação Mundial de Levantamento de Valores]. European and World Values Survey Integrated Data File, 1999-2001. Divulgação I. Ann Arbor, MI: Consórcio interuniversitário para pesquisa política e social, 2005.

2. National Opinion Research Center [Centro Nacional de Pesquisa de Opinião]. *General Social Survey* [Censo Social]. Chicago: NORC, 1999.

3. Programa de Desenvolvimento da ONU, *Relatório de desenvolvimento humano*. Nova York: Oxford University Press, 2004.

4. US Census Bureau (Departamento de Estatísticas dos Estados Unidos). Divisão de População. Interim State Population Projections, Tabela 2. Data de divulgação na internet: 21 de abril de 2005.

5. Banco Mundial. Indicadores de Desenvolvimento Mundial de setembro de 2006: ESDS International, (Mimas) Universidade de Manchester.

6. US National Center for Health Statistics [Centro Nacional de Estatísticas de Saúde dos Estados Unidos]. Tabela 105. Resumo estatístico dos Estados Unidos. Washington, DC: CDC, 2006.

7. International Obesity Taskforce [Força-Tarefa Internacional contra a Obesidade]. *Obesidade na Europa*. Londres: International Obesity Taskforce em colaboração com a Associação Europeia para o Estudo das Forças-Tarefa pela Obesidade, 2002.

8. Força-Tarefa Internacional pela Obesidade. *Sobrepeso e obesidade*. Londres: International Obesity Taskforce, 2002

9. M. Ezzati, H. Martin, S. Skjold, S. Vander Hoorn, C.J. Murray. "Tendências da obesidade em nível nacional e estadual nos EUA após correção para o autorrelato tendencioso: análise de levantamentos de saúde". *J.R. Soc. Med.* 2006; 99(5): 250-7.

10. K. Demyttenaere, R. Bruffaerts, J. Posada-Villa, I. Gasquet, V. Kovess, J.P. Lepine, *et al*. "Prevalência, gravidade e necessidades não satisfeitas no tratamento dos distúrbios mentais nos Levantamen-

tos Mundiais de Saúde Mental da Organização Mundial de Saúde". *Jama* 2004; 291(21): 2581-90.

11. H.S. Zahran, R. Kobau, D.G. Moriarty, M.M. Zack, J. Holt, R. Donehoo. "Vigilância da qualidade de vida relacionada à saúde — Estados Unidos, 1993-2002. *MMWR Surveill Summ* 2005; 54(4): 1-35.

12. OCDE [Organização para a Cooperação e Desenvolvimento Econômico]. *Education at a glance*. Indicadores da OCDE, 2003.

13. Departamento de Educação dos Estados Unidos NCfES. *The Nation's Report Card: Reading Highlights 2003*. Washington, DC, 2004.

14. Departamento de Educação dos Estados Unidos NCfES. *The Nation's Report Card: Mathematics Highlights 2003*. Washington, DC, 2004.

15. Unicef Innocenti Research Centre. *A league table of teenage births in rich nations [Uma tabela da liga sobre a maternidade na adolescência nas nações ricas]*. Florença: Innocenti Report Card, 2001.

16. US Census Bureau. *Statistical Abstract of the United States [Resumo estatístico dos Estados Unidos]: 2000* (120ª edição). Washington: Census Bureau, 2000.

17. United Nations Crime and Justice Information Network [Rede de informações sobre crime e justiça da ONU]. *Survey on Crime Trends and the Operations of Criminal Justice Systems [Levantamento das tendências criminosas e dos sistemas de operações da justiça criminal]* (5ª, 6ª, 7ª, 8ª.): ONU, 2000.

18. Federal Bureau of Investigation [FBI]. *Crime in the United States 1999 [Crime nos Estados Unidos em 1999]*.Washington, DC: US Government Printing Office, 1999.

19. US Department of Justice BoJS. *Incarceration rates for prisoners under State ou Federal jurisdiction [Taxas de encarceramento de prisioneiros sob jurisdição estadual ou federal]*. File: corpop25.wk1.

20. J. Blanden, P. Gregg, S. Machin. *Intergenerational mobility in Europe and North America [Mobilidade intercontemporânea na Europa e na América do Norte]*. Londres: Centre for Economic Performance, London School of Economics, 2005.

ESTATÍSTICAS

Coeficientes de Correlação Pearson (*r*) e Significância Estatística (*valor-p*) para Associações com a Desigualdade de Renda.

Indicador	Dados internacionais		Dados dos Estados Unidos	
	r	*valor-p*	*r*	*valor-p*
Confiança	− 0,66	<0,01	− 0,70	<0,01
Expectativa de vida	− 0,44	0,04	− 0,45	<0,01
Mortalidade infantil	0,42	0,04	0,43	<0,01
Obesidade	0,57	<0,01	0,47	<0,01
Doença mental	0,73	<0,01	0,18	0,12
Pontuação educacional	− 0,45	0,04	− 0,47	0,01
Taxa de maternidade na adolescência	0,73	<0,01	0,46	<0,01
Homicídios	0,47	0,02	0,42	<0,01
Encarceramento	0,75	<0,01	0,48	<0,01
Mobilidade social	0,93	<0,01		
Índice	**0,87**	**<0,01**	**0,59**	**<0,01**
Sobrepeso infantil	0,59	0,01	0,57	<0,01
Índice de narcóticos	0,63	<0,01		
Ingestão de calorias	0,46	0,03		
Gasto público em serviços de saúde	− 0,54	0,01		
Bem-estar infantil	− 0,71	<0,01	− 0,51	<0,01
Pontuação educacional tríplice	− 0,44	0,04		
Conflito infantil	0,62	<0,01		
Gasto com ajuda externa	− 0,61	<0,01		
Reciclagem	0,82	<0,01		
Índice de paz	− 0,51	0,01		
Licença-maternidade remunerada	− 0,55	0,01		
Propaganda	0,73	<0,01		
Polícia	0,52	0,04		
Gastos sociais	− 0,45	0,04		
Status da mulher	− 0,44	0,04	− 0,30	0,03
Patentes *per capita*	− 0,49	0,02		

Indicador	Dados internacionais		Dados dos Estados Unidos	
Homicídios juvenis			0,29	<0,05
Abandono da escola secundária			0,79	<0,01
Doença mental infantil			0,36	0,01
Belicosidade			0,47	<0,01

Notas

Prefácio à edição brasileira

1. R.G. Wilkinson e K.E. Pickett. "Income Inequality and Population Health: Review and Explanation of the Evidence". *Social Science and Medicine.* 62 (7), p. 1768-84, 2006.
2. *Ibidem.*
3. K. Hoff e P. Pandey. "Discrimination, Social Identity, and Durable Inequalities". *The American Economic Review.* 96 (2), p. 206-11, 2006.
4. C.M. Steele e J. Aronson. "Stereotype Threat and the Intellectual Test Performance of African Americans". *Journal of Personality and Social Psychology.* 69 (5), p. 797, 1995.
5. S.L. Johnson, L.J. Leedom e L. Muhtadie. "The Dominance Behavioral System and Psychopathology: Evidence from Self-Report, Observational, and Biological Studies". *Psychol Bull.* 138 (4), p. 692-743, 2012.
6. C.F. Zink, Y. Tong, Q. Chen, D.S. Bassett, J.L. Stein e A. Meyer-Lindenberg. "Know Your Place: Neural Processing of Social Hierarchy in Humans". *Neuron.* 58 (2), p. 273-83, 2008.
7. P.K. Piff, D.M. Stancato, S. Cote, R. Mendoza-Denton e D. Keltner. "Higher Social Class Predicts Increased Unethical Behavior". *Proc Natl Acad Sci U S A.* 109 (11), p. 4086-91, 2012.
8. R. Layte e C.T. Whelan. "Who Feels Inferior? A Test of the Status Anxiety Hypothesis of Social Inequalities in Health". Gini Discussion Paper 78, 2013.
9. S. Loughnan, P. Kuppens, J. Allik, K. Balazs, S. de Lemus, K. Dumont, *et. al.* "Economic Inequality is Linked to Biased Self-Perception". *Psychological Science.* 22 (10), p. 1254-8, 2011.
10. O. Svenson. "Are We all less Risky and More Skillful than Our Fellow Drivers?" *Acta Psychologica.* 47 (2), p. 143-48, 1981.

11. J.M. Twenge, S. Konrath, J.D. Foster, W.K. Campbell e B.J. Bushman. "Egos Inflating over Time: A Cross-Temporal Meta-Analysis of the Narcissistic Personality Inventory". *J Pers.* 76 (4), p. 875-902: 03-28, 2008.

12. R.G. Wilkinson e K.E. Pickett. *The spirit level: Why greater equality makes societies stronger*: Bloomsbury Publishing USA, 2010.

13. A.B. Krueger. "The Rise and Consequences of inequality in the United States". Center for American Progress, Washington, 2012.

14. M. Paskov e C. Dewilde. "Income Inequality and Solidarity in Europe". *Research in Social Stratification and Mobility,* 2012.

15. J. Holt-Lunstad, T.B. Smith e J.B. Layton. "Social Relationships and Mortality Risk: a Meta-Analytic Review". *PLoS Med.* 7 (7), e1000316, 2010.

16. R. Layard. *Happiness: Lessons from a New Science.* Londres: Allen Lane, 2005.

17. E.W. Dunn, L.B. Aknin, M.I. "Spending Money on Others Promotes Happiness". *Science.* 319 (5870), p. 1687-88, 2008.

18. N. Lustig, L.F. Lopez-Calva e E. Ortiz-Juarez. "Declining Inequality in Latin America in the 2000s: The Cases of Argentina, Brazil, and Mexico". *World Development.* 44, p. 129-41, 2013.

19. R.H. Wade. "Is Globalization Reducing Poverty and Inequality?" *World Development.* 32 (4), p. 567-89, 2004.

20. P. Edward e A. Sumner. "The Future of Global Poverty in a Multi-Speed World", 2013.

21. A. Berg e J.D. Ostry. "Inequality and Unsustainable Growth: Two Sides of the Same Coin?" International Monetary Fund, 2013.

22. J.E. Stiglitz. *The Price of Inequality: How Today's Divided Society Endangers our Future*: WW Norton & Company, 2012.

23. A. Berg e J.D. Ostry, *op. cit.*

PRIMEIRA PARTE

CAPÍTULO 1   O fim de uma era

24. The Harwood Group, *Yearning for Balance: Views of Americans on Consumption, Materialism, and the Environment.* Takoma Park: Merck Family Fund, 1995.

25. United Nations Development Program, *Human Development Report.* Nova York: Oxford University Press, 2004.

26. R. Layard, *Happiness.* Lessons from a New Science. Londres: Allen Lane, 2005.

27. World Bank, *World Development Report 1993: Investing in Health*. Oxford: Oxford University Press, 1993.

28. European Values Study Group and World Values Survey Association, European and World Values Survey Integrated Data File, 1999–2001, Release 1. Ann Arbor, MI: Inter-university Consortium for Political and Social Research, 2005.

29. United Nations Development Program, Human Development Report. Nova York: Oxford University Press, 2004.

30. G.D. Smith, J.D. Neaton, D. Wentworth, R. Stamler e J. Stamler, "Socioeconomic differentials in mortality risk among men screened for the Multiple Risk Factor Intervention Trial: I. White men', *American Journal of Public Health*. 86 (4), p. 486-96, 1996.

CAPÍTULO 2 Pobreza ou desigualdade?

31. United Nations Development Program, *Human Development Report*. Nova York: Oxford University Press, 2004.

32. R.G. Wilkinson e K.E. Pickett, "Income inequality and socioeconomic gradients in mortality", *American Journal of Public Health*. 98 (4), p. 699-704, 2008.

33. L. McLaren, "Socioeconomic status and obesity", *Epidemiologic Review*. 29, p. 29-48, 2007.

34. R.G. Wilkinson e K.E. Pickett, "Income inequality and population health: a review and explanation of the evidence", *Social Science and Medicine*. 62 (7), p. 1768-84, 2006.

CAPÍTULO 3 Como a desigualdade deixa marcas

35. J.M. Twenge, "The age of anxiety? Birth cohort change in anxiety and neuroticism, 1952–1993, *Journal of Personality and Social Psychology* (2007) 79 (6), p. 1.007-21.

36. J.M. Twenge, *Generation Me*. Nova York: Simon & Schuster, 2006.

37. M. Rutter e D.J. Smith, "Psychosocial Disorders in Young People: Time trends and their causes". Chichester: Wiley, 1995.

38. S. Collishaw, B. Maughan, R. Goodman e A. Pickles, "Time trends in adolescent mental health", *Journal of Child Psychology and Psychiatry*. 45(8), p. 1.350-62, 2004.

39. M. Rutter e D.J. Smith, *op. cit.*
40. B. Maughan, A.C. Iervolino e S. Collishaw, "Time trends in child and adolescent mental disorders", *Current Opinion in Psychiatry.* 18(4), p. 381-5, 2005.
41. S. Collishaw, B. Maughan, R. Goodman e A. Pickles, *op. cit.*
42. S.S. Dickerson e M.E. Kemeny, "Acute stressors and cortisol responses: a theoretical integration and synthesis of laboratory research", *Psychological Bulletin.* 130(3), p. 355-91, 2004.
43. *Ibidem*, p. 377.
44. *Ibidem*, p. 357.
45. *Ibidem*, p. 357.
46. T.J. Scheff, "Shame and conformity: the defense-emotion system", *American Sociological Review.* 53, p. 395-406, 1988.
47. H.B. Lewis, *The Role of Shame in Symptom Formation.* Hillsdale: Erlbaum, 1987.
48. R.W. Emerson, *Conduct of Life*, Nova York: Cosimo, 2007.
49. A. Kalma, "Hierarchisation and dominance assessment at first glance", *European Journal of Social Psychology.* 21(2), p. 165-81, 1991.
50. F. Lim, M.H. Bond e M.K. Bond, "Linking societal and psychological factors to homicide rates across nations", *Journal of Cross-Cultural Psychology.* 36(5), p. 515-36, 2005.
51. S. Kitayama, H.R. Markus, H. Matsumoto e V. Norasakkunkit, "Individual and collective processes in the construction of the self: selfenhancement in the United States and self-criticism in Japan", *Journal of Personal and Social Psychology.* 72(6), p. 1245-67, 1997.

SEGUNDA PARTE

CAPÍTULO 4 Vida comunitária e relações sociais

52. A. de Tocqueville, *Democracy in America.* Londres: Penguin, 2003.
53. *Ibidem*, p. II.
54. *Ibidem*, p. 725.
55. *Ibidem*, p. 596.
56. *Ibidem*, p. 656.
57. *Ibidem*, p. 661.
58. *Ibidem*.
59. *Ibidem*, p. 371.
60. *Ibidem*, p. 650.

61. *Ibidem*, p. 400.
62. European Values Study Group and World Values Survey Association, European and World Values Survey Integrated Data File, 1999–2001, Release 1. Ann Arbor, MI: Inter-university Consortium for Political and Social Research, 2005.
63. National Opinion Research Center, *General Social Survey*. Chicago: NORC, 1999-2004.
64. *Ibidem*.
65. R.D. Putnam, *Bowling Alone: The Collapse and Revival of American Community*. Nova York: Simon & Schuster, 2000.
66. *Ibidem*, p. 359.
67. R.D. Putnam, "Social capital: measurement and consequences". *Isuma: Canadian Journal of Policy Research*. 2(1), p. 41-51, 2001.
68. E. Uslaner, *The Moral Foundations of Trust*. Cambridge: Cambridge University Press, 2002.
69. B. Rothstein e E. Uslaner, "All for all: equality, corruption and social trust", *World Politics*. 58, p. 41-72, 2005.
70. E. Uslaner, *op. cit.*
71. *Ibidem*, p. 187.
72. J.C. Barefoot, K.E. Maynard, J.C. Beckham, B.H. Brummett, K. Hooker e I.C. Siegler, "Trust, health, and longevity", *Journal of Behavioral Medicine*. 21(6), p. 517-26, 1998.
73. S.V. Subramanian, D.J. Kim e I. Kawachi, "'Social trust and self-rated health in US communities: a multilevel analysis", *Journal of Urban Health*. 79 (4, Suppl. 1), p. S21-34, 2002.
74. E. Klinenberg, *Heat Wave: A social autopsy of disaster in Chicago*. Chicago: University of Chicago Press, 2002.
75. J. Lauer, "Driven to extremes: fear of crime and the rise of the sport utility vehicle in the United States", *Crime, Media, Culture*. 1, p. 149-68, 2005.
76. K. Bradsher, "The latest fashion: fear-of-crime design", *New York Times*, 23 de julho de 2000.
77. M. Adams, *Fire and Ice. The United States, Canada, and the Myth of Converging Values*. Toronto: Penguin, 2003.
78. E.J. Blakely e M.G. Snyder, *Fortress America: Gated Communities in the United States*. Washington: Brookings Institute Press, 1997.
79. J. Lauer, *op. cit.*
80. I. Kawachi, B.P. Kennedy, V. Gupta e D. Prothrow-Stith, "'Women's status and the health of women and men: a view from the States", *Social Science and Medicine*. 48(1), p. 21-32, 1999.
81. *Ibidem*.

82. H.J. Jun, S.V. Subramanian, S. Gortmaker e I. Kawachi, "'A multilevel analysis of women's status and self-rated health in the United States", *Journal of the American Medical Women's Association*. 59(3), p. 172-80, 2004.

83. OECD, International Development Statistics Online. OECD. Disponível em: <www.oecd.org/dataoecd/50/17/5037721.htm>, 2005.

CAPÍTULO 5 Saúde mental e uso de drogas

84. L. Clark e A. Dolan, "The disturbed generation", *Daily Mail*, 20 de junho de 2007.

85. C. Donnellan, *Mental Wellbeing*. Cambridge: Independence Educational Publishers, 2004.

86. *The Good Childhood Inquiry. Evidence Summary 5 — Health*. Londres: Children's Society, 2008.

87. J.M. Perrin, S.R. Bloom e S.L. Gortmaker, "The increase of childhood chronic conditions in the United States", *Journal of the American Medical Association*. 297 (24), p. 2.755-9, 2007.

88. Child and Adolescent Health Measurement Initiative. National Survey of Children's Health. Data Resource Center on Child and Adolescent. Disponível em: <www.childhealthdata,org>. Acessado em 17 de agosto de 2006.

89. Office for National Statistics, *Psychiatric Morbidity Among Adults Living in Private Households*, 2000. Londres: HMSO, 2001.

90. *Hansard* (House of Commons Daily Debates). Written answers to questions. 439: 22, Coluna 1798W, novembro de 2005.

91. R.C. Kessler, W.T. Chiu, O. Demler, K.R. Merikangas e E.F. Walters, "Prevalence, severity, and comorbidity of 12-month DSM-IV disorders in the National Comorbidity Survey Replication". *Archives of General Psychiatry*. 62, p. 617-27, 2005.

92. T.L. Mark, K.R. Levit, J.A. Buck, R.M. Coffey e R. Vandivort-Warren, "Mental health treatment expenditure trends", 1986-2003, *Psychiatric Services*. 58 (8), p. 1.041-8, 2007.

93. D. Rowe, *How to Improve your Mental Well-Being*. Londres: Mind, 2002.

94. K. Demyttenaere, R. Bruffaerts, J. Posada-Villa, I. Gasquet, V. Kovess, J.P. Lepine, M.C. Angermeyer, S. Bernert, G. de Girolamo, P. Morosini, G. Polidori, T. Kikkawa, N. Kawakami, Y. Ono, T. Takeshima, H. Uda, E.G. Karam, J. A. Fayyad, A.N. Karam, Z.N. Mneimneh, M.E. Medina-Mora, G. Borges, C. Lara, R. de Graaf, J. Ormel, O. Gureje, Y. Shen, Y. Huang, M. Zhang, J. Alonso, J.M. Haro, G. Vilagut, E.J. Bromet, S. Gluzman, C. Webb, R.C. Kessler, K.R. Merikangas, J.C. Anthony, M.R. Von Korff, P.S. Wang, T.S. Brugha, S. Aguilar-Gaxiola, S. Lee, S. Heeringa, B.E. Pennell, A.M. Zaslavsky, T.B. Ustun e S. Chatterji, "Prevalence, severity, and

unmet need for treatment of mental disorders in the World Health Organization World Mental Health Surveys", *Journal of the American Medical Association.* 291(21), p. 2.581-90, 2004.

95. J.E. Wells, M.A. Oakley Browne, K.M. Scott, M.A. McGee, J. Baxter e J. Kokaua, "Te Rau Hinengaro: the New Zealand Mental Health Survey: overview of methods and findings", *Australian and New Zealand Journal of Psychiatry.* 40(10), p. 835-44, 2006.

96. Australian Bureau of Statistics. *National Health Survey, Mental Health, 2001.* Canberra: Australian Bureau of Statistics, 2003.

97. WHO International Consortium in Psychiatric Epidemiology, "Crossnational comparisons of the prevalences and correlates of mental disorders', Bulletin of the World Health Organization", *Boletim da Organização Mundial da Saúde.* 78 (4), p. 413-26, 2000.

98. Office for National Statistics, *op. cit.*

99. Child and Adolescent Health Measurement Initiative, *op. cit.*

100. R.G. Wilkinson e K.E. Pickett, "Income inequality and socioeconomic gradients in mortality", American Journal of Public Health (2008) 98 (4): p. 699-704.

101. Center for Disease Control and Prevention, "Self-reported frequent mental distress among adults – United States, 1993-2001". 53, p. 963-6, 2004.

102. O. James, *Affluenza.* Londres: Vermilion, 2007.

103. A. de Botton, *Status Anxiety.* Londres: Hamish Hamilton, 2004.

104. R. H. Frank, *Luxury Fever.* Nova York: Free Press, 1999.

105. R. Layard, *Happiness.* Londres: Allen Lane, 2005.

106. United Nations Office on Drugs and Crime, *World Drug Report.* Vienna: UN Office on Drugs and Crime, 2007.

107. Centers for Disease Control and Prevention. Compressed Mortality Files 1999-2002. Disponível em: <wonder.cdc.gov/mortSQL.html>. Acessado em 9 de setembro de 2008.

108. D. Morgan, K.A. Grant, H.D. Gage, R.H. Mach, J.R. Kaplan, O. Prioleau, S.H. Nader, N. Buchheimer, R.L. Ehrenkaufer e M.A. Nader, "Social dominance in monkeys: dopamine D2 receptors and cocaine self-administration'", *Nature Neuroscience.* 5 (2), p. 169-74, 2002.

CAPÍTULO 6   Saúde física e expectativa de vida

109. M. Susser e E. Susser. "Choosing a future for epidemiology: I. Eras and paradigms", *American Journal of Public Health.* 86 (5), p. 668-73, 1996.

110. M. Susser e E. Susser. "Choosing a future for epidemiology: II. From black box to Chinese boxes and eco-epidemiology", *American Journal of Public Health*. 86 (5), p. 674-7, 1996.

111. M.G. Marmot, A.M. Adelstein, N. Robinson e G.A. Rose, "Changing social-class distribution of heart disease", *British Medical Journal*. 2(6145), p. 1.109-12, 1978.

112. M.G. Marmot, G. Rose, M. Shipley, P.J. Hamilton, "Employment grade and coronary heart disease in British civil servants", *Journal of Epidemiology and Community Health*. 32 (4), p. 244-9, 1978.

113. H. Bosma, M.G. Marmot, H. Hemingway, A.C. Nicholson, E. Brunner e S.A. Stansfeld, "Low job control and risk of coronary heart disease in Whitehall II (prospective cohort) study", *British Medical Journal*. 314 (7080), p. 558-65, 1997.

114. M.G. Marmot, G.D. Smith, S. Stansfeld, C. Patel, F. North, J. Head, I. White, E. Brunner e A. Feeney, "Health inequalities among British civil servants: the Whitehall II study', *Lancet*. 337 (8754), p. 1.387-93, 1991.

115. Council of Civil Service Unions/Cabinet Office, *Work, Stress, and Health: The Whitehall II Study*. Londres: Public and Commercial Services Union, 2004.

116. G.D. Smith, M.J. Shipley e G. Rose, "Magnitude and causes of socioeconomic differentials in mortality: further evidence from the Whitehall Study", *Journal of Epidemiology and Community Health*. 44 (4), p. 265-70, 1990.

117. R.G. Wilkinson e M. Marmot, *Social Determinants of Health: The Solid Facts* (2nd edition). Copenhagen: World Health Organization, Regional Office for Europe, 2006.

118. E. Durkheim, *Suicide*. Londres: Routledge, 1952.

119. L. Berkman e T. Glass, "Social integration, social networks, social support, and health", in: L. Berkman e L. Kawachi (orgs.), *Social Epidemiology*. Nova York: Oxford University Press, 2000.

120. S.A. Stansfeld, "Social support and social cohesion". In: M. Marmot e R.G. Wilkinson (orgs.), *Social Determinants of Health*. Oxford: Oxford University Press, 2006.

121. S. Cohen, "Keynote Presentation at the Eight International Congress of Behavioral Medicine: The Pittsburgh common cold studies: psychosocial predictors of susceptibility to respiratory infectious illness", *International Journal of Behavioral Medicine*. 12 (3), p. 123-31, 2005.

122. J.K. Kiecolt-Glaser, T.J. Loving, J.R. Stowell, W.B. Malarkey, S. Lemeshow, S.L. Dickinson e R. Glaser, "Hostile marital interactions, proinflammatory cytokine production, and wound healing", *Archives of General Psychiatry*. 62 (12), p. 1.377-84, 2005.

123. W.T. Boyce, "Stress and child health: an overview", *Pediatric Annals*. 14 (8), p. 539-42, 1985.

124. M.C. Holmes, "Early life stress can programme our health", *Journal of Neuro-endocrinology*. 13 (2), p. 111-12, 2001.

125. R.H. Bradley e R.F. Corwyn, "Socioeconomic status and child development", *Annual Review of Psychology*. 53, p. 371-99, 2002.

126. M. Wilson e M. Daly, "Life expectancy, economic inequality, homicide, and reproductive timing in Chicago neighborhoods", *British Medical Journal*. 314 (7089), p. 1271-4, 1997.

127. M. Wilson e M. Daly, *op. cit.*

128. M.K. Islam, J. Merlo, I. Kawachi, M. Lindstrom e U.G. Gerdtham, "Social capital and health: does egalitarianism matter? A literature review", *International Journal for Equity in Health*. 5, p. 3, 2006.

129. Kawachi, B.P. Kennedy, K. Lochner e D. Prothrow-Stith, "Social capital, income inequality, and mortality", *American Journal of Public Health*. 87 (9), p. 1.491-8, 1997.

130. R.D. Putnam, *Bowling Alone: the collapse ande revival of American Community*. Nova York: Simon & Schuster, 2000.

131. C. McCord e H.P. Freeman, "Excess mortality in Harlem", *New England Journal of Medicine*. 322 (3), p. 173-7, 1990.

132. R.G. Wilkinson e K.E. Pickett, 2008, *op. cit.*

133. R.G. Wilkinson, "Income distribution and life expectancy", *British Medical Journal*. 304 (6820), p. 165-8, 1992.

134. Editor's Choice, "The Big Idea", *British Medical Journal*. 312 (7037): 0, 1996.

135. Department of Health, The NHS Plan: A plan for investment, a plan for reform. Londres: Stationery Office, 2000.

136. Office for National Statistics. "Trends in ONS Longitudinal Study estimates of life expectancy, by social class 1972-2005". Disponível em: <www.statistics.gov. uk/StatBase/Product.asp?vlnk=8460&More=Y>. Acessado em 9 de setembro de 2008.

137. C.J. Murray, S.C. Kulkarni, C. Michaud, N. Tomijima, M.T. Bulzacchelli, T.J. Iandiorio e M. Ezzati, "Eight Americas: investigating mortality disparities across races, counties, and race-counties in the United States", *Public Library of Science Medicine*. 3 (9), p. 260, 2006.

138. A.T. Geronimus, J. Bound, T.A. Waidmann, C.G. Colen e D. Steffick, "Inequality in life expectancy, functional status, and active life expectancy across selected black and white populations in the United States", *Demography*. 38 (2), p. 227-51, 2001.

139. G.K. Singh e M. Siahpush, "Widening socioeconomic inequalities in US life expectancy, 1980-2000", *International Journal of Epidemiology*. 35 (4), p. 969-79, 2006.

140. P.M. Lantz, J.S. House, J.M. Lepkowski, D.R. Williams, R.P. Mero e J. Chen, "Socioeconomic factors, health behaviors, and mortality: results from a nationally representative prospective study of US adults", *Journal of the American Medical Association*. 279 (21), p. 1.703-8, 1998.

141. P. Makela, T. Valkonen e T. Martelin, "Contribution of deaths related to alcohol use to socioeconomic variation in mortality: register based follow up study", *British Medical Journal*. 315 (7102), p. 211-16, 1997.

142. G. Rose e M.G. Marmot, "Social class and coronary heart disease". *British Heart Journal*. 45 (1), p. 13-19, 1981.

143. R.G. Wilkinson e K.E. Pickett, "Income inequality and socioeconomic gradients in mortality", *American Journal of Public Health*. 98 (4): 699-704, 2008.

144. R.G. Wilkinson, *Unhealthy Societies: The afflictions of inequality*. Londres: Routledge, 1996.

145. R. Sapolsky, "Sick of poverty", *Scientific American*. 293 (6), p. 92-9, 2005.

146. L. Vitetta, B. Anton, F. Cortizo e A. Sali, "Mind–body medicine: stress and its impact on overall health and longevity", *Annals of the New York Academy of Sciences*. 1057, p. 492-505, 2005.

147. *Ibidem*.

148. R. Sapolsky, *op. cit.*

149. S.V. Subramanian e I. Kawachi, "Income inequality and health: what have we learned so far?". *Epidemiologic Review*, 26, p. 78-91, 2004.

150. S. Bezruchka, T. Namekata e M.G. Sistrom, "Improving economic equality and health: the case of postwar Japan", *American Journal of Public Health*. 98, p. 216-21, 2008.

151. P. Walberg, M. McKee, V. Shkolnikov, L. Chenet e D.A. Leon, "Economic change, crime, and mortality crisis in Russia: regional analysis", *British Medical Journal*. 317 (7154), p. 312-18, 1998.

CAPÍTULO 7   Obesidade: maior diferença de renda, maior cintura

152. K.M. Flegal, M.D. Carroll, C.L. Ogden e C.L. Johnson, "Prevalence and trends in obesity among US adults", *Journal of the American Medical Association*. 288, p. 1.723-7, 2002.

153. International Obesity TaskForce, *Obesity in Europe*. Londres: International Obesity Task Force em colaboração com a European Association for the Study of Obesity Task Forces, 2002.

154. World Health Organization, *Report of a Joint WHO/FAO Expert Consulation. Diet, nutrition and the prevention of chronic diseases*. Genebra: WHO Technical Report Series. n° 916, WHO, 2002.

155. C.L. Ogden, M.D. Carroll, L.R. Curtin, M.A. McDowell, C.J. Tabak e K.M. Flegal, "Prevalence of overweight and obesity in the United States, 1999-2004", *Journal of the American Medical Association*. 295 (13), p. 549-55, 2006.

156. S.J. Olshansky, D.J. Passaro, R.C. Hershow, J. Layden, B.A. Carnes, J. Brody, L. Hayflick, R.N. Butler, D.B. Allison e D.S. Ludwig, "A potential decline in life expectancy in the United States in the 21st century", *New England Journal of Medicine*. 352(11), p. 1.138-45, 2005.

157. CBS News, "Teen slims down with gastric bypass: Surgery a growing trend among obese teenagers", CBS Broadcasting Inc. Disponível em: <// www.cbsnews.com/stories/2007/05/21/earlyshow/health/main2830891. shtm/?Source=Search-story>. Acessado em 15 de setembro de 2008.

158. G. Rollings, "14st boy – is this child abuse?", *Sun*. 26 de fevereiro de 2007.

159. B. Ashford e V. Wheeler, "Sam, aged 9, is 14st and size 18", *Sun*. 28 de fevereiro de 2007.

160. A. Parker, "Daryl is 20 stone, aged just 12", *Sun*. 2 de março de 2007.

161. E. Brunner, M. Juneja e M. Marmot, "Abdominal obesity and disease are linked to social position", *British Medical Journal*. 316, p. 308, 1998.

162. A. Molarius, J.C. Seidell, S. Sans, J. Tuomilehto e K. Kuulasmaa, "Educational level, relative body weight and changes in their association over 10 years: an international perspective from the WHO MONICA project", *American Journal of Public Health*. 90, p. 1260-86, 2000.

163. P. Toynbee "Inequality is fattening", *Guardian*. 28 de maio de 2004.

164. International Obesity TaskForce, *Overweight and Obese*. Londres: International Obesity Task Force, 2002.

165. Unicef Innocenti Research Centre. *Child Poverty in Perspective: An overview of child well-being in rich countries*. Florença: Innocenti Report Card, 2007.

166. H.S. Kahn, A.V. Patel, E.J. Jacobs, E.E. Calle, B.P. Kennedy e I. Kawachi, "Pathways between area-level income inequality and increased mortality in U.S. men", *Annals of the New York Academy of Sciences*. 896, p. 332-4, 1999.

167. A.V. Diez-Roux, B.G. Link e M.E. Northridge, "A multilevel analysis of income inequality and cardiovascular disease risk factors'", *Social Science and Medicine*. 50 (5), p. 673-87, 2000.

168. M. Ezzati, H. Martin, S. Skjold, S. Vander Hoorn e C.J. Murray, "Trends in national and state-level obesity in the USA after correction for self-report bias: analysis of health surveys", *Journal of the Royal Society of Medicine*. 99 (5), p. 250-7, 2006.

169. K.E. Pickett, S. Kelly, E. Brunner, T. Lobstein e R.G. Wilkinson, "Wider income gaps, wider waistbands? An ecological study of obesity and income inequality", *Journal of Epidemiology and Community Health*. 59 (8), p. 670-4, 2005.

170. A.V. Diez-Roux, B.G. Link e M.E. Northridge, *op. cit.*

171. K. Ball, G.D. Mishra e D. Crawford, "Social factors and obesity: an investigation of the role of health behaviors", *International Journal of Obesity and Related Metabolic Disorders,* 27 (3), p. 394-403, 2003.

172. E.J. Brunner, T. Chandola e M.G. Marmot, "Prospective effect of job strain on general and central obesity in the Whitehall II Study", *American Journal of Epidemiology.* 165 (7), p. 828-37, 2007.

173. L.R. Purslow, *et al.* "Socioeconomic position and risk of short-term weight gain: prospective study of 14, 619 middle-aged men and women", *BioMed Central Public Health.* 8, p. 112, 2008.

174. S.P. Wamala, A. Wolk e K. Orth-Gomer, "Determinants of obesity in relation to socioeconomic status among middle-aged Swedish women", *Preventive Medicine* 26 (5 Pt 1), p. 734-44, 1997.

175. P. Bjorntorp, "Do stress reactions cause abdominal obesity and comorbidities?" *Obesity Reviews* 2 (2), p. 73-86, 2001.

176. V. Drapeau, F. Therrien, D. Richard e A. Tremblay "Is visceral obesity a physiological adaptation to stress?", *Panminerva Med.* 45 (3), p. 189-95, 2003.

177. J. Laitinen, E. Ek, e U. Sovio, "Stress-related eating and drinking behavior and body mass index and predictors of this behavior", *Preventive Medicine.* 34 (1), p. 29-39, 2002.

178. M.F. Dallman, N. Pecoraro, S.F. Akana, S.E. La Fleur, F. Gomez, H. Houshyar, M.E. Bell, S. Bhatnagar, K.D. Laugero e S. Manalo, "Chronic stress and obesity: a new view of 'comfort food'", *Proceedings of the National Academy of Sciences USA.* 100 (20), p. 11.696-701, 2003.

179. A.M. Freedman. "Deadly diet", *Wall Street Journal,* 18-20 de dezembro de 1990.

180. C.C. Hodgkins, K.S. Cahill, A.E. Seraphine, K. Frost-Pineda e M.S. Gold, "Adolescent drug addiction treatment and weight gain", *Journal of Addictive Diseases.* 23(3), p. 55-65, 2004.

181. G.A. James, M.S. Gold e Y. Liu, "Interaction of satiety and reward response to food stimulation", *Journal of Addictive Diseases.* 23 (3), p. 23-37, 2004.

182. K.D. Kleiner, M.S. Gold, K. Frost-Pineda, B. Lenz-Brunsman, M.G. Perri e W.S. Jacobs, "Body mass index and alcohol use", *Journal of Addictive Diseases*. 23 (3), p. 105-18, 2004.

183. J.H. Gao, "Neuroimaging and obesity", *Obesity Reviews*. 9 (11), p. 729-30, 2001.

184. K. Sproston e P. Primatesta (orgs.), *Health Survey for England 2003*. Vol. 2: *Risk Factors for Cardiovascular Disease*. Londres: Stationery Office, 2004.

185. C. Langenberg, R. Hardy, D. Kuh, E. Brunner e M. Wadsworth, "Central and total obesity in middle aged men and women in relation to lifetime socioeconomic status: evidence from a national birth cohort", *Journal of Epidemiology and Community Health*. 57 (10), p. 816-22, 2003.

186. R.M. Viner e T.J. Cole, "Adult socioeconomic, educational, social, and psychological outcomes of childhood obesity: a national birth cohort study", *British Medical Journal*. 330 (7504), p. 1.354, 2005.

187. S.L. Gortmaker, A. Must, J.M. Perrin, A.M. Sobol e W.H. Dietz, "Social and economic consequences of overweight in adolescence and young adulthood", *New England Journal of Medicine*. 329 (14), p. 1.008-12, 1993.

188. J.D. Sargent e D.G. Blanchflower, "Obesity and stature in adolescence and earnings in young adulthood. Analysis of a British birth cohort", *Archives of Pediatric and Adolescent Medicine*. 148 (7), p. 681-7, 1994.

189. D. Thomas, "Fattism is the last bastion of employee discrimination", *Personnel Today*, 25 de outubro de 2005.

190. L.R. Purslow, *et al.*, *op. cit.*

191. J. Wardle e J. Griffith, "Socioeconomic status and weight control practices in British adults", *Journal of Epidemiology and Community Health*. 55 (3), p. 185-90, 2001.

192. J. Sobal, B. Rauschenbach e E.A. Frongillo, "Marital status changes and body weight changes: a US longitudinal analysis", *Social Science and Medicine*. 56 (7), p. 1543-55, 2003.

193. T. Smith, C. Stoddard e M. Barnes, "Why the Poor Get Fat: Weight Gain and Economic Insecurity", School of Economic Sciences Working Paper, Washington State University. Disponível em: <//ideas.repec.org/p/wsu/wpaper/tgsmith-2.html>. Acessado em 15 de setembro de 2008.

194. B. Fisher, D. Dowding, K.E. Pickett e F. Fylan, "Health promotion at NHS breast cancer screening clinics in the UK", *Health Promotion International*. 22 (2), p. 137-4, 2007.

195. J.R. Speakman, H. Walker, L. Walker e D.M. Jackson, "Associations between BMI, social strata and the estimated energy content of foods", *Journal of Obesity and Related Metabolic Disorders*. 29 (10), p. 1.281-8, 2005.

196. N.E. Adler, E.S. Epel, G. Castellazzo e J.R. Ickovics, "Relationship of subjective and objective social status with psychological and physiological functioning: preliminary data in healthy white women", *Health Psychology,* 19 (6), p. 586-92, 2000.

197. E. Goodman, N.E. Adler, S.R. Daniels, J.A. Morrison, G.B. Slap e L.M. Dolan, "Impact of objective and subjective social status on obesity in a biracial cohort of adolescents", *Obesity Reviews.* 11 (8), p. 1.018-26, 2003.

198. B. Martin, "Income inequality in Germany during the 1980s and 1990s", *Review of Income and Wealth,* 46 (1), p. 1-19, 2000.

199. V. Hesse, M. Voigt, A. Salzler, S. Steinberg, K. Friese, E. Keller, R. Gausche e R. Eisele. "Alterations in height, weight, and body mass index of newborns, children, and young adults in eastern Germany after German reunification'", *Journal of Pediatrics.* 142 (3), p. 259-62, 2003.

CAPÍTULO 8   Desempenho educacional

200. S. Baum e K. Payea, *Education Pays: The benefits of higher education for individuals and society.* Washington: College Board, 2004.

201. Bureau of Labor Statistics, *Weekly and Hourly Earnings Data from the Current Population Survey.* Washington: US Department of Labor, 2007.

202. M. Benn e F. Millar, *A Comprehensive Future: Quality and equality for all our children.* Londres: Compass, p. 23, 2006.

203. J.D. Teachman, "Family background, educational resources, and educational attainment", *American Sociological Review.* 52, p. 548-57, 1987.

204. R.G. Wilkinson e K.E. Pickett, "Health inequalities and the UK Presidency of the EU", *Lancet.* 367 (9517), p. 1.126-8, 2006.

205. R.G. Wilkinson e K.E. Pickett, "The problems of relative deprivation: why some societies do better than others", *Social Science and Medicine.* 65 (9), p. 1.965-78, 2007.

206. OECD and Statistics Canada. Literacy in the Information Age: Final report of the International Adult Literacy Survey. Paris: Organization for Economic Co-Operation and Development, 2000.

207. J.D. Willms. "Quality and Inequality in Children's Literacy: the Effects of Families, Schools, and Communities", in D.P. Keating e C. Hertzman (orgs.), *Developmental Health and the Wealth of Nations.* Nova York: Guilford Press, 1999.

208. J.D. Willms, "Literacy proficiency of youth: evidence of converging socioeconomic gradients", *International Journal of Educational Research.* 39, p. 247-52, 2003.

209. A. Siddiqi, I. Kawachi, L. Berkman, S.V. Subramanian e C. Hertzman, "Variation of socioeconomic gradients in children's developmental health across advanced capitalist societies: analysis of 22 OECD nations", *International Journal of Health Services*. 37 (1), p. 63-87, 2007.

210. Centre for Longitudinal Studies, *Disadvantaged Children up to a Year Behind by the Age of Three*. Londres: Institute of Education, 2007.

211. R.H. Frank e A.S. Levine, *Expenditure Cascades*. Ithaca: Cornell University, 2005.

212. G.W. Evans e K. English, "The environment of poverty: multiple stressor exposure, psychophysiological stress, and socioemotional adjustment", *Child Development*. 73 (4), p. 1.238-48, 2002.

213. P. Garrett, N. Ng'andu e J. Ferron, "Poverty experiences of young children and the quality of their home environments", *Child Development*. 65 (2, Spec. No.), p. 331-45, 1994.

214. V.C. McLoyd, "The impact of economic hardship on black families and children: psychological distress, parenting, and socioemotional development", *Child Development*. 61 (2), p. 311-46, 1990.

215. V.C. McLoyd e L. Wilson, "Maternal behavior, social support, and economic conditions as predictors of distress in children", *New Directions for Child and Adolescent Development*. 46, p. 49-69, 1990.

216. A. Lareau, "Invisible inequality: social class and childrearing in black families and white families", *American Sociological Review*. 67, p. 747-76, 2002.

217. J. Currie, *Welfare and the Well-being of Children*. Reading: Harwood Academic Publishers, 1995.

218. L.G. Irwin, A. Siddiqi e C. Hertzman, *Early Childhood Development: A powerful equalizer*. Genebra: World Health Organization Commission on Social Determinants of Health, 2007.

219. Unicef Innocenti Research Centre, A League Table of Educational Disadvantage in Rich Nations. Florença: Innocenti Report Card, 2002.

220. J. Currie, *op. cit.*

221. K. Hoff e P. Pandey, Belief Systems and Durable Inequalities: An experimental investigation of Indian caste. Policy Research Working Paper. Washington: World Bank, 2004

222. C.M. Steele e J. Aronson, "Stereotype threat and the intellectual test performance of African-Americans", *Journal of Personality and Social Psychology*. 69, p. 797-811, 1995.

223. S.J. Spencer, C.M. Steele e D.M. Quinn, "Stereotype threat and women's math performance", *Journal of Experimental Social Psychology*. 35 (1), p. 4-28, 1999.

224. K. Hoff e P. Pandey, *op. cit.*

225. W. Peters, *A Class Divided: Then and Now*. New Haven: Yale University Press, 1987.

226. J. Zull, *The Art of Changing the Brain: Enriching the Practice of Teaching by Exploring the Biology of Learning*. Sterling: Stylus Publishing, 2002.

227. G. Evans, *Educational Failure and Working Class White Children in Britain*. Basingstoke: Palgrave, 2006.

228. Unicef Innocenti Research Centre, 2002, *op. cit.*

229. G. Evans, *op. cit.*

CAPÍTULO 9   Maternidade na adolescência: a reciclagem da privação

230. L. Atkinson, "Sorry, Mum, we're all pregnant!" Sneak (2005) Issue no. 162.

231. J. Askill, "Meet the kid sisters", *Sun*. 23 de maio de 2005.

232. S. Carroll, "'These girls' babies are the real victims", *Daily Mirror*. 25 de maio de 2005.

233. Committee on Adolescence AAoP, "Adolescent pregnancy – current trends and issues", *Pediatrics*. 103, p. 516-20, 1998.

234. Social Exclusion Unit, *Teenage Pregnancy*. Londres: Stationery Office, 1999.

235. D.A. Lawlor e M. Shaw. "Too much too young? Teenage pregnancy is not a public health problem", *International Journal of Epidemiology*. 31 (3), p. 552-4, 2002.

236. A.T. Geronimus, "The weathering hypothesis and the health of African-American women and infants: evidence and speculations'", *Ethnicity and Disease*. 2 (3), p. 207-21, 1992.

237. A.T. Geronimus, "Black/white differences in the relationship of maternal age to birthweight: a population-based test of the weathering hypothesis", *Social Science and Medicine*. 42 (4), p. 589-97, 1996.

238. J. Hobcraft e K. Kiernan, "Childhood poverty, early motherhood and adult social exclusion", *British Journal of Sociology*. 52 (3), p. 495-517, 2001.

239. J. Rich-Edwards, "Teen pregnancy is not a public health crisis in the United States. It is time we made it one", *International Journal of Epidemiology*. 31 (3), p. 555-6, 2002.

240. D.A. Lawlor e M. Shaw, *op. cit.*

241. S. Cater e L. Coleman, *Planned Teenage Pregnancy: Views and Experiences of Young People from Poor and Disadvantaged Backgrounds*. Bristol: Policy Press for the Joseph Rowntree Foundation, 2006.

242. K. Luker, *Dubious Conception. The Politics of Teenage Pregnancy*. Cambridge: Harvard University Press, 1996.

243. J. Ermisch e D. Pevalin, *Who Has a Child as a Teenager?* ISER Working Papers, n° 2003-30. Institute for Economic and Social Research, University of Essex, 2003.

244. K.E. Pickett, J. Mookherjee e R.G. Wilkinson, "Adolescent birth rates, total homicides, and income inequality in rich countries", *American Journal of Public Health.* 95(7):1.181-3, 2005.

245. Unicef, Innocenti Research Centre, *A League Table of Teenage Births in Rich Nations*. Florença: Innocenti Report Card, 2001.

246. S.J. Ventura, T.J. Mathews e B.E. Hamilton, "Teenage births in the United States: trends, 1991–2000, an update", *National Vital Statistics Reports*. 50 (9), 2002.

247. Alan Guttmacher Institute, *US Teenage Pregnancy Statistics Overall Trends, Trends by Race and Ethnicity and State-by-state Information*. Nova York: AGI, 2004.

248. Unicef, Innocenti Research, 2001, *op. cit.*

249. R. Gold, I. Kawachi, B.P. Kennedy, J.W. Lynch e F.A. Connell, "Ecological analysis of teen birth rates: association with community income and income inequality", *Maternal and Child Health Journal*. 5(3), p. 161-7, 2001.

250. Unicef, Innocenti Research, 2001, *op. cit.*

251. *Ibidem*.

252. S. Ryan, K. Franzetta e J. Manlove, *Hispanic Teen Pregnancy and Birth Rates: looking behind the numbers*. Washington: Child Trends, 2005.

253. M. Dickson, *Latina Teen Pregnancy: Problems and Prevention. Executive summary*. Washington: Population Resource Center, 2001.

254. Unicef, Innocenti Research, *op. cit.*

255. J. Bynner, P. Elias, A. McKnight, H. Pan e G. Pierre, *Young People's Changing Routes to Independence*. York: Joseph Rowntree Foundation, 2002.

256. H. Graham e E. McDermott, "Qualitative research and the evidence base of policy: insights from studies of teenage mothers in the UK", *Journal of Social Policy*. 35, p. 21-37, 2005.

257. J. Belsky, L. Steinberg e P. Draper, "Childhood experience, interpersonal development, and reproductive strategy: and evolutionary theory of socialization", *Child Development*. 62 (4), p. 647-70, 1991.

258. R. Gold, B. Kennedy, F. Connell e I. Kawachi, "Teen births, income inequality, and social capital: developing an understanding of the causal pathway", *Health Place*. 8 (2), p. 77-83, 2002.

259. D.A. Coall e J.S. Chisholm, "Evolutionary perspectives on pregnancy: maternal age at menarche and infant birth weight", *Social Science and Medicine*. 57 (10), p. 1771-81, 2003.

260. T.E. Moffitt, A. Caspi, J. Belsky e P.A. Silva, "Childhood experience and the onset of menarche: a test of a sociobiological model", *Child Development*. 63 (1), p. 47-58, 1992.

261. "American Academy of Pediatrics Committee on Adolescence: Adolescent pregnancy", *Pediatrics*. 83 (1), p. 132-4, 1989.

262. B.J. Ellis, J.E. Bates, K.A. Dodge, D.M. Fergusson, L.J. Horwood, G.S. Pettit e L. Woodward, "Does father absence place daughters at special risk for early sexual activity and teenage pregnancy?" *Child Development*. 74 (3), p. 801-21, 2003.

263. H. Grahan e E. McDermott, *op. cit.*

CAPÍTULO 10   Violência: a conquista do respeito

264. J. Borger, "Gunned down: the teenager who dared to walk across his neighbour's prized lawn", *Guardian*. 22 de março de 2006.

265. J. Allen, *Worry about Crime in England and Wales: Findings from the 2003/04 and 2004/05 British Crime Survey*. Londres: Research Development and Statistics Directorate, Home Office, 2006.

266. C. Hale, "Fear of crime: a review of the literature", *International Review of Victimology*. 4, p. 79-150, 1996.

267. H. Cronin, *The Ant and the Peacock*. Cambridge: Cambridge University Press, 1991.

268. *Ibidem*.

269. J. Gilligan, *Preventing Violence*. New York: Thames & Hudson, 2001.

270. J. Gilligan, *Violence: Our Deadly Epidemic and its Causes*. Nova York: G.P. Putnam, 1996.

271. J. Gilligan, *Preventing Violence*.

272. J. Gilligan, *Violence*, p. 110.

273. R. Wilkinson, "Why is violence more common where inequality is greater?" *Annals of the New York Academy of Sciences*, 1036, p. 1-12, 2004.

274. M. Wilson e M. Daly, *Homicide*. Piscataway. NJ: Aldine Transaction, 1988.

275. _____. "Life expectancy, economic inequality, homicide, and reproductive timing in Chicago neighborhoods", *British Medical Journal*. 314 (7089), p. 1.271-4, 1997.

276. _____. "Crime and conflict: homicide in evolutionary psychological perspective", *Crime and Justice*. 22, p. 51-100, 1997.

277. _____. "Risk-taking, intrasexual competition, and homicide", *Nebraska Symposium on Motivation*, 47, p. 1-36, 2001.

278. M. Daly, M. Wilson e S. Vasdev, "Income inequality and homicide rates in Canada and the United States", *Canadian Journal of Public Health — Revue Canadienne de Criminologie* 43 (2), p. 219-36, 2001.

279. M. Wilson e M. Daly, "Competitiveness, risk-taking and violence: the young male syndrome", *Ethology and Sociobiology* 6, p. 59-73, 1985.

280. D.M. Buss, *The Evolution of Desire: Strategies of Human Mating*. Nova York: Basic Books, 1994.

281. R. Wilkinson, "Why is violence more common where inequality is greater?" *Annals of the New York Academy of Sciences*, 1036, p. 1-12, 2004.

282. M. Daly, M. Wilson e S. Vasdev, "Income inequality and homicide rates in Canada and the United States", *Canadian Journal of Public Health — Revue Canadienne de Criminologie* 43 (2), p. 219-36, 2001.

283. P. Fajnzylber, D. Lederman e N. Loayza, "Inequality and violent crime", Journal of Law and Economics 45, p. 1-40, 2002.

284. C.-C. Hsieh e M.D. Pugh, "Poverty, income inequality, and violent crime: A meta-analysis of recent aggregate data studies", *Criminal Justice Review.* 18, p. 182-202, 1993.

285. R.G. Wilkinson e K.E. Pickett, "Income inequality and population health: a review and explanation of the evidence", *Social Science and Medicine.* 62(7), p. 1.768-84, 2006.

286. United Nations Crime and Justice Information Network, *Survey on Crime Trends and the Operations of Criminal Justice Systems (Fifth, Sixth, Seventh, Eighth)*. Nova York: United Nations, 2000.

287. Federal Bureau of Investigation, *Crime in the United States.* Washington: US Government Printing Office, 1990-2000.

288. M. Killias, J. van Kesteren e M. Rindlisbacher, "Armas, violência criminal e suicídio em 21 países", *Canadian Journal of Criminology.* 43, p. 429-48, 2001.

289. UN Commission on Crime Prevention and Criminal Justice, "Criminal justice reform and strengthening of legal institutions measures to regulate firearms", in Secretary-General Rot, ed. E/CN. 15/1997/4. Vienna: United Nations, 1997.

290. M. Miller, D. Hemenway e D. Azrael, "State-level homicide victimization rates in the US in relation to survey measures of household firearm ownership, 2001–2003", *Social Science and Medicine.* 64 (3), p. 656-64, 2007.

291. "Behavioral Risk Factor Surveillance Survey. Survey Results 2001 for Nationwide: Firearms." North Carolina State Center for Health Statistics. Disponível em:

<//www.schs.state.nc.us/SCHS/brfss/2001/US/firearm3.html>. Acessado em 9 de setembro de 2008.

292. D. Popenoe, *Life Without Father*. Nova York: Free Press, 1996.

293. H.B. Biller, *Fathers and Families: Paternal Factors in Child Development*. Westport: Auburn House, 1993.

294. S.R. Jaffee, T.E. Moffitt, A. Caspi e A. Taylor, "Life with (or without) father: the benefits of living with two biological parents depend on the father's antisocial behavior", *Child Development*. 74(1), p. 109-26, 2003.

295. J. Gilligan, *Preventing Violence*. New York: Thames & Hudson, 2001.

296. M. Anderson, J. Kaufman, T.R. Simon, L. Barrios, L. Paulozzi, G. Ryan, R. Hammond, W. Modzeleski, T. Feucht e L. Potter, "School-associated violent deaths in the United States, 1994–1999", *Journal of the American Medical Association*. 286 (21), p. 2.695-702, 2001.

297. M.R. Leary, R.M. Kowalski, L. Smith e S. Phillips, "Teasing, rejection, and violence: case studies of the school shootings", Aggressive Behavior, p. 202-14, 2003.

298. Unicef, Innocenti Research Centre, *Child Poverty in Perspective: An overview of child well-being in rich countries*. Florença: Innocenti Report Card, 2007.

299. C. Shaw e H. McKay, *Juvenile Delinquency and Urban Areas*. Chicago: University of Chicago Press, 1942.

300. R. Sampson, S. Raudenbush e F. Earls, "Neighborhoods and violent crime: a multilevel study of collective efficacy", *Science*. 277, p. 918-24, 1997.

301. W.J. Wilson, *The Truly Disadvantaged: The Inner City, the Underclass, and Public Policy*. Chicago: University of Chicago Press, 1987.

302. R.D. Putnam, *Bowling Alone: The collapse and revival of American Community*. Nova York: Simon & Schuster, p. 310, 2000.

303. Federal Bureau of Investigation, *Crime in the United States 2006*. Washington: US Government Printing Office, 2006.

304. H. Boonstra, *Teen Pregnancy: Trends and Lessons Learned*. Guttmacher Report on Public Policy. Washington: Alan Guttmacher Institute, 2002.

305. B.E. Hamilton, J.A. Martin e S.J. Ventura. "Births: preliminary data for 2006", *National Vital Statistics Report*. 56 (7), 2007.

306. R.V. Burkhauser, S. Feng e S.P. Jenkins. "Using the P90/P10 Index to Measure US Inequality Trends with Current Population Survey Data: A View from Inside the Census Bureau Vaults", IZA Discussion Paper n° 2839. Social Science Research Network. Disponível em: <//ssrn.com/abstract=998222>. Acessado em 9 de setembro de 2008.

307. C. Cantave, M. Vanouse e R. Harrison, *Trends in Poverty*. Washington: Center for Political and Economic Studies, 1999.

308. Child Trends DataBank, *Children in Poverty*. Washington: Child Trends, 2003.

309. A. Blumstein, F.P. Rivara e R. Rosenfeld, "The rise and decline of homicide — and why", *Annual Review of Public Health* 21, p. 505-41, 2000.

310. E. Annie, *Kids Count Databook*. Baltimore: E. Annie Casey Foundation, 1995.

311. C.G. Colen, A.T. Geronimus e M.G. Phipps, "Getting a piece of the pie? The economic boom of the 1990s and declining teen birth rates in the United States", *Social Science and Medicine*. 63 (6), p. 1.531-45, 2006.

312. D. Dorling, "Prime suspect: murder in Britain", in: P. Hillyard, C. Pantazis, S. Tombs, D. Gordon e D. Dorling (orgs.), *Criminal Obsessions: Why Harm Matters More Than Crime*. Londres: Crime and Society Foundation, p. 36-7, 2005.

CAPÍTULO 11   Encarceramento e Punição

313. R. Walmsley. "An overview of world imprisonment: global prison populations, trends and solutions", United Nations Programme Network Institutes Technical Assistance Workshop. Vienna, 2001.

314. R. Walmsley, *World Prison Population List (6ª e 7ª eds.)*. Londres: International Centre for Prison Studies, King's College, 2005 e 2006.

315. A. Blumstein e A.J. Beck, "Population growth in US prisons, 1980–1996", *Crime and Justice*. 26, p. 17-61, 1999.

316. E. Chemerinsky, "Life in prison for shoplifting: cruel and unusual punishment", *Human Rights*. 31, p. 11-13, 2004.

317. M. Hough, J. Jacobson e A. Millie, *The Decision to Imprison: Sentencing and the Prison Population. Rethinking Crime and Punishment*. Londres: Prison Reform Trust, 2003.

318. D. Downes. "The buckling of the shields: Dutch penal policy 1985–1995", in: R.P. Weiss e N. South (orgs.), *Comparing Prison Systems: Towards a Comparative and International Penology*. Amsterdam: Gordon & Breach Publishers, 1998.

319. M. Mauer, *Comparative International Rates of Incarceration: an Examination of Causes and Trends*. Washington: Sentencing Project, 2003.

320. United Nations Crime and Justice Information Network, *Survey on Crime Trends and the Operations of Criminal Justice Systems (Fifth, Sixth, Seventh, Eighth)*. Nova York: United Nations, 2000.

321. R.G. Wilkinson e K.E. Pickett, "The problems of relative deprivation: why some societies do better than others", *Social Science and Medicine*. 69(9), p. 1.965-78, 2007.

322. *Ibidem*.

323. US Department of Justice, Bureau of Justice Statistics, "Incarceration rates for prisoners under State or Federal jurisdiction." Arquivo: corpop25.wk1. Disponível em: <www.ojp.usdoj.gov/bjs/data/corpop25.wk1>. Acessado em 30 de março de 2006.

324. W.S. Wooden e A.O. Ballan, "Adaptation strategies and transient niches of one middle-class inmate in prison", *Psychological Reports*. 78 (3, Pt 1), p. 870, 1996.

325. The Sentencing Project, *State Rates of Incarceration by Race*. Washington: Sentencing Project, 2004.

326. R. Councell e J. Olagundoye, *The Prison Population in 2001: a Statistical Review*. Home Office Findings 195. Londres: Home Office, 2003.

327. E. Annie, Kids Count Databook. Baltimore: Annie E. Casey Foundation, 2008.

328. Leadership Conference on Civil Rights and Leadership Conference on Civil Rights Education Fund, Justice on Trial: Racial disparities in the American criminal justice system. Washington: LCCR/LCCREF, 2000.

329. D. Downes, p. 147, *op. cit.*

330. E.H. Johnson, "The Japanese experience: effects of decreasing resort to imprisonment", in R.P. Weiss e N. South (orgs.), *Comparing Prison Systems: Towards a Comparative and International Penology*. Amsterdã: Gordon & Breach Publishers, 1998.

331. J.O. Haley, "Confession, repentence and absolution", in M. Wright e B. Galoway (orgs.), *Mediation and Criminal Justice*. Newbury Park: Sage, p. 495, 1989.

332. Amnesty International, *Annual Report — United States of America*. Londres: Amnesty International, 2004.

333. Human Rights Watch e Amnesty International, *The Rest of Their Lives: Life without parole for child offenders in the United States*. Nova York: Human Rights Watch, 2005.

334. Human Rights Watch, *Cold Storage: Super-maximum security confinement in Indiana*. Nova York: Human Rights Watch, 1997.

335. Human Rights Watch, *Red Onion State Prison: Super-maximum security confinement in Virginia*. Nova York: Human Rights Watch, 1999.

336. United Nations Committee Against Torture, *Conclusions and Recommendations of the Committee Against Torture: United States of America*. Genebra: United Nations, 2006.

337. J. Irwin, *The Warehouse Prison: Disposal of the New Dangerous Class*. Cary: Roxbury Publishing Company, 2005.

338. Amnesty International, *Ill-treatment of Inmates in Maricopa County Jails, Arizona*. Londres: Amnesty International, 1997.

339. E. James, "A life again", *Guardian*. 5 de setembro de 2005.

340. J. Gilligan, Preventing Violence. Nova York: Thames & Hudson, p. 29, 2001.

341. United Nations Committee Against Torture, *op. cit.*

342. L.A. Rhodes. "Can there be 'best practices' in supermax?" In: D. Jones (org.), *Humane Prisons*. Oxford: Radcliffe Publishing, 2006.

343. The Commission on Safety and Abuse in America's Prisons, *Confronting Confinement*. Nova York: Vera Institute of Justice, 2006.

344. P. Carter, *Managing Offenders, Reducing Crime. Correctional Services Review.* Londres: Prime Minister's Strategy Unit, 2003.

345. Home Office, *Explaining Reconviction Rates: a Critical Analysis.* Home Office Research Study 136. Londres: Home Office, 1995.

346. S. Henry. "On the Effectiveness of Prison as Punishment. Incarceration Nation: The warehousing of America's poor." Ivy Tech State College, South Bend, Indiana. Disponível em: <www.is.wayne.edu/stuarthenry/>>. Effectiveness_of_Punishment.htm, 2003.

347. E. Currie, *Crime and Punishment in America*. Nova York: Henry Holt & Co., 1998.

348. J. Gilligan, 2001, *op. cit.*

349. A. Blumstein e A.J. Beck, *op. cit.*

350. J. Gilligan, 2001, *op. cit.*

351. Youth Justice Board, *Anti-social Behavior Orders* (B289). Londres: Youth Justice Board for England and Wales, 2006.

352. NCH, *Tackling Anti-Social Behaviour: Have we got it right?* Londres: NCH Children's Charities, 2006.

353. K. Beckett e B. Western. "Governing social marginality", in: D. Garland (org.), *Mass Imprisonment: Social Causes and Consequences*. Londres: Sage, 2001.

354. D. Downes e K. Hansen, *Welfare and Punishment: The Relationship Between Welfare Spending and Imprisonment*. Londres: Crime and Society Foundation, 2006.

355. E. Currie, 1998, *op. cit.*

356. United Nations Crime and Justice Information Network, *op. cit.*

357. J. Silverman. "Does prison work?" ESRC Society Today: Spotlights. Disponível em: <www.esrc.ac.uk/ESRCInfoCentre/about/CI/CP/Our_Society_Today/Spotlights 2006/prison.aspx?Component=16448&SourcePageId=16475>. Acessado em 9 de setembro de 2008.

358. D. Downes e K. Hansen, *op. cit.*, p. 4-5.

359. M. Tonry. "Why are US incarceration rates so high?". *Crime and Delinquency.* 45, p. 419-37, 1999.

CAPÍTULO 12   Mobilidade social: oportunidades desiguais

360. J. Blanden, P. Gregg e S. Machin, *Intergenerational Mobility in Europe and North America*. Londres: Centre for Economic Performance, London School of Economics, 2005.

361. R.G. Wilkinson e K.E. Pickett, "The problems of relative deprivation: why some societies do better than others", *Social Science and Medicine*. 65(9), p. 1.965-78, 2007.

362. L. Mishel, J. Bernstein e S. Allegretto, *The State of Working America 2006/7*. An Economic Policy Institute Book. Ithaca: ILR Press, uma publicação da Cornell University Press, 2007.

363. J. Blanden, P. Gregg e S. Machin, *op. cit.*

364. L. Mishel, J. Bernstein e S. Allegretto, *op. cit.*

365. OECD, *Education at a Glance 2003. OECD Indicators*. Paris: OECD, 2004.

366. D.S. Massey. "The age of extremes: concentrated affluence and poverty in the twenty-first century", *Demography*. 33, p. 395-412, 1996.

367. P.A. Jargowsky. "Take the money and run: economic segregation in U.S. metropolitan areas", *American Sociological Review*. 61 (6), p. 984-98, 1996.

368. P.A. Jargowsky, *Poverty and Place: Ghettos, Barrios and the American City*. Nova York: Russell Sage Foundation, 1997.

369. P.A. Jargowsky, *Stunning Progress, Hidden Problems: The dramatic decline of concentrated poverty in the 1990s*. The living cities census series. Washington: Brookings Institution Press, 2003.

370. D. Dorling, "Why Trevor is wrong about race ghettos". *Observer*, 25 de setembro de 2005.

371. D. Dorling, *Human Geography of the UK*. Londres: Sage Publications, 2005.

372. D. Dorling e P. Rees, "A nation still dividing: the British census and social polarization", *Environment and Planning*. 35, p. 1.287-1.313, 2003.

373. A. Berube, *Mixed Communities in England*. York: Joseph Rowntree Foundation, 2005.

374. I. Kawachi, "Income inequality and economic residential segregation", *Journal of Epidemiology and Community Health* 56 (3), p. 165-6, 2002.

375. S. Mayer, *How the Growth in Income Inequality Increased Economic Segregation*. The Joint Center for Poverty Research Working Paper 235. Chicago: NorthWestern University/University of Chicago, 2001.

376. W.J. Wilson, *The Truly Disadvantaged: The Inner City, the underclass, and public policy*. Chicago: University of Chicago Press, 1987.

377. P. Lobmayer e R.G. Wilkinson. "Inequality, residential segregation by income, and mortality in US cities", *Journal of Epidemiology and Community Health.* 56 (3), p. 183-7, 2002.

378. N.J. Waitzman e K.R. Smith, "Separate but lethal: the effects of economic segregation on mortality in metropolitan America", *Q. Milbank.* 76 (3), p. 341-73, 1998.

379. P. Bourdieu, *Distinction: a Social Critique of the Judgement of Taste.* Londres: Routledge, 1984.

380. K. Fox, *Watching the English: the hidden rules of English behavior.* Londres: Hodder & Stoughton, 2004.

381. J. Epstein, *Snobbery: the American Version.* Nova York: Houghton Mifflin Company, 2002.

382. R. Sennett e J. Cobb, *The Hidden Injuries of Class.* Nova York: A. Alfred Knopf, 1972.

383. S.J. Charlesworth, P. Gilfillan e R.G. Wilkinson, "Living inferiority", *British Medical Bulletin.* 69, p. 49-60, 2004.

384. A. Marcus-Newhall, W.C. Pedersen, M. Carlson e N. Miller, "Displaced aggression is alive and well: a meta-analytic review", *Journal of Personality and Social Psychology.* 78 (4), p. 670-89, 2000.

385. R.A. Baron, J.H. Neumann e A. Geddes, "Social and personal determinants of workplace aggression: evidence for the impact of perceived injustice and the Type A behavior pattern", *Aggressive Behavior.* 25 (4), p. 281-96, 1999.

386. D.L. Horowitz. "Direct, displaced and cumulative ethnic aggression", *Comparative Politics.* 6 (1), p. 1-16, 1973.

387. H. Crawley, *Evidence on Attitudes to Asylum and Immigration: What we know, don't know and need to know.* Working Paper n° 23. Oxford: Centre on Migration, Policy and Society, University of Oxford, 2005.

388. J.L. Ireland, *Bullying among Prisoners: Evidence, Research and Intervention Strategies.* Hove: Brunner-Routledge, 2002.

389. P. Earley, *The Hot House: Life inside Leavenworth Prison.* Nova York: Bantam, p. 74-5, 1992.

390. *Ibidem*, p. 430-1.

391. J. Sidanius e F. Pratto, *Social Dominance.* Cambridge: Cambridge University Press, 1999.

392. K.E. Pickett e R.G. Wilkinson, "People like us: ethnic group density effects on health", Ethnicity and Health. 13 (4): 321-34, 2008.

393. J. Boydell, J. van Os, K. McKenzie, J. Allardyce, R. Goel, R.G. McCreadie e R.M. Murray. "Incidence of schizophrenia in ethnic minorities in London: ecologi-

cal study into interactions with environment.", *British Medical Journal*. 1323 (7325), p. 1336-8, 2001.

394. J. Neeleman e S. Wessely, "Ethnic minority suicide: a small area geographical study in south London", *Psychological Medicine*. 29 (2), p. 429-36, 1999.

395. J. Neeleman, C. Wilson-Jones e S. Wessely, "Ethnic density and deliberate self--harm: a small area study in south east London", *Journal of Epidemiology and Community Health*. 55, p. 85-90, 2001.

396. J. Fang, S. Madhavan, W. Bosworth e M.H. Alderman, "Residential segregation and mortality in New York City", *Social Science and Medicine*. (47 (4), p. 469-76, 1998.

397. L. Franzini e W. Spears, "Contributions of social context to inequalities in years of life lost to heart disease in Texas, USA", *Social Science and Medicine*. 57 (10), p. 1847-61, 2003.

398. C.M. Masi, L.C. Hawkley, Z.H. Piotrowski e K.E. Pickett, "Neighborhood economic disadvantage, violent crime, group density, and pregnancy outcomes in a diverse, urban population", *Social Science and Medicine*. 65 (12), p. 2440-57, 2007.

399. K.E. Pickett, J.W. Collins, Jr., C.M., Masi e R.G. Wilkinson, "The effects of racial density and income incongruity on pregnancy outcomes", *Social Science and Medicine*. 60 (10), p. 2229-38, 2005.

400. E.M. Roberts, "Neighborhood social environments and the distribution of low birthweight in Chicago", *American Journal of Public Health*. 87 (4), p. 597-603, 1997.

401. L.C. Vinikoor, J.S. Kaufman, R.F. MacLehose e B.A. Laraia, "Effects of racial density and income incongruity on pregnancy outcomes in less segregated communities", *Social Science and Medicine*. 66(2), p. 255-9, 2008.

402. A.M. Jenny, K.C. Schoendorf e J.D. Parker, "The association between community context and mortality among Mexican-American infants", *Ethnicity and Disease*. 11 (4), p. 722-31, 2001.

TERCEIRA PARTE

CAPÍTULO 13 Sociedades disfuncionais

403. C. McCord e H.P. Freeman, "Excess mortality in Harlem", *New England Journal of Medicine*, 322(3), p. 173-7, 1990.

404. J. Banks, M. Marmot, Z. Oldfield e J.P. Smith, "Disease and disadvantage in the United States and in England", *Journal of the American Medical Association*. 295 (17): 2.037-45, 2006.

405. J. Banks, M. Marmot, Z. Oldfield e J.P. Smith, *The SES Health Gradient on Both Sides of the Atlantic*. NBER Working Paper 12674. Cambridge: National Bureau of Economic Research, 2007.

406. J. Banks, M. Marmot, Z. Oldfield e J.P. Smith, 2006, *op. cit.*

407. D. Vagero e O. Lundberg, "Health inequalities in Britain and Sweden". *Lancet.* 2 (8653), p. 35-6, 1989.

408. D.A. Leon, D. Vagero e P.O. Olausson, "Social class differences in infant mortality in Sweden: comparison with England and Wales", *British Medical Journal*.305 (6855), p. 687–91, 1992.

409. D. Vagero e O. Lundberg, 1989, *op. cit.*

410. D.A. Leon, D. Vagero e P.O. Olausson, 1992, *op. cit.*

411. S.V. Subramanian e I. Kawachi, "Whose health is affected by income inequality? A multilevel interaction analysis of contemporaneous and lagged effects of state income inequality on individual self-rated health in the United States", *Health Place.* 12 (2), 141-56, 2006.

412. R.G. Wilkinson e K.E. Pickett, "Income inequality and socioeconomic gradients in mortality", *American Journal of Public Health*. 98(4), p. 699-704, 2008.

413. *Ibidem.*

414. S.V. Subramanian e I. Kawachi, 2006, *op. cit.*

415. M. Wolfson, G. Kaplan, J. Lynch, N. Ross e E. Backlund, "Relation between income inequality and mortality: empirical demonstration", British Medical Journal. 319 (7215), p. 953-5, 1999.

416. A. Siddiqi, I. Kawachi, L. Berkman, S.V. Subramanian e C. Hertzman, "Variation of socioeconomic gradients in children's developmental health across advanced capitalist societies: analysis of 22 OECD nations", *International Journal of Health Services* 37(1), p. 63-87, 2007.

417. J. Banks, M. Marmot, Z. Oldfield e J.P. Smith, 2006, *op. cit.*

418. D. Vagero e O. Lundberg, 1989, *op. cit.*

419. D.A. Leon, D. Vagero e P.O. Olausson, "Social class differences in infant mortality in Sweden: comparison with England and Wales", *British Medical Journal*.305 (6855), p. 687–91, 1992.

420. S.J. Babones, "Income inequality and population health: correlation and causality", *Social Science and Medicine*. 66 (7), p. 1.614-26, 2008.

421. J.R. Dunn, B. Burgess e N.A. Ross, "Income distribution, public services expenditures, and all-cause mortality in US States", *Journal of Epidemiology and Community Health*. 59 (9), p. 768-74, 2005.

422. A. Deaton e D. Lubotsky, "Mortality, inequality and race in American cities and states", *Social Science and Medicine*. 56 (6), p. 1.139-53, 2003.

423. D.K. McLaughlin e C.S. Stokes, "Income inequality and mortality in US counties: does minority racial concentration matter?", *American Journal of Public Health.* 92 (1), p. 99-104, 2002.

424. R. Ram, "Income inequality, poverty, and population health: evidence from recent data for the United States", *Social Science and Medicine.* 61 (12), p. 2.568-76, 2005.

425. S.V. Subramanian e I. Kawachi, "The association between state income inequality and worse health is not confounded by race", *International Journal of Epidemiology.* 32 (6), p. 1.022-8, 2003.

426. R.G. Wilkinson e K.E. Pickett, "Income inequality and population health: a review and explanation of the evidence", *Social Science and Medicine.* 62(7), p. 1768-84, 2006.

427. R. Ram, "Further examination of the cross-country association between income inequality and population health", *Social Science and Medicine.* 62 (3), p. 779-91, 2006.

428. K.E. Kiernan, F.K. Mensah. "Poverty, maternal depression, family status and children's cognitive and behavioral development in early childhood. A longitudinal study", *Journal of Social Policy,* 10.1017/50047279409003250:1-20, 2009.

429. OECD, *Society at a glance 2009: OECD Social Indicators,* OECD, 2009.

430. J. Bradshaw, N. Finch, *A Comparison of Child Benefit Packages in 22 Countries.* Table 2.2. Londres Department for Work and Pensions, 2002.

431. R.G. Wilkinson, "Income distribution and life expectancy", *British Medical Journal,* 304(6820), p. 165-8, 1992.

432. C.A. Shively e T.B. Clarkson, "Social status and coronary artery atherosclerosis in female monkeys", *Arteriosclerosis and Thrombosis.* 14 (5), p. 721-6, 1994.

433. C.A. Shively e T.B. Clarkson, "Regional obesity and coronary artery atherosclerosis in females: a non-human primate model", *Acta Medica Scandinavica,* Supplement 723: 71-8, 1988.

434. D. Morgan, R.A. Grant, H.D. Gage, R.H. Mach, J.R. Kaplan, O. Prioleau, J.H. Nader, N. Buchheimer, R.L. Ehrenkaufer e M.A. Nader, "Social dominance in monkeys: dopamine D2 receptors and cocaine self-administration", *Nature Neuroscience.* 5(2), p. 169-74, 2002.

435. E. Uslaner, The Moral Foundations of Trust. Cambridge: Cambridge University Press, 2002.

436. I. Kawachi, B.P. Kennedy, K. Lochner, D. Prothorow-Stith, "Social, Capital, Income Inequality, and Mortality." *Am J Public Health,* 87(9), p. 1.491-8, 1997.

437. F.J. Elgar, W. Craig, W. Boyce, A. Morgan, R. Countries, *Journal of Adolescent Health,* no prelo.

CAPÍTULO 14 Nossa herança social

438. M. Sahlins, *Stone Age Economics*. Londres: Routledge, 2003.
439. T. Hobbes, *Leviathan*. Oxford: Oxford University Press, 1998.
440. M. Sahlins, *op. cit.*
441. K. Jensen, J. Call e M. Tomasello, "Chimpanzees are rational maximisers in an ultimatum game", *Science*. 318 (5847), p. 107-9, 2007.
442. J. Henrich, R. Boyd, S. Bowles, C. F. Camerer, E. Fehr, H. Gintis e R. McElreath, "Overview and synthesis", in J. Henrich, R. Boyd, S. Bowles, C.F. Camerer, E. Fehr e H. Gintis (orgs.), *Foundations of Human Sociality*. Oxford: Oxford University Press, 2004.
443. F.B. de Waal e F. Lanting, *Bonobo: The forgotten ape*. Berkeley: University of California Press, 1997.
444. E.A.D. Hammock e L.J. Young, "Microsatellite instability generates diversity in brain and sociobehavioral trait", *Science*. 308 (5728), p. 1.630-34, 2005.
445. F.B. de Waal e F. Lanting, 1997, *op. cit.*
446. E.A.D. Hammock e L.J. Young, 2005, *op. cit.*
447. J.B. Lassner, K.A. Matthews e C.M. Stoney, "Are cardiovascular reactors to asocial stress also reactors to social stress?", *Journal of Personality and Social Psychology*. 66 (1), p. 69-77, 1994.
448. R.I.M. Dunbar, "Brains on two legs: group size and the evolution of intelligence", in F.B. de Waal (org.), *Tree of Origin: what primate behavior can tell us about human social evolution*. Cambridge: MA Harvard University Press, 2001.
449. C. Boehm, *Hierarchy in the Forest: the Evolution of Egalitarian Behavior*. Cambridge: Harvard University Press, 1999.
450. D. Erdal e A. Whiten, "Egalitarianism and Machiavellian intelligence in human evolution", in P. Mellars e K. Gibson K. (orgs.), *Modelling the Early Human Mind*. Cambridge: McDonald Institute Monographs, 1996.
451. R.G. Wilkinson, *The Impact of Inequality*. Nova York: New Press, 2005.
452. J. Woodburn "Egalitarian societies", *Man*. 17, p. 431-51, 1982.
453. R.I.M. Dunbar, *op. cit.*
454. A. de Tocqueville, *Democracy in America*. Londres: Penguin, 2003.
455. I.C.G. Weaver, N. Cervoni, F.A. Champagne, A.C.D'Alessio, S. Sharma, J.R. Seckl, S. Dymov, M. Szyf e M.J. Meaney, "Epigenetic programming by maternal behaviour", *Nature Neuroscience*. 7, p. 847-54, 2004.
456. S. Morris, "Women laughed as they forced toddlers to take part in 'dog fight'", *Guardian*, 21 de abril de 2007.

457. G. Rizzolatti e L. Craighero "The mirror-neuron system", *Annual Review of Neuroscience* 27, p. 169-72, 2004.

458. M. Kosfeld, M. Heinrichs, P.J. Zak, U. Fischbacher e E. Fehr "Oxytocin increases trust in humans", *Nature*. 435, p. 673-6, 2005.

459. P.J. Zak, R. Kurzban e W. Matzner. "The neurobiology of trust", *Annals of the New York Academy of Sciences* 1032, p. 224-7, 2004.

460. J.K. Rilling, G.A. Gutman, T.R. Zeh, G. Pagnoni, G.S. Berns e C.D. Kilts, "A neural basis for social cooperation", *Neuron*. 35, p. 395-405, 2002.

461. N.I. Eisenberger e M.D. Lieberman. "Why rejection hurts", *Trends in Cognitive Science*. 8, p. 294-300, 2004.

462. J.W. Ouwerkerk, P.A.M. van Lange e M. Gallucci, "Avoiding the social death penalty: ostracism and cooperation in social dilemmas", K.D. Williams, J.P. Forgas e W. von Hippel (orgs.), *The Social Outcast: Ostracism, Social Exclusion, Rejection and bullying*. Nova York: Psychology Press, 2005.

CAPÍTULO 15   Igualdade e sustentabilidade

463. World Bank, *World Development Indicators (WDI)*, setembro, 2006. Economic and Social Data Service International, Manchester: Mimas.

464. World Wildlife Fund, *Living Planet Report 2006*. Gland: WWF International, 2007.

465. *Ibidem.*

466. R.M. *Titmuss, Essays on the Welfare State*. Londres: Unwin, 1958.

467. H. Daly, *Steady-state Economics*. Washington: Island Press, 1991.

468. M. Bookchin, *The Ecology of Freedom*. Oakland: AK Press, 2005.

469. R.G. Wilkinson, *Poverty and Progress*. Londres: Methuen, 1973.

470. World Intellectual Property Organization. *Intellectual property statistics, publication*, A. Geneva: WIPO, 2001.

471. H.C. Wallich, "Zero growth", *Newsweek,* 24 de janeiro de 1972.

472. R.H. Frank, *Falling Behind: How Rising Inequality Harms the Middle Class*. Berkeley, CA: University of California Press, 2007.

473. R.H. Frank, *op. cit.*, p. viii, ix.

474. R. Layard, *Happiness*, Londres: Allen Lane, 2005.

475. R.H. Frank, *op. cit.*

476. R.H. Frank e A.S. Levine, *Expenditure Cascades*. Ithaca: Cornell University, 2005.

477. R.H. Frank, 2007, *op. cit.*

478. S. Bowles e Y. Park. "Emulation, inequality, and work hours: was Thorsten Ve-blen right?" *Economic Journal*", 115, p. F397-F412, 2005.
479. D. Neumark e A. Postlethwaite, "Relative income concerns and the rise in married women's employment", *Journal of Public Economics*. 70, p. 157-83, 1998.
480. Y. Park, *Veblen Effects on Labour Supply: Male earnings inequality increases women's labour force participation*. New London: Department of Economics, Connecticut College, 2004.
481. S. Bowles e Y. Park, *op. cit.*
482. S.J. Solnick e D. Hemenway, "Is more always better? A survey on positional concerns", *Journal of Economic Behavior & Organization*. 37, p. 373-83, 1998.
483. T. Veblen, *The Theory of the Leisure Class*. Oxford: Oxford University Press, 2007.
484. Planet Ark, *The Recycling Olympic Report*. Sydney: Planet Ark Environmental Foundation, 2004.
485. Personal communication, R. De Vogli, D. Gimeno, 2009.
486. R.G. Wilkinson, K.E. Pickett, *Equality and sustainability*. Londres: London Sustainable Development Commission, 2009.

CAPÍTULO 16   A construção do futuro

487. Vision of Humanity, *Global Peace Index: Methodology, Results, and Findings*. Cammeray: Vision of Humanity, 2007.
488. G.B. Shaw, *The Intelligent Woman's Guide to Socialism and Capitalism*. Edison: Transaction Publishers, 2007.
489. M. Bloom, "The performance effects of pay dispersion on individuals and orga-nizations", *Academy of Management Journal*. 42, p. 25-40, 1991.
490. J.P. Mackenbach, "Socio-economic inequalities in health in Western Europe", in: J. Siegrist e M. Marmot (orgs.), *Social Inequalities in Health*. Oxford: Oxford University Press, 2006.
491. World Bank, *The East Asian Miracle*. Oxford: Oxford University Press, 1993.
492. J.M. Page, "The East Asian miracle: an introduction", *World Development*. 22 (4), p. 615-25, 1994.
493. S. Bezruchka, T. Namekata e M.G. Sistrom, "Improving economic equality and health: the case of postwar Japan", *American Journal of Publich Health*. 98, p. 216-21, 2008.
494. R.M. Titmuss, "War and social policy", n: R.M. Titmuss (org.), *Essays on the Welfare State* (3ª ed.). Londres: Unwin, 1976.

495. J. Hills, T. Sefton, K. Stewart (orgs.). *Towards a more equal society?* Poverty, inequalitiy and policy since 1997. Bristol: Policy Press, 2009.

496. P. Krugman, *The Conscience of a Liberal*: Reclaiming America from the right. Londres: Penguin, 2009.

497. J. Weeks, *Inequality Trends in Some Developed OECD Countries [documento de trabalho nº 6]*. Nova York: United Nations Departament of Economic and Social Affairs, 2005.

498. J. Benson, "A Typology of Japanese enterprise unions", *British Journal of Industrial Relations*. 34, p. 371-86, 1996.

499. OECD, *Social Expenditure — Aggregated Data*, v. 2008, OECD. Stat, 2001.

500. Tax Foundation, *State and Local Tax Burdens Compared to Other US* States, 1970-2007. Washington: Tax Foundation, 2007.

501. Justice Policy Institute, *Cellblocks or Classrooms?* Washington: Justice Policy Institute, 2002.

502. L.J. Schweinhart e D.P. Weikart, "Success by empowerment: the High/Scope Perry Preschool Study through age 27", *Young Children*. 49: 54-8, 1993.

503. L. Bamfield, T. Horton. *Understanding Attitudes to Tackling Economic Inequality*. York: Joseph Rowntree Foundation, 2009.

504. Group Harwood, *Yearning for Balance*: Viena of Americans on Consumption, Materialism and the Enviroment. Takoma Park: Merck Family Fund, 1995.

505. L. McCall e J. Brash, *What do Americans Think about Inequality?* Working Paper. Nova York: Demos, 2004.

506. L. Osberg e T. Smeeding, "'Fair' inequality? Attitudes to pay differentials: The United States in comparative perspective", *American Sociological Review*. 71, p. 450-73, 2006.

507. J. Finch, "The boardroom bonanza", *Guardian*, 29 de agosto de 2007.

508. International Labour Organization, "Income inequalities in the age of financial globalization", *in: World of Work Report 2008*. Genebra: ILO, 2008.

509. Institute for Policy Studies, *Annual CEO Compensation Survey*. Washington: Institute for Policy Studies, 2007.

510. United Nations Conference on Trade and Development, "Are transnationals bigger than countries?" Press release: TAD/INF/PR/47. Genebra: United Nations Conference on Trade and Development, 2002.

511. T. Paine, *The Rights of Man*. Londres: Penguin, 1984.

512. G. Alperovitz, *America beyond Capitalism*. Hoboken: Wiley, 2004.

513. W. Hutton, "Let's get rid of our silly fears of public ownership", *Observer*, 6 de abril de 2008.

514. M.J. Conyon e R.B. Freeman, *Shared Modes of Compensation and Firm Performance: UK Evidence.* NBER Working Paper W8448. Cambridge, MA: National Bureau of Economic Research, 2001.

515. A. Pendleton e C. Brewster. "Portfolio workforce", *People Management,* p. 38-40, julho, 2001.

516. G. Gates, "Holding your own: the case for employee capitalism", *Demos Quarterly,* 8, p. 8-10, 1996.

517. P.M. Rooney, "Worker participation in employee owned firms", *Journal of Economic Issues* XXII (2): p. 451-8, 1988.

518. J.L. Cotton, *Employee Involvement: Methods for Improving Performance and Work attitudes.* Newbury Park, CA: Sage, 1993.

519. National Center for Employee Ownership, *Employee Ownership and Corporate Performance: A comprehensive review of the evidence.* Oakland: National Center for Employee Ownership, 2004.

520. J. Blasi, D. Kruse e A. Bernstein, *In the Company of Owners.* Nova York: Basic Books, 2003.

521. National Centre for Employee Ownership, *op. cit.*

522. P.A. Kardas, A. Scharf e J. Keogh, *Wealth and Income Consequences of Employee Ownership.* Olympia: Washington State Department of Community, Trade and Economic Development, 1998.

523. M.J. Conyon e R.B. Freeman, *op. cit.*

524. P.M. Rooney, 1988, *op. cit.*

525. R. Oakeshott, *Jobs and Fairness: The Logic and Experience of Employee Ownership.* Norwich: Michael Russell, 2000.

526. M. Quarrey e C. Rosen. "How well is employee ownership working?" *Harvard Business Review,* setembro-outubro, 126-32, 1987.

527. M.J. Conyon e R.B. Freeman, *op. cit.,* p. 11.

528. National Centre for Employee Ownership, *op. cit.*

529. H. Bosma, M.G. Marmot, H. Hemingway, A.C. Nicholson, E. Brunner e S.A. Stansfeld, "Low job control and risk of coronary heart disease in Whitehall II (prospective cohort) study", *British Medical Journal,* n° 314(7080), p. 558-65, 1997.

530. T. Theorell, "Democracy at work and its relationship to health", in: P. Perrewe e D.E. Ganster (orgs.), *Emotional and Physiological Processes and Intervention Strategies. Research in Occupational Stress and Well Being,* v. 3. Greenwich: JAI Press, 2003.

531. R. de Vogli, J.E. Ferrie, T. Chandola, M. Kivimaki e M.G. Marmot, "Unfairness and health: evidence from the Whitehall II Study", *Journal of Epidemiology and Community Health.* 61 (6), p. 513-18, 2007.

532. R. Oakeshott, *op. cit.*, p. 104.

533. D. Erdal, *Local Heroes*. Londres: Viking, 2008.

534. R. Oakeshott, *op. cit.*

535. D. Erdal, "The Psychology of Sharing: An evolutionary approach". Unpublished PhD thesis, St Andrews, 2000.

536. S. Milgram, *Obedience to Authority*. Nova York: Harper, 1969.

537. L.T. Hobhouse, *Liberalism*, Londres: Willians & Norgate, 1911.

538. D. Coyle, *The Weightless World*, Oxford: Capstone, 1997.

539. M. Sahlins, *Stone Age Economics*. Londres: Routledge, 2003.

540. R.G. Wilkinson, Poverty and Progress. Londres: Methuen, 1973.

541. R.H. Frank, *Falling Behind: How Rising Inequality Harms the Middle Class*. Berkeley: University of California Press, 2007.

O texto deste livro foi composto em
Sabon LT Std em corpo 10,5/15

A impressão se deu sobre papel off-white
pelo Sistema Cameron da Divisão Gráfica
da Distribuidora Record.